50일 만에 끝내는

중국어
관광통역
안내사

2차 면접

SD에듀
㈜시대고시기획

2024 SD에듀 50일 만에 끝내는 중국어 관광통역안내사 2차 면접

Always **with you**

사람의 인연은 길에서 우연히 만나거나 함께 살아가는 것만을 의미하지는 않습니다.
책을 펴내는 출판사와 그 책을 읽는 독자의 만남도 소중한 인연입니다.
SD에듀는 항상 독자의 마음을 헤아리기 위해 노력하고 있습니다. 늘 독자와 함께하겠습니다.

면접 Tip도 얻고!
중국어 셰도잉 연습까지!
〈롱차이나 중국어 TV〉

관광통역안내사

※ 영상은 도서 내용 중 일부만 수록하였습니다.

저 자 **김미숙**

現 롱차이나 중국어 대표
前 우송대 겸임교수 / 부천대 출강
세린여행사 홍콩담당 통역가이드 중국 산동대학 위해 캠퍼스 객원 교수

저 서
〈중국어는 섹시해〉, 〈40일 완성 날로 먹는 중국어〉,
〈날로 먹는 중국어 여행편〉, 〈날로 먹는 중국어 어휘편 상 · 하〉,
〈날로 먹는 중국어 관용어편〉, 〈착 붙는 신 HSK 실전 모의고사 2급 · 3급〉,
〈하오빵 신 HSK 실전 모의고사 2급〉, 〈롱롱 新 HSK 1급 실전 모의고사〉,
〈코코팡 중국어 1~36권〉, 〈패턴이 문법보다 빠르다〉,
〈확! 꽂히는 중국어 1600句〉, 〈확! 꽂히는 중국어 1300句〉,
〈확! 꽂히는 중국어1200句〉 외 다수

관광통역안내사 2차 면접시험을 준비하려면 200여 개에 달하는 질문에 1~2분 정도의 유창한 중국어로 대답할 수 있어야 합니다. 또 시험에 나오는 문제는 대부분 훈민정음, 종묘, 가야고분군, 동학농민혁명기록물 등 일반적인 생활 회화와는 차원이 다른 어려운 내용을 다루고 있습니다. 다시 말해 문제 수는 많고 난도는 높은 그런 시험입니다.

이렇다 보니 기존 자료들의 난도가 너무 높아 수험자들이 어려움을 겪고 있습니다. 이에 "시중에 나와 있는 교재 중 가장 쉬운 교재"를 만들어야겠다는 고민을 하게 되었고, 그 고민의 결과로 이 교재가 만들어졌습니다. 이 교재는 시험을 준비하는 분들이 효율적이고 성공적으로 통과할 수 있도록 기출 문제를 최대한 많이 반영하고, 어려운 어휘나 복잡한 문장을 최소화하고, 핵심 내용을 간결하고 명료하게 표현했으며, 문장과 패턴을 반복하여 빨리 암기할 수 있도록 했습니다.

1차 시험에 합격하고 2차 시험까지 수험자에게 가장 부족한 것은 시간입니다. 제일 먼저 해야 할 일은 그동안 어떤 문제들이 나왔는지 기출문제를 파악하는 것, 이 교재를 그냥 후루룩 넘겨만 봐도 그동안의 출제 이력을 한눈에 알 수 있습니다. 관통사 시험의 상당 부분이 기출문제에서 출제가 되고 있으니, 기출문제를 꿰차고 있으면, 여기에 매년 추가되는 유네스코 지정 문화유산 문제, 상황대처 문제까지 수록하였으니, 준비만 철저히 하신다면 합격은 그리 어려운 일이 아닙니다.

하지만 이 교재를 완벽히 암기해도 본질을 잊으시면 시험에 떨어질 수 있습니다. 이 시험은 관광통역안내사가 될 수 있는지 자질을 보는 시험이라고 하는 것이 더 맞습니다. 전문지식이 40%, 태도가 60%, 다시 말해서 태도가 전문지식보다 더 중요합니다. 그러니 면접에서 한두 개, 두세 개 대답 못 했다고 당황하지 말고 미소를 유지하면서 차분하게 대처하시는 것이 매우 중요합니다. 미소도 훈련입니다. 평소 자신의 표정을 객관적으로 보며 실제상황처럼 연습하셔서 여러분의 노력과 열정이 결실을 보길 기대합니다.

편저자 드림

자격 개요

국내를 여행하는 외국인에게 외국어를 사용하여 관광지 및 관광대상물을 설명하거나 여행을 안내하는 등 여행의 편의를 제공하는 자를 말합니다. 이들이 제공하는 서비스의 질에 따라 관광산업의 진흥과 육성이 막대한 영향을 받게 되므로, 관광산업에서 중추적 역할을 수행하는 주요한 유망직종이라 할 수 있습니다.

기본 정보

구 분	내 용
시행처	• 주관 : 문화체육관광부　　　　• 시행 : 한국산업인력공단
응시 자격	• 제한 없음
접수 방법	• Q-Net(www.q-net.or.kr) 자격별 홈페이지에서 접수 • 인터넷 원서접수 시 최근 6개월 이내에 촬영한 탈모 상반신 사진(JPG, JPEG)을 파일로 첨부하여 인터넷 회원가입 후 접수 • 제1·2차 시험 동시 접수에 따라 제2차 시험에만 응시하는 경우에도 해당 기간에 접수해야 함 ※ 원서접수 마감 시까지 접수 완료 및 응시 수수료를 결제 완료하고 수험표를 출력해야 응시할 수 있습니다. ※ 인터넷 활용에 어려움을 겪는 수험자를 위해 전국의 한국산업인력공단 지부지사에서 원서접수 도우미 제도를 운영하고 있으니 참고하시기를 바랍니다.

시험방법 및 평가사항

구 분	시험시간	평가사항	합격기준
2차 시험 구술면접 (외국어&한국어)	1인당 10~15분 내외	• 국가관 · 사명감 등 정신 자세 • 전문 지식과 응용 능력 • 예의 · 품행 및 성실성 • 의사발표의 정확성과 논리성	면접시험 총점의 60% 이상

2024년 시험일정 및 시험장소

접수기간	시험일정 및 장소	합격자 발표일
07.01(월) ~ 07.05(금)	11.23(토) ~ 11.24(일) 서울, 부산, 대구, 인천, 대전, 제주	12.18(수)

※ 본 시험일정은 2024년도 국가전문자격검정 시행일정 사전공고를 바탕으로 작성하였습니다.
※ 시행일 및 시행장소, 시험 규정 등의 자세한 내용은 시험일 전에 큐넷 홈페이지(www.q-net.or.kr)를 확인하십시오.

시험 합격 현황

연 도	1차 필기			2차 면접		
	응시(명)	합격(명)	합격률(%)	응시(명)	합격(명)	합격률(%)
2023	1,629	1,033	63.4	1,184	770	65.0
2022	1,498	947	63.2	1,110	790	71.2
2021	1,574	997	63.3	1,319	881	66.8
2020	2,358	1,676	71.1	1,992	1,327	66.6
2019	3,206	1,890	59.0	2,178	1,428	65.6

언어권별 자격 취득 현황

연도	영 어	일 어	중국어	불 어	독 어	스페인어	러시아어	마인어	베트남어	태국어	아랍어	이태리어	합 계
2023	400	149	148	6	4	13	3	14	20	6	5	2	770
2022	370	151	192	2	3	5	6	14	20	18	9	−	790
2021	456	134	194	6	3	9	6	17	39	10	6	1	881
2020	617	204	343	14	−	7	16	46	61	13	4	2	1,327
2019	678	269	335	9	2	12	7	41	56	13	5	1	1,428

면접시험 수험자 유의사항

❶ 수험자별 면접시험 세부 일정 및 장소는 필기시험 합격자 발표 후 Q-Net 관광통역안내사 홈페이지(www.q-net. or.kr/site/interpreter)에 공고하오니 시험 응시에 착오 없으시기 바랍니다.

❷ 수험자는 일시ㆍ장소 및 입실시간을 정확하게 확인 후 신분증과 수험표를 소지하고 시험 당일 입실시간까지 해당 시험장 수험자 대기실에 입실하여야 합니다. 시험 당일 인정 신분증을 지참하지 않으면 당해 시험은 응시 정지(퇴실) 및 무효 처리되며, 입실시간 이후에는 시험 응시가 불가하므로 반드시 시간 내에 도착하여야 합니다.

❸ 소속회사 근무복, 군복, 교복 등 제복(유니폼)을 착용하고 시험장에 입실할 수 없습니다(특정인임을 알 수 있는 모든 의복 포함).

❹ 관광통역안내사 자격증은 관광인 홈페이지(academy.visitkorea.or.kr)에서 발급받으실 수 있습니다.

❺ 수험 원서 또는 제출 서류 등의 허위 작성ㆍ위조ㆍ오기ㆍ누락 및 연락 불능으로 인해 발생하는 불이익은 전적으로 수험자의 책임입니다. 큐넷의 회원 정보를 반드시 연락할 수 있는 전화번호로 수정하시기를 바랍니다.

면접 최종점검 체크리스트

평가 영역	평가문항	준비 미흡	준비 보통	준비 우수
면접 자세	면접에 걸맞은 깔끔한 복장을 준비하였다.			
	면접 시간에 늦지 않도록 가는 길을 확실히 익혀 두었다.			
	면접 대기시간이 길어질 경우를 대비하였다.			
	면접실에 들어가서도 면접관의 눈을 바라보며 적당한 속도로 또렷하게 말하고 좋은 표정을 지을 수 있다.			
면접 지식	기본적인 문화재, 관광지를 한국어와 외국어로 설명할 수 있다.			
	관광지식에 관한 꼬리질문에 대답할 수 있다.			
	기출복원문제를 보고 나만의 대답을 만들어 보았다.			
	최근 관광동향이 어떠한지 설명할 수 있다.			
면접 발표	관광통역안내사라는 직업에 대해 정의할 수 있다.			
	관광통역안내사로서 가져야 할 가치관이 정리되었다.			
	생각하지 못한 질문에도 당황하지 않고 대답할 수 있다.			
	관광진흥법 등 법령을 근거로 들어 논리적으로 설명할 수 있다.			

답변기준 및 대응방안

구 분	답변기준	대응방안
준비 미흡	• 평가문항을 충족할 자신이 없을 경우 체크합니다. • 평가문항에 대한 답변이 떠오르지 않는다면 체크합니다.	• 기본적인 면접자세, 면접지식, 면접발표에 대해 점검하고, 올바르게 숙지하였는지 확인합니다. • 실제 면접장과 같은 연습 환경을 조성하여, 실수를 줄이고 최대한 제 실력을 발휘할 수 있도록 합니다. • 그룹 스터디 등을 모집하고 참여하여 면접을 준비하는 것도 좋은 방법입니다. • 전문가나 동료 수험생에게 피드백을 구한 후 개선방안을 모색합니다.
준비 보통	• 스스로 평가문항을 충족한다고 생각하면 체크합니다. • 평가문항에 대해 올바른 답변을 할 수 있다면 체크합니다.	
준비 우수	• 평가문항을 충족하기 위해 세부 계획까지 철저하게 세워 준비했다면 체크합니다. • 평가문항에 대해 구체적인 근거를 들어가면서 답변할 수 있다면 체크합니다.	

시험 응시에 필요한 공인 어학 성적

언 어	어학 시험	기준 점수
영 어	토플(TOEFL) PBT	584점 이상
	토플(TOEFL) IBT	81점 이상
	토익(TOEIC)	760점 이상
	텝스(TEPS)	372점 이상
	지텔프(G-TELP)	레벨2 74점 이상
	플렉스(FLEX)	776점 이상
	아이엘츠(IELTS)	5점 이상
일본어	일본어능력시험(JPT)	740점 이상
	일본어검정시험(日検, NIKKEN)	750점 이상
	플렉스(FLEX)	776점 이상
	일본어능력시험(JLPT)	N1 이상
중국어	한어수평고시(HSK)	5급 이상
	플렉스(FLEX)	776점 이상
	실용중국어시험(BCT) (B)	181점 이상
	실용중국어시험(BCT) (B)L&R	601점 이상
	중국어실용능력시험(CPT)	750점 이상
	대만중국어실용능력시험(TOCFL)	5급(유리) 이상
프랑스어	플렉스(FLEX)	776점 이상
	델프/달프(DELF/DALF)	델프(DELF) B2 이상
독일어	플렉스(FLEX)	776점 이상
	괴테어학검정시험(Goethe Zertifikat)	B1(ZD) 이상
스페인어	플렉스(FLEX)	776점 이상
	델레(DELE)	B2 이상
러시아어	플렉스(FLEX)	776점 이상
	토르플(TORFL)	1단계 이상
이탈리아어	칠스(CILS)	레벨2-B2(Livello Due-B2) 이상
	첼리(CELI)	첼리(CELI) 3 이상
태국어, 베트남어, 말레이 · 인도네시아어, 아랍어	플렉스(FLEX)	600점 이상

※ 2021년도 시험부터 아이엘츠(IELTS)가 추가되었습니다. 공인 어학 성적 기준은 시행처 사정에 따라 변경될 수 있으므로, 접수 전 해당 회차 시험공고를 반드시 확인하시기를 바랍니다.

50일 만에 끝내는 5단계 학습법 FEATURES

일단 한번 읽어보자!

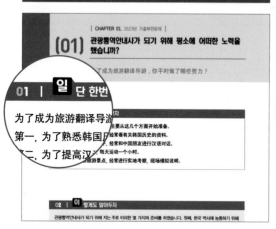

백문이 불여일견! 질문에 해당하는 예시답안을 중국어로 먼저 만나보세요. 빡빡한 구성과 장황한 설명보다는 중요 포인트만 쏙쏙 담았습니다. 내용이 입에 착착 감기도록 어려운 말은 배제하고, 쉬운 구어체 표현을 사용했습니다. 또한 핵심만 공략하여 암기할 수 있도록 문장을 깔끔하게 정리하였습니다.

이렇게도 알아두자!

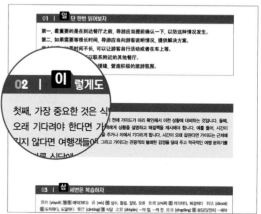

관광통역안내사 시험은 2015년부터 한국어 면접도 병행하고 있습니다. 중국어 질문만큼 수가 많은 것은 아니지만 간과해서는 안 됩니다. 중국어뿐만 아니라 한국어 또한 충분히 숙지하고 있어야 한국어 질문을 받았을 때 당황하지 않고 답변할 수 있습니다. 이 책에서는 중국어뿐 아니라 한국어 답안도 함께 수록하여 시험에 철저하게 대비할 수 있도록 하였습니다.

삼세번은 복습하자!

수많은 단어와의 전쟁에서 승리하는 법은 복습입니다! 중국어 예시답안에 사용한 주요 단어들을 더없이 꼼꼼하게 정리하였습니다. 유의어나 수험생들이 헷갈려할 만한 단어들은 따로 선별하여 'TIP'으로 구성하였습니다. 저자 선생님만의 친절한 해설을 쓱 읽어나가면서 중국어 수준을 한 층 더 끌어올릴 수 있습니다.

사소한 것도 기억하자!

단어만큼 중요한 것이 바로 '패턴'입니다. 중국어 문장에서 고정된 패턴 형식이 자주 등장합니다. 이 책에서는 중국어 모범답안에 사용한 문장 중에서 고정적으로 반복되는 형식들을 모았습니다. 답안에서 활용된 예문까지 재확인하는 반복 학습으로 실제 시험에서 다른 질문이 나오더라도 얼마든지 응용하여 자신 있게 대답할 수 있게 됩니다.

오로지 나만의 답안을 만들자!

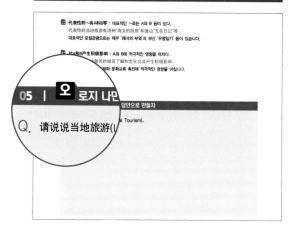

모범답안을 똑같이 외우려고 하지 마세요. 내가 사용하는 나만의 말로 바꾸면 더욱 쉽고 자연스럽게 답안을 만들 수 있습니다. 오히려 예시답안만 줄줄이 외우다 보면 응용 질문이나 꼬리 질문이 나왔을 때 당황하게 됩니다. 내가 찾은 지식까지 더해 답안을 작성한다면 금상첨화랍니다!

MP3 파일로 귀에 익을 때까지!

SD에듀 홈페이지에서 중국어 예시답안 MP3 파일을 다운받으실 수 있습니다.

SD에듀 홈페이지(sdedu.co.kr) 접속
▶ 'MP3 자료실' 클릭
▶ '50일 만에 끝내는
　중국어 관광통역안내사' 검색

막막할 땐, 부록에서 힌트를!

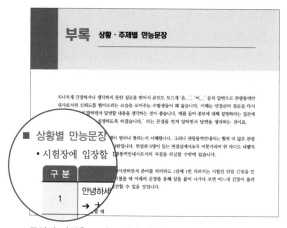

무작정 답안을 쓰려고 하면 막막할 것입니다. 부록에 있는 상황ㆍ주제별 만능문장으로 일단 뼈대부터 짜 보십시오. 그 다음에 나만의 경험과 생각으로 살을 붙여 나가면 면접과 실전에 강한 나를 발견할 수 있으실 겁니다.

미니북으로 자투리 시간까지!

시간이 애매하게 남을 때, 심심할 때, 이동할 때, 시험 직전에 미니북의 모범답안으로 빠르게 점검하세요! 미니북으로 충전한 실력으로 실전에 강한 사람이 되어 보십시오!

준비전략 STRATEGY

▌ 출제경향

관광통역안내사 자격 취득을 향한 최종 관문이라고 할 수 있는 면접시험은 중국어로 관광통역안내사 활동이 가능한지 확인하는 시험입니다. 응시자 한 명당 10분 내외의 시간이 주어지며, 중국어와 한국어 질문을 번갈아 가며 진행합니다. 해를 거듭할수록 난도가 점점 높아지는 경향을 보이기 때문에 전략적으로 학습해야 합니다. 응시자 한 명당 배정되는 문항 수는 대략 6~10개 내외인데, 중국어로 답변해야 하는 것이 80% 정도이고, 한국어로 답변해야 하는 것이 20% 정도입니다. 좀 더 구체적으로 살펴보자면 다양한 역사와 문화유산, 관광지나 한국음식 소개 등의 질문은 중국어 영역에 해당하고, 관광 실무에 관한 이론이나 관광 정책, 관광산업과 관련된 내용은 한국어 영역에 해당한다고 볼 수 있습니다.

▌ 실전 대비 면접 TIP!

복장, 표정 및 태도
☐ 준비를 완료했다면, 네모칸에 체크해 보세요.

첫인상이 중요하다는 것은 누구나 다 알고 있는 사실입니다. 그 첫인상을 잘 표현하기 위해서는 깔끔하고 단정한 복장과 친절함을 머금은 표정 그리고 상대의 말에 주의를 기울일 줄 아는 태도가 중요합니다. 관광통역안내사의 기본 중의 기본은 바로 상냥함과 친절함이라고 할 수 있습니다. 실제로 현장에서 업무를 수행하다 보면 돌발적인 상황이 빈번하게 발생합니다. 사전 계획대로 진행이 된다면 문제가 없겠지만, 항상 해결해야 할 문제들을 여기저기서 마주치게 됩니다. 그럴 때마다 관광통역안내사는 상냥한 표정과 친절함으로 상황을 극복해야 합니다. 그렇기 때문에 관광통역안내사로서 임하는 이러한 태도는 면접시험의 첫 번째 평가요소가 될 수 있습니다. 면접관의 질문에 대답할 때 90도 자세보다는 면접관을 향해 상체를 약간 기울인 자세를 유지함으로써 '지금 제가 당신의 말에 주의를 기울이고 있습니다'라는 적극적이고 분명한 태도를 간접적으로 전달하는 것 또한 면접관의 호감을 사는 하나의 방법이 될 것입니다.

목소리 톤
☐ 준비를 완료했다면, 네모칸에 체크해 보세요.

중국어는 성조 표현이 중요한 언어입니다. 목소리의 맑음과 탁함, 톤의 높음과 낮음 등에 따라 더 분명하고 청명하게 들리는 효과를 노릴 수 있습니다. 중국인들을 생각해 보세요. 그들은 말할 때 스스럼없고 아주 큰 소리로 자신의 목청을 과시하듯 시원시원하게 말합니다. 중국어는 말에 힘이 들어가야 제맛을 살릴 수 있는 언어입니다. 그렇다고 면접시험에서 너무 큰 소리로 말한다면 그것 또한 감점의 요인이 될 수 있으니, 상대방의 시선을 집중시킬 수 있는 적정선의 목소리 톤과 문장의 포인트를 힘 있게 말하는 센스를 기르도록 하세요. '또박또박, 카랑카랑하게!'라는 문구를 늘 마음에 새긴다면 중국어를 말하기가 한결 쉬워질 것입니다.

회화 능력

1차 외국어 시험에 해당하는 공인 어학 성적표를 제출했기 때문에 기본 어학 실력은 확인되었다고 볼 수 있으나 중국어 구사 능력 즉, 회화 능력은 별개로 보기 때문에 그 실력을 좀 더 확인하고자 합니다. 교재에 언급된 주제와 본문들을 잘 암기해서 대응하는 것 또한 좋은 방법이지만, 회화 영역은 그 범위가 방대하고 꼬리질문이라는 복병이 있기 때문에 일상적인 대화 훈련을 병행하는 것이 좋습니다. 주위에 있는 중국인 친구에게 도움을 구하거나, 스터디 모임 등을 통해 점진적으로 회화 실력을 향상할 수 있다면 더할 나위 없이 좋겠지만 빡빡한 일정과 정해진 시간 내에 확실한 효과를 얻고자 한다면 혼자서도 가능합니다. 방법은 아주 간단합니다. 교재의 본문 내용 또는 회화책을 아주 큰 소리로 수십 수백 번 읽는 것입니다. 큰 소리로 성조와 발음을 체크해 가면서 읽고 또 읽습니다. 읽기와 듣기가 한 번에 향상되는 일석이조의 효과를 확실하게 느끼실 수 있을 것입니다. 읽기에도 방법이 있습니다.

> ▸ 발음과 성조를 확실하게 다지기 위해 처음에는 한 단어, 한 단어 천천히 또박또박 읽어 나갑니다.
> ▸ 단어가 입에 익숙해지면 한 문장, 한 문장 단위로 끊어서 읽어 나갑니다.
> ▸ 그다음에는 문장들을 연결하여 한 단락, 한 단락 크게 읽어 나갑니다.

이렇게 작은 단위에서 큰 단위로 범위를 확대해 가며 읽기 연습을 실시합니다. 읽기 연습에서 또 다른 중요 포인트는 바로 스피드입니다. 말할 때, 특히나 누군가에게 무엇을 설명할 때 말의 스피드는 매우 중요합니다. 속도가 너무 늦으면 상대방의 주의력을 떨어뜨릴 수 있기 때문에 발음과 성조의 틀을 잡은 후에는 문장과 단락의 읽기 속도를 살짝 높여야 합니다. 흔들리지 않는 발음과 성조 그리고 약간의 속도감이 있는 설명과 말하기는 중국어 회화 실력을 훨씬 더 월등하게 포장할 수 있는 방법입니다. 사실 이 부분은 아무리 좋은 팁을 많이 알려 주고 계발한다고 해도 수험생의 노력과 의지가 없으면 무용지물입니다. 두려워하지 말고, 고민하지 말고 큰 소리로 읽고 또 읽어 보시길 권합니다.

관광통역안내사 최종 합격 후기

작성자 유＊석

안녕하세요, 2023 관광통역안내사 중국어 최종 합격하였습니다. SD에듀에서 〈2023 관광통역안내사 필기 패키지〉 과정을 등록하여 전과목을 수강하고 필기시험을 무난히 합격하였습니다. 1차 필기시험은 SD에듀에서 수강하고 기출 문제집에서 모르는 문제 위주로 오답노트를 만드니까 합격의 열쇠가 되지 않았나 생각됩니다. 그와 더불어 강의도 이해가 안 되는 부분에서 잠시 멈추고 뒤로 돌아가서 들었습니다. 이금수·조은정·심현보 교수님의 명쾌한 설명이 참 좋았습니다. 2차 면접시험은 중문학과 호텔관광학을 복수전공한 터라 SD에듀의 〈50일 만에 끝내는 중국어 관광통역안내사 2차 면접〉 교재로만 준비를 하였습니다. 준비할 것이 너무 많아 막막했는데 다행히도, 책 내의 기출문제만 나와서 무탈히 합격할 수 있었습니다. 기출 문제를 기조로 해서 본인이 자신 있게 말할 수 있도록 여러 문제를 섭렵하는 것 말고는 왕도가 없다고 생각합니다. 수기를 빌려서 저자분, 편집자분, 교수님께 감사의 말씀 전합니다. 2024 관광통역안내사 시험 준비하시는 분들 모두 파이팅입니다!

작성자 송＊이

안녕하세요, 2023년 중국어 관광통역안내사 최종 합격 후기를 남깁니다. 1차 필기시험에 대비할 때는 여행만 좋아하는 이과생이라 많이 부담이 됐는데, 교수님들께서 이과생도 이해할 수 있게 강의를 잘해 주셔서 너무 좋았어요. 핵심만 담은 강의를 바탕으로 노트를 정리하면서 열심히 공부하니까 평균 84점 정도의 높은 점수로 합격했어요! 2차는 김미숙 선생님의 〈50일 만에 끝내는 중국어 관광통역안내사 2차 면접〉 책과 유튜브강의을 보고 대비했어요. 5단계 학습법을 따라서 공부하니까 복습이 저절로 될 수밖에 없더군요ㅎㅎ. 물론 이 책의 난도가 꽤 높아서, 단순히 중국어를 좋아한다는 수준(HSK 2급 수준)으로는 쉽게쉽게 공부하기 어렵지만, 책에 있는 QR코드로 유튜브 강의를 들으니까 나름 괜찮더라고요. 김미숙 선생님은 책 안의 어려운 문장들을 한국인들이 자주 쓰는 단어들로 고쳐서 알려 주시니까 책에 있는 것을 10개 외울 동안에 김미숙 선생님께서 알려 주신 문장으로 외우면 30개 이상은 외울 수가 있었어요. 이게 굉장히 합격에 큰 부분을 차지했었는데요. 1차 합격 후에 우리에게 주어진 시간은 2~3달 남짓이라, 빠듯할 것 같았는데 책과 유튜브 강의를 들으니까 시간을 절약하며 공부했어요. 그 결과 2차 시험도 80점대로 합격했답니다. 이 책과 강의가 있으니까 비전공자의 이과생도 해낼 수 있었어요, 여러분도 할 수 있어요! 파이팅이에요~ *^^*

❖ 본 후기는 SD에듀 홈페이지 합격자 수기 게시판에 남겨주신 내용을 재구성한 것입니다.

독자 후기 REVIEW

작성자 le******8

2차 면접 대비를 위해 구입하였습니다. 50일 만에 면접 준비부터 회화 실력 향상까지 키워주는 구성으로 되어 있어서 빠르게 속성으로 전체를 훑을 수 있어서 좋았습니다. 2019년부터 4개년 최신 기출복원문제도 같이 수록되어 기출을 토대로 시험을 대비할 수 있어서 만족스러웠습니다. 50일 완성 5단계 학습법으로 구성되어 차근차근 학습하는 데 도움이 많이 됐습니다. 또 중국어 예시답안 mp3 파일이 함께 제공되어 오며 가며 길에서 쉽게 공부할 수 있어서 간편하고 좋았습니다. 추천합니다~!

작성자 jm*****6

면접은 실제로 어떤 문제가 출제되고 어떤 답안이 모범답안인지 파악하는 게 제일 중요하다고 생각한 와중에 시대고시 책에 기출복원문제가 많이 수록되어 있어서 이 책을 선택하게 됐어요. 특히 기출복원문제는 틈틈이 공부할 수 있어서 편했구요. 또 기출복원문제뿐만 아니라 다른 질문 문항을 대비할 수 있게끔 주제별 단골질문도 구분해서 수록되어 있어서 정리하기 좋았어요. 책 제목처럼 50일 만에 끝낼 수 있는 구성이 정말 맘에 드는 책입니다.

작성자 k*****4

관광통역안내사 면접은 한국어와 외국어 평가가 동시에 진행되기 때문에 준비하는 데 생각보다 노력이 많이 듭니다. 기출 범위가 한국의 역사부터 관광지, 여행 등 다양한 분야에서 출제되기 때문에 모든 정보를 모두 파악하고 답을 만들어 내기란 여간 어려운 것이 아닙니다. 그런 의미에서 이 책은 장황하고 막연한 설명은 모두 배제하고, 단기간에 시험을 준비할 수 있도록 꼭 필요한 핵심만 간결하고 쉽게 담겨 있더군요. 그러면서도 수험을 준비하는 데 부족함이 없도록 예시 답안이 잘 되어 있어 실전 대비에 좋았습니다.

작성자 r0*****n

관광통역안내사 필기시험을 합격하고 면접시험을 대비하는데, 무작정 대비하려고 하니 참 막막했어요. 면접에 어떤 문제가 나올지 어떤 답변을 해야 할지 감이 안 잡히기도 하고요. 그런데 이 책을 보고 어느 정도 공부 방향을 잡을 수 있었어요. 한국어 면접에 중국어 면접까지 면접이 어렵다고들 하는데 이 책을 달달 외우면 어느 정도 커버가 될 것 같더라고요. 책의 구성도 좋고 답변 미니북도 있어서 들고 다니며 외우기 참 좋아요.

❖ 본 후기는 교보문고, YES24 등 인터넷 서점 홈페이지 도서 리뷰에 남겨주신 내용을 재구성한 것입니다.

문화재의 분류 및 법령 체계의 변경에 대한 안내

'문화재'라는 용어의 특성상 재화적 성격이 강해 무형유산이나 자연유산까지 포괄치 못한다는 점과 일제의 잔재라는 점, 유네스코의 분류체계와 시류를 따르지 못한다는 비판점이 있어 최근 아래와 같이 '문화재'가 '(국가)유산'으로 명칭이 변경되고, 관련 법령 및 담당 관청의 명칭도 개편되었습니다.

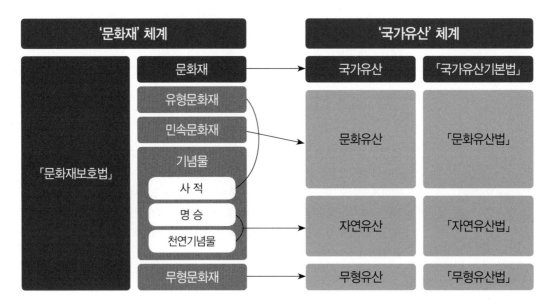

❶ 문화재의 명칭 및 관련 법령의 개정

2023년 4월 27일 문화재의 명칭과 관련된 법령이 전면 개정된다는 공식 보도가 나왔습니다. 도서 개정일(2024년 5월)을 기준으로 법률과 시행령 단계의 법은 개정안과 개정 사항이 공시된 상태지만, 시행규칙은 그렇지 않습니다. 따라서 도서 전체에 개정된 법령과 용어가 혼용되어 있으니 학습에 유의하시기를 바랍니다. 공식 유튜브 영상에서 짧게 안내하고 있으니 확인해 보시는 것도 좋겠습니다.

국가유산청 누리집

❷ 교재 내 사용된 용어

- 문화재청(장) → 국가유산청(장)
- 문화재심의위원회 → 문화유산심의위원회
- 문화재 → 국가유산
- 유형문화재 → 유형문화유산
- 민속문화재 → 민속문화유산
- 무형문화재 → 무형유산
- 시·도유형문화재 → 시·도유형유산
- 시·도무형문화재 → 시·도무형유산
- 시·도기념물 → 시·도자연유산
- 국가(시·도)등록문화재 → 국가(시·도)등록유산
- 국가(시·도)지정문화재 → 국가(시·도)지정유산
- 문화재자료 → 문화유산자료

국가유산청 유튜브

2023년 기출문제 PREVIOUS EXAM

01 관광객이 다치거나 아플 때 어떻게 대처할 것입니까?

02 관광객이 여권을 잃어버렸을 때 어떻게 대처할 것입니까?

03 관광객이 일정에 없는 다른 곳에 가고 싶다고 할 때 어떻게 대처하겠습니까?

04 관광지가 휴무일일 때 어떻게 대처하겠습니까?

05 관광통역안내사 국가관이 중요한 이유는 무엇입니까?

06 관광통역안내사가 가져야 할 자질과 가치관, 태도에는 어떤 것이 있습니까?

07 관광통역안내사가 되기 위해 평소에 어떠한 노력을 했습니까?

08 국립중앙박물관에 대해 설명해 보세요.

09 국제스포츠가 관광업에 미치는 영향은 무엇입니까?

10 노쇼/고쇼/스탑오버/오버부킹/웨이팅리스트에 대해 설명해 보세요.

11 단체 관광객 중 한 명이 계속 개인행동을 하려고 할 때 어떻게 대처하겠습니까?

12 로컬관광에 대해서 설명해 보세요.

13 삼강오륜에 대해 설명해 보세요.

14 서울의 5대궁에 대해 소개해 보세요.

15 식당에서 예약이 잘못되어서 한참 기다려야 한다면 어떻게 대처하겠습니까?

16 안보관광의 정의, 사례, 가치에 대해 설명해 보세요.

17 에코투어리즘이란 무엇입니까?

18 옵션관광을 거부하는 관광객이 있으면 어떻게 대처하겠습니까?

19 의료관광이란 무엇입니까?

20 이바지음식에 대해 설명해 보세요.

21 인바운드 관광의 질을 높이는 방법에는 어떤 것이 있습니까?

22 인바운드 관광이 국가경제에 끼치는 영향은 무엇입니까?

23 지각하는 관광객이 있으면 어떻게 대처할 것입니까?

24 채식주의자(비건)인 관광객에게 추천해 줄 만한 한식에는 어떤 것이 있습니까?

25 크루즈 관광이란, 크루즈 옵션이란 무엇입니까?

26 한글의 정의, 우수성, 관광지에 대해 설명해 보세요.

27 한류가 인바운드 관광에 어떤 영향을 끼치는지 설명해 보세요.

28 한류와 한류 관광에 대해 설명해 보세요.

29 한옥의 특징을 설명하고 한옥마을을 추천해 보십시오.

30 훈민정음에 대해 설명해 보세요.

이 책의 목차 CONTENTS

이 책의 목차 CONTENTS

이 책의 목차 CONTENTS

PART

최신 기출복원문제

남에게 이기는 방법의 하나는 예의범절로 이기는 것이다.

- 조쉬 빌링스 -

(01) 관광통역안내사가 되기 위해 평소에 어떠한 노력을 했습니까?

为了成为旅游翻译导游，你平时做了哪些努力？

01 | 일 단 한번 읽어보자

为了成为旅游翻译导游，我主要从这几个方面开始准备。

第一，为了熟悉韩国历史，经常看有关韩国历史的资料。

第二，为了提高汉语水平，经常和中国朋友进行汉语对话。

第三，为了增强体力，每天运动一个小时。

还有，为了熟悉旅游景点，经常进行实地考察，现场模拟说明。

02 | 이 렇게도 알아두자

관광통역안내사가 되기 위해 저는 주로 이러한 몇 가지의 준비를 하였습니다. 첫째, 한국 역사에 능통하기 위해 한국 역사에 관한 자료를 자주 보았습니다. 둘째, 중국어 실력을 향상하기 위해 중국 친구들과 중국어 대화를 자주 하였습니다. 셋째, 체력을 기르기 위해 하루에 한 시간씩 운동을 하였습니다. 그리고 관광지에 대해 숙지하기 위해서 현장을 답사하여 시뮬레이션을 했습니다.

03 | 삼 세번은 복습하자

成为 [chéngwéi] 图 …가 되다 主要 [zhǔyào] 图 주로 方面 [fāngmiàn] 图 방면, 쪽 熟悉 [shúxī] 图 숙지하다, 충분히 알다, 상세히 알다 有关 [yǒuguān] 图 관계하다, …에 연관되다, …에 관계되다 资料 [zīliào] 图 자료 提高 [tígāo] 图 향상하다, 높이다, 끌어올리다 水平 [shuǐpíng] 图 수준 进行 [jìnxíng] 图 진행하다, (어떠한 활동을) 하다 增强 [zēngqiáng] 图 증강하다, 강화하다 体力 [tǐlì] 图 체력, 힘 景点 [jǐngdiǎn] 图 경치가 좋은 곳, 명소 实地 [shídì] 图 실지, 현지, 현장 考察 [kǎochá] 图 현지 조사하다, 시찰하다 现场 [xiànchǎng] 图 (사건의) 현장 模拟 [mónǐ] 图 모방하다, 본뜨다 图 시뮬레이션 说明 [shuōmíng] 图 설명, 해설

📑 为了成为~, ~ : ~이 되기 위해 ~하다.

为了成为旅游翻译导游，我主要从这几个方面开始准备。

관광통역안내사가 되기 위해 저는 주로 이러한 몇 가지의 준비를 하였습니다.

📑 为了熟悉~, 经常做~ : ~을 숙지하기 위해 자주~을 하다.

为了熟悉韩国历史，经常看有关韩国历史的资料。

한국 역사를 숙지하기 위해 한국 역사에 관한 자료를 자주 보았습니다.

为了熟悉旅游景点，经常进行实地考察，现场模拟说明。

관광지에 대해 숙지하기 위해서 자주 현장을 답사하여 현장시뮬레이션을 했습니다.

05 | 오 로지 나만의 답안으로 만들자

Q. 为了成为旅游翻译导游，你平时做了哪些努力？

(02) 식당에서 예약이 잘못되어서 한참 기다려야 한다면 어떻게 대처하겠습니까?

饭店预约有误，需要多等一会时，应当如何处理？

01 | 일 단 한번 읽어보자

第一，最重要的是在到达餐厅之前，导游应当提前确认一下，以防这种情况发生。

第二，如果需要等很长时间，导游应当向游客说明情况，提供解决方案。

举个例子，如果时间不长，可以让游客自行活动或者在车上等。

如果时间很长，导游可以联系附近的其他餐厅。

还有，导游应当安抚游客的情绪，营造积极的旅游氛围。

02 | 이 렇게도 알아두자

첫째, 가장 중요한 것은 식당에 도착하기 전에 가이드가 미리 확인해서 이런 상황에 대비하는 것입니다. 둘째, 오래 기다려야 한다면 가이드는 관광객에게 상황을 설명하고 해결책을 제시해야 합니다. 예를 들어, 시간이 길지 않다면 여행객들에게 자유시간을 주거나 차에서 기다리게 합니다. 시간이 오래 걸린다면 가이드는 근처에 있는 다른 식당에 연락하면 됩니다. 그리고 가이드는 관광객의 불쾌한 감정을 달래 주고 적극적인 여행 분위기를 만들어 주어야 합니다.

03 | 삼 세번은 복습하자

预约 [yùyuē] 몡 통 예약(하다) 误 [wù] 몡 실수, 틀림, 잘못, 오류 处理 [chǔlǐ] 통 처리하다, 해결하다 到达 [dàodá] 통 도착하다, 도달하다 餐厅 [cāntīng] 몡 식당 之前 [zhīqián] …의 앞, …의 전 应当 [yīngdāng] 통 응당(당연히) …해야 한다 提前 [tíqián] 통 (예정된 시간이나 기한을) 앞당기다 确认 [quèrèn] 통 확인하다 以防 [yǐfáng] 통 ~을 대비하다 提供 [tígōng] 통 제공하다 解决 [jiějué] 통 해결하다 方案 [fāng'àn] 몡 방안 举个例子 [jǔ ge lìzi] 예를 들면 自行 [zìxíng] 뛰 스스로, 자체로, 저절로 或者 [huòzhě] 접 …(이)거나, …(이)든지, 혹은, 또는, … 联系 [liánxì] 통 연락하다 附近 [fùjìn] 몡 부근, 근처 其他 [qítā] 몡 기타, 그 외 安抚 [ānfǔ] 통 위로하다, 위안하다 情绪 [qíngxù] 몡 정서, 기분, 불쾌한 감정 营造 [yíngzào] 통 조성하다 积极 [jījí] 혱 적극적이다 氛围 [fēnwéi] 몡 분위기

📑 最重要的是~ : 가장 중요한 것은 ~이다.

最重要的是在到达餐厅之前，导游应当提前确认一下，以防这种情况发生。

가장 중요한 것은 식당에 도착하기 전에 가이드가 미리 확인해서 이런 상황에 대비하는 것입니다.

📑 ~可以让~A或者B等。: ~하여금 A 혹은 B 등을 하게 할 수 있다.

可以让游客自行活动或者在车上等。

여행객들로 하여금 스스로 돌아다니거나 차에서 기다리게 하는 등을 할 수 있습니다.

05 | 오 로지 나만의 답안으로 만들자

Q. 饭店预约有误，需要多等一会时，应当如何处理？

[03] 인바운드 관광이 국가경제에 끼치는 영향은 무엇입니까?

入境旅游(入境观光)对国家经济有哪些影响？

01 | 일 단 한번 읽어보자

入境旅游是外国人访问韩国的观光，对国家经济有很多影响。

第一，促进消费，提高住宿、餐饮、购物等相关产业的附加价值。

第二，创造就业岗位，活跃城市品牌和区域经济。

第三，赚取外汇，增加税收，带动韩国经济整体的发展。

02 | 이 렇게도 알아두자

인바운드 관광은 외국인이 한국을 방문하는 관광으로 국가경제에 많은 영향을 끼칩니다.

첫째, 소비를 촉진하고 숙박, 요식업, 쇼핑 등 관련 산업의 부가가치를 높입니다.

둘째, 일자리를 창출하고 도시 브랜드와 지역 경제를 활성화합니다.

셋째, 외화획득과 세수증가로 한국 경제의 전반적인 발전을 이끌어 줍니다.

03 | 삼 세번은 복습하자

入境旅游 [Rùjìng lǚyóu] 몡 인바운드 관광 经济 [jīngjì] 몡 경제 影响 [yǐngxiǎng] 몡 영향 访问 [fǎngwèn] 동 방문하다 观光 [guānguāng] 몡 관광 促进 [cùjìn] 동 촉진하다 消费 [xiāofèi] 몡 소비 提高 [tígāo] 동 향상하다, 높이다, 끌어올리다 住宿 [zhùsù] 몡 숙박 餐饮 [cānyǐn] 몡 음식, 식사와 음료, 요식업 购物 [gòuwù] 몡 쇼핑 产业 [chǎnyè] 몡 산업 附加价值 [fùjiā jiàzhí] 몡 부가가치 创造 [chuàngzào] 동 창조하다, 만들다 就业 [jiùyè] 몡동 취업(하다) 岗位 [gǎngwèi] 몡 일자리 活跃 [huóyuè] 동 활기를 띠게 하다, 활발히 하다 城市 [chéngshì] 몡 도시 品牌 [pǐnpái] 몡 상표, 브랜드 区域 [qūyù] 몡 지역, 구역 赚取 [zhuànqǔ] 동 (이윤을) 획득하다, 벌다 外汇 [wàihuì] 몡 외화, 외환 增加 [zēngjiā] 동 증가하다, 더하다, 늘리다 税收 [shuìshōu] 몡 세수, 세금수입 带动 [dàidòng] 동 (이끌어) 움직이다, 이끌어 나가다 整体 [zhěngtǐ] 몡 전체, 총체

📖 ~对~有很多影响 : ~는 ~에 많은 영향을 끼친다.

入境旅游对国家经济有很多影响。

인바운드 관광은 국가경제에 많은 영향을 끼칩니다.

📖 提高A、B、C 等相关产业的附加价值。: A、B、C 등 관련산업의 부가가치를 높인다.

提高住宿、餐饮、购物等相关产业的附加价值。

숙박, 요식업, 쇼핑 등 관련산업의 부가가치를 높입니다.

05 | **오**로지 나만의 답안으로 만들자

Q. 入境旅游(入境观光)对国家经济有哪些影响？

(04) 인바운드 관광의 질을 높이는 방법에는 어떤 것이 있습니까?

如何提高入境旅游的质量？

01 | 일 단 한번 읽어보자

为了提高入境旅游的质量、有以下几种方法。

第一，我们可以为游客提供各种文化体验项目。例如，通过传统工艺体验、烹饪课堂、传统歌舞表演等、帮助游客更深入地了解当地文化。

第二，随着旅行日常化趋势和对当地内容的关心逐渐增加,韩流观光需要更加多样的变化,我们应该开发可持续性的旅游商品, 让游客再次访问韩国。

第三, 导游应该定期接受教育培训, 更有趣、更充实地向游客传递当地的文化、历史、习俗等。

第四, 我们应该为游客提供便利, 完善住宿、交通等设施, 让游客出行更舒适安全。

02 | 이 렇게도 알아두자

인바운드 관광의 질을 높이기 위해서는 다음과 같은 방법들이 있습니다.

첫째, 관광객들에게 다양한 문화 체험 프로그램을 제공합니다. 예를 들어 전통공예체험, 요리교실, 전통 춤과 음악공연 등을 통해 관광객이 현지 문화를 더 깊이 이해할 수 있도록 도와줍니다. 둘째, 여행이 일상화되는 추세와 현지 콘텐츠에 대한 관심이 점차 증가함에 따라 한류 관광은 더욱 다양한 변화가 필요하며, 관광객들이 한국을 다시 방문할 수 있도록 지속가능한 관광 상품을 개발해야 합니다. 셋째, 가이드는 정기적으로 교육을 받아 현지의 문화, 역사, 관습 등을 관광객들에게 더 재미있고 알차게 전달해야 합니다. 넷째, 관광객들에게 편의를 제공하고 숙박, 교통 및 기타 시설을 개선하여 관광객들이 더 편안하고 안전하게 여행할 수 있도록 해야 합니다.

入境旅游 [Rùjìng lǚyóu] 몡 인바운드 관광 质量 [zhìliàng] 몡 질, 품질 以下 [yǐxià] 몡 이하, 그 다음(의 말) 提供 [tígōng] 동 제공하다 各种 [gèzhǒng] 혱 각종(의), 여러 가지 体验 [tǐyàn] 동 체험하다 项目 [xiàngmù] 몡 항목, 사항 例如 [lìrú] 예를 들면, 예컨대 传统 [chuántǒng] 몡 전통 工艺 [gōngyì] 몡 수공예 烹饪 [pēngrèn] 몡 요리 课堂 [kètáng] 몡 교실, 수업 歌舞 [gēwǔ] 몡 가무, 노래와 춤 表演 [biǎoyǎn] 몡 공연 当地 [dāngdì] 몡 현지, 그 지방 随着 [suízhe] 개 …에 따라 日常化 [rìchánghuà] 몡 일상화 趋势 [qūshì] 몡 추세, 경향 内容 [nèiróng] 몡 내용, 콘텐츠 逐渐 [zhújiàn] 븟 점차, 차츰차츰 增加 [zēngjiā] 동 증가하다, 더하다, 늘리다 韩流 [Hánliú] 몡 한류 多样 [duōyàng] 혱 다양하다 变化 [biànhuà] 몡 변화 开发 [kāifā] 동 개발하다 可持续性 [kěchíxùxìng] 몡 지속가능성 商品 [shāngpǐn] 몡 경제 상품 访问 [fǎngwèn] 동 방문하다 定期 [dìngqī] 몡혱 정기(定期)(의) 接受 [jiēshòu] 동 받아들이다, 받다 教育 [jiàoyù] 몡 교육 培训 [péixùn] 몡 (기술자·전문 간부 등이) 훈련을 하다 有趣 [yǒuqù] 혱 재미있다 充实 [chōngshí] 혱 충실하다, 풍부하다 传递 [chuándì] 동 (차례차례) 전달하다 习俗 [xísú] 몡 습관과 풍속, 습속 便利 [biànlì] 몡 편리 完善 [wánshàn] 동 완전해지게(완벽해지게) 하다 住宿 [zhùsù] 몡 숙박 交通 [jiāotōng] 몡 교통 设施 [shèshī] 몡 시설 出行 [chūxíng] 동 다른 지역으로 가다, 외출하여 멀리 가다 舒适 [shūshì] 혱 쾌적하다, 편하다 安全 [ānquán] 혱 안전(하다)

📋 ~可以为~提供~ : ~는 ~를 위해~을 제공하다.
我们可以为游客提供各种文化体验项目。
우리는 관광객들에게 다양한 문화 체험 프로그램을 제공할 수 있습니다.

📋 通过A、B、C等, 帮助~ : A, B, C등을 통해 ~를 돕는다.
通过传统工艺体验、烹饪课堂、传统歌舞表演等, 帮助游客更深入地了解当地文化。
전통공예체험, 요리교실, 전통 춤과 음악공연 등을 통해 관광객이 현지 문화를 더 깊이 이해할 수 있도록 도와줍니다.

📋 随着A和B, : A와 B함에 따라,
随着旅行日常化趋势和对当地内容的关心逐渐增加、
여행이 일상화되는 추세와 현지 콘텐츠에 대한 관심이 점차 증가함에 따라

Q. 如何提高入境旅游的质量？

(05) 로컬관광에 대해서 설명해 보세요.

请说说当地旅游(Local Tourism)。

01 | 일 단 한번 읽어보자

当地旅游(Local Tourism)是游客体验并享受自己访问地区的文化、历史、自然环境等的旅游。当地旅游重视游客与当地人交流、亲身体验和了解当地文化的过程。代表性的当地旅游有济州"海女的厨房"和釜山"无名日记等。当地旅游有时不是与大型旅行社或旅游企业合作，而是与地区社会合作进行，从而为当地经济注入活力，对促进与当地居民的相互了解和文化交流产生积极影响，促进当地的可持续发展。

02 | 이 렇게도 알아두자

로컬 관광(local Tourism)은 관광객이 자신이 방문하는 지역의 문화, 역사, 자연환경 등을 체험하고 즐기는 관광입니다. 로컬관광은 관광객이 현지인과 소통하며, 현지 문화를 직접 체험하고 이해하는 과정을 중요시합니다. 로컬관광의 대표적 사례로 제주 '해녀의 부엌'과 부산 '무명일기' 등이 있습니다. 로컬관광은 때로는 대형 여행사나 관광업체와의 제휴가 아닌 지역사회와의 제휴로 진행되어 지역경제에 활력을 불어넣고 지역주민과의 상호이해와 문화교류 촉진에 적극적인 영향을 미치며 지속가능한 지역발전을 도모하고 있습니다.

03 | 삼 세번은 복습하자

当地旅游(Local Tourism) [Dāngdì lǚyóu] 몡 로컬관광　**体验** [tǐyàn] 동 체험하다　**享受** [xiǎngshòu] 동 향수하다, 누리다, 즐기다　**地区** [dìqū] 몡 지구, 지역　**自然环境** [zìrán huánjìng] 몡 자연환경　**重视** [zhòngshì] 동 중시하다, 중요시하다　**亲身** [qīnshēn] 분 친히, 스스로, 몸소　**过程** [guòchéng] 몡 과정　**大型** [dàxíng] 형 대형(의)　**旅行社** [lǚxíngshè] 몡 여행사　**企业** [qǐyè] 몡 기업　**合作** [hézuò] 동 합작하다, 협력하다　**社会** [shèhuì] 몡 사회　**从而** [cóng'ér] 접 따라서, 그리하여, …함으로써　**注入** [zhùrù] 동 주입하다, 부어 놓다　**活力** [huólì] 몡 활력, 생기, 원기, 활기　**促进** [cùjìn] 동 촉진하다　**相互** [xiānghù] 분 서로, 상호　**产生** [chǎnshēng] 동 발생(하다), 생기다　**积极** [jījí] 형 적극적이다　**影响** [yǐngxiǎng] 몡 영향　**可持续发展** [kě chíxù fāzhǎn] 몡 지속가능한 발전

📑 ～体验并享受 A、B、C 等：～는 A, B, C 등을 체험하고 즐기다.
游客体验并享受自己访问地区的文化、历史、自然环境等的旅游。
관광객은 자신이 방문하는 지역의 문화, 역사, 자연환경 등을 체험하고 즐깁니다.

📑 代表性的～有A和B等：대표적인 ～로는 A와 B 등이 있다.
代表性的当地旅游有济州"海女的厨房"和釜山"无名日记"等。
대표적인 로컬관광으로는 제주 '해녀의 부엌'과 부산 '무명일기' 등이 있습니다.

📑 对A和B产生积极影响：A와 B에 적극적인 영향을 미치다.
对促进与当地居民的相互了解和文化交流产生积极影响。
지역주민과의 상호이해와 문화교류 촉진에 적극적인 영향을 미칩니다.

Q. 请说说当地旅游(Local Tourism)。

[06] 관광지가 휴무일일 때 어떻게 대처하겠습니까?

旅游景点休息时，应当如何应对？

---

01 | 일 단 한번 읽어보자

第一，导游应当了解旅游景点的休息日，并且提前确认一下。
第二，导游可以适当调整行程顺序。
第三，如果不能参观，导游向游客说明情况，提供解决方案。
还有，导游应当安抚游客的情绪，营造积极的旅游氛围。

---

02 | 이 렇게도 알아두자

첫째, 가이드는 관광지의 휴일을 알고 있어야 하며 또한 미리 확인해야 합니다. 둘째, 스케줄 순서를 적절히 조정해도 됩니다. 셋째, 관람이 불가능할 경우 관광객에게 상황을 설명하고 해결방안을 제공해야 합니다. 또 관광객의 불편한 마음을 달래 주고 적극적인 여행 분위기를 조성해야 합니다.

---

03 | 삼 세번은 복습하자

应对 [yìngduì] 图 응답하다, 대응하다 休息日 [xiūxirì] 图 휴일, 쉬는 날 并且 [bìngqiě] 图 또한, 그리고 提前 [tíqián] 图 (예정된 시간이나 기한을) 앞당기다 确认 [quèrèn] 图 확인하다 适当 [shìdàng] 图 적당히 调整 [tiáozhěng] 图 조정 [조절](하다) 行程 [xíngchéng] 图 일정 顺序 [shùnxù] 图 순서, 차례 参观 [cānguān] 图 참관(하다), 견학(하다) 提供 [tígōng] 图 제공하다 解决 [jiějué] 图 해결하다 方案 [fāng'àn] 图 방안 安抚 [ānfǔ] 图 위로하다, 위안하다 情绪 [qíngxù] 图 정서, 불쾌한 감정 营造 [yíngzào] 图 조성하다 积极 [jījí] 图 적극적이다 氛围 [fēnwéi] 图 분위기, 기분, 상황, 정세

可以适当调整~ : ~를 적절하게 조정해도 된다.
导游可以适当调整行程顺序。
가이드가 스케줄 순서를 적절히 조정해도 됩니다.

~向~说明~ : ~가 ~에게 ~을 설명하다.
导游向游客说明情况，提供解决方案。
가이드는 관광객에게 상황을 설명하고 해결방안을 제시합니다.

~应当安抚~的情绪，营造~的氛围 : ~ 의 불쾌한 감정을 달래고 ~한 분위기를 만들어야 한다.
导游应当安抚游客的情绪，营造积极的旅游氛围。
가이드는 관광객의 불편한 마음을 달래 주고 적극적인 여행 분위기를 만들어야 합니다.

05 | **오** 로지 나만의 답안으로 만들자

Q. 旅游景点休息时，应当如何应对？

[07] 옵션관광을 거부하는 관광객이 있으면 어떻게 대처하겠습니까?

如果有拒绝自费行程的游客，如何应对？

01 | 일 단 한번 읽어보자

自费行程(Option Tour)是除了事先定好的日程外,在当地追加日程并支付相应费用的旅行。如果游客都能追加日程，我当然很高兴，能提高导游的收入。但是如果有游客拒绝，我会尊重游客的意见，让游客自行活动或者在酒店休息，不会强迫，因为我代表韩国的国家形象。

02 | 이 렇게도 알아두자

옵션관광은 미리 정해진 일정 외에 현지에서 일정을 추가하고 그에 따른 비용을 지불하는 여행입니다. 관광객들 모두 일정을 추가할 수 있다면 가이드의 수입을 올릴 수 있으니 좋겠지만 만약 거절하는 관광객이 있다면 저는 관광객들의 의견을 존중하여 관광객들이 스스로 활동하거나 호텔에서 쉴 수 있도록 할 것이며 강요하지 않을 것입니다. 그 이유는 제가 한국의 국가 이미지를 대표하기 때문입니다.

03 | 삼 세번은 복습하자

拒绝 [jùjué] 동 거절하다, 거부하다 自费行程 [zìfèi xíngchéng] 명 자비 여행, 옵션관광 除了 [chúle] 접 …외에 또, …외에 …도 事先 [shìxiān] 명 사전 定 [dìng] 동 정하다, 결정하다, 확정시키다 日程 [rìchéng] 명 일정 当地 [dāngdì] 명 현지, 그 지방 追加 [zhuījiā] 동 추가하다 支付 [zhīfù] 동 지불하다, 지급하다 相应 [xiāngyìng] 동 상응하다 费用 [fèiyong] 명 비용 当然 [dāngrán] 부 당연히, 물론 收入 [shōurù] 명 수입, 소득 尊重 [zūnzhòng] 동 존중하다 意见 [yìjiàn] 명 의견 自行 [zìxíng] 부 스스로, 자체로, 저절로 活动 [huódòng] 동 운동하다, (몸을) 움직이다 强迫 [qiǎngpò] 동 강요하다, 강제로 시키다 代表 [dàibiǎo] 동 대표하다, 대신하다 形象 [xíngxiàng] 명 형상, 이미지

04 | **사** 소한 것도 기억하자

📋 除了~外, ~ : ~를 제외하고, ~하다.

除了事先定好的日程外,在当地追加日程并支付相应费用。

미리 정해진 일정 외에 현지에서 일정을 추가하고 그에 따른 비용을 지불합니다.

📋 如果~, 当然~ : 만약 ~하다면, 당연히 ~하다.

如果游客都能追加日程, 我当然很高兴。

만약 관광객들 모두 일정을 추가할 수 있다면 저는 당연히 기쁩니다.

05 | **오** 로지 나만의 답안으로 만들자

Q. 如果有拒绝自费行程的游客, 如何应对？

[08] 단체 관광객 중 한 명이 계속 개인행동을 하려고 할 때 어떻게 대처하겠습니까?

如果团体游客中有一位游客一直想自己行动，你会如何应对？

---

01 | 일 단 한번 읽어보자

导游应该坚持执行旅游合同，如果游客想自己行动，应该先得到导游的许可。作为导游，应该向游客说明团体旅游的规定，了解游客自己行动的理由和目的地。在不影响其他人的情况下，导游可以适当地满足游客的要求，但是尽可能劝说游客一起行动。而且，游客自己行动时，导游应与游客保持联系。

---

02 | 이 렇게도 알아두자

가이드는 여행계약대로 이행해야 하므로, 관광객이 개인행동을 하고자 한다면 먼저 가이드의 허락을 받아야 합니다. 가이드로서 관광객에게 단체관광의 규정을 설명하고, 여행객이 개인행동을 하려는 이유와 목적지를 알아야 합니다. 다른 사람들에게 피해를 주지 않는 선에서 적절하게 관광객의 요구를 들어줄 수 있지만, 가능한 한 함께 행동하도록 권유해야 합니다. 또한 관광객이 개인행동을 할 때는 관광객과 연락을 유지해야 합니다.

---

03 | 삼 세번은 복습하자

团体 [tuántǐ] 몡 단체 **坚持** [jiānchí] 통 (주장 따위를) 견지하다, 끝까지 버티다, 고수하다 **执行** [zhíxíng] 통 집행하다, 실행하다 **合同** [hétong] 몡 계약(서) **得到** [dédào] 통 받다 **许可** [xǔkě] 몡 허가, 승낙 **作为** [zuòwéi] 깨 …의 신분[자격]으로서 **规定** [guīdìng] 몡 규정, 규칙 **理由** [lǐyóu] 몡 이유 **目的地** [mùdìdì] 몡 목적지 **影响** [yǐngxiǎng] 통 영향을 주다, 미치다 **适当** [shìdàng] 톰 적당히 **满足** [mǎnzú] 통 만족시키다 **尽可能** [jǐnkěnéng] 톰 되도록, 가능한 한, 될 수 있는 한 **劝说** [quànshuō] 통 타이르다, 권고하다, 권유하다 **保持** [bǎochí] 통 유지하다 **联系** [liánxì] 통 연락하다

📑 如果想~, 应该先得到~的许可 : 만약 ~하고 싶다면 먼저 ~의 허락을 받아야 한다.

如果游客想自己行动, 应该先得到导游的许可。

만약 관광객이 개인행동을 하고 싶다면 먼저 가이드의 허락을 받아야 합니다.

📑 作为~, 应该~ : ~로서 마땅히 ~해야 한다.

作为导游, 应该向游客说明团体旅游的规定。

가이드로서 관광객에게 단체관광의 규정을 설명해야 합니다.

📑 满足~的要求 : ~의 말을 들어주다. ~가 원하는 대로 해주다. ~의 요구를 들어주다.

导游可以适当地满足游客的要求。

가이드는 적절하게 관광객의 요구를 들어줄 수 있습니다.

---

05 | 오 로지 나만의 답안으로 만들자

Q. 如果团体游客中有一位游客一直想自己行动, 你会如何应对？

[09] 관광객이 일정에 없는 다른 곳에 가고 싶다고 할 때 어떻게 대처하겠습니까?

如果游客想去没有日程安排的其他地方，会怎么应对？

01 | 일 단 한번 읽어보자

这个问题应该看情况。游客想去其他旅游景点时，如果没有其他游客，导游应该和公司协商日程、交通等，然后向游客说明规定、旅游安排和需支付的费用。在团体旅游的情况下，导游应该坚持执行旅游合同，如果游客想去其他地方，应该先得到导游的许可。作为导游，应该向游客说明团体旅游的规定，了解游客自己行动的理由和目的地。在不影响其他人的情况下，导游可以适当地满足游客的要求，但是尽可能劝说游客一起行动。而且，游客自己行动时，导游应与游客保持联系。

02 | 이 렇게도 알아두자

이 문제는 상황을 봐야 합니다. 관광객이 다른 관광지를 가고 싶어할 때 만약 다른 관광객이 없다면 가이드는 회사와 일정, 교통 등을 협의한 후 규정과 여행 일정, 지불해야 할 비용을 관광객에게 설명해야 합니다. 단체관광의 경우 가이드는 여행계약대로 이행해야 하므로, 관광객이 다른 곳을 가고자 한다면 먼저 가이드의 허락을 받아야 합니다. 가이드로서 관광객에게 단체관광의 규정을 설명하고, 여행객이 개인행동을 하려는 이유와 목적지를 알아야 합니다. 다른 사람들에게 피해를 주지 않는 선에서 적절하게 관광객의 요구를 들어줄 수 있지만, 가능한 한 함께 행동하도록 권유해야 합니다. 또한 관광객이 개인행동을 할 때는 관광객과 연락을 유지해야 합니다.

安排 [ānpái] 몡 안배, 일정, 스케줄 景点 [jǐngdiǎn] 몡 경치가 좋은 곳, 명소, 경승지 协商 [xiéshāng] 동 협상하다, 협의하다 交通 [jiāotōng] 몡 교통 规定 [guīdìng] 몡 규정, 규칙 支付 [zhīfù] 동 지불하다, 지급하다 费用 [fèiyong] 몡 비용, 지출 团体 [tuántǐ] 몡 단체 坚持 [jiānchí] 동 (주장 따위를) 견지하다, 끝까지 버티다, 고수하다, 지속하다 执行 [zhíxíng] 동 집행하다, 실행하다, 실시하다 合同 [hétong] 몡 계약(서) 得到 [dédào] 동 받다, 许可 [xǔkě] 몡 허가, 승낙 作为 [zuòwéi] 깨 …의 신분[자격]으로서 说明 [shuōmíng] 동 설명(하다) 理由 [lǐyóu] 몡 이유 目的地 [mùdìdì] 몡 목적지 影响 [yǐngxiǎng] 동 영향을 주다, 미치다 情况 [qíngkuàng] 몡 상황, 정황, 형편 适当 [shìdàng] 뮈 적당히 满足 [mǎnzú] 동 만족시키다 尽可能 [jǐnkěnéng] 뮈 되도록, 가능한 한, 될 수 있는 한 劝说 [quànshuō] 동 타이르다, 설득하다, 충고하다, 권고하다, 권유하다 保持 [bǎochí] 동 보지하다, 지키다, 유지하다 联系 [liánxì] 동 연락하다

应该和~协商A、B等 : ~와 A, B 등을 협의해야 한다.
导游应该和公司协商日程、交通等。
가이드는 회사와 일정, 교통 등을 협의해야 합니다.

向~说明A、B和C : ~에게 A, B와 C를 설명하다.
向游客说明规定、旅游安排和需支付的费用。
관광객에게 규정과 여행 일정, 지불해야 할 비용을 설명합니다.

Q. 如果游客想去没有日程安排的其他地方，会怎么应对？

(10) 이바지음식에 대해 설명해 보세요.

请介绍一下伊巴吉饮食。

01 | 일 단 한번 읽어보자

伊巴吉饮食指的是婚礼结束后新娘家送到婆家的食物,意思是"精心准备食物",表示要好好侍奉公婆的诚意。婆婆根据食物的味道、咸淡、外观等可以衡量儿媳家的厨艺，掌握儿媳妇的饮食习惯，而且还不熟悉的儿媳妇用娘家母亲的饭菜，在一段时间内可以轻松地摆上婆家的饭桌和茶点桌。

02 | 이 렇게도 알아두자

이바지 음식은 결혼식이 끝난 후에 신부의 집에서 시댁으로 보내는 음식을 말하는데 '정성스럽게 음식을 준비한다'는 뜻으로 시부모를 잘 모시겠다는 성의의 표시입니다. 시어머니는 음식의 맛과 간, 모양새 등을 보고 며느리 집안의 음식 솜씨를 가늠하기도 하고 새 며느리의 식성을 파악합니다. 또한 아직 익숙지 않은 며느리는 친정어머니의 음식으로 한동안 시댁 밥상과 다과상을 수월하게 차릴 수 있습니다.

03 | 삼 세번은 복습하자

伊巴吉 [Yībājí] [음역] 이바지　饮食 [yǐnshí] 명 음식　婚礼 [hūnlǐ] 명 결혼식, 혼례　结束 [jiéshù] 통 끝나다, 마치다　新娘家 [xīnniáng] 명 신부집　婆家 [pójia] 명 시가, 시집, 시댁　食物 [shíwù] 명 음식물　精心 [jīngxīn] 형 공들이다, 정성 들이다　表示 [biǎoshì] 통 의미하다, 나타내다　侍奉 [shìfèng] 통 부모를[윗사람을] 섬기다[모시다]　公婆 [gōngpó] 명 시부모　诚意 [chéngyì] 명 성의, 진심　婆婆 [pópo] 명 시어머니　根据 [gēnjù] 개 ~에 근거하여　味道 [wèidao] 명 맛　咸淡 [xiándàn] 명 간, 짠 정도　外观 [wàiguān] 명 외관, 겉모양　衡量 [héngliang] 통 가늠하다, 판단하다　儿媳妇 [érxífu] 명 며느리, 자부　厨艺 [chúyì] 명 요리기술　掌握 [zhǎngwò] 통 파악하다　饮食习惯 [yǐnshí xíguàn] 명 식습관　娘家 [niángjia] 명 친정　母亲 [mǔqīn] 명 모친, 어머니　饭菜 [fàncài] 명 밥과 찬, 식사　轻松 [qīngsōng] 형 (일 따위가) 수월하다　摆上 [bǎishang] 통 진열하다, 차리어 놓다　饭桌 [fànzhuō] 명 식탁　茶点 [chádiǎn] 명 다과(차와 과자)

根据A、B、C等可以衡量~ : A, B, C 등에 근거하여 ~를 가늠할 수 있다.

婆婆根据食物的味道、咸淡、外观等可以衡量儿媳家的厨艺。

시어머니는 음식의 맛과 간, 모양새 등에 근거하여 며느리 집안의 음식 솜씨를 가늠할 수 있습니다.

05 | 오 로지 나만의 답안으로 만들자

Q. 请介绍一下伊巴吉饮食。

(01) 북한이 미사일을 발사하는 등의 상황에서 가이드의 역할은 무엇입니까?

在朝鲜发射导弹等情况下，导游的作用是什么？

01 | 일 단 한번 읽어보자

我认为导游不管在任何情况下，都不能慌张，要冷静对待。

如果发生这种情况：

导游应给游客营造安全的氛围，尽量减少他们的不安感。

另外，还要持续了解情况，向游客提供必要的信息。这使得游客能够提前预测情况并妥善应对。

02 | 이 렇게도 알아두자

가이드는 어떤 상황에서도 당황하지 말고 침착하게 대응해야 한다고 생각합니다.

만약 이런 일이 발생한다면, 가이드는 여행자들에게 안정적인 분위기를 조성하고 그들의 불안감을 최소화해야 합니다. 또 상황을 지속적으로 파악하고 여행자들에게 필요한 정보를 제공해야 합니다. 이를 통해 여행자들은 상황을 예측하고 적절히 대처할 수 있습니다.

03 | 삼 세번은 복습하자

不管 [bùguǎn] 젭 …에 관계없이, …을 막론하고 任何 [rènhé] 때 어떠한 (…라도)[흔히 '都'와 호응하여 쓰임] 慌张 [huāngzhāng] 혱 당황하다, 허둥대다 冷静 [lěngjìng] 혱 침착하다 对待 [duìdài] 통 대응하다, 대처하다 营造 [yíngzào] 통 조성하다 安全 [ānquán] 몡 혱 안전(하다) 氛围 [fēnwéi] 몡 분위기, 기분, 상황, 정세 尽量 [jǐnliàng] 뷔 가능한 한, 최대한 减少 [jiǎnshǎo] 통 덜다, 줄(이)다 不安感 [bù'ān gǎn] 몡 불안감 另外 [lìngwài] 뷔 그밖에 持续 [chíxù] 통 지속하다 提供 [tígōng] 통 제공하다 必要 [bìyào] 몡 혱 필요(로)(하다) 信息 [xìnxī] 몡 정보 提前 [tíqián] 통 앞당기다 预测 [yùcè] 몡 통 예측(하다) 妥善 [tuǒshàn] 혱 알맞다, 타당하다, 적절하다 应对 [yìngduì] 통 대처하다

不管在~情况下，都不能~ : ~한 상황에서도 ~해서는 안 된다.

导游不管在任何情况下，都不能慌张。

가이드는 어떤 상황에서도 당황해서는 안 됩니다.

~应给~营造~的氛围 : ~에게 ~한 분위기를 조성해야 한다.

导游应给游客营造安全的氛围。

가이드는 여행자들에게 안정적인 분위기를 조성해야 합니다.

向~提供~的信息 : ~에게 ~한 정보를 제공하다.

向游客提供必要的信息。

여행자들에게 필요한 정보를 제공합니다.

05 | 오 로지 나만의 답안으로 만들자

Q. 在朝鲜发射导弹等情况下，导游的作用是什么？

(02) 관광객이 공항에서 수화물을 잃어버렸다면 어떻게 대처할 것입니까?

如果游客在机场丢失了行李，你会如何应对？

01 | 일 단 한번 읽어보자

我认为导游不管在任何情况下，都不能慌张，要冷静对待。

如果发生这种情况，我会：

首先，安抚游客的情绪，带游客去行李挂失处挂失。

其次，留下自己的手机号码，在韩旅行期间，经常询问情况。

还有，帮助游客买必需的生活用品，减少游客的不便。

02 | 이 렇게도 알아두자

가이드는 어떤 상황에서도 당황하지 말고 침착하게 대응해야 한다고 생각합니다.

만약 이런 일이 발생한다면, 저는 우선 관광객의 마음을 진정시키고, 관광객을 데리고 수화물 분실 신고소로 가서 분실 신고를 하겠습니다. 그 다음으로 제 전화번호를 남겨서 한국여행을 하는 동안 계속해서 상황을 알아볼 것입니다. 그리고 필요한 생활용품을 살 수 있도록 도와주는 등 관광객의 불편을 덜어 주겠습니다.

03 | 삼 세번은 복습하자

慌张 [huāngzhāng] 휑 당황하다, 허둥대다   冷静 [lěngjìng] 휑 냉정하다, 침착하다   对待 [duìdài] 툉 대응하다, 대처하다   首先 [shǒuxiān] 뎽 첫째, 우선   安抚 [ānfǔ] 툉 위로하다, 위안하다   情绪 [qíngxù] 뎽 정서, 기분   挂失 [guàshī] 툉 분실 신고서를 내다   其次 [qícì] 뎽 다음, 그 다음   期间 [qījiān] 뎽 기간   询问 [xúnwèn] 툉 알아보다, 문의하다   必需 [bìxū] 툉 꼭 필요로 하다   生活用品 [shēnghuóyòngpǐn] 뎽 생활용품   减少 [jiǎnshǎo] 툉 덜다, 줄(이)다   不便 [búbiàn] 휑 불편하다

📋 首先，～，其次，～，还有，～ : 우선 ～을(를) 하고, 그 다음으로 ～을(를) 하고, 그리고 ～을(를) 하다.

首先，安抚游客的情绪，带游客去行李挂失处挂失。

其次，留下自己的手机号码，在韩旅行期间，经常询问情况。

还有，帮助游客买必需的生活用品，减少游客的不便。

우선 관광객의 마음을 진정시키고, 관광객을 데리고 수화물 분실 신고소로 가서 분실 신고를 하겠습니다. 그 다음으로 제 전화번호를 남겨서 한국여행을 하는 동안 계속해서 상황을 알아볼 것입니다. 그리고 필요한 생활용품을 살 수 있도록 도와주는 등 관광객의 불편을 덜어 주겠습니다.

Q. 如果游客在机场丢失了行李，你会如何应对？

(03) 관광산업을 벤치마킹할 만한 나라 하나를 선택하고 그 이유를 설명하세요.

请选择一个旅游业值得效仿的国家，并说明理由。

01 | 일 단 한번 읽어보자

西班牙的旅游业可以成为我们效仿的典范。

这个国家每年吸引数百万游客，是世界上最受欢迎的旅游景点之一。西班牙拥有海岸、历史性城市、文化遗产、世界性博物馆等多种旅游项目。此外，在交通、住宿、旅游设施和安全方面也具备良好的服务。西班牙菜以其风味独特、特产而闻名于世。

02 | 이 렇게도 알아두자

스페인의 관광산업은 우리가 벤치마킹할 수 있는 본보기가 될 수 있습니다. 이 나라는 매년 수백만의 여행객을 끌어 모으며 세계에서 가장 인기 있는 관광지 중 하나입니다. 스페인은 해변, 역사적인 도시, 문화유산, 세계적인 박물관 등 다양한 관광 상품을 보유하고 있습니다. 이외에 교통, 숙박, 관광 시설, 안전 방면에 있어서도 우수한 서비스를 갖추고 있습니다. 스페인 요리는 그 독특한 맛과 특산물로 세계적으로 유명합니다.

03 | 삼 세번은 복습하자

旅游业 [lǚyóuyè] 몡 관광업, 여행업 值得 [zhíde] 동 …할 만하다 效仿 [xiàofǎng] 동 흉내내다, 모방하다, 본받다 西班牙 [Xībānyá] 몡 스페인 典范 [diǎnfàn] 몡 모범, 본보기 吸引 [xīyǐn] 동 흡인하다, 빨아 당기다, 끌어당기다, 끌다, 유인하다, 매료시키다 景点 [jǐngdiǎn] 몡 경치가 좋은 곳, 명소, 경승지 之一 [zhīyī] 몡 …중의 하나 拥有 [yōngyǒu] 동 (많은 토지·인구·재산 따위를) 보유[소유]하다, 가지다 海岸 [hǎi'àn] 몡 해안 历史性 [lìshǐxìng] 몡 역사성, 역사적 城市 [chéngshì] 몡 도시 文化遗产 [wénhuà yíchǎn] 몡 문화유산 博物馆 [bówùguǎn] 몡 박물관 多种 [duōzhǒng] 형 여러 가지, 다양한 项目 [xiàngmù] 몡 항목, 사항 此外 [cǐwài] 이 밖에, 이 이외 交通 [jiāotōng] 몡 교통 住宿 [zhùsù] 동 묵다, 유숙하다, 숙박하다 设施 [shèshī] 몡 시설 安全 [ānquán] 몡형 안전(하다) 具备 [jùbèi] 동 갖추다, 구비하다 良好 [liánghǎo] 형 양호하다, 좋다 风味 [fēngwèi] 몡 맛 独特 [dútè] 형 독특하다 特产 [tèchǎn] 몡 특산물 闻名于世 [wénmíngyúshì] 세상에 널리 알려져 있다, 이름을 떨치다, 세계에서 유명하다

~可以成为~的典范 : ~은(는) ~하는 본보기가 될 수 있다.

西班牙的旅游业可以成为我们效仿的典范。

스페인의 관광산업은 우리가 벤치마킹할 수 있는 본보기가 될 수 있습니다.

~是世界上最受欢迎的~之一 : ~은(는) 세계에서 가장 인기 있는 ~중의 하나이다.

西班牙是世界上最受欢迎的旅游景点之一。

스페인은 세계에서 가장 인기 있는 관광지 중 하나입니다.

以~而闻名于世 : ~로(으로) 세계에서 유명하다.

西班牙菜以其风味独特、特产而闻名于世。

스페인 요리는 그 독특한 맛과 특산물로 세계적으로 유명합니다.

05 | 오 로지 나만의 답안으로 만들자

Q. 请选择一个旅游业值得效仿的国家，并说明理由。

(04) 아리랑의 정서에 대해 말해 보세요.

请谈谈歌曲阿里郎表达的情感。

01 | 일 단 한번 읽어보자

阿里郎是韩国代表性民谣，也是深受韩国人喜爱的一首歌曲。歌词内容多样，但大部分内容都是分手或离开的悲伤，离开祖国去其他国家生活时对祖国的思念。阿里郎的感情大体上是悲伤、痛苦和思念。这些情感代表了我国国民的普遍情绪。

02 | 이 렇게도 알아두자

아리랑은 한국의 대표적인 민요로, 한국인들에게 매우 사랑받는 곡입니다. 가사의 내용은 다양하지만 대부분의 내용은 헤어지거나 떠나는 것에 대한 슬픔이나, 조국을 떠나 다른 나라에 가서 살면서 조국에 대한 그리움을 담고 있습니다. 아리랑의 정서는 대체로 슬픔과 아픔, 그리고 그리움입니다. 이러한 감정들은 우리나라 국민의 보편적인 정서를 나타냅니다.

03 | 삼 세번은 복습하자

阿里郎 [Ālǐláng] 몡 아리랑　代表性 [dàibiǎoxìng] 몡 대표적　民谣 [mínyáo] 몡 민요, 민간 가요　深受 [shēnshòu] 통 깊이 받다, 크게 받다　喜爱 [xǐ'ài] 통 좋아하다, 사랑하다　歌曲 [gēqǔ] 몡 노래, 가곡　歌词 [gēcí] 몡 가사　多样 [duōyàng] 몡형 다양(하다)　分手 [fēnshǒu] 통 헤어지다, 이별하다　离开 [líkāi] 통 떠나다　悲伤 [bēishāng] 몡 슬픔　祖国 [zǔguó] 몡 조국　思念 [sīniàn] 몡 그리움 통 그리워하다　大体上 [dàtǐshàng] 대체로　痛苦 [tòngkǔ] 몡 고통, 아픔　情感 [qínggǎn] 몡 정감, 감정, 느낌　普遍 [pǔbiàn] 형 보편적이다　情绪 [qíngxù] 몡 정서, 기분

📑 深受~喜爱 : ~에게 사랑을 많이 받다.
阿里郎是深受韩国人喜爱的一首歌曲。
아리랑은 한국인들에게 매우 사랑받는 곡입니다.

📑 ~大体上是A、B和C : ~은(는) 대체로 A, B, 그리고 C이다.
阿里郎的感情大体上是悲伤、痛苦和思念。
아리랑의 정서는 대체로 슬픔과 아픔, 그리고 그리움입니다.

📑 这些~代表了~ : 이런 ~은(는) ~을(를) 나타낸다.
这些情感代表了我国国民的普遍情绪。
이러한 감정들은 우리나라 국민의 보편적인 정서를 나타냅니다.

05 | 오 로지 나만의 답안으로 만들자

Q. 请谈谈歌曲阿里郎表达的情感。

(05) 한국의 추석과 중국의 중추절의 차이점에 대해 말해 보세요.

请说一下韩国的中秋节和中国中秋节的区别。

01 | 일 단 한번 읽어보자

中秋节是农历八月十五号，对韩中来说，这一天是一年中最重大的节日之一。因此，韩国人这一天除了和家人团聚在一起，还要回家乡扫墓、祭祀祖先，而在中国，扫墓祭祖是清明节的习俗。中国人过中秋节主要是跟家人团聚，除此之外，还有看灯、猜灯谜等习俗。在饮食上，韩国人要吃松饼，中国人要吃月饼。

02 | 이 렇게도 알아두자

추석은 음력 8월 15일로, 한국과 중국에게 있어 이날은 일년 중 가장 중요한 명절 중 하나입니다. 그래서 한국인은 이날 가족과 함께 지내는 것 외에도 또 고향에 가서 성묘를 하고 조상에게 제사를 지냅니다. 그러나 중국에서는 성묘를 가고 조상에게 제사를 지내는 것은 청명절의 풍습입니다. 중국인들은 추석에 주로 가족과 함께 보내는데, 이 외에도 등불 구경, 등롱에 수수께끼를 써 붙여서 푸는 놀이 등의 풍습이 있습니다. 음식에 있어서는 한국인은 송편을, 중국인은 월병을 먹습니다.

03 | 삼 세번은 복습하자

中秋节 [Zhōngqiū Jié] 몡 한가위, 추석 农历 [nónglì] 몡 음력 重大 [zhòngdà] 혱 중대하다, 크다 节日 [jiérì] 몡 명절 之一 [zhīyī] 몡 …중의 하나 除了 [chúle] 젭 …외에 团聚 [tuánjù] 동 한자리에 모이다 家乡 [jiāxiāng] 몡 고향 扫墓 [sǎomù] 동 성묘하다 祭祀 [jìsì] 동 제사(지내다) 祖先 [zǔxiān] 몡 선조, 조상 清明节 [Qīngmíng Jié] 몡 청명절 习俗 [xísú] 몡 풍속 主要 [zhǔyào] 뮈 주로, 대부분 除此之外 [chú cǐ zhī wài] 이 외에(에) 灯 [dēng] 몡 등, 등불 猜 [cāi] 동 추측해서 풀다, 추측하다, 알아맞히다 灯谜 [dēngmí] 몡 수수께끼, 음력 정월 보름이나 중추절 밤 초롱에 수수께끼의 문답을 써넣는 놀이 饮食 [yǐnshí] 몡 음식 松饼 [sōngbǐng] 몡 송편 月饼 [yuèbǐng] 몡 월병

对~来说 : ~에게 있어서,

对韩中来说，这一天是一年中最重大的节日之一。

한국과 중국에게 있어 이날은 일년 중 가장 중요한 명절 중 하나입니다.

除了~，还要~ : ~외에 또 ~을(를) 해야 한다.

韩国人这一天除了和家人团聚在一起，还要回家乡扫墓，祭祀祖先。

한국인은 이날 가족과 함께 지내는 것 외에도 또 고향에 가서 성묘를 하고 조상에게 제사를 지내야 합니다.

在~上 : ~에 있어서 / ~방면에서

在饮食上，韩国人要吃松饼，中国人要吃月饼。

음식에 있어서는 한국인은 송편을, 중국인은 월병을 먹습니다.

05 | 오 로지 나만의 답안으로 만들자

Q. 请说一下韩国的中秋节和中国中秋节的区别。

[06] 중국인 관광객이 역사를 잘못 알고 있다면 어떻게 설명하겠습니까?

如果中国游客对历史理解有误，你会怎么解释？

01 | 일 단 한번 읽어보자

在这种情况下，因为情况比较敏感，所以尊重对方的态度是最重要的。我会给游客提供可参考的准确资料或来源。此外，正确客观理解历史，有助于增进文化之间的相互理解和尊重。

02 | 이 렇게도 알아두자

이런 경우에는 민감한 상황이므로 상대방을 존중하는 태도가 가장 중요합니다. 저는 관광객에게 참고할 수 있는 정확한 자료 또는 출처를 제공할 것입니다. 또한 정확하고 객관적으로 역사를 이해하는 것은 문화 간의 상호 이해와 존중을 증진하는 데 도움이 될 수 있습니다.

03 | 삼 세번은 복습하자

敏感 [mǐngǎn] 형 민감하다, 감수성이 예민하다 尊重 [zūnzhòng] 동 존중하다, 중시하다 对方 [duìfāng] 명 상대방, 상대편, 적 态度 [tàidu] 명 태도, 몸짓, 거동, 기색 提供 [tígōng] 동 제공하다 参考 [cānkǎo] 동 참고하다, 참조하다 准确 [zhǔnquè] 형 정확하다 资料 [zīliào] 명 자료 来源 [láiyuán] 명 근원, 출처 此外 [cǐwài] 이 밖에, 이 이외 正确 [zhèngquè] 형 정확하다 客观 [kèguān] 명 형 객관(적이다) 增进 [zēngjìn] 동 증진하다, 증진시키다 相互 [xiānghù] 명 형 상호(의), 서로(의)

📑 在这种情况下,~ : 이런 경우에는 ~하다.

在这种情况下,因为情况比较敏感,所以尊重对方的态度是最重要的。

이런 경우에는 민감한 상황이므로 상대방을 존중하는 태도가 가장 중요합니다.

📑 我会给~提供~或~ : 나는 ~에게 ~또는 ~을(를) 제공할 것이다.

我会给游客提供可参考的准确资料或来源。

저는 관광객에게 참고할 수 있는 정확한 자료 또는 출처를 제공할 것입니다.

📑 ~有助于增进~ : ~은(는) ~을(를) 증진하는 데 도움이 된다.

正确客观理解历史,有助于增进文化之间的相互理解和尊重。

정확하고 객관적으로 역사를 이해하는 것은 문화 간의 상호 이해와 존중을 증진하는 데 도움이 될 수 있습니다.

05 | 오 로지 나만의 답안으로 만들자

Q. 如果中国游客对历史理解有误,你会怎么解释?

(07) 신라와 백제의 문화를 비교해서 설명해 보세요.

请比较一下新罗和百济的文化。

PART 01

01 | 일 단 한번 읽어보자

百济文化的特点是"俭而不陋，华而不侈"，即俭朴而不简陋，华丽但不奢侈。温婉细腻，平缓柔和，从容自如。举个例子来说，与高句丽和新罗不同，百济的佛像总是带着微笑，散发着温暖的气氛。新罗文化具有多样性和复合性的特点。在这个时期，新罗人以自己的文化为基础，积极吸收外国的文化要素，并将其与自己的文化相结合，形成了独具韩国特色的文化形态。

02 | 이 렇게도 알아두자

백제 문화의 특징은 '검이불루, 화이부치' 즉 검소하되 누추하지 않고, 화려하지만 사치스럽지 않다는 것입니다. 백제는 온화하고 섬세하고 완만하고 부드러우며 여유가 있습니다. 일례로 고구려나 신라와는 달리 백제의 불상은 항상 미소를 머금고 따뜻한 분위기를 풍깁니다.
신라 문화는 다양성과 복합성의 특징을 가지고 있습니다. 이 시기에 신라인들은 자신의 문화를 바탕으로 외국의 문화적 요소를 적극적으로 흡수하고, 이를 자신의 문화에 접목하여 독특한 한국적 특성을 지닌 문화 형태를 형성하였습니다.

比较 [bǐjiào] 통 비교하다 新罗 [Xīnluó] 명 신라 百济 [Bǎijì] 명 백제 特点 [tèdiǎn] 명 특징, 특색 俭而不陋, 华而不侈 [Jiǎn ér bú lòu, huá ér bù chǐ] 검이불루 화이불치 即 [jí] 부 곧, 바로, 즉 俭朴 [jiǎnpǔ] 형 검소하고 소박하다 简陋 [jiǎnlòu] 형 초라하다, 누추하다 华丽 [huálì] 형 화려하다 奢侈 [shēchǐ] 형 사치스럽다 温婉 [wēnwǎn] 형 부드럽고 완곡하다 细腻 [xìnì] 형 섬세하다 平缓 [pínghuǎn] 형 온화하다, 완만하다 柔和 [róuhé] 형 부드럽다 从容自如 [cóngróngzìrú] 성 차분하다, 침착하다 例子 [lìzi] 명 예 高句丽 [Gāogōulí] 명 고구려 佛像 [fóxiàng] 명 불상 微笑 [wēixiào] 명통 미소(하다) 散发 [sànfā] 통 발산하다, 내뿜다 温暖 [wēnnuǎn] 형 따뜻하다, 따스하다 气氛 [qìfēn] 명 분위기 具有 [jùyǒu] 통 구비하다, 가지다 多样性 [duōyàngxìng] 명 다양성 复合性 [fùhéxìng] 명 복합성 基础 [jīchǔ] 명 기초, 기반 积极 [jījí] 형 적극적이다 吸收 [xīshōu] 통 받아들이다, 흡수하다 要素 [yàosù] 명 요소, 요인 将 [jiāng] 개 …을[를] 结合 [jiéhé] 명통 결합(하다) 形成 [xíngchéng] 통 형성하다, 이루다 独具 [dújù] 통 독자적으로 가지고 있다 特色 [tèsè] 명 특색, 특징 形态 [xíngtài] 명 형태

与A和B不同 : A나 B와는 달리
与高句丽和新罗不同, 百济的佛像总是带着微笑, 散发着温暖的气氛。
고구려나 신라와는 달리 백제의 불상은 항상 미소를 머금고 따뜻한 분위기를 풍깁니다.

散发着~的气氛 : ~한 분위기를 풍긴다.
散发着温暖的气氛。
따뜻한 분위기를 풍깁니다.

~具有A和B的特点 : ~은(는) A와 B의 특징이 있다.
新罗文化具有多样性和复合性的特点。
신라 문화는 다양성과 복합성의 특징이 있습니다.

以~为基础 : ~을(를) 기반으로 / ~을(를) 바탕으로
新罗人以自己的文化为基础, 积极吸收外国的文化要素。
신라인들은 자신의 문화를 바탕으로 외국의 문화적 요소를 적극적으로 흡수하였습니다.

将其与~相结合, 形成了~ : 그것을 ~와(과) 서로 결합하여 ~을(를) 형성하다.
将其与自己的文化相结合, 形成了独具韩国特色的文化形态。
이를 자신의 문화에 접목시켜 독특한 한국적 특성을 지닌 문화 형태를 형성하였습니다.

Q. 请比较一下新罗和百济的文化。

[08] 관광통역안내사의 장단점은 무엇입니까?

旅游翻译导游这份工作的优缺点是什么？

01 | 일단 한번 읽어보자

旅游翻译导游这份工作既有优点又有缺点。

一方面，旅游翻译导游可以用外语向在国内旅行的外国人介绍旅游景点、历史、文化遗产、文化等，因此，如果是喜欢旅行、享受遇到新朋友的人，既可以起到民间外交官的作用，同时也可以兼顾工作和旅行。

但另一方面，也有缺点。

第一，受萨德或新冠肺炎等多种因素的影响较大，很难维持稳定的收入。

第二，工作时间不规律，所以很多时候参加不了亲戚朋友的婚礼、葬礼、生日等等。

第三，由于工作特性，主要在室外工作，酷暑、严寒也要在外面工作的情况较多。

02 | 이렇게도 알아두자

관광통역안내사라는 이 직업은 장점도 있고 단점도 있습니다.

관광통역안내사는 국내를 여행하는 외국인에게 관광지, 역사, 문화재, 문화 등을 외국어로 소개하기 때문에 여행을 좋아하고 새로운 사람을 만나는 것이 즐거운 사람이라면 민간외교관의 역할을 하면서 일과 여행을 병행할 수 있습니다.

그러나 다른 한편으로는 단점도 있습니다.

첫째, 사드나 코로나 등 여러 가지 요인의 영향을 많이 받으며, 안정적인 수입을 유지하기 어렵습니다.

둘째, 근무시간이 불규칙하다 보니 친척이나 친구의 결혼식, 장례식, 생일 등에 참석하지 못하는 경우가 많습니다.

셋째, 업무 특성상 주로 실외에서 일을 하는데 혹서기, 혹한기에도 밖에서 일을 하는 경우가 많습니다.

旅游景点 [lǚyóujǐngdiǎn] 몡 관광 명소, 관광지　文化遗产 [wénhuàyíchǎn] 몡 문화유산, 문화재　享受 [xiǎngshòu] 통 향수하다, 누리다, 즐기다　起到 [qǐdào] 통 (역할을) 하다　民间 [mínjiān] 몡 민간　外交官 [wàijiāoguān] 몡 외교관　作用 [zuòyòng] 몡 작용, 역할　兼顾 [jiāngù] 통 병행하다　萨德 [sàdé] 몡 사드　新冠肺炎 [xīnguān fèiyán] 몡 코로나　因素 [yīnsù] 몡 원인, 조건, 요소　维持 [wéichí] 통 유지하다　稳定 [wěndìng] 혱 안정적이다　不规律 [bù guīlǜ] 혱 불규칙하다　参加 [cānjiā] 통 참가하다, 참여하다, 참석하다　亲戚 [qīnqi] 몡 친척　婚礼 [hūnlǐ] 몡 결혼식, 혼례　葬礼 [zànglǐ] 몡 장례　特性 [tèxìng] 몡 특성　酷暑 [kùshǔ] 몡 혹서　严寒 [yánhán] 몡 혹한, 엄동설한

▣ ~的优缺点是~ : ~의 장단점은 ~이다.
旅游翻译导游这份工作的优缺点是什么？
관광통역안내사 이 직업의 장단점은 무엇입니까?

▣ 既有~又有~ : ~도 있고 ~도 있다.
旅游翻译导游这份工作既有优点又有缺点。
관광통역안내사라는 이 직업은 장점도 있고 단점도 있습니다.

▣ 同时也可以兼顾A和B : 동시에 또 A와 B를 병행할 수 있다.
同时也可以兼顾工作和旅行。
동시에 또 일과 여행을 병행할 수 있습니다.

Q. 旅游翻译导游这份工作的优缺点是什么？

[09] 한국의 국경일 중 역사와 관련이 있는 날에 대해 설명해 보세요.

请说明一下韩国法定节日中与历史有关的日子。

01 | 일 단 한번 읽어보자

韩国法定节日中和历史有关的日子是3·1节、光复节、开天节和韩文节。

3·1节：3月1日，是民族独立运动纪念日。

光复节：8月15日，是纪念1945年国家恢复主权的日子。

开天节：10月3日，传说韩国民族先祖在这一天建立了古朝鲜。

韩文节：10月9日，是纪念世宗大王创制文字的日子。

02 | 이 렇게도 알아두자

한국의 국경일 중 역사와 관련이 있는 날은 3·1절, 광복절, 개천절 그리고 한글날이 있습니다.

3·1절 : 3월 1일로 민족 독립운동 기념일입니다.

광복절 : 8월 15일로 1945년 나라가 주권을 회복한 날을 기념하는 날입니다.

개천절 : 10월 3일로 전설에 의하면 한국 민족의 선조가 이날 고조선을 건립하였다고 합니다.

한글날 : 10월 9일로 세종대왕이 문자를 창제한 날을 기념하는 날입니다.

03 | 삼 세번은 복습하자

法定节日 [fǎdìngjiérì] 명 국경일 民族 [mínzú] 명 민족 独立运动 [dúlì yùndòng] 명 독립운동 纪念日 [jìniànrì] 명 기념일 光复节[Guāngfùjié] 명 광복절 恢复 [huīfù] 동 회복하다, 회복되다 主权 [zhǔquán] 명 주권 祖先 [zǔxiān] 명 선조, 조상 开天节 [Kāitiānjié] 명 개천절 传说 [chuánshuō] 명 전설 先祖 [xiānzǔ] 명 선조, 조상 建立 [jiànlì] 동 건립하다, 세우다 古朝鲜 [Gǔcháoxiǎn] 고유 고조선 韩文节[Hánwénjié] 명 한글날 世宗大王 [Shìzōng dàwáng] 고유 세종대왕 创制 [chuàngzhì] 동 창제하다 文字 [wénzì] 명 문자, 글자

04 | 사 소한 것도 기억하자

📖 请说明一下~中与~有关的~ : ~중 ~와(과) 관련된 것을 설명해 보세요.

请说明一下韩国法定节日中与历史有关的日子。

한국의 국경일 중 역사와 관련이 있는 날에 대해 설명해 보세요.

05 | 오 로지 나만의 답안으로 만들자

Q. 请说明一下韩国法定节日中与历史有关的日子。

(10) 자원봉사여행(볼런투어리즘)에 대해 말해 보세요.

请介绍一下志愿者旅游。

01 | 일 단 한번 읽어보자

志愿者旅游是志愿服务(Volunteer)和旅行(Tourism)的合成词，游客为贫困社会提供帮助，即以给他人提供志愿服务为中心的旅行。一般访问贫困国家，提供医疗服务、灾后重建、向孩子们提供赞助金，去周边地区旅游的形式最为普遍。

02 | 이 렇게도 알아두자

자원봉사여행은 자원봉사(Volunteer)와 여행(Tourism)의 합성어로 관광객이 가난한 사회에 도움을 주고자 하는 즉 타인에게 자원봉사하는 것을 중심으로 하는 여행입니다. 보통은 빈곤국가를 방문하여 의료서비스를 제공하고, 재해를 복구하며, 아이들에게 후원금을 주고, 주변 지역을 여행하는 형태가 가장 보편적입니다.

03 | 삼 세번은 복습하자

志愿者 [zhìyuànzhě] 명 자원봉사자 志愿服务 [zhìyuànfúwù] 명 자원봉사 合成词 [héchéngcí] 명 합성어 贫困 [pínkùn] 명 형 빈곤(하다), 곤궁(하다) 提供 [tígōng] 동 제공하다 即 [jí] 부 곧, 바로, 즉 他人 [tārén] 명 타인, 남, 다른 사람 访问 [fǎngwèn] 명 동 방문(하다) 医疗服务 [yīliáo fúwù] 명 의료서비스 重建 [chóngjiàn] 동 재건하다 赞助金 [zànzhùjīn] 명 찬조금 周边 [zhōubiān] 명 주변, 주위 形式 [xíngshì] 명 형식, 형태 最为 [zuìwéi] 부 제일, 가장 普遍 [pǔbiàn] 형 보편적이다

📱 ~是A和B的合成词：~은(는) A와 B의 합성어이다.

志愿者旅游是志愿服务(Volunteer)和旅行(Tourism)的合成词。

자원봉사여행은 자원봉사(Volunteer)와 여행(Tourism)의 합성어입니다.

📱 ~为~提供帮助：~이(가) ~에게 도움을 제공하다.

游客为贫困社会提供帮助

관광객이 가난한 사회에 도움을 줍니다.

📱 以~为中心：~을(를) 중심으로 하다.

以给他人提供志愿服务为中心。

타인에게 자원봉사하는 것을 중심으로 합니다.

📱 向~提供赞助金：~에게 후원금을 주다.

向孩子们提供赞助金。

아이들에게 후원금을 줍니다.

05 | 오 로지 나만의 답안으로 만들자

Q. 请介绍一下志愿者旅游。

(01) 삼강오륜에 대해 설명하세요.

请说明一下三纲五伦。

01 | 일 단 한번 읽어보자

儒教的道德思想中最基本的是3项纲领和5项人伦。三纲是君为臣纲、父为子纲、夫为妻纲，是君王和臣子、父母和子女、丈夫和妻子之间应遵守的道理。

五伦是父子有亲、君臣有义、夫妇有别、长幼有序、朋友有信，父母和子女之间要有亲情，君王和臣子之间要有节义，夫妻之间要有区别，年长和年幼者之间要有主次，朋友之间要有信任。

02 | 이 렇게도 알아두자

삼강오륜은 유교(儒敎)의 도덕사상에서 기본이 되는 3가지의 강령(綱領)과 5가지의 인륜(人倫)입니다. 삼강은 군위신강(君爲臣綱)·부위자강(父爲子綱)·부위부강(夫爲婦綱)으로 임금과 신하, 어버이와 자식, 남편과 아내 사이에 마땅히 지켜야 할 도리입니다.

오륜은 부자유친(父子有親)·군신유의(君臣有義)·부부유별(夫婦有別)·장유유서(長幼有序)·붕우유신(朋友有信)으로, 부모와 자식 간에는 사랑이 있어야 하며, 임금과 신하 사이에는 의리가 있어야 하고, 부부 사이에는 구별이 있어야 하며, 어른과 어린이 사이에는 질서가, 친구 사이에는 믿음이 있어야 됨을 이릅니다.

03 | 삼 세번은 복습하자

三纲五伦 [sāngāngwǔlún] 몡 삼강오륜 儒教 [Rújiào] 몡 유교 道德思想 [dàodé sīxiǎng] 몡 도덕사상 纲领 [gānglǐng] 몡 강령, 대강 人伦 [rénlún] 몡 인륜, 윤리, 도덕 三纲 [sāngāng] 몡 삼강 君为臣纲 [jūnwéichéngāng] 몡 군위신강 父为子纲 [fùwéizigāng] 몡 부위자강 夫为妻纲 [fūwéiqīgāng] 몡 부위부강 君王 [jūnwáng] 몡 군왕 臣子 [chénzǐ] 몡 신하 遵守 [zūnshǒu] 통 준수하다, 지키다 道理 [dàoli] 몡 도리, 일리, 이치 五伦 [wǔlún] 몡 오륜 父子有亲 [fùziyǒuqīn] 몡 부자유친 君臣有义 [jūnchényǒuyì] 몡 군신유의 夫妇有别 [fūfùyǒubié] 몡 부부유별 长幼有序 [zhǎngyòuyǒuxù] 몡 장유유서 朋友有信 [péngyòuyǒuxìn] 몡 붕우유신 节义 [jiéyì] 몡 절개와 의리 主次 [zhǔcì] 몡 (일의) 경중(輕重), 주된 것과 부차적인 것 信任 [xìnrèn] 몡 신임

📑 ~之间要有~ : ~의 사이에는 ~이(가) 있어야 한다.

夫妻之间要有区别。

부부 사이에는 구별이 있어야 합니다.

朋友之间要有信任。

친구 사이에는 믿음이 있어야 합니다.

📑 A和B之间要有~ : A와 B 사이에는 ~이(가) 있어야 한다.

父母和子女之间要有亲情。

부모와 자식 간에는 사랑이 있어야 합니다.

君王和臣子之间要有节义。

임금과 신하 사이에는 의리가 있어야 합니다.

年长和年幼者之间要有主次。

어른과 어린이 사이에는 질서가 있어야 합니다.

05 | 오 로지 나만의 답안으로 만들자

Q. 请说明一下三纲五伦。

(02) 스포츠투어리즘에 대해 설명하세요.

请说明一下体育旅游。

01 | 일 단 한번 읽어보자

体育旅游是把体育和旅游结合起来。最近面对旅游产业的危机，大家对体育旅游的关注度越来越高。在体育资源上具有竞争优势的韩国，如果能够持续开发出有效的体育旅游模式，在体育和旅游方面都可以创造出高附加值。

02 | 이 렇게도 알아두자

스포츠투어리즘이란 관광과 스포츠를 결합한 것입니다. 최근 관광산업이 위기를 맞이하여 스포츠투어리즘에 대한 관심이 높아지고 있습니다. 스포츠 자원에서 경쟁 우위를 보이고 있는 우리나라가 효과적인 스포츠투어리즘 모델을 지속적으로 개발한다면 스포츠와 관광 분야 모두에서 고부가가치를 창출해 낼 수 있을 것입니다.

03 | 삼 세번은 복습하자

体育旅游 [tǐyùlǚyóu] 몡 스포츠투어리즘 结合 [jiéhé] 동 결합하다 面对 [miànduì] 동 직면하다 危机 [wēijī] 몡 위기
关注度 [guānzhù dù] 몡 관심도 资源 [zīyuán] 몡 자원 竞争 [jìngzhēng] 몡 경쟁하다 优势 [yōushì] 몡 우세, 우위
持续 [chíxù] 동 지속하다 开发 [kāifā] 동 개발하다 有效 [yǒuxiào] 형 효력이 있다 模式 [móshì] 몡 모식, 모델 创造
[chuàngzào] 동 창조하다, 만들다 高附加值 [gāo fù jiā zhí] 몡 고부가가치

~是把A和B结合起来 : ~은(는) A와 B를 결합한 것이다.
体育旅游是把体育和旅游结合起来。
스포츠투어리즘은 관광과 스포츠를 결합한 것입니다.

对~的关注度越来越高 : ~에 대한 관심이 점점 더 높아지다.
大家对体育旅游的关注度越来越高
다들 스포츠투어리즘에 대한 관심이 점점 높아지고 있습니다.

05 | **오**로지 나만의 답안으로 만들자

Q. 请说明一下体育旅游。

[03] 관광통역안내사가 매력 있는 이유는 무엇입니까?

旅游翻译导游有吸引力的原因是什么？

01 | 일단 한번 읽어보자

旅游翻译导游用外语向在国内旅行的外国人介绍旅游景点、历史、文化遗产、文化等，因此，如果是喜欢旅行、享受遇到新朋友的人，既可以起到民间外交官的作用，同时也可以兼顾工作和旅行。

02 | 이렇게도 알아두자

관광통역안내사는 국내를 여행하는 외국인에게 관광지, 역사, 문화재, 문화 등을 외국어로 소개하기 때문에, 여행을 좋아하고 새로운 사람을 만나는 것이 즐거운 사람이라면 민간외교관의 역할을 하면서 일과 여행을 병행할 수 있습니다.

03 | 삼세번은 복습하자

吸引力 [xīyǐnlì] 명 매력, 흡인력　原因 [yuányīn] 명 원인, 이유　旅游景点 [lǚyóujǐngdiǎn] 명 관광 명소, 관광지　文化遗产 [wénhuàyíchǎn] 명 문화유산, 문화재　享受 [xiǎngshòu] 통 향수하다, 누리다, 즐기다　起到 [qǐdào] 통 (역할을) 하다　民间 [mínjiān] 명 민간　外交官 [wàijiāoguān] 명 외교관　作用 [zuòyòng] 명 작용, 역할　兼顾 [jiāngù] 통 병행하다

04 | **사**소한 것도 기억하자

既可以~，同时也可以~ : ~할 수 있으며, 동시에 또 ~할 수 있다.
既可以起到民间外交官的作用，同时也可以兼顾工作和旅行。
민간외교관의 역할을 하면서 동시에 일과 여행을 병행할 수 있습니다.

05 | **오**로지 나만의 답안으로 만들자

Q. 旅游翻译导游有吸引力的原因是什么?

[04] 관광불편신고서 사용법에 대해 말해 보세요.

请对旅游不便投诉信的使用方法进行说明。

01 | 일 단 한번 읽어보자

对于利用旅游设施导致的违法、不当行为及不亲切等，游客可以向韩国观光公社(韩国旅游发展局)运营的旅游不便投诉中心进行旅游不便投诉。旅游不便投诉可通过电话、明信片、书信、传真、访问、网络等方式进行。

02 | 이 렇게도 알아두자

관광을 위한 시설의 이용에 따른 위법·부당행위 및 불친절 등에 대해 한국관광공사에서 운영하는 관광불편신고센터에 관광불편신고를 할 수 있습니다. 관광불편신고는 전화, 엽서, 서신 및 팩스, 방문, 인터넷 등으로 할 수 있습니다.

03 | 삼 세번은 복습하자

旅游不便投诉信 [lǚyóu búbiàn tóusùxìn] 명 관광불편신고서 使用方法 [shǐyòngfāngfǎ] 명 사용방법, 사용법 设施 [shèshī] 명 시설 导致 [dǎozhì] 동 야기하다, 초래하다 违法 [wéifǎ] 동 위법하다, 법을 어기다 不当行为 [búdàng xíngwéi] 명 부당행위, 위법행위 韩国观光公社 [Hánguó guānguāng gōngshè] 명 한국관광공사 韩国旅游发展局 [Hánguó lǚyóu fāzhǎnjú] 명 한국관광공사 运营 [yùnyíng] 동 운행하다, 영업하다, 운영하다 旅游不便投诉中心 [lǚyóu búbiàn tóusùzhōngxīn] 명 관광불편신고센터

📑 对于~可以向~进行~ : ~에 대해서 ~에게 ~을(를) 진행할 수 있다.

对于利用旅游设施导致的违法、不当行为及不亲切等，游客可以向韩国观光公社(韩国旅游发展局)运营的旅游不便投诉中心进行旅游不便投诉。

관광을 위한 시설의 이용에 따른 위법·부당행위 및 불친절 등에 대해 한국관광공사에서 운영하는 관광불편신고센터에 관광불편신고를 할 수 있습니다.

📑 可通过A、B… 等方式进行 : A, B…등의 방식을 통하여 진행할 수 있다.

旅游不便投诉可通过电话、明信片、书信、传真、访问、网络等方式进行。

관광불편신고는 전화, 엽서, 서신 및 팩스, 방문, 인터넷 등으로 할 수 있습니다.

05 | 오 로지 나만의 답안으로 만들자

Q. 请对旅游不便投诉信的使用方法进行说明。

(05) 비건 여행자에게 추천할 만한 한국의 음식 혹은 관광 상품에는 무엇이 있습니까?

推荐给纯素食主义游客的韩国饮食或旅游产品都有哪些？

01 | 일단 한번 읽어보자

纯素食主义者是指除了蔬菜、水果、海草等植物性食物外，什么都不吃的素食主义者。除了宗教原因外，纯素食主义者为了保护自己的健康和动物而开始吃素的情况也很多。韩国代表性的纯素食有寺庙饮食，不放鱼虾酱的辛奇，辛奇饼、纯素食炒年糕、纯素食五花肉、纯素食方便面等多种。旅游产品以仁川的素食旅游为例，可以在体验素食的同时，还可以享受仁川旅游。用仁川地区特产制作素食料理、使用低碳交通工具、品尝仁川素食啤酒、访问纯素食企业等是仁川素食旅游中最有代表性的活动。

02 | 이렇게도 알아두자

비건(Vegan)이란 채소, 과일, 해초 등의 식물성 음식 이외에는 아무것도 먹지 않는 채식주의자를 말합니다. 비건은 종교적인 원인 외에 자신의 건강과 동물의 보호를 위해 시작하게 되는 경우가 많습니다. 한국의 대표적인 비건 음식으로는 사찰음식, 젓갈이 들어가지 않은 김치, 김치전, 비건 떡볶이, 비건 삼겹살, 비건 라면 등 여러 가지가 있습니다. 관광상품으로는 인천의 비건 투어를 예로 들 수 있는데 비건 체험과 동시에 인천 관광을 즐길 수 있습니다. 인천 지역 특산물로 비건요리 만들기, 저탄소 이동수단 이용, 인천 비건 맥주 시음, 비건기업 방문 등이 인천 비건 투어 중 가장 대표적인 활동입니다.

纯素食主义者 [chúnsùshízhǔyìzhě] 몡 비건　海草 [hǎicǎo] 몡 해초　宗教 [zōngjiào] 몡 종교　代表性 [dàibiǎoxìng] 톙 대표적인　寺庙饮食 [sìmiàoyǐnshí] 몡 사찰음식　鱼虾酱 [yúxiājiàng] 몡 젓갈　辛奇 [xīnqí] 몡 김치　辛奇饼 [xīnqíbǐng] 몡 김치전　纯素食炒年糕 [chúnsùshí chǎoniángāo] 몡 비건 떡볶이　纯素食五花肉 [chúnsùshí wǔhuāròu] 몡 비건 삼겹살　纯素食方便面 [chúnsùshí fāngbiànmiàn] 몡 비건 라면　旅游产品 [lǚyóu chǎnpǐn] 몡 관광상품　仁川 [Rénchuān] 몡 인천　素食旅游 [sùshí lǚyóu] 몡 비건 투어　特产 [tèchǎn] 몡 특산(물)　制作 [zhìzuò] 동 제작하다, 만들다　素食料理 [sùshí liàolī] 몡 비건 요리　低碳 [dītàn] 톙 저탄소　素食啤酒 [sùshí píjiǔ] 몡 비건 맥주　访问 [fǎngwèn] 동 방문하다　纯素食企业 [chúnsùshí qǐyè] 몡 비건 기업

📵 ~是指~ : ~은(는) ~을(를) 가리킨다.
纯素食主义者是指除了蔬菜、水果、海草等植物性食物外，什么都不吃的素食主义者。
비건(Vegan)이란 채소, 과일, 해초 등의 식물성 음식 이외에는 아무것도 먹지 않는 채식주의자를 가리킵니다.

📵 为了~而~ : ~을(를) 위해 ~하다.
为了保护自己的健康和动物而开始吃素。
자신의 건강과 동물의 보호를 위해 채식을 시작합니다.

📵 以~为例 : ~을(를) 예로 들자면
以仁川的素食旅游为例
인천의 비건 투어를 예로 들자면

📵 可以在~的同时，还可以~。 : ~을(를) 할 수 있는 동시에, 또 ~할 수 있다.
可以在体验素食的同时，还可以享受仁川旅游。
비건 체험과 동시에 인천 관광을 즐길 수 있습니다.

Q. 推荐给纯素食主义游客的韩国饮食或旅游产品都有哪些？

[06] 투어 중 교통사고가 발생했다면 어떻게 대처하겠습니까?

如果在旅游途中发生交通事故，你会怎么处理？

01 | 일 단 한번 읽어보자

如果发生交通事故，为了防止二次事故，要打开应急灯，竖起三脚架，让后面的车辆看得清楚。不需要保护现场时，迅速将车移到应急车道上，无法移动车辆时，将游客安全疏散到应急车道上。如果有受伤的人，应该联系112或119，尽快采取措施，并打电话给旅行社告知情况。

02 | 이 렇게도 알아두자

교통사고가 나면 2차 사고방지를 위해 뒤에 있는 차량들이 잘 볼 수 있도록 비상등을 켜고 삼각대를 세웁니다. 현장보존이 필요 없는 경우 신속히 차를 갓길로 옮기고, 차를 이동할 수 없는 경우 여행객들을 안전하게 갓길로 대피시킵니다. 부상자가 있다면 112 또는 119에 연락을 하여 빠른 조치를 해야 하며, 여행사에 전화하여 이 상황을 알려야 됩니다.

03 | 삼 세번은 복습하자

交通事故 [jiāotōng shìgù] 똉 교통사고 **防止** [fángzhǐ] 됭 방지하다 **二次事故** [èrcì shìgù] 똉 2차 사고 **应急灯** [yìngjídēng] 똉 비상등 **竖起** [shùqǐ] 됭 세우다 **三脚架** [sānjiǎojià] 똉 삼각대 **保护** [bǎohù] 됭 보호하다 **现场** [xiànchǎng] 똉 (사건의) 현장 **应急车道** [yìngjí chēdào] 똉 갓길 **疏散** [shūsàn] 됭 대피시키다 **尽快** [jǐnkuài] 뷔 되도록 빨리 **采取** [cǎiqǔ] 됭 채용하다, 채택하다, 취하다 **措施** [cuòshī] 똉 조치, 대책 **告知** [gàozhī] 됭 알리다, 알려 주다, 통지하다

📑 **为了~, 要~ :** ~하기 위해, ~해야 한다.

为了防止二次事故, 要打开应急灯, 竖起三脚架, 让后面的车辆看得清楚。

2차 사고방지를 위해 뒤에 있는 차량들이 잘 볼 수 있도록 비상등을 켜고 삼각대를 세워야 합니다.

📑 **将~安全疏散到~ :** ~을(를) 안전하게 ~로(으로) 대피시키다.

将游客安全疏散到应急车道上。

여행객들을 안전하게 갓길로 대피시킵니다.

Q. 如果在旅游途中发生交通事故, 你会怎么处理?

(07) 관광통역안내사가 겪는 어려움에 대해 말해 보세요.

请谈谈旅游翻译导游所经历的困难。

01 | 일단 한번 읽어보자

旅游翻译导游所经历的困难有很多。

第一，受萨德或新冠肺炎等多种因素的影响较大，很难维持稳定的收入。

第二，工作时间不规律，所以很多时候参加不了亲戚朋友的婚礼、葬礼、生日等等。

第三，由于工作特性，主要在室外工作，酷暑、严寒也要在外面工作的情况较多。

02 | 이렇게도 알아두자

관광통역안내사가 겪는 어려움에는 여러 가지가 있습니다.

첫번째, 사드나 코로나 등 여러 가지 요인의 영향을 많이 받으며, 안정적인 수입을 유지하기 어렵습니다.

두번째, 근무시간이 불규칙하다 보니 친척이나 친구의 결혼식, 장례식, 생일 등에 참석하지 못하는 경우가 많습니다.

세번째, 업무 특성상 주로 실외에서 일을 하는데 혹서기, 혹한기에도 밖에서 일을 하는 경우가 많습니다.

03 | 삼세번은 복습하자

经历 [jīnglì] 图 겪다, 경험하다, 체험하다 困难 [kùnnan] 圀 곤란, 어려움, 애로 萨德 [sàdé] 圀 사드 新冠肺炎 [xīnguān fèiyán] 圀 코로나(19) 因素 [yīnsù] 圀 원인, 조건, 요소 维持 [wéichí] 图 유지하다 稳定 [wěndìng] 圀 안정적이다 不规律 [bù guīlǜ] 圀 불규칙하다 参加 [cānjiā] 图 참가하다, 참여하다, 참석하다 亲戚 [qīnqī] 圀 친척 婚礼 [hūnlǐ] 圀 결혼식, 혼례 葬礼 [zànglǐ] 圀 장례 特性 [tèxìng] 圀 특성 酷暑 [kùshǔ] 圀 혹서 严寒 [yánhán] 圀 혹한, 엄동설한

受~的影响较大 : ~영향을 많이 받는다.
受萨德或新冠肺炎等多种因素的影响较大。
사드나 코로나 등 여러 가지 요인의 영향을 많이 받습니다.

很难~ : ~하기 어렵다.
很难维持稳定的收入。
안정적인 수입을 유지하기 어렵습니다.

05 | **오** 로지 나만의 답안으로 만들자

Q. 请谈谈旅游翻译导游所经历的困难。

[08] 관광두레에 대해 말해 보세요.

请介绍一下旅游互助组。

01 | 일 단 한번 읽어보자

旅游互助组是把旅游产业和互助组(dure)结合起来，是指由当地居民自行打造的旅游商业社区。

这是一个政府扶持项目，通过当地居民自愿成立公司，经营住宿、食品、纪念品、旅游产品和旅游体验等旅游业，来直接创造当地就业和收入。旅游互助组的核心是以当地居民的自愿参与为基础，利用当地固有的资源，打造满足游客要求的旅游产业。

02 | 이 렇게도 알아두자

관광두레는 관광산업과 '두레'를 결합한 것으로, 지역 주민이 스스로 만들어가는 관광사업 공동체를 가리킵니다. 지역주민들이 자발적으로 회사를 설립하여 숙박·음식·기념품·여행상품·여행체험 등 관광사업을 경영함으로써, 지역 일자리와 소득을 직접 창출할 수 있도록 지원하는 정부 사업입니다. 관광두레는 지역주민의 자발적 참여를 바탕으로 지역 고유의 자원을 활용하고, 관광객의 요구에 부합하는 관광산업을 만드는 것을 핵심으로 합니다.

03 | 삼 세번은 복습하자

旅游互助组 [lǚyóu hùzhùzǔ] 명 관광두레   旅游产业 [lǚyóuchǎnyè] 명 관광산업   互助组 [hùzhùzǔ] 명 두레   结合 [jiéhé] 동 결합하다   自行 [zìxíng] 부 스스로   打造 [dǎzào] 동 만들다   社区 [shèqū] 명 공동체, 지역 사회   扶持 [fúchí] 동 돕다, 보살피다, 지지하다   自愿 [zìyuàn] 부 스스로, 동 자원하다   经营 [jīngyíng] 동 경영하다   住宿 [zhùsù] 명 숙박   就业 [jiùyè] 명 취업   核心 [héxīn] 명 핵심, 주요 부분   固有 [gùyǒu] 형 고유의, 고유하다   资源 [zīyuán] 명 자원

把A和B结合起来 : A와 B를 결합하다.
旅游互助组是把旅游产业和互助组(dure)结合起来。
관광두레는 관광산업과 '두레'를 결합한 것입니다.

以~为基础 : ~을(를) 기초로 / ~을(를) 바탕으로
以当地居民的自愿参与为基础
지역주민의 자발적 참여를 바탕으로

05 | 오 로지 나만의 답안으로 만들자

Q. 请介绍一下旅游互助组。

[09] 관광객에게 제주도를 설명해 보세요.

请向游客介绍一下济州岛。

01 | 일 단 한번 읽어보자

济州岛位于韩国、中国、日本等远东地区的中央，在地缘政治上非常重要，四面环海。它位于韩国南边，南北距离约31公里，东西距离约73公里，是连接俄罗斯、中国和日本、东南亚等地的要地，是自然风光秀丽的世界级旅游胜地。

02 | 이 렇게도 알아두자

제주도는 한국·중국·일본 등 극동 지역의 중앙부에 위치하여 지정학적으로도 중요하며, 섬 전체가 바다로 둘러싸여 있습니다. 한국 남쪽에 위치한 섬으로, 남북 간의 거리가 약 31km, 동서간의 거리가 약 73km로 동서로 가로놓인 모양입니다. 러시아·중국과 일본·동남아 등지를 연결하는 요충지이며, 자연경관이 수려한 세계적인 관광지입니다.

03 | 삼 세번은 복습하자

济州岛 [Jìzhōudǎo] 명 제주도 位于 [wèiyú] 동 …에 위치하다 远东 [yuǎndōng] 명 극동 地缘政治 [dìyuánzhèngzhì] 명 지정학 四面 [sìmiàn] 명 사면, 동서남북 环海 [huánhǎi] 동 바다로 둘러싸이다 公里 [gōnglǐ] 양 킬로미터 连接 [liánjiē] 동 연결하다, 서로 접하게 하다 俄罗斯 [Éluósī] 명 러시아 东南亚 [Dōngnán Yà] 명 동남아시아 要地 [yàodì] 명 요지, 요충 风光 [fēngguāng] 명 풍광, 풍경 秀丽 [xiùlì] 형 수려하다, 아름답다 旅游胜地 [lǚyóu shèngdì] 명 관광지, 관광 명소

04 | 사 소한 것도 기억하자

📑 ~位于~ : ~은(는) ~에 위치하다.

济州岛位于韩国、中国、日本等远东地区的中央。

제주도는 한국·중국·일본 등 극동 지역의 중앙부에 위치합니다.

05 | 오 로지 나만의 답안으로 만들자

Q. 请向游客介绍一下济州岛。

(10) 시티투어버스의 장점으로는 어떤 것이 있습니까?

城市观光巴士有哪些优点？

01 | 일 단 한번 읽어보자

城市观光巴士是面向外国人和游客的环城观光巴士。这是可以帮助游客游览市内主要旅游景点、购物中心、酒店街的环城旅游，是在短时间内最有效地游览一个城市的好方法。另外，车内还安装了用英语、汉语、日语等介绍旅游景点的翻译系统。

02 | 이 렇게도 알아두자

시티투어버스는 외국인이나 여행자를 대상으로 한 도시 관광용 운행버스입니다. 관광객이 도시 내에 주요 관광명소와 쇼핑센터, 호텔가 등을 둘러볼 수 있는 시내 순환 관광으로, 짧은 시간 내에 한 도시를 가장 효율적으로 둘러볼 수 있는 좋은 방법입니다. 이밖에 차 내에는 또 영어, 중국어, 일어 등 관광지를 소개하는 통역시스템이 설치되어 있습니다.

03 | 삼 세번은 복습하자

城市观光巴士 [chéngshì guānguāng bāshì] 명 시티투어버스 优点 [yōudiǎn] 명 장점, 우수한 점 面向 [miànxiàng] 동 …의 쪽으로 향하다, (요구에) 응하다, (요구 따위를) 만족시키다 环城 [huánchéng] 동 도시를 순환하다 游览 [yóulǎn] 동 유람하다, 관광하다 购物中心 [gòuwù zhōngxīn] 명 쇼핑센터 有效地 [yǒuxiàode] 부 효과적으로 安装 [ānzhuāng] 동 설치하다 翻译 [fānyì] 명 통역, 번역 系统 [xìtǒng] 명 체계, 시스템

~还安装了~ : ~에는 또 ~이(가) 설치되어 있다.

车内还安装了用英语、汉语、日语等介绍旅游景点的翻译系统。

차내에는 또 영어, 중국어, 일어 등 관광지를 소개하는 통역시스템이 설치되어 있습니다.

Q. 城市观光巴士有哪些优点?

(01) 국립공원의 개수, 최초로 지정된 곳 등 아는 대로 말해 보세요.

请说说国立公园的数量以及最早被指定为国立公园的地方。

01 | 일 단 한번 읽어보자

我国共有23个国立公园。除了3个海上海岸国立公园(多岛海海上、闲丽海上、泰安海岸)、1个半岛国立公园(边山半岛)、1个史迹(庆州)国立公园之外，大部分由山岳地区组成。智异山横跨庆尚南道、全罗道，是韩国最早也是最大的国立公园，于1967年被指定为国立公园。智异山的山峰和云海形成了千变万化的景色，智异山的美是无法用语言来形容的。

02 | 이 렇게도 알아두자

우리나라에는 모두 23개의 국립공원이 있습니다. 3개의 해상·해안국립공원(다도해해상, 한려해상, 태안해안), 1개의 반도국립공원(변산반도), 1개의 사적형(경주) 국립공원을 제외하면 대부분 산악지역으로 구성되어 있습니다. 지리산은 경상남도, 전라도에 걸쳐 있으며, 국내 최초이자 최대의 국립공원으로 1967년 국립공원으로 지정되었습니다. 봉우리와 운해가 변화무쌍한 모습을 이루고 있는 지리산의 아름다움은 이루 말할 수 없습니다.

03 | 삼 세번은 복습하자

国立公园 [guólìgōngyuán] 명 국립공원 多岛海海上国立公园 [Duōdǎohǎihǎishàng guólìgōngyuán] 고유 다도해해상국립공원 闲丽海上国立公园 [Xiánlìhǎishàng guólìgōngyuán] 고유 한려해상국립공원 泰安海岸国立公园 [Tàiānhǎiàn guólìgōngyuán] 고유 태안해안국립공원 边山半岛国立公园 [Biānshānbàndǎo guólìgōngyuán] 고유 변산반도국립공원 史迹 [shǐjì] 명 사적, 역사상의 유적 庆州 [Qìngzhōu] 명 경주 山岳 [shānyuè] 명 산악 地区 [dìqū] 명 지구, 지역 组成 [zǔchéng] 동 구성하다, 조직하다, 결성하다 智异山 [Zhìyì Shān] 명 지리, 지리산 横跨 [héngkuà] 동 가로걸쳐 있다 庆尚南道 [Qìngshàngnándào] 고유 경상남도 全罗道 [Quánluódào] 고유 전라도 指定 [zhǐdìng] 동 지정하다 山峰 [shānfēng] 명 산봉, 산봉우리 云海 [yúnhǎi] 명 운해, 구름바다 形成 [xíngchéng] 동 형성하다, 이루다, 구성하다 千变万化 [qiānbiànwànhuà] 성어 끊임없이 변화하다, 변화무궁하다 景色 [jǐngsè] 명 경치, 풍경 语言 [yǔyán] 명 언어 形容 [xíngróng] 동 형용하다

除了~之外, : ~을(를) 제외하면
除了3个海上海岸国立公园、1个半岛国立公园、1个史迹国立公园之外
3개의 해상·해안국립공원, 1개의 반도국립공원, 1개의 사적형 국립공원을 제외하면

~由~组成 : ~은(는) ~로(으로) 구성되었다.
大部分由山岳地区组成
대부분은 산악지역으로 구성되어 있습니다.

于~被指定~ : ~에 ~로(으로) 지정되었다.
于1967年被指定为国立公园
1967년에 국립공원으로 지정되었습니다.

Q. 请说说国立公园的数量以及最早被指定为国立公园的地方。

(02) 지속가능한 관광에 대해 설명하세요.

请介绍一下可持续观光。

01 | 일 단 한번 읽어보자

可持续旅游是指满足游客和景区当地居民的要求，并考虑到对当前和未来经济、社会、环境影响的旅游。在经济方面，应该对当地经济有所帮助，在社会文化方面，不应该破坏当地文化、当地居民的生活，在环境方面，尽量减少对环境的破坏，并保护旅游资源。

02 | 이 렇게도 알아두자

지속가능한 관광이란 관광객과 지역주민의 요구를 충족하며 현재와 미래의 경제적·사회적·환경적 영향을 고려하는 관광을 의미합니다. 경제적 측면에서는 여행지의 지역경제에 도움이 되어야 하고, 사회문화적 측면에서는 여행지의 문화, 지역주민의 생활을 해치지 않아야 하며, 환경적 측면에서는 환경훼손을 최소화하고 관광자원을 보전하여야 합니다.

03 | 삼 세번은 복습하자

可持续旅游 [Kěchíxùlǚyóu] 고유 지속가능한 관광　**满足** [mǎnzú] 동 만족시키다　**要求** [yāoqiú] 명동 요구(하다)　**考虑** [kǎolǜ] 명동 고려(하다)　**当前** [dāngqián] 명 눈앞　**未来** [wèilái] 명 미래　**经济** [jīngjì] 명 경제　**社会** [shèhuì] 명 사회　**环境** [huánjìng] 명 환경　**影响** [yǐngxiǎng] 명 영향　**破坏** [pòhuài] 동 훼손하다　**尽量** [jǐnliàng] 부 가능한 한, 될 수 있는 대로, 최대한　**减少** [jiǎnshǎo] 동 적게 하다, 줄(이)다, 감소하다　**保护** [bǎohù] 명동 보호(하다)　**资源** [zīyuán] 명 자원

📑 ~是指~ : ~은(는) ~을(를) 가리킨다.

可持续旅游是指满足游客和景区当地居民的要求，并考虑到对当前和未来经济、社会、环境影响的旅游。

지속가능한 관광은 관광객과 지역주민의 요구를 충족하며 현재와 미래의 경제적·사회적·환경적 영향을 고려하는 관광을 가리킵니다.

📑 对~有所帮助 : ~에 도움이 된다.

应该对当地经济有所帮助

지역경제에 도움이 되어야 합니다.

📑 尽量减少对~的破坏 : ~에 대한 훼손을 최대한 줄이다.

尽量减少对环境的破坏

환경에 대한 훼손을 최대한 줄입니다.

Q. 请介绍一下可持续观光。

(03) 한류에 대해 사례를 들어 이야기해 보세요.

请举例介绍一下韩流。

01 | 일 단 한번 읽어보자

韩流已经兴起了20年左右，现在已经从K-Drama、K-Movie、K-Pop等领域，扩散到
K-Webtoon、K-Literature等新的领域。而且现在韩流已经不是新现象或潮流，而是人们
的生活方式。例如，有K-Beauty、K-Food、K-Fish、K-Fashion、K-Medical等，其中像
K-Food，最近几年的出口创造了历史最高纪录。

02 | 이 렇게도 알아두자

한류 붐이 일어난 지 20년 정도 되다 보니 이제는 K-드라마, K-무비, K-팝 등에서 K-웹툰, K-문학 등 새로운
분야로 확산되고 있습니다. 또한 이제는 한류가 새로운 현상이나 유행이 아닌 사람들의 라이프스타일이 되고
있습니다. 예를 들면 K-뷰티, K-푸드, K-피시, K-패션, K-의료 등이 있으며 그 중에서 'K-푸드' 같은 경우에는
최근 몇 년간 수출이 역대 최고 기록을 세웠습니다.

03 | 삼 세번은 복습하자

韩流 [Hánliú] 몡 한류 兴起 [xīngqǐ] 동 일어나다, 흥기하다, 세차게 일어나다 领域 [lǐngyù] 몡 분야, 영역 扩散 [kuòsàn]
몡동 확산(하다), 만연(하다) 现象 [xiànxiàng] 몡 현상 潮流 [cháoliú] 몡 조류 生活方式 [shēnghuófāngshì] 몡 생활
방식 例如 [lìrú] 예를 들면, 예컨대 出口 [chūkǒu] 몡 수출 创造 [chuàngzào] 동 창조하다, 만들다 历史 [lìshǐ] 몡 역사
纪录 [jìlù] 몡 기록

04 | **사** 소한 것도 기억하자

📋 从~扩散到~ : ~에서 ~까지 확산되다.
现在已经从K-Drama、K-Movie、K-Pop等领域，扩散到K-Webtoon、K-Literature等新的领域。
이제는 K-드라마, K-무비, K-팝 등에서 K-웹툰, K-문학 등 새로운 분야로 확산되고 있습니다.

📋 ~不是~，而是~ : ~은(는) ~이(가) 아니고 ~이다.
现在韩流已经不是新现象或潮流，而是人们的生活方式。
이제 한류는 새로운 현상이나 유행이 아닌 사람들의 라이프스타일이 되고 있습니다.

05 | **오** 로지 나만의 답안으로 만들자

Q. 请举例介绍一下韩流。

(04) 의료관광은 무엇입니까?

什么是医疗观光?

01 | 일 단 한번 읽어보자

医疗观光是把医疗服务和旅游商品结合在一起的观光，因为游客的滞留时间长，费用也高，因此成为高附加值产业。受韩流的影响，韩国的整容手术在全世界很有人气，所以每年来韩国整容的外国游客也非常多。除了整容，韩国在治疗癌症、不孕不育等方面也吸引了大量的外国游客。

02 | 이 렇게도 알아두자

의료관광은 의료서비스와 관광 상품을 연계한 관광으로, 관광객의 체류기간이 길고 비용이 높기 때문에 고부가가치 산업이 되었습니다. 한류의 영향으로 한국의 성형수술이 세계적으로 인기를 끌면서 해마다 한국을 찾는 외국인 관광객도 많아졌습니다. 성형뿐만 아니라 암 치료, 불임 치료 등으로 외국인 관광객을 끌어들이고 있습니다.

03 | 삼 세번은 복습하자

医疗观光 [Yīliáoguānguāng] 고유 의료관광　医疗服务 [yīliáofúwù] 명 의료서비스　商品 [shāngpǐn] 명 상품　结合 [jiéhé] 명 통 결합(하다)　滞留 [zhìliú] 통 체류하다　费用 [fèiyong] 명 비용　因此 [yīncǐ] 접 그래서, 그러므로, 이 때문에　附加值 [fùjiāzhí] 명 부가 가치　产业 [chǎnyè] 명 산업　韩流 [Hánliú] 명 한류　整容 [zhěngróng] 명 통 성형(하다)　手术 [shǒushù] 명 수술　人气 [rénqì] 명 인기　治疗 [zhìliáo] 명 통 치료(하다)　癌症 [áizhèng] 명 암　不孕不育 [búyùnbúyù] 명 불임　方面 [fāngmiàn] 명 분야, 방면, 쪽　吸引 [xīyǐn] 통 끌어당기다, 끌다

把~和~结合在一起 : ~와(과) ~을(를) 결합하다.
把医疗服务和旅游商品结合在一起
의료서비스와 여행상품을 결합하였습니다.

因此成为~ : 이 때문에 ~이(가) 되다.
因此成为高附加值产业
이 때문에 고부가 가치 산업이 되었습니다.

受~的影响 : ~의 영향을 받아
受韩流的影响
한류의 영향을 받아

05 | **오**로지 나만의 답안으로 만들자

Q. 什么是医疗观光?

(05) 관광객이 주의해야 할 한국의 음식문화가 있습니까?

游客有需要注意的韩国饮食文化吗?

01 | 일 단 한번 읽어보자

外国游客之中有素食主义者、过敏和糖尿病的患者、穆斯林等，这些人因为不够清楚关于食材的信息，出现了各种问题。对过敏和糖尿病患者来说，食材和他们的生命紧密相关。特别是韩国菜中汤类较多，而且很难清楚地了解汤类的食材。最近为了解决这些问题，虽然在一些饭店里有无人点餐机，游客可以选择适合自己的饮食，但现在还没有被普及。

02 | 이 렇게도 알아두자

외국인 관광객 중에는 채식주의자, 알레르기·당뇨 환자, 무슬림 등이 있는데, 이 관광객들은 식재료에 대한 정보 부족으로 여러 가지 어려움을 겪고 있습니다. 알레르기나 당뇨병 환자들에게 식재료는 생명과 밀접한 관련이 있습니다. 특히 한국음식은 국물 음식이 많은데, 이런 국물에 들어가는 식재료를 명확히 알기에는 어려움이 있습니다. 최근 이런 문제를 해결하기 위해, 일부 식당에서는 무인 주문대에서 자신에게 맞는 음식을 선택할 수 있기는 하지만 아직 대중화되지는 않은 단계입니다.

03 | 삼 세번은 복습하자

素食主义者 [sùshízhǔyìzhě] 圆 채식주의자　过敏 [guòmǐn] 圆 알레르기　糖尿病 [tángniàobìng] 圆 당뇨병　患者 [huànzhě] 圆 환자　穆斯林 [mùsīlín] 圆 무슬림　清楚 [qīngchu] 瀯 명확하다, 뚜렷하다　关于 [guānyú] 꺠 …에 관한　食材 [shícái] 圆 식자재, 식재료　信息 [xìnxī] 圆 정보　出现 [chūxiàn] 圆 생기다　各种 [gèzhǒng] 瀯 각종(의), 여러 가지　问题 [wèntí] 圆 (해답·해석 등을 요구하는) 문제, 질문　生命 [shēngmìng] 圆 생명　紧密 [jǐnmì] 瀯 긴밀하다, 밀접하다　相关 [xiāngguān] 圄 상관되다, 관련되다, 관계하다　汤类 [tānglèi] 圆 탕류　解决 [jiějué] 圄 해결하다　无人点餐机 [wúréndiǎncānjī] 圆 무인 주문대　选择 [xuǎnzé] 圄 선택하다　适合 [shìhé] 圄 적합하다, 알맞다　饮食 [yǐnshí] 圆 음식　普及 [pǔjí] 圄 보편화시키다, 대중화시키다, 보급되다

04 | 사 소한 것도 기억하자

📖 对~来说 : ~에 대해서 말하자면 / ~한테는
对过敏和糖尿病患者来说
알레르기나 당뇨병 환자들한테는

📖 ~和~紧密相关 : ~은(는) ~와 밀접하게 결부되어 있다 / 관련되어 있다.
食材和他们的生命紧密相关
식자재는 그들의 생명과 밀접하게 관련되어 있습니다.

05 | 오 로지 나만의 답안으로 만들자

Q. 游客有需要注意的韩国饮食文化吗?

(06) 공연장에 화재가 발생하면 어떻게 대처할지 말해 보세요.

如果公演场发生火灾，应该如何处理？

01 | 일 단 한번 읽어보자

这种情况最好不要发生。但是，如果发生：

第一，我会告诉游客们安全出口的位置。

第二，立即报火警。

第三，让游客用湿毛巾捂住鼻子和嘴，使身体尽量靠近地面移动。

第四，配合工作人员，听从安排，让游客迅速安全地撤离。

02 | 이 렇게도 알아두자

이런 상황은 발생하지 않는 것이 가장 좋기는 하지만 만약 발생한다면 :

첫째, 관광객들에게 비상구 위치를 알려줄 것입니다.

둘째, 즉시 화재 신고를 할 것입니다.

셋째, 관광객으로 하여금 코와 입을 젖은 수건 등으로 막고, 최대한 낮은 자세로 이동시킵니다.

넷째, 직원의 안내에 따라 관광객들을 신속하고 안전하게 대피하도록 합니다.

03 | 삼 세번은 복습하자

公演场 [gōngyǎnchǎng] 몡 공연장 **发生** [fāshēng] 동 발생하다, 생기다 **火灾** [huǒzāi] 몡 화재 **情况** [qíngkuàng] 몡 상황, 정황 **安全出口** [ānquánchūkǒu] 몡 안전출구 **位置** [wèizhì] 몡 위치 **立即** [lìjí] 뷰 즉시, 곧 **报** [bào] 동 알리다, 신고하다 **火警** [huǒjǐng] 몡 (화재 신고 전화번호) 119번 **湿** [shī] 혱 축축하다, 습하다 **毛巾** [máojīn] 몡 수건 **捂住** [wǔzhù] 동 단단히 가리다 **鼻子** [bízi] 몡 코 **嘴** [zuǐ] 몡 입 **使** [shǐ] 동 (…에게) …하게 하다, …시키다 **尽量** [jǐnliàng] 뷰 가능한 한, 최대한 **靠近** [kàojìn] 동 가까이 다가가다, 접근하다 **地面** [dìmiàn] 몡 지면, 지표 **移动** [yídòng] 몡동 이동(하다) **配合** [pèihé] 동 협동하다, 협력하다 **工作人员** [gōngzuò rényuán] 몡 직원 **听从** [tīngcóng] 동 (남의 말을) 듣다, 따르다 **安排** [ānpái] 몡 안배, 처리, 배치 **迅速** [xùnsù] 혱 신속하다, 재빠르다 **安全** [ānquán] 몡혱 안전(하다) **撤离** [chèlí] 동 떠나다, 피신시키다

最好不要~ : ~하지 않는 것이 가장 좋다.
这种情况最好不要发生。
이런 상황은 발생하지 않는 것이 가장 좋습니다.

用~捂住~ : ~로(으로) ~을(를) 막다.
用湿毛巾捂住鼻子和嘴
젖은 수건으로 코와 입을 막습니다.

Q. 如果公演场发生火灾，应该如何处理？

(07) 지진 발생 시 어떻게 할 것입니까?

如果发生地震，应该如何处理?

01 | 일 단 한번 읽어보자

这种情况最好不要发生。但如果在室内发生时，应让游客用手或包等保护头部，并躲到桌子下或柱子附近。当停止晃动时，请立即向外撤离。另外，在撤离时，也要用手或包等保护头部。这时，应使用楼梯，而不是电梯。在室外应撤离到操场或公园等开阔的空间。

02 | 이 렇게도 알아두자

이런 상황은 발생하지 않는 것이 가장 좋기는 하지만 만약 실내에서 발생했을 땐 관광객으로 하여금 손이나 가방 등으로 머리를 보호하도록 하고, 책상 아래나 기둥 근처로 대피하도록 해야 합니다. 흔들림이 멈추면 바로 밖으로 대피하도록 합니다. 또한 대피할 때도 손이나 가방 등으로 머리를 보호해야 합니다. 이때 엘리베이터가 아닌 계단을 이용해야 합니다. 실외에서는 운동장이나 공원 등 넓은 공간으로 대피하도록 합니다.

03 | 삼 세번은 복습하자

发生 [fāshēng] 동 발생하다, 생기다　地震 [dìzhèn] 명 지진　室内 [shìnèi] 명 실내　保护 [bǎohù] 명 동 보호(하다)　头部 [tóubù] 명 두부, 머리　躲 [duǒ] 동 숨다, 피하다　柱子 [zhùzi] 명 기둥　附近 [fùjìn] 명 부근, 근처　停止 [tíngzhǐ] 동 정지하다, 멎다　晃动 [huàngdòng] 동 흔들다, 흔들거리다　撤离 [chèlí] 동 떠나다, 피신시키다　另外 [lìngwài] 부 그밖에, 따로　楼梯 [lóutī] 명 계단, 층계　电梯 [diàntī] 명 엘리베이터　外 [shìwài] 명 실외, 옥외　操场 [cāochǎng] 명 운동장　开阔 [kāikuò] 형 넓다, 광활하다　空间 [kōngjiān] 명 공간

04 | 사 소한 것도 기억하자

📑 用~ 保护~ : ~로(으로) ~을(를) 보호하다.

用手或包等保护头部

손 혹은 가방 등으로 머리를 보호합니다.

📑 躲到~或~ : ~혹은 ~로(으로) 피하다 / 숨다.

躲到桌子下或柱子附近

책상 아래나 혹은 기둥 근처로 피합니다.

05 | 오 로지 나만의 답안으로 만들자

Q. 如果发生地震，应该如何处理？

(08) 외국인들에게 한국 관광이 매력 있는 이유는 무엇입니까?

对外国人来说，韩国旅游的魅力是什么？

01 | 일단 한번 읽어보자

我觉得我们国家的旅游方方面面都充满了魅力。最近几年，受韩流的影响，来韩国的外国游客越来越多。喜欢K-Food的游客来韩国以后，可以享受炸鸡、烤肉、拌饭、辣炒年糕等美食。喜欢K-Pop、K-Drama、K-Movie的游客，可以去看表演、演唱会，也可以去参观拍摄地等等。想要整容的游客，可以在韩国享受最好的医疗设施以及最好的服务。除了这些以外，外国人还可以去韩屋村等景点感受韩国的传统美，也可以在弘大等地感受到韩国的现代美。总之，作为导游，我一定会让游客看到最有魅力的韩国。

02 | 이렇게도 알아두자

우리나라의 관광은 여러 면에서 매력적이라고 생각합니다. 최근 몇 년간 한류의 영향으로 한국을 찾는 외국인 관광객이 늘고 있습니다. K-Food를 좋아하는 사람들은 한국에 오면 치킨, 불고기, 비빔밥, 떡볶이 등을 즐길 수 있습니다. K-팝, K-드라마, K-무비를 좋아하는 사람들은 공연, 콘서트, 촬영지 등을 구경할 수 있습니다. 성형수술을 원하는 관광객은 한국에서 최고의 의료시설과 최고의 서비스를 누릴 수 있습니다. 외국인들은 이 외에도 한옥마을 등을 찾아 한국의 전통미를, 홍대 등에서 한국의 현대미를 느낄 수 있습니다. 저는 가이드로서 관광객에게 가장 매력적인 한국을 보여 드리도록 하겠습니다.

03 | 삼 세번은 복습하자

魅力 [mèilì] 명 매력　方方面面 [fāngfāngmiànmiàn] 부 각 방면, 여러 가지 면　充满 [chōngmǎn] 동 충만하다, 넘치다
影响 [yǐngxiǎng] 명 영향　享受 [xiǎngshòu] 동 누리다, 즐기다　炸鸡 [zhàjī] 명 치킨　烤肉 [kǎoròu] 명 불고기　拌饭
[bànfàn] 명 비빔밥　辣炒年糕 [làchǎoniángāo] 명 떡볶이　美食 [měishí] 명 맛있는 음식　表演 [biǎoyǎn] 명 공연　演唱会
[yǎnchànghuì] 명 음악회, 콘서트(concert)　参观 [cānguān] 명동 참관(하다), 견학(하다)　拍摄地 [pāishèdì] 명 촬영지
整容 [zhěngróng] 명 성형　医疗 [yīliáo] 명 의료　设施 [shèshī] 명 시설　以及 [yǐjí] 접 및, 그리고, 아울러　服务 [fúwù]
명 서비스　除了 [chúle] 접 …을[를] 제외하고(는)　韩屋村 [hánwūcūn] 명 한옥촌　景点 [jǐngdiǎn] 명 경치가 좋은 곳,
명소　感受 [gǎnshòu] 동 받다, 느끼다　传统 [chuántǒng] 명 전통　弘大 [Hóngdà] 고유 홍대　现代美 [xiàndàiměi] 명 현대미
总之 [zǒngzhī] 접 요컨대, 한마디로 말하면, 하여간, 아무튼　作为 [zuòwéi] 개 …의 신분[자격]으로서

04 | 사 소한 것도 기억하자

📑 除了~以外，还可以~，也可以~ : ~을(를) 제외하고 ~할 수 있고 또 ~할 수 있다.
除了这些以外，外国人还可以去韩屋村等景点感受韩国的传统美，也可以在弘大等地感受到韩国的现代美。
이 외에도 외국인들은 한옥마을 등을 찾아 한국의 전통미를, 홍대 등에서 한국의 현대미를 느낄 수 있습니다.

📑 作为~ 一定会 : ~로서(으로서) 반드시 ~할 것이다.
作为导游，我一定会让游客看到最有魅力的韩国
가이드로서 저는 관광객에게 가장 매력적인 한국을 보여 드리도록 하겠습니다.

05 | 오 로지 나만의 답안으로 만들자

Q. 对外国人来说，韩国旅游的魅力是什么?

[09] 우리나라를 방문하는 관광객들이 주로 중국, 일본에서 오는데 그 이유와 해결책에 대해 말해 보세요.

来我国旅游的游客主要来自日本和中国，请说一下理由和解决办法。

01 | 일 단 한번 읽어보자

韩中日三国地理位置相邻，文化相似，旅行费用低廉，因此来韩国旅游的中国和日本游客非常多，我国的旅游产业严重依赖于这两国。通过中国的萨德事件和日本的报复性出口限制规定，我们才认识到我国的旅游产业迫切需要改革。所以，除了中日，我们还应该开拓其他的海外市场。例如，穆斯林市场潜力巨大，中产阶级较多，对医疗观光和购物的需求大，可以成为我国旅游市场的突破口。为此，我们应该巩固内需旅游，培养所有国家对"韩国旅游"的信任感。

02 | 이 렇게도 알아두자

한·중·일 3국은 지리적으로 가깝고 문화가 비슷하며, 여행 경비 면에서도 저렴하여, 한국에 여행 오는 중국과 일본 관광객이 매우 많습니다. 우리나라의 관광산업은 이 두 나라에 크게 의존하고 있는 실정입니다. 중국의 '사드 배치'와 일본의 '보복적 수출 규제'를 통해서 우리는 자국 관광산업의 절실한 개선 필요성을 인식하게 되었습니다. 따라서 우리는 중·일 외에 다른 해외시장도 개척해야 할 것입니다. 예를 들면 무슬림 시장은 잠재력이 매우 큰 시장으로 중산층이 많고, 의료관광과 쇼핑에 대한 수요도 많아 우리 관광시장의 돌파구가 될 수 있습니다. 이를 위해선 내수관광을 공고히 하여, 전세계가 '한국 관광'에 대한 신뢰감을 갖도록 해야 합니다.

03 | 삼 세번은 복습하자

地理 [dìlǐ] 몡 지리 位置 [wèizhì] 몡 위치 相邻 [xiānglín] 됭 서로 인접하다, 서로 이웃하다 文化 [wénhuà] 몡 문화 相似 [xiāngsì] 됭 닮다, 비슷하다 费用 [fèiyong] 몡 비용, 지출 低廉 [dīlián] 혱 싸다, 저렴하다 旅游产业 [lǚyóuchǎnyè] 몡 관광산업 严重 [yánzhòng] 혱 중대하다, 심각하다 依赖 [yīlài] 됭 의존하다 通过 [tōngguò] 개 …를 통하여 萨德 [sàdé] 몡 사드 事件 [shìjiàn] 몡 사건, 사태 报复性出口限制规定 [bàofùxìng chūkǒu xiànzhì guīdìng] 몡 보복수출제한규정 迫切 [pòqiè] 혱 절실하다, 절박하다 改革 [gǎigé] 몡됭 개혁(하다) 开拓 [kāituò] 됭 개척하다 海外 [hǎiwài] 몡 해외, 외국, 국외 市场 [shìchǎng] 몡 시장 例如 [lìrú] 뮈 예를 들면, 예컨대 穆斯林 [mùsīlín] 몡 무슬림 潜力 [qiánlì] 몡 잠재(능)력, 저력 巨大 [jùdà] 혱 거대하다 中产阶级 [zhōngchǎn jiējí] 몡 '中等资产阶级'(중산 계급)의 준말 医疗观光 [yīliáoguānguāng] 몡 의료관광 购物 [gòuwù] 됭 물건을 구입하다, 쇼핑하다 需求 [xūqiú] 몡 수요, 필요, 요구 突破口 [tūpòkǒu] 몡 돌파구 巩固 [gǒnggù] 됭 견고하게 하다, 튼튼히 다지다, 공고히 하다 内需 [nèixū] 몡 내수 培养 [péiyǎng] 됭 양성하다, 키우다 信任感 [xìnrèngǎn] 몡 신뢰감

04 | 사 소한 것도 기억하자

📋 通过~, 才认识到~ : ~을(를) 통해 인식하게 되었다.
通过中国的萨德事件和日本的报复性出口限制规定, 我们才认识到我国的旅游产业迫切需要改革。
중국의 '사드 배치'와 일본의 '보복적 수출 규제'를 통해서 우리는 자국의 관광산업이 절실한 개선이 필요하다는 것을 인식하게 되었습니다.

📋 对~和~的需求大 : ~와(과) ~에 대한 수요가 많다.
对医疗观光和购物的需求大
의료관광과 쇼핑에 대한 수요가 많습니다.

05 | 오 로지 나만의 답안으로 만들자

Q. 来我国旅游的游客主要来自日本和中国, 请说一下理由和解决办法。

(10) 코리아그랜드세일은 무엇입니까?

什么是韩国购物季?

01 | 일 단 한번 읽어보자

韩国购物季是把旅游和韩流融合在一起的面向外国人的旅游庆典。在此期间，在全国为外国人提供购物、航空、住宿、美容、娱乐、旅游景点等方面的优惠，还设立活动中心，提供外语翻译、活动介绍、免费互联网 / WI-Fi、赠品活动等服务。

02 | 이 렇게도 알아두자

코리아그랜드세일은 관광과 한류가 융합된 외국인 대상 관광축제입니다. 이 기간에는 한국 전국에서 외국인에게 쇼핑, 항공, 숙박, 뷰티, 엔터테인먼트, 관광지 등의 방면에서 혜택을 제공하며, 이벤트센터를 설치하여 외국어 통역, 행사 안내, 무료 인터넷 / Wi-Fi, 경품 이벤트 등 서비스도 제공합니다.

03 | 삼 세번은 복습하자

韩国购物季 [Hánguó gòuwùjì] 몡 코리아그랜드세일 韩流 [Hánliú] 몡 한국풍의 유행 融合 [rónghé] 통 융합하다 面向 [miànxiàng] 통 …의 쪽으로 향하다 庆典 [qìngdiǎn] 몡 축전 期间 [qījiān] 몡 기간 提供 [tígōng] 통 제공하다 购物 [gòuwù] 통 물건을 구입하다, 쇼핑하다 航空 [hángkōng] 몡 항공 住宿 [zhùsù] 통 묵다, 숙박하다 美容 [měiróng] 통 용모를 아름답게 꾸미다 娱乐 [yúlè] 몡 오락, 즐거움 旅游景点 [lǚyóujǐngdiǎn] 몡 관광 명소 优惠 [yōuhuì] 몡 혜택 设立 [shèlì] 통 세우다, 설립하다 活动中心 [huódòngzhōngxīn] 몡 이벤트센터 翻译 [fānyì] 통 (외국어로) 번역하다, 통역하다 活动介绍 [huódòngjièshào] 몡 행사 소개 免费 [miǎnfèi] 통 무료로 하다 互联网 [hùliánwǎng] 몡 인터넷 赠品 [zèngpǐn] 몡 증정품, 경품 服务 [fúwù] 몡 서비스

把~和~融合在一起 : ~와(과) ~을(를) 융합하다.

把旅游和韩流融合在一起

여행과 한류를 융합하였습니다.

为~提供~ : ~에게 ~을(를) 제공하다.

为外国人提供购物、航空、住宿、美容、娱乐、旅游景点等方面的优惠

외국인에게 쇼핑, 항공, 숙박, 뷰티, 엔터테인먼트, 관광지 등의 방면에서 혜택을 제공합니다.

05 | **오** 로지 나만의 답안으로 만들자

Q. 什么是韩国购物季?

(01) 호텔 방 예약이 잘못되었을 때, 가이드로서 어떻게 대처할 것입니까?

酒店房间预订有误时, 作为导游该如何应对?

01 | 일 단 한번 읽어보자

第一, 导游无权自行处理, 要把情况详细地报告给旅行社。

第二, 在等待旅行社指示的期间, 安抚游客的情绪。

第三, 向游客道歉, 争取游客的谅解。

第四, 根据旅行社的指示, 处理好酒店预订不当的问题。

02 | 이 렇게도 알아두자

첫째, 가이드는 스스로 처리할 권한이 없으므로 상황을 상세히 여행사에 보고해야 합니다.

둘째, 여행사의 지시를 기다리는 동안, 관광객들의 불쾌한 감정을 달래 줍니다.

셋째, 관광객에게 사과하고 양해를 구합니다.

넷째, 여행사의 지시에 따라 잘못된 호텔 방 예약 문제를 처리합니다.

03 | 삼 세번은 복습하자

预订 [yùdìng] 명 동 예약[주문](하다)   无权 [wúquán] 동 권리가 없다   自行 [zìxíng] 부 스스로, 자체로, 저절로   处理 [chǔlǐ] 동 처리하다   情况 [qíngkuàng] 명 상황, 정황, 형편   详细地 [xiángxìde] 부 세세히, 자세히   报告 [bàogào] 명 동 보고 (하다)   旅行社 [lǚxíngshè] 명 여행사   等待 [děngdài] 동 기다리다   指示 [zhǐshì] 명 동 지시(하다)   期间 [qījiān] 명 기간   安抚 [ānfǔ] 동 위로하다, 위안하다, 위무(慰撫)하다   游客 [yóukè] 명 관광객, 유람객, 여행객   情绪 [qíngxù] 명 정서, 기분, 불쾌한 감정   道歉 [dàoqiàn] 동 사과하다, 사죄하다, 미안함을 표시하다   争取 [zhēngqǔ] 동 쟁취하다, 얻다, 획득하다, 이룩하다   谅解 [liàngjiě] 명 동 양해(하다), 이해(하여 주다)   根据 [gēnjù] 동 근거하다, 의거하다, 따르다

📑 在等~的期间 : ~을(를) 기다리는 동안
　　在等待旅行社指示的期间
　　여행사의 지시를 기다리는 동안

📑 向~道歉，争取~的谅解 : ~에게 사과를 하고, ~의 양해를 구하다.
　　向游客道歉，争取游客的谅解。
　　관광객에게 사과하고 양해를 구합니다.

📑 根据~的指示 : ~의 지시에 따라
　　根据旅行社的指示
　　여행사의 지시에 따라

Q. 酒店房间预订有误时，作为导游该如何应对？

[02] 관광객이 소매치기를 당했다면 어떻게 할 것입니까?

如果游客遭到了扒窃，怎么办？

01 | 일 단 한번 읽어보자

第一，安抚游客的情绪，仔细了解被偷时的情况。
第二，帮助寻找，或报警处理。
第三，找工作人员进行广播通知。
第四，提醒其他游客注意财物安全。

02 | 이 렇게도 알아두자

첫째, 관광객의 기분을 달래주고 도둑맞았을 당시의 상황을 자세히 알아봅니다.
둘째, 찾는 데 도움을 주거나, 경찰에 신고하여 해결합니다.
셋째, 직원을 찾아 안내방송을 합니다.
넷째, 다른 여행객들에게도 물건의 안전에 대해 주의할 것을 알립니다.

03 | 삼 세번은 복습하자

遭到 [zāodào] 동 (불행한 일을) 만나다, 부닥치다 扒窃 [páqiè] 동 소매치기하다 安抚 [ānfǔ] 동 위로하다, 위안하다 情绪 [qíng·xù] 명 정서, 기분 仔细 [zǐxì] 형 꼼꼼하다, 자세하다, 세밀하다 了解 [liǎojiě] 동 (자세하게 잘) 알다, 이해하다 偷 [tōu] 동 훔치다, 도둑질하다 寻找 [xúnzhǎo] 동 찾다 报警 [bàojǐng] 동 경찰에 긴급 사태를 알리다 处理 [chǔlǐ] 동 처리하다 工作人员 [gōngzuò rényuán] 명 직원 广播 [guǎngbō] 명 방송 通知 [tōngzhī] 동 통지하다, 알리다 提醒 [tíxǐng] 동 일깨우다, 깨우치다, 주의를 환기하다 其他 [qítā] 명 기타, 그 외 游客 [yóukè] 명 관광객, 유람객, 여행객 注意 [zhùyì] 동 주의하다, 조심하다 财物 [cáiwù] 명 재물, 재화, 재산 安全 [ānquán] 명·형 안전(하다)

📑 找~进行~ : ~을(를) 찾아 ~하다.
找工作人员进行广播通知。
직원을 찾아 안내방송을 합니다.

Q. 如果游客遭到了扒窃，怎么办？

(03) 생태관광지에서 벌에 쏘이거나 뱀에 물렸다면 어떻게 조치할 것입니까?

如果在生态旅游区被蜜蜂蜇伤或者被蛇咬伤，该怎么处置？

01 | 일 단 한번 읽어보자

被蜂蜇伤时：

第一，让伤者保持镇静，给医务人员打电话进行描述。

第二，用信用卡轻轻地刮，但不能勉强。

第三，用肥皂水冲洗伤口。

第四，冷敷伤口，减轻肿胀和疼痛。

第五，尽快送到医院救治。

被蛇咬伤时：

第一，让伤者保持镇静，记下蛇的形态、颜色等，给医务人员打电话进行描述。

第二，用绳子、布带等，迅速在伤口上方适当位置绑住。

第三，用清水、消毒水尽快冲洗伤口。

第四，尽快送到医院救治。

02 | 이 렇게도 알아두자

벌에 쏘였을 때：

첫째, 부상자를 진정시키고, 의료진에게 전화를 걸어 상황을 설명해야 합니다.

둘째, 신용카드로 살살 긁어 냅니다. 단 무리하게 시도해서는 안 됩니다.

셋째, 비눗물로 상처를 씻어 냅니다.

넷째, 상처에 얼음찜질을 하여 붓기와 통증을 줄입니다.

다섯째, 빨리 병원에 보내서 치료를 받도록 합니다.

뱀에 물렸을 때 :

첫째, 부상자를 진정시키고, 뱀의 형태, 색깔 등을 기억했다가 의료진에게 전화를 걸어 상황을 설명합니다.

둘째, 줄이나 천, 끈 등으로 신속하게 상처 위쪽의 적당한 위치를 묶습니다.

셋째, 깨끗한 물이나 소독액으로 상처를 빨리 씻어 냅니다.

넷째, 빨리 병원에 보내서 치료를 받도록 합니다.

03 | 삼 세번은 복습하자

蜂 [fēng] 몡 (동물) 벌　螫 [zhē] 통 (벌·전갈 따위가) 쏘다　镇静 [zhènjìng] 혱 침착하다, 냉정하다, 차분하다 통 진정하다, 마음을 가라앉히다　描述 [miáoshù] 몡통 묘사(하다), 기술[서술](하다)　刮 [guā] 통 (칼날로) 깎다, 밀다　勉强 [miǎnqiǎng] 통 강요하다　肥皂水 [féizào shuǐ] 몡 비눗물　冲洗 [chōngxǐ] 통 물로 씻어 내다　伤口 [shāngkǒu] 몡 상처 부위, 상처 冷敷 [lěngfū] 몡통 (의학) 얼음찜질(하다)　减轻 [jiǎnqīng] 통 경감하다, 덜다, 가볍게 하다　肿胀 [zhǒngzhàng] 몡 붓기 疼痛 [téngtòng] 몡 동통, 아픔　尽快 [jǐnkuài] 뷔 되도록 빨리　救治 [jiùzhì] 통 치료하여 위험으로부터 벗어나게 하다, 응급처치하다　蛇 [shé] 몡 (동물) 뱀　咬 [yǎo] 통 물다, 깨물다, 떼어 먹다　形态 [xíngtài] 몡 (생물의) 형태　绳子 [shéngzi] 몡 새끼, 밧줄, 노끈　布带 [bù dài] 몡 끈목　迅速 [xùnsù] 혱 신속하다　上方 [shàngfāng] 몡 위쪽　绑住 [bǎngzhù] 통 (끈·줄 따위로) 감다, 동여매다　清水 [qīngshuǐ] 몡 맑고 깨끗한 물　消毒水 [xiāodúshuǐ] 몡 소독액

04 | 사 소한 것도 기억하자

📋 用~刮 : ~로(으로) 긁어 내다 / 밀다.

　用信用卡轻轻地刮。

　신용카드로 살살 긁어 냅니다.

📋 用~冲洗伤口 : ~로(으로) 상처를 씻어 내다.

　用肥皂水冲洗伤口。

　비눗물로 상처를 씻어 냅니다.

　用清水、消毒水尽快冲洗伤口。

　깨끗한 물이나 소독액으로 상처를 빨리 씻어 냅니다.

📋 用~绑住 : ~로(으로) 묶다 / 동여매다.

　用绳子、布带等，迅速在伤口上方适当位置绑住。

　줄이나 천, 끈 등으로 신속하게 상처 위쪽의 적당한 위치를 묶습니다.

Q. 如果在生态旅游区被蜜蜂蜇伤或者被蛇咬伤，该怎么处置？

(04) 4차 산업혁명과 관련해 관광산업을 발전시킬 수 있는 방안과 그로 인해 관광산업이 어떻게 변화할지에 대해 말해 보세요.

就第四次工业革命，请谈谈发展旅游业的方案以及旅游业将因此发生怎样的变化。

01 | 일 단 한번 읽어보자

第4次产业革命是把大数据，人工智能等信息通信技术和各领域结合创造出新的产品和服务的新一代产业革命。进入第4次产业革命后，创造满足顾客需求的新工作岗位尤为重要。现在应该利用大数据，AI，VR等第4次产业革命的技术来促进旅游业更快、更现代地发展。在不久的将来，即使是在地球另一端的旅游胜地，我们在家也能很容易地欣赏到。

02 | 이 렇게도 알아두자

4차 산업혁명은 빅데이터, 인공지능 등 정보통신기술을 각 분야와 결합해 새로운 제품과 서비스를 만들어 내는 차세대 산업혁명입니다. 4차 산업혁명으로 접어들면서 고객의 다양한 니즈를 충족할 새로운 일자리 창출이 더욱 중요해졌습니다. 이제는 빅데이터, AI, VR 등 제4차 산업혁명의 기술을 활용하여 관광산업을 보다 빠르고 현대적으로 발전시킬 필요가 있습니다. 멀지 않은 미래에는 지구 반대편에 있는 관광명소라도 집에서 간편하게 볼 수 있을 것입니다.

03 | 삼 세번은 복습하자

产业革命 [chǎnyè gémìng] 몡 산업혁명　大数据 [dàshùjù] 몡 빅데이터　人工智能 [réngōng zhìnéng] 몡 인공지능　信息通信技术 [xìnxī tōngxìn jìshù] 몡 정보통신기술　领域 [lǐngyù] 몡 영역, 분야　结合 [jiéhé] 몡 동 결합(하다)　创造 [chuàngzào] 동 창조하다, 만들다　新一代 [xīn yīdài] 몡 차세대　需求 [xūqiú] 몡 수요, 요구　岗位 [gǎngwèi] 몡 일자리　尤为 [yóuwéi] 뷔 더욱이, 특히　促进 [cùjìn] 동 촉진하다　现代 [xiàndài] 몡 현대　即使 [jíshǐ] 젭 설령[설사] …하더라도[할지라도, 일지라도]　地球 [dìqiú] 몡 지구　旅游胜地 [lǚ óu shèngdì] 몡 관광지, 관광명소　欣赏 [xīnshǎng] 동 감상하다

📑 把 A 和 B 结合创造出~ : A와 B를 결합하여 ~을(를) 만들어 내다.

把大数据，人工智能等信息通信技术和各领域结合创造出新的产品和服务

빅데이터, 인공지능 등 정보통신기술을 각 분야와 결합해 새로운 제품과 서비스를 만들어 냅니다.

📑 利用~来~ : ~을(를) 이용하여 ~하다.

现在应该利用大数据，AI，VR等第4次产业革命的技术来促进旅游业更快、更现代地发展 。

이제는 빅데이터, AI, VR 등 제4차 산업혁명의 기술을 활용하여 관광산업을 보다 빠르고 현대적으로 발전시켜야 합니다.

Q. 就第四次工业革命，请谈谈发展旅游业的方案以及旅游业将因此发生怎样的变化。

(05) 창덕궁의 달빛기행에 대해 설명해 보세요.

请说明一下昌德宫的月光纪行。

01 | 일 단 한번 읽어보자

昌德宫月光纪行是一项在夜间游览古宫的文化活动，游客可以在月光下提着青纱灯笼到昌德宫后苑散步，听取专业人员对昌德宫的历史解说，同时还可以欣赏古宫夜景和传统演出，进行特别体验。因此每年都有大量游客来此观光。

02 | 이 렇게도 알아두자

창덕궁 달빛기행은 야간에 고궁을 둘러보는 문화행사입니다. 관광객은 달빛 아래에서 청사초롱을 들고 창덕궁 후원을 산책하고, 전문 해설사의 창덕궁 역사해설을 들을 수 있으며, 동시에 고궁의 야경과 전통공연을 감상하며 특별한 체험을 할 수 있습니다. 이 때문에 매년 많은 관광객이 이곳을 찾습니다.

03 | 삼 세번은 복습하자

❶昌德宫 [Chāngdégōng] 고유 창덕궁 月光 [yuèguāng] 명 달빛 纪行 [jìxíng] 명 기행 夜间 [yèjiān] 명 야간, 밤 游览 [yóulǎn] 명 동 유람(하다) 活动 [huódòng] 명 활동, 운동, 행사 游客 [yóukè] 명 관광객, 여행객 提 [tí] 동 들다 青纱灯笼 [qīngshādēnglong] 명 청사초롱 后苑 [Hòu yuàn] 고유 후원 散步 [sànbù] 동 산보하다 听取 [tīngqǔ] 동 청취하다, 귀를 기울이다 专业人员 [zhuānyè rényuán] 명 전문가 解说 [jiěshuō] 명 동 해설(하다), 설명(하다) 同时 [tóngshí] 접 동시에 欣赏 [xīnshǎng] 동 감상하다 古宫 [gǔgōng] 명 고궁 夜景 [yèjǐng] 명 야경 传统 [chuántǒng] 명 전통 演出 [yǎnchū] 명 동 공연(하다), 상연(하다) 体验 [tǐyàn] 명 동 체험(하다) 因此 [yīncǐ] 접 이 때문에 大量 [dàliàng] 명 형 부 대량(의, 으로) 观光 [guānguāng] 동 관광하다, 참관하다, 견학하다

❶ 창덕궁은 궁궐로서보다는 '비원'(秘苑)으로 익숙한 곳이다. 비원이란 창덕궁과 창경궁에 딸린 북쪽의 정원을 가리키는 말이지만 전통적으로 사용해 온 용어는 아니다. 조선시대에는 이곳을 주로 후원(後苑)이라 불렀고, 때로는 내원(內苑), 상림원(上林苑), 금원(禁苑)으로 불렀다. 비원이란 말은 1908년부터, 그러니까 일제강점기부터 유포돼 광복 뒤에도 별 반성 없이 최근까지 통용되고 있는 용어일 뿐이다.

---

04 | 사소한 것도 기억하자

~可以~, 同时还可以~ : ~은(는) ~할 수 있으며, 동시에 ~할 수 있다.

游客可以在月光下提着青纱灯笼到昌德宫后苑散步，听取专业人员对昌德宫的历史解说，同时还可以欣赏古宫夜景和传统演出，进行特别体验。

관광객은 달빛 아래에서 초롱불을 들고 창덕궁 후원을 산책하고, 전문 해설사의 창덕궁 역사해설을 들을 수 있으며, 동시에 고궁의 야경과 전통공연을 감상하며 특별한 체험을 할 수 있습니다.

---

05 | 오로지 나만의 답안으로 만들자

Q. 请说明一下昌德宫的月光纪行。

(06) 국립중앙박물관을 소개해 보세요.

请介绍一下国立中央博物馆。

01 | 일 단 한번 읽어보자

国立中央博物馆位于首尔龙山，是世界级的博物馆，保管并展示40多万件文物，其中代表性的文物有'北汉山新罗真兴王巡狩碑''普信阁钟'和'敬天寺十层石塔'。该博物馆分为常设展示馆，企划展示馆，儿童展示馆和野外展示馆等，还有专门公演场和图书馆，是综合文化空间。

02 | 이 렇게도 알아두자

서울 용산에 위치한 국립중앙박물관은 세계적 규모의 박물관으로 40만여 점의 유물을 보관, 전시하고 있습니다. 이 중 대표적인 유물로는 '북한산 신라 진흥왕 순수비', '보신각종'과 '경천사 십층석탑'이 있습니다. 이 곳은 상설전시관, 기획전시관, 어린이전시관과 야외전시관 등으로 나뉘어 있으며, 전문공연장과 도서관이 있는 종합 문화 공간입니다.

03 | 삼 세번은 복습하자

国立中央博物馆 [Guólìzhōngyāngbówùguǎn] [고유] 국립중앙박물관　位于 [wèiyú] [동] …에 위치하다　首尔 [Shǒu'ěr] [고유] 서울　龙山 [Lóngshān] [고유] 용산　保管 [bǎoguǎn] [동] 보관하다　并 [bìng] [접] 그리고, 또　展示 [zhǎnshì] [동] 전시하다　文物 [wénwù] [명] 문물, 문화재　北汉山新罗真兴王巡狩碑 [Běihànshānxīnluózhēnxīngwángxúnshòubēi] [고유] 북한산 신라 진흥왕 순수비　普信阁钟 [Pǔ xìn gé zhōng] [고유] 보신각종　敬天寺十层石塔 [Jìngtiānsìshícéngshítǎ] [고유] 경천사 십층석탑　该 [gāi] [대] 이, 그, 저　分为 [fēnwéi] [동] …으로 나누다[나누어지다]　常设 [chángshè] [명] 상설　企划 [qǐhuà] [명] 기획　儿童 [értóng] [명] 어린이, 아동　野外 [yěwài] [명] 야외　专门 [zhuānmén] [명] 전문　公演场 [gōngyǎn chǎng] [명] 공연장　综合 [zōnghé] [명] 종합　空间 [kōngjiān] [명] 공간

~位于~ : ~은(는) ~에 위치한다.

国立中央博物馆位于首尔龙山。

국립중앙박물관은 서울 용산에 위치합니다.

~分为~ : ~은(는) ~로(으로) 나뉘어 있다.

该博物馆分为常设展示馆，企划展示馆，儿童展示馆和野外展示馆等。

이 박물관은 상설전시관, 기획전시관, 어린이전시관과 야외전시관 등으로 나뉘어 있습니다.

Q. 请介绍一下国立中央博物馆。

(07) 올레의 의미와 올레길에 대해 말해 보세요.

请说明一下偶来的意思和偶来小路。

01 | 일 단 한번 읽어보자

偶来是济州方言，意为窄巷子，通常是一条从大街到家门的窄道。济州偶来小路是将济州海边的许多条小路连接起来的，无论走在哪一条路上，都可以欣赏到青山碧海以及小村庄等美丽的济州风景。

02 | 이 렇게도 알아두자

올레는 제주 방언으로 좁은 골목을 뜻하며, 통상 큰길에서 집의 대문까지 이어지는 좁은 길을 말합니다. 제주올레길은 제주해변의 많은 오솔길을 연결한 것으로, 어느 길로 가든지 푸른 산과 바다 그리고 작은 마을 등 제주의 아름다운 풍경을 감상할 수 있습니다.

03 | 삼 세번은 복습하자

济州 [Jìzhōu] 고유 제주(濟州)   方言 [fāngyán] 명 방언   窄 [zhǎi] 형 (폭이) 좁다   巷子 [xiàng·zi] 명 골목   通常 [tōngcháng] 명 통상, 일반, 보통   大街 [dàjiē] 명 큰길   许多 [xǔduō] 형 대단히 많은   连接 [liánjiē] 동 연접하다, 서로 잇닿다, 연결시키다   无论 [wúlùn] 접 …에도 불구하고, …에 관계없이   欣赏 [xīnshǎng] 동 감상하다   青山碧海 [qīngshān bìhǎi] 푸른 산과 바다   村庄 [cūnzhuāng] 명 마을   美丽 [měilì] 형 아름답다   风景 [fēngjǐng] 명 풍경, 경치

~意为~ : ~은(는) ~라는 뜻이다.

"偶来" 意为窄巷子。

'올레'는 좁은 골목을 뜻합니다.

~是将~连接起来的 : ~은(는) ~을(를) 연결한 것이다.

济州偶来小路是将济州海边的许多条小路连接起来的。

제주올레길은 제주해변의 많은 오솔길을 연결한 것입니다.

无论~，都~ : ~하든지 간에 다 ~하다.

无论走在哪一条路上，都可以欣赏到青山碧海以及小村庄等美丽的济州风景。

어느 길로 가든지 푸른 산과 바다 그리고 작은 마을 등 제주의 아름다운 풍경을 감상할 수 있습니다.

05 | 오 로지 나만의 답안으로 만들자

Q. 请说明一下偶来的意思和偶来小路。

[08] PCO에 대해 설명해 보세요.

请说明一下PCO。

01 | 일 단 한번 읽어보자

PCO作为国际会议专业服务公司，代理举办各种国际会议、展示会等相关业务，因此，可以有效地管理举办会议的人力和预算，节约时间和资金，进行高质量的会议。

02 | 이 렇게도 알아두자

PCO는 국제회의 전문용역업체로서 각종 국제회의, 전시회 등의 개최 관련 업무를 대행하여 회의 개최에 따른 인력과 예산의 효율적 관리, 시간과 자금의 절약, 세련된 회의 진행을 가능하게 합니다.

03 | 삼 세번은 복습하자

作为 [zuòwéi] 〔개〕 …로서 国际 [guójì] 〔명〕 국제 专业 [zhuānyè] 〔명〕 전문 代理 [dàilǐ] 〔동〕 대리하다, 대행하다 举办 [jǔbàn] 〔동〕 행하다, 거행하다, 개최하다 展示会 [zhǎnshìhuì] 〔명〕 전시회 相关 [xiāngguān] 〔동〕 상관되다, 관련되다 业务 [yèwù] 〔명〕 업무 因此 [yīncǐ] 〔접〕 이 때문에 有效地 [yǒu xiào de] 〔부〕 효과적으로 管理 [guǎnlǐ] 〔명〕〔동〕 관리(하다) 预算 [yùsuàn] 〔명〕〔동〕 예산(하다) 节约 [jiéyuē] 〔동〕 절약하다 资金 [zījīn] 〔명〕 자금 质量 [zhìliàng] 〔명〕 질, 품질, 질적인 내용

~作为~ : ~은(는) ~의 신분(자격)으로서

PCO作为国际会议专业服务公司

PCO는 국제회의 전문용역업체로서

Q. 请说明一下PCO。

[09] 면세제도의 종류와 차이점에 대해 말해 보세요.

说说免税制度的种类和差异。

01 | 일 단 한번 읽어보자

事前免税店是购买物品时免除关税，附加税，个别消费税等税金的免税店，例如位于机场出入境，市内的免税店等。事前免税店营业需要关税厅的许可。事后免税店是指外国人购物后出国时在机场返还附加价值税和个别消费税的免税店。

02 | 이 렇게도 알아두자

사전면세점은 물품 구매 시 관세, 부가세, 개별소비세 등의 세금이 면제되는 면세점으로, 예를 들어 공항 출입국, 시내에 위치한 면세점 등이 있습니다. 사전면세점 영업은 관세청의 허가가 필요합니다. 사후면세점이란 외국인이 물건을 사고 출국할 때 공항에서 부가가치세와 개별소비세를 환급받는 면세점을 말합니다.

03 | 삼 세번은 복습하자

事前 [shìqián] 몡 사전, 일이 일어나기 전 免税店 [miǎnshuìdiàn] 몡 면세점 购买 [gòumǎi] 몡동 구입(하다) 免除 [miǎnchú] 동 면제하다 关税 [guānshuì] 몡 관세 附加税 [fùjiāshuì] 몡 부가세 个别消费税 [gèbiéxiāofèishuì] 몡 개별소비세 税金 [shuìjīn] 몡 세금 例如 [lìrú] 부 예를 들면, 예컨대 位于 [wèiyú] 동 …에 위치하다 出入境 [chūrùjìng] 몡 출입국 营业 [yíngyè] 몡동 영업(하다) 关税厅 [guānshuìtīng] 몡 관세청 许可 [xǔkě] 몡동 허가(하다), 승낙(하다) 事后 [shìhòu] 몡 사후 返还 [fǎnhuán] 동 되돌려 주다, 반환하다 附加价值税 [fùjiājiàzhíshuì] 몡 부가가치세

~是指~ : ~을(를) 가리키다 / ~을(를) 뜻한다.

事后免税店是指外国人购物后出国时在机场返还附加价值税和个别消费税的免税店。

사후면세점은 외국인이 물건을 사고 출국할 때 공항에서 부가가치세와 개별소비세를 환급받는 면세점을 가리킵니다.

Q. 说说免税制度的种类和差异。

(10) 할랄푸드와 하람푸드에 대해 말해 보세요.

请介绍一下清真食品和非清真食品。

01 | 일 단 한번 읽어보자

清真(Halal)的意思是"被允许的"，也意味着符合伊斯兰教法。伊斯兰教法上允许穆斯林食用的食品叫做清真食品，其中肉类包括牛、羊、鸡肉。含猪肉和酒精成分的不能被认定为清真食品，这些不允许穆斯林食用的食品叫做非清真食品。

02 | 이 렇게도 알아두자

할랄(Halal)은 '허용된 것'을 뜻하며, 이슬람 율법에 부합함을 의미합니다. 이슬람 율법상 무슬림들이 먹을 수 있도록 허용되는 식품을 '할랄푸드'라고 하는데, 그 중 육류에서는 소, 양, 닭고기를 포함합니다. 돼지고기와 알코올 성분을 함유한 것은 할랄푸드로 인정되지 않으며, 이런 무슬림들에게 허용되지 않는 식품을 하람푸드라고 합니다.

03 | 삼 세번은 복습하자

清真 [Qīngzhēn] 명 이슬람교, 회교, 할랄   允许 [yǔnxǔ] 동 윤허하다, 허가하다   意味 [yìwèi] 동 의미하다   符合 [fúhé] 동 부합하다, 맞다, 일치하다   ❶伊斯兰教法 [Yīsīlánjiàofǎ] 고유 샤리아   穆斯林 [mùsīlín] 명 무슬림(Muslim), 회교도(回教徒)   食用 [shíyòng] 동 식용하다   食品 [shípǐn] 명 식품   叫做 [jiàozuò] 동 …라고 부르다[불리다]   肉类 [ròulèi] 명 육류   包括 [bāokuò] 동 포괄하다, 포함하다   含 [hán] 동 함유하다   猪肉 [zhūròu] 명 돼지고기   酒精 [jiǔjīng] 명 알코올   成分 [chéngfèn] 명 성분   认定 [rèndìng] 동 인정하다

TIP

❶ 이슬람의 법체계이다. 종교생활부터 가족·사회·경제·정치·국제관계에 이르기까지 무슬림 세계의 모든 것을 규정하는 포괄적인 체계로 일반적인 법체계와는 많이 다르다.

~不能被认定为~ : ~은(는) ~로(으로) 인정될 수 없다.

含猪肉和酒精成分的不能被认定为清真食品。

돼지고기와 알코올 성분을 함유한 것은 할랄푸드로 인정될 수 없습니다.

~叫做~ : ~을(를) ~라고 부른다.

伊斯兰教法上允许穆斯林食用的食品叫做清真食品

이슬람 율법상 무슬림들이 먹을 수 있도록 허용되는 식품을 '할랄푸드'라고 합니다.

这些不允许穆斯林食用的食品叫做非清真食品。

이런 무슬림들에게 허용되지 않는 식품을 '하람푸드'라고 합니다.

Q. 请介绍一下清真食品和非清真食品。

PART

02

개인 신상과
관광통역안내사의
자질에 관한 질문

아이들이 답이 있는 질문을 하기 시작하면 그들이 성장하고 있음을 알 수 있다.

－존 J. 플롬프－

01 관광통역안내사를 하고자 하는 동기는 무엇인가요?

想当旅游翻译导游的动机是什么？

2010, 2011, 2012, 2013, 2014, 2015, 2016, 2017, 2019, 2020, 2021, 2022 기출

01 | 일단 한번 읽어보자

我很喜欢旅游，很享受在旅游过程中体验不同的文化，而且我也喜欢向外国人介绍韩国，介绍我们国家的风土人情，更喜欢和不同的人交往。所以，我觉得旅游翻译导游这个工作是最适合我的。在我向外国人介绍韩国的时候，他们都觉得和我在一起很开心，也会很快地和新朋友建立友好关系，在向他们介绍的时候，看到他们满意的笑容我感到非常幸福。如果我成为一名旅游翻译导游，我会更加积极、友好地对待各国游客，给他们留下良好的印象。为了成为旅游翻译导游，我正在非常努力地学习汉语、英语等外语，因为我觉得掌握一门外语，向外国游客介绍的时候，能够更好地交流。

02 | 이렇게도 알아두자

저는 여행을 매우 좋아합니다. 여행 과정 중에 다른 문화를 체험하는 것을 즐기고, 또한 외국인에게 한국을 소개하고 우리나라의 지역 특색과 풍습을 소개하는 것도 좋아하며, 다른 (나라) 사람과 왕래하는 것은 더욱 좋아합니다. 그래서 저는 관광통역안내사가 저에게 가장 적합한 직업이라고 생각합니다. 제가 외국인에게 한국을 소개할 때, 그들은 저와 함께 하여 즐거움을 느낄 수 있으며, 또한 새로운 친구와의 우호 관계를 더욱 빨리 만들 수도 있습니다. 그들에게 소개할 때 그들의 흡족해하는 미소를 보면 저는 굉장히 만족하고 행복을 느낄 것 같습니다. 만약 제가 관광통역안내사가 된다면, 저는 더욱더 적극적이고 우호적으로 각국의 여행객을 대할 것이며, 그들에게 좋은 인상을 남겨 주도록 할 것입니다. 관광통역안내사가 되기 위해서 저는 중국어, 영어 등 외국어도 매우 열심히 공부하고 있습니다. 외국어를 잘하면, 외국 관광객에게 소개할 때 더 잘 교류할 수 있다고 생각하기 때문입니다.

当 [dāng] 图 담당하다, 맡다, …이(가) 되다 旅游 [lǚyóu] 图 여행하다 翻译 [fānyì] 閔 번역자, 통역(원) 图 번역하다, 통역하다 导游 [dǎoyóu] 閔 가이드 旅游翻译导游 [lǚyóu fānyì dǎoyóu] 閔 관광통역안내사 动机 [dòngjī] 閔 동기 享受 [xiǎngshòu] 图 누리다, 향유하다, 즐기다 在…中 [zài…zhōng] …중에 过程 [guòchéng] 閔 과정 体验 [tǐyàn] 閔图 체험(하다) 不同 [bùtóng] 閔 같지 않다, 다르다 文化 [wénhuà] 閔 문화 而且 [érqiě] 쩝 게다가, 뿐만 아니라, 또한 向 [xiàng] 꿰 …(으)로, …에게, …을(를) 향하여 风土人情 [fēngtǔ rénqíng] 閔 지방의 특색과 풍습, 풍토와 인심 和…交往 [hé…jiāowǎng] …와(과) 교류하다, 접하다, 사귀다, 내왕하다 ❶适合 [shìhé] 图 적합하다, 알맞다, 적절하다, 어울리다 开心 [kāixīn] 閔 기쁘다, 즐겁다, 좋다, 유쾌하다 会 [huì] 图 …할 가능성이 있다, …할 것이다 很快地 [hěn kuài de] 분 재빨리, 빠르게 新 [xīn] 閔 새롭다 朋友 [péngyou] 閔 친구, 벗 建立 [jiànlì] 图 구성하다, 형성하다, 이루다, 만들다, 세우다, 맺다 友好 [yǒuhǎo] 閔 절친한 친구, 좋은 벗 閔 우호적이다 关系 [guānxi] 閔 (사람과 사람 또는 사물 사이의) 관계, 연줄 看到 [kàndào] 图 보다, 보이다, 눈에 띄다, 눈이 닿다, 시선이 향하다 ❷满意 [mǎnyì] 閔 만족하다, 만족스럽다, 흡족하다 笑容 [xiàoróng] 閔 웃는 얼굴[표정], 웃음 띤 얼굴[표정] 感到 [gǎndào] 图 느끼다, 여기다 幸福 [xìngfú] 閔 행복하다 如果 [rúguǒ] 쩝 만약, 만일 成为 [chéngwéi] 图 …이(가) 되다 更加 [gèngjiā] 분 더욱, 더 积极 [jījí] 閔 적극적이다 友好地 [yǒuhǎode] 분 우호적으로 对待 [duìdài] 图 다루다, 대응하다, 대처하다, (상)대하다 各国 [gèguó] 閔 각국, 각 나라 游客 [yóukè] 閔 여행객, 관광객 ❸留下 [liú·xià] 图 남기다, 남겨 두다 良好 [liánghǎo] 閔 좋다, 양호하다 印象 [yìnxiàng] 閔 인상 为了 [wèile] 꿰 …을(를) 하기 위하여 努力地 [nǔlìde] 분 열심히 等 [děng] 国 등, 따위 因为 [yīnwèi] 꿰 … 때문에, …로 인하여 ❹掌握 [zhǎngwò] 图 숙달하다, 정통하다, 파악하다, 정복하다 门 [mén] 얭 과목, 가지[과목·과학 기술 등에 쓰임] 能够 [nénggòu] 图 …할 수 있다 交流 [jiāoliú] 图 서로 소통하다, 교류하다

TIP

❶ 중국어에서 '어울리다, 적합하다, 알맞다'라는 표현으로 '适合'라는 동사와 '合适[héshì]'라는 형용사가 있다. '适合'는 동사로서 뒤에 목적어를 취할 수 있으며, '合适'는 형용사로 뒤에 목적어를 취할 수 없음에 주의한다. 즉, '这个工作很适合我(이 일은 나에게 잘 맞다)'는 맞는 표현이며, '这个工作很合适我'는 틀린 표현이 된다. 이럴 때는 개사 '对'의 도움을 받아 '对~合适'의 형태를 취하여 '这个工作对我很合适'라고 해야 한다.

❷ '满意'는 형용사로서 '만족스럽다, 만족하다'는 뜻을 나타낸다. 즉, 어떤 것에 대한 평가나 느낌을 표현하는 것으로 '마음에 들다, 좋다, 괜찮다'라는 뜻을 나타낸다. 예를 들면, '他对我的业绩很满意(그는 나의 실적에 대해 마음에 들어한다)', '我对我的男朋友不太满意(나는 내 남자친구가 마음에 들지 않는다)' 등으로 표현할 수 있다. 예문을 통해 알 수 있듯이 '对…很满意 / 对…不满意'의 형태로 자주 쓰인다.

❸ '留下'는 동사로 '남기다, 남겨 두다'는 뜻을 나타내며, 다음과 같은 표현이 자주 등장한다. '留下好的印象(좋은 인상을 남기다)', '留下深刻的印象(깊은 인상을 남기다)', '留下回忆(추억을 남기다)', '留下美好的回忆(아름다운 추억을 남기다)', '留下遗产(유산을 남겨 두다, 유산을 물려주다)' 등은 자주 쓰는 표현이다.

❹ 동사 '掌握'는 지식, 기술, 방법, 외국어 등을 나타내는 단어들과 결합하여 '숙달하다, 정복하다, 마스터하다'는 뜻을 나타낸다. 예를 들면, '掌握一门外语(외국어 하나를 마스터하다)', '掌握专业知识(전문 지식을 숙달하다)', '我每天掌握十个汉语单词(나는 매일 10개의 중국어 단어를 정복한다 / 마스터한다)', '他已经掌握了专业的技术(그는 이미 전문적인 기술을 파악했다)' 등으로 표현할 수 있다.

📋 **想当~的动机是~** : ~이(가) 되고자 하는 동기는 ~이다.
想当旅游翻译导游的动机是~。
관광통역안내사가 되고자 하는 동기는 ~입니다.

📋 **我很享受~** : 나는 ~을(를) 매우 즐긴다.
我很享受在旅游过程中体验的不同文化。
저는 여행 과정 중에 다른 문화를 체험하는 것을 매우 즐깁니다.

📋 **我觉得~是最适合我的** : 나는 ~이(가) 나에게 가장 적합하다고 생각한다.
我觉得旅游翻译导游这个工作是最适合我的。
저는 관광통역안내사라는 직업이 저에게 가장 적합하다고 생각합니다.

📋 **向~介绍** : ~에게 소개하다.
向他们介绍。
그들에게 소개합니다.

📋 **在~的时候** : ~할 때, ~일 때 (= 在~时)
在向他们介绍的时候 (= 在向他们介绍时)
그들에게 소개할 때

📋 **如果我成为~, 我会~** : 만약 내가 ~이(가) 된다면, 나는 ~할 것이다.
如果我成为一名旅游翻译导游, 我会更加积极、友好地对待各国的游客。
만약 제가 관광통역안내사가 된다면, 저는 더욱더 적극적이며, 우호적으로 각국의 여행객을 대할 것입니다.

📋 **给~留下良好的印象** : ~에게 좋은 인상을 남겨 주다.
给他们留下良好的印象。
그들에게 좋은 인상을 남겨 줍니다.

📋 **为了成为~** : ~이(가) 되기 위해서
为了成为旅游翻译导游, 我也在非常努力地学习汉语、英语等外语。
관광통역안내사가 되기 위해서, 저는 중국어, 영어 등 외국어도 매우 열심히 공부하고 있습니다.

📋 **因为我觉得~** : 나는 ~하다고 생각하기 때문이다.
因为我觉得掌握一门外语, 向外国游客介绍的时候, 能够更好地交流。
저는 외국어를 잘하면, 외국 관광객에게 소개할 때 더 잘 교류할 수 있다고 생각하기 때문입니다.

Q. 想当旅游翻译导游的动机是什么?

02 관광통역안내사가 가져야 할 자질과 자세는 무엇입니까?

旅游翻译导游应具备怎样的资质和态度？

2010, 2011, 2012, 2013, 2014, 2015, 2016, 2017, 2019, 2020, 2021, 2022, 2023 기출

01 | 일 단 한번 읽어보자

旅游翻译导游应具备以下几点。：

第一，旅游翻译导游要取得由旅游局颁发的旅游翻译导游资格证。

第二，旅游翻译导游应该有专业的旅游知识，要了解这个国家的历史、文化、习俗、遗物遗址等。

第三，旅游翻译导游要有流利的外语交流能力，这样接待外国游客的时候会很方便。

第四，旅游翻译导游要有良好的个人素质，态度热情、有礼貌、喜欢帮助别人，这样可以与不同的游客友好地交流。

第五，旅游翻译导游应该有处理临时问题的应变能力。在旅游过程中可能会遇到一些突发事件，这时就要考验导游的应变能力和解决问题的能力，及时找到解决问题的途径。

第六，旅游翻译导游要对新奇的事物有很强的敏感度，并且要不断地去努力学习，因为作为一名旅游翻译导游，应该要掌握这些最新的信息。

02 | 이 렇게도 알아두자

관광통역안내사는 다음 몇 가지를 구비해야 합니다. :

첫 번째, 관광통역안내사는 한국관광공사에서 발급한 관광통역안내사 자격증을 취득해야 합니다.

두 번째, 관광통역안내사는 마땅히 전문적인 여행 지식을 갖춰야 합니다. 이 나라의 역사, 문화, 풍습, 유물, 유적 등을 잘 알고 있어야 합니다.

세 번째, 관광통역안내사는 유창한 외국어 교류 능력을 갖고 있어야 합니다. 이렇게 하면 외국 관광객을 응대할 때 편리합니다.

네 번째, 관광통역안내사는 양호한 개인 자질, 열정적인 태도를 갖추고 있어야 하며, 예의가 바르고, 남을 도와주는 것을 좋아해야 합니다. 이렇게 하면 다른 관광객과 우호적인 교류를 할 수 있습니다.

다섯 번째, 관광통역안내사는 임시 문제를 처리할 수 있는 임기응변 능력을 갖춰야 합니다. 여행 과정 중에 아마도 여러 돌발 사건들을 마주하게 될 것이며, 이때 관광통역안내사의 임기응변 능력과 문제 해결 능력을 시험하게 됩니다. 이럴 경우에는 즉시 문제의 해결 방법을 찾아야 합니다.

여섯 번째, 관광통역안내사는 새로운 사물에 대해 민감해야 하며, 게다가 끊임없이 노력하고 학습해야 합니다. 관광통역안내사로서 최신의 정보를 파악하고 있어야 하기 때문입니다.

03 | 삼 세번은 복습하자

❶应 [yīng] 동 마땅히[응당] …해야 한다, …하는 것이 마땅하다 具备 [jùbèi] 동 (물품 등을) 갖추다, 구비하다, 완비하다 怎样 [zěnyàng] 대 어떠하냐, 어때, 어떻게, 어떤 资质 [zīzhì] 명 자질[타고난 성품이나 소질] 态度 [tàidu] 명 태도 以下 [yǐxià] 명 이하, 그다음(의 말), 아래의 말[문장] 点 [diǎn] 명 사물의 방면이나 부분 第一 [dìyī] 수 제1, 최초, 첫 (번)째, 맨 처음 旅游局 [lǚyóujú] 명 관광청, 한국관광공사 取得 [qǔdé] 동 취득하다, 얻다 颁发 [bānfā] 동 (증서나 상장 따위를) 수여하다 资格证 [zīgézhèng] 명 자격증 专业 [zhuānyè] 명 전문[특정 분야를 가리킴] 형 전문의 知识 [zhīshi] 명 지식 형 지식의, 지적인 ❷了解 [liǎojiě] 동 자세하게 알다, 이해하다 历史 [lìshǐ] 명 역사 习俗 [xísú] 명 풍속, 습속 遗物 [yíwù] 명 유물, 유품 遗址 [yízhǐ] 명 유지, 유적(遗迹), 옛 터 流利 [liúlì] 형 (말·문장이) 유창하다, 막힘이 없다 这样 [zhèyàng] 대 이렇다, 이와 같다, 이렇게, 이래서 接待 [jiēdài] 동 접대하다, 응접하다, 영접하다 方便 [fāngbiàn] 형 편리하다 个人 [gèrén] 명 개인 素质 [sùzhì] 명 소양, 자질 热情 [rèqíng] 형 열정적이다, 친절하다 有礼貌 [yǒulǐmào] 형 예의가 있다, 예의 바르다, 예절이 바르다 ❸帮助 [bāngzhù] 명 도움, 원조, 보조, 충고 동 돕다, 원조하다, 보좌하다 与 [yǔ] 개 …와(과), …함께 处理 [chǔlǐ] 동 처리하다, (사물을) 안배하다, (문제를) 해결하다 临时 [línshí] 형 잠시의, 일시적인 应变能力 [yìngbiàn nénglì] 임기응변 능력 可能会 [kěnénghuì] 아마도 …할 것이다, …지도 모른다 遇到 [yùdào] 동 만나다, 마주치다, 부딪치다 一些 [yìxiē] 양 (~儿) 약간, 조금, 얼마간, 몇 突发 [tūfā] 동 돌발하다, 갑자기 발생하다 事件 [shìjiàn] 명 사건 考验 [kǎoyàn] 동 시험하다, 시련을 주다, 검증하다 解决 [jiějué] 동 해결하다, 풀다 及时 [jíshí] 부 즉시, 곧바로, 신속히 找到 [zhǎodào] 찾아내다 途径 [tújìng] 명 경로, 과정, 길, 방법, 방도 新奇 [xīnqí] 형 신기하다, 새롭다, 참신하다, 신선하다 事物 [shìwù] 명 사물 强 [qiáng] 형 (의지가) 굳건하다, 굳세다, 강하다, 건장하다, 힘이 세다 敏感度 [mǐngǎndù] 명 민감도, 감도 并且 [bìngqiě] 접 게다가 不断地 [búduànde] 부 끊임없이, 계속해서 最新 [zuìxīn] 형 최신의 信息 [xìnxī] 명 정보

TIP

❶ '应'은 '应该'와 의미가 같으며 문법적인 용법 또한 거의 유사하다. 다만, '应该'는 구어체에서도 자유롭게 사용되는 반면, '应'은 문어체에서 주로 사용된다. 그렇기 때문에 회화에서 '应该'는 대답할 때 단독으로 사용할 수 있으나, '应'은 그럴 수 없다.

❷ 동사 '了解'는 오랜 시간이나 경험을 통해 쌓인 정보력을 통해 어떤 사정이나 상황, 또는 어떤 사람의 경력, 습관, 생각 등을 자세하게 알고 있거나 이해하고 있다는 뜻을 나타낸다. 이와 비슷한 동사로 '理解[lǐjiě]'가 있으며 '알다, 이해하다'는 뜻을 나타낸다. 예문을 통해 두 단어의 차이점을 파악해보자.
他很了解我。그는 나를 잘 안다(내가 어떤 사람인지, 나에 대한 정보를 잘 알고 있다).
他很理解我。그는 나를 잘 이해해 준다(나의 행동이나 말 등을 잘 받아 준다. 잘 이해해 준다).
'了解'는 '나'라는 사람에 대해 잘 알고 있음을 나타내며, '理解'는 내 입장과 상황을 잘 이해해 준다는 표현에 가깝다. '我刚进公司, 不太了解公司的情况(나는 막 입사해서, 회사의 상황에 대해 잘 모른다)', '这次我不能帮你, 请理解我(이번에는 제가 도와드릴 수가 없네요, 이해해 주시기 바랍니다)' 등으로 표현할 수 있다.

❸ '帮助'는 '돕다, 도와주다'는 동사이며, 유사한 동사로는 '帮忙[bāngmáng]'이 있다. '帮忙'은 '일(손)을 돕다, 도움을 주다, 원조하다, 거들어 주다, 가세하다'는 뜻으로 이 두 동사는 다음과 같은 차이점이 있다. '帮助'는 '我喜欢帮助别人, 他帮助我'와 같이 목적어를 취하는 타동사이며, '帮忙'은 '他帮我的忙, 他给我帮忙'처럼 바로 목적어를 취할 수 없는 이합동사이다.

04 | 사 소한 것도 기억하자

要取得~资格证 : ~자격증을 취득해야 한다.
要取得由旅游局颁发的旅游翻译导游资格证。
관광통역안내사는 한국관광공사에서 발급한 관광통역안내사 자격증을 취득해야 합니다.

这样可以~ : 이렇게 하면 ~할 수 있다.
这样可以与不同的游客友好地交流。
이렇게 하면 다른 관광객과 우호적인 교류를 할 수 있습니다.

在旅游过程中可能会~ : 여행 과정 중에 아마도 ~할 것이다.
在旅游过程中可能会遇到一些突发事件。
여행 과정 중에 아마도 여러 돌발 사건들을 마주하게 될 것입니다.

这时就要考验~ : 이때 ~을(를) 시험하게 된다.
这时就要考验导游的应变能力和解决问题的能力。
이때 관광통역안내사의 임기응변 능력과 문제 해결 능력을 시험하게 됩니다.

Q. 旅游翻译导游应具备怎样的资质和态度?

03 관광통역안내사를 "민간외교관"이라고 하는 이유는 무엇입니까?

为什么说旅游翻译导游是"民间外交官"。

2011, 2012, 2013, 2014, 2015, 2016, 2017, 2019, 2020, 2021 기출

01 | 일단 한번 읽어보자

这是因为旅游是现在全世界规模最大的民间活动，可以促进人际交往，增进各国之间的友谊，消除误解，旅游翻译导游在这方面起着很重要的作用。旅游翻译导游是游客第一个熟悉的人，是一个国家的代表，是"民间外交官"，他们的任务和外交官的任务差不多，因此，也被称为"民间外交官"。

02 | 이렇게도 알아두자

여행은 현재 세계에서 규모가 가장 큰 민간 활동이며, 사람과의 교류를 촉진할 수 있고, 각국 간의 우의를 증진할 수 있으며, 오해를 해소할 수 있기 때문입니다. 관광통역안내사는 이 방면에서 매우 중요한 역할을 하고 있습니다. 관광통역안내사는 여행객이 처음으로 알게 되는 (익숙해지는) 사람으로, 한 국가를 대표하는 "민간 대사"입니다. 관광통역안내사의 임무와 외교관의 임무가 비슷해서 이 때문에 "민간외교관"이라 불립니다.

因为 [yīnwèi] 쩝 왜냐하면, … 때문에, …로 인하여　旅游 [lǚyóu] 몡 여행, 관광 동 여행하다, 관광하다　世界 [shìjiè] 몡 세계　规模 [guīmó] 몡 규모, 형태, 범위, 영역　民间活动 [mínjiān huódòng] 몡 민간 활동, 민간 행사　可以 [kěyǐ] 동 …할 수 있다, 가능하다[가능이나 능력을 나타냄]　促进 [cùjìn] 동 촉진시키다, 촉진하다, 재촉하다, 독촉하다　人际 [rénjì] 몡 사람과 사람 사이, 대인　交往 [jiāowǎng] 몡 교제, 왕래 동 왕래하다, 내왕하다, 교제하다　人际交往 [rénjì jiāowǎng] 대인관계, 사교능력　增进 [zēngjìn] 동 증진하다, 증진시키다　各国 [gèguó] 몡 각국, 각 나라　之间 [zhījiān] 몡 (…의) 사이, 지간[두 개의 시간이나 지점, 수량이 정한 범위 이내를 가리킴]　友谊 [yǒuyì] 몡 우의, 우정　❶消除 [xiāochú] 동 없애다, 해소하다, 풀다, 제거하다, 일소하다, 청산하다, 퇴치하다　误解 [wùjiě] 동 오해하다 몡 오해　这方面 [zhè fāngmiàn] 이 방면, 이 분야　起 [qǐ] 동 일으키다, 발생하다, 생기다　着 [zhe] 조 …하고 있다, …하고 있는 중이다[동사 뒤에 쓰여 동작이 진행되고 있음을 나타냄]　重要 [zhòngyào] 혱 중요하다　作用 [zuòyòng] 몡 (사람과 사물에 끼치는) 작용, 영향, 효과, 효용, 역할 동 작용하다, 영향을 미치다　起作用 [qǐ zuòyòng] 동 역할을 하다, 작용을 하다, 효과가 나타나다, 효능이 나타나다　游客 [yóukè] 몡 여행객, 관광객　❷熟悉 [shúxī] 혱 잘 알다, 익숙하다, 생소하지 않다　代表 [dàibiǎo] 몡 대표, 대표자　任务 [rènwu] 몡 임무, 책무　外交官 [wàijiāoguān] 몡 외교관　差不多 [chàbuduō] 혱 (시간, 정도, 거리 등이) 비슷하다, 큰 차이가 없다, 가깝다　❸因此 [yīncǐ] 쩝 이로 인하여, 그래서, 이 때문에　被 [bèi] 동 …당하다, ~에 의해 …당하다[동사 앞에 쓰여 피동형 구나 문장을 만듦]　称为 [chēngwéi] 동 …라고 부르다, 불리우다, 일컫다, 칭하다　民间外交官 [mínjiān wàijiāoguān] 몡 민간외교관

TIP

❶ '消除'는 '없애다, 제거하다, 해소하다, 퇴치하다'는 뜻의 동사로 어떤 것이 존재하지 못하도록 방법을 강구하거나 또는 불리한 사물, 상황을 없앤다는 의미를 내포하고 있다.
　예 '消除疲劳(피로를 없애다, 피로를 풀다)', '消除偏见(편견을 없애다)', '消除敌意(적의를 없애다)', '消除腐败(부정을 적출하다, 부패를 없애다)', '消除顾虑(우려를 해소하다)'

❷ '熟悉'는 사람이나 사물, 장소, 상황, 업무에 대해 '익히 잘 알고 있다, 익숙하다, 생소하지 않다'는 뜻을 나타낸다. '熟悉情况(상황을 잘 파악하고 있다, 상황에 익숙하다)', '熟悉业务(업무를 잘 파악하고 있다)', '我们先熟悉熟悉这里的环境(우리는 우선 이곳의 환경을 좀 익히자)', '我跟这个人很熟悉(나는 이 사람을 잘 안다)', '我很熟悉那个地方(나는 그곳을 잘 안다)' 등으로 표현할 수 있다.

❸ '因此'는 결과나 결론을 나타내는 문장 앞에 쓰인다. 주로 앞에 문장에는 '由于'를 써서 '由于…, 因此…'의 형태를 취하는 경우도 있다. '我跟他一起工作10年了, 因此很了解他的性格和作风(나는 그와 같이 일한 지 10년이 되었다. 그래서 그의 성격과 태도를 잘 알고 있다)', '由于事先做好了充分的准备, 因此会议很顺利地结束了(사전에 충분한 준비를 했기 때문에 회의는 매우 순조롭게 끝났다)' 등의 표현으로 사용된다.

起着~的作用 : ~한 역할을 하고 있다, ~한 작용을 하고 있다.
这方面旅游翻译导游起着很重要的作用。
이 방면에서 관광통역안내사는 매우 중요한 역할을 하고 있습니다.

~和~差不多 : ~와(과) ~은(는) 비슷하다, 큰 차이가 없다.
他们的任务和外交官的任务差不多。
그들의 임무와 외교관의 임무는 비슷합니다.

被称为~ : ~로(으로) 불린다.
也被称为"民间外交官"。
"민간외교관"이라고도 불립니다.

05 | 오 로지 나만의 답안으로 만들자

Q. 为什么说旅游翻译导游是"民间外交官"。

04 관광객이 여권을 분실했을 경우 어떻게 해야 합니까?

假如游客丢失护照时应当如何处理?

2010, 2012, 2014, 2015, 2016, 2017, 2019, 2020, 2023 기출

01 | 일단 한번 읽어보자

假如游客丢失护照，我会马上联系旅行社，然后向当地警察局报警，这样做是防止别人利用游客的护照在海外进行非法活动。之后去联系当地的领事馆，向他们提供挂失回执。如果游客有护照和签证复印件，我将向领事馆提供这些复印件，在游客到达领事馆之前帮游客准备好两张护照照片。

02 | 이렇게도 알아두자

만약 여행객이 여권을 분실하면 저는 여행사에 바로 연락할 것이며, 그런 다음 현지 경찰서에 신고할 것입니다. 이렇게 하는 것은 다른 사람이 여행객의 여권을 이용하여 해외에서 불법 활동을 하는 것을 방지하기 위함입니다. 그다음 현지의 영사관에 연락하여 그들에게 분실 신고 영수증을 제공합니다. 만약 여행객이 여권과 비자의 복사본을 가지고 있다면, 저는 영사관에 이 복사본을 제공할 것이며, 여행객이 영사관에 가기 전에 여행객을 도와 두 장의 여권 사진을 준비해 놓을 것입니다.

假如 [jiǎrú] 접 만약, 만일, 가령 ❶**丢失** [diūshī] 통 잃다, 잃어버리다, 분실하다, 상실하다, 유실하다 护照 [hùzhào] 명 여권 ❷**应当** [yīngdāng] 통 반드시 …해야 한다, 응당 …해야 한다, …하는 것이 마땅하다 如何 [rúhé] 때 어떻게, 어떤, 어쩌면, 어찌하면 处理 [chǔlǐ] 통 처리하다, (사물을) 안배하다, (문제를) 해결하다 会 [huì] 통 …할 가능성이 있다, …할 것이다 马上 [mǎshàng] 부 곧, 즉시, 바로, 금방 联系 [liánxì] 통 연락하다, 연결하다, 결합하다, 결부하다, 연관짓다, 관계하다 旅行社 [lǚxíngshè] 명 여행사 然后 [ránhòu] 접 그런 후에, 연후에, 그다음에 向 [xiàng] 개 …(으)로, …에게, …을(를) 향하여 当地 [dāngdì] 명 현지, 현장, 그 지방, 그 고장, 그 곳 警察局 [jǐngchájú] 명 경찰서 报警 [bàojǐng] 통 경찰에 신고하다 防止 [fángzhǐ] 통 방지하다 利用 [lìyòng] 통 (사람이나 사물을 자기에게 유리하도록) 이용하다 海外 [hǎiwài] 명 해외, 국외, 외국 非法 [fēifǎ] 형 불법적인, 비합법적인, 위법적인 活动 [huódòng] 명 활동, 운동, 행사, 모임, 이벤트 之后 [zhīhòu] 명 그 후, 그다음, …뒤, …후, …다음 领事馆 [lǐngshìguǎn] 명 영사관 提供 [tígōng] 통 (자료·물자·의견·조건 등을) 제공하다, 공급하다, 내놓다 挂失 [guàshī] 통 (수표·신분증 등의) 분실 신고를 하다 回执 [huízhí] 명 (물품·우편물을 받은 뒤 써 주는 간단한) 영수증, 수령증 签证 [qiānzhèng] 명 비자(Visa), 사증(査證) 复印件 [fùyìnjiàn] 명 복사물, 복사본 将 [jiāng] 부 …하게 될 것이다, …일 것이다[미래에 대한 판단을 나타냄] 到达 [dàodá] 통 도달하다, 도착하다, 이르다 之前 [zhīqián] 명 …이전, …의 앞[전], …전에 帮 [bāng] 통 돕다, 거들다 准备好 [zhǔnbèihǎo] 통 잘 준비하다 照片 [zhàopiàn] 명 사진

TIP

❶ '丢失'은 '(물건을) 분실하다, 잃어버리다'라는 의미의 동사이다. 주로 물품의 분실 공고 또는 분실 센터 게시판, 분실 신고서 등 정식적인 문장에 쓰이는 동사이며, 구어체에서는 '弄丢[nòngdiū]'를 쓴다.

❷ '应当'은 '당연히 …해야 한다, …하는 것이 마땅하다'는 뜻의 '应该'와 그 뜻과 용법이 동일하다.

📋 我会马上~, 然后~ : 나는 바로 ~할 것이며, 그런 다음~
我会马上联系旅行社，然后向当地警察局报警。
저는 여행사에 바로 연락할 것이며, 그런 다음 현지 경찰서에 신고할 것입니다.

📋 这样做是~ : 이렇게 하는 것은~
这样做是防止别人利用游客的护照在海外进行非法活动。
이렇게 하는 것은 다른 사람이 여행객의 여권을 이용하여 해외에서 불법 활동을 하는 것을 방지하기 위함입니다.

📋 向~提供~ : ~에게 ~을(를) 제공하다.
向他们提供挂失回执。
그들에게 분실 신고 영수증을 제공합니다.

📑 **在~之前帮游客准备好~** : ~하기 전에 여행객을 도와 ~을(를) 준비해 놓다(두다).

在游客到达领事馆之前帮游客准备好两张护照照片。

여행객이 영사관에 도달하기 전에 여행객을 도와 두 장의 여권 사진을 준비해 놓을 것입니다.

05 | **오**로지 나만의 답안으로 만들자

Q. 假如游客丢失护照时应当如何处理?

05 관광객이 아프거나 다쳤을 경우 어떻게 대처하겠습니까?

假如游客生病或受伤的时候应该如何处理?

2010, 2012, 2013, 2014, 2015, 2016, 2017, 2023 **기출**

01 | 일 단 한번 읽어보자

如果游客的情况不是很严重，那么我会采取一些适当的医疗措施；如果情况严重的话，我会拨打急救电话119，把生病或者受伤的游客送到医院就医，然后帮他们联系到其国家的领事馆或大使馆。因为这些机关会帮助游客找到合适的医疗服务机构，还可以和游客家属取得联系，使生病或者受伤的游客能得到妥善的处理。

02 | 이 렇게도 알아두자

만약 여행객의 상황이 심각하지 않다면 저는 적당한 의료 조치를 취할 것입니다. 만약 상황이 심각하다면 저는 119에 전화를 걸어 몸이 아프거나 혹은 다친 여행객을 병원으로 보내서 치료받게 할 것입니다. 그런 다음 그들을 도와서 그 국가의 영사관 혹은 대사관에 연락을 합니다. 왜냐하면 이 기관들은 여행객이 적합한 의료 서비스 기구를 찾고, 또 여행객 가족들과 연락을 취할 수 있게 도와줄 수 있으며 아프거나 다친 여행객의 상황에 적절한 처리를 받을 수 있도록 하기 때문입니다.

假如 [jiǎrú] 젭 만약, 만일, 가령 生病 [shēngbìng] 동 병이 나다, 발병하다, 병에 걸리다, 몸이 아프다 或 [huò] 젭 혹은, 또는, 그렇지 않으면 被 [bèi] 동 …당하다, …에 의해 …당하다[동사 앞에 쓰여 피동형 구나 문장을 만듦] 受伤 [shòushāng] 동 부상당하다, 부상을 입다, 상처를 입다, 다치다 如何 [rúhé] 때 어떻게, 어떤, 어쩌면, 어찌하면 处理 [chǔlǐ] 동 처리하다, (사물을) 안배하다, (문제를) 해결하다 严重 [yánzhòng] 형 (정세·추세·정황 등이) 위급하다, 심각하다, (영향이) 엄중하다, 막대하다, 중대하다, (정도가) 매우 심하다, 대단하다 那么 [nàme] 젭 그러면, 그렇다면 采取 [cǎiqǔ] 동 (방침·수단·정책·조치·형식·태도 등을) 채택하다, 취하다, 강구하다 一些 [yìxiē] 양 (~儿) 약간, 조금, 얼마간, 몇 ❶适当 [shìdàng] 형 적절하다, 적합하다, 알맞다, 적당하다 医疗 [yīliáo] 명 의료 措施 [cuòshī] 명 조치, 대책 采取措施 [cǎiqǔ cuòshī] 동 조치를 취하다, 대책을 마련하다, 손써 보다 拨打 [bōdǎ] 동 전화를 걸다 急救 [jíjiù] 동 응급 처치를 하다, 응급 치료하다, 구급 치료를 하다 急救电话 [jíjiù diànhuà] 명 응급 전화 或者 [huòzhě] 젭 …이던가 아니면 …이다[선택 관계를 나타냄] 送 [sòng] 동 보내다, 배웅하다, 전송하다, 데려다 주다 就医 [jiùyī] 동 (의사에게 가서) 진찰을 받다, 치료를 받다 联系 [liánxì] 동 연락하다, 연결하다, 결합하다, 결부하다, 연관 짓다, 관계하다 其 [qí] 때 그 领事馆 [lǐngshìguǎn] 명 영사관 大使馆 [dàshǐguǎn] 명 대사관 机关 [jīguān] 명 기관 合适 [héshì] 형 적당하다, 적합하다, 알맞다 医疗服务 [yīliáo fúwù] 명 의료 서비스 机构 [jīgòu] 명 기구 家属 [jiāshǔ] 명 가솔, 가속, 가권, 딸린 식구 使 [shǐ] 동 (…에게) …시키다, …하게 하다 得到 [dédào] 동 얻다, 받다, 획득하다, 취득하다, 거두다, 차지하다, 손에 넣다 妥善 [tuǒshàn] 형 알맞다, 적절하다, 타당하다

TIP

❶ '适当'은 '적절하다, 알맞다, 적당하다'는 뜻의 형용사로 주로 문어체에 자주 쓰이며 규정, 조치, 시기, 장소, 방식, 정책 등이 상황이나 요구조건에 알맞게 부합되는 것을 가리킨다. 예를 들면, '找个适当的时机(적절한 시기를 찾다)', '处理适当(처리가 적절하다)', '对孩子进行适当的教育(아이에게 적절한 교육을 하다)' 등으로 쓸 수 있다.

📋 **如果~，那么我会采取~措施 : 만약 ~하다면, 그러면 나는 ~조치를 취할 것이다.**

如果游客的情况不是很严重，那么我会采取一些适当的医疗措施。

만약 여행객의 상황이 매우 심각하지 않다면, 그러면 저는 적당한 의료 조치를 취할 것입니다.

📋 **把~送到医院就医 : ~을(를) 병원으로 보내서 치료받게 한다.**

把生病或者受伤的游客送到医院就医。

몸이 아프거나 혹은 다친 여행객을 병원으로 보내서 치료받게 합니다.

📋 **因为这些机关会帮助~ : 왜냐하면 이 기관들은 ~을(를) 도와줄 수 있기 때문이다.**

因为这些机关会帮助游客找到合适的医疗服务机构，还可以和游客家属取得联系。

왜냐하면 이 기관들은 여행객이 적합한 의료 서비스 기구를 찾고 또 여행객 가족들과 연락을 취할 수 있도록 도와줄 수 있기 때문입니다.

Q. 假如游客生病或受伤的时候应该如何处理？

2012, 2013, 2015, 2016, 2017, 2020, 2022, 2023 기출

01 | 일 단 한번 읽어보자

因为游客的旅行时间很宝贵，所以如果发生这样的情况我会等那位游客几分钟，并向等待的游客表示感谢。如果时间到了还没有来，我会告知领队单独带那位游客赶上我们，并把我们下一个旅游地点的地图、路线详细地告诉他们。

当然为了避免这种情况的出现，我会提前嘱咐游客我们接下来的行程、时间，并让他们一定要遵守时间。我还会把我的手机号码告诉游客，也会记下每一位游客的联系方式，以方便联系。在出发之前，我也会提前向每一位游客确认情况，以免有游客迟到的情况发生。

02 | 이 렇게도 알아두자

여행객이 여행하는 시간은 매우 소중하기 때문에 만약 이런 상황이 발생한다면, 저는 그 여행객을 몇 분 동안 기다릴 것입니다. 또한 기다리는 여행객에게 감사를 표할 것입니다. 만약 시간이 되었는데도 여전히 오지 않는다면, 저는 인솔자에게 단독으로(혼자서) 그 여행객을 데리고 우리를 따라오도록 알릴 것입니다. 아울러 우리의 다음 여행 지점의 지도, 노선을 그들에게 상세하게 알려 줄 것입니다.

물론 이런 상황이 생기지 않도록 하기 위해서, 저는 미리 여행객에게 다음의 일정, 시간을 당부할 것이며, 그들로 하여금 반드시 시간을 준수하도록 할 것입니다. 저는 또 저의 핸드폰 번호를 여행객에게 알려 주고 연락의 편의를 위해 모든 여행객의 연락 방식도 적어 둘 것입니다. 출발 전에 저는 여행객이 지각하는 상황이 발생하지 않도록 미리 모든 여행객의 상황도 체크할 것입니다.

迟到 [chídào] 圄 지각하다 导致 [dǎozhì] 圄 (어떤 사태를) 야기하다, 초래하다, 가져오다 其他 [qítā] 떼 (사람, 사물에 쓰여) 기타, 다른 사람, 다른 사물 不满 [bùmǎn] 圄 만족하지 않다, 불만족이다, 불만스럽다 应当 [yīngdāng] 圄 반드시 …해야 한다, …하는 것이 마땅하다, 응당 …해야 한다 怎样 [zěnyàng] 떼 어떠하냐, 어째, 어떻게, 어떤[성질·상황·방식 등을 물음] 处理 [chǔlǐ] 圄 처리하다, (사물을) 안배하다, (문제를) 해결하다 ❶宝贵 [bǎoguì] 圀 진귀한, 귀중한, 소중한, 보배로운 发生 [fāshēng] 圄 (원래 없던 현상이) 생기다, 일어나다, 발생하다, 벌어지다, 출현하다 分钟 [fēnzhōng] 圀 분 并 [bìng] 쩝 게다가, 그리고, 또, 또한, 아울러 向 [xiàng] 꺠 …으로, …에게, …을(를) 향하여 等待 [děngdài] 圄 (사물, 상황 등을) 기다리다 表示 [biǎoshì] 圄 (언행으로 사상, 감정 등을) 나타내다, 표시하다, 표명하다 感谢 [gǎnxiè] 圄 고맙다, 감사하다, 고맙게 여기다 时间到了 [shíjiān dàole] (약속한, 정한) 시간이 되다, 시간이 됐다 ❷还没 [háiméi] 아직 …하지 않다, 아직 못 …하다 告知 [gàozhī] 圄 알리다, 알려 주다, 고지하다 领队 [lǐngduì] 圀 인솔자, 책임자, 리더, 주장, 감독, 대장(隊長), 팀장 单独 [dāndú] 囝 단독으로, 혼자서 ❸带 [dài] 圄 인도하다, 인솔하다, 이끌다, 통솔하다, 데리다 赶上 [gǎnshàng] 圄 따라잡다, 따라붙다 下一个 [xiàyíge] 다음, 다음의 旅游地点 [lǚyóu dìdiǎn] 圀 여행지, 여행 지점, 여행 장소 地图 [dìtú] 圀 지도 路线 [lùxiàn] 圀 노선 详细 [xiángxì] 圀 상세하다, 자세하다, 세세하다 告诉 [gàosu] 圄 말하다, 알리다 当然 [dāngrán] 囝 당연히, 물론 为了 [wèile] 꺠 …을(를) 하기 위하여 避免 [bìmiǎn] 圄 피하다, 면하다, 모면하다, (나쁜 상황을) 방지하다 出现 [chūxiàn] 圄 출현하다, 나타나다 提前 [tíqián] 圄 (예정된 시간, 위치를) 앞당기다, 미리 …을 하다 嘱咐 [zhǔfù] 圄 분부하다, 당부하다, 알아듣게 말하다 接下来 [jiēxiàlái] 다음으로, 이어서 行程 [xíngchéng] 圀 일정, 스케줄 让 [ràng] 圄 …하게 하다, …하도록 시키다 一定要 [yídìng yào] 반드시 …하다, 꼭 …할 것이다 一定 [yídìng] 圀 상당한, 꽤, 어느 정도의 囝 반드시, 필히, 꼭 遵守 [zūnshǒu] 圄 (규정 등을) 준수하다, 지키다 手机号码 [shǒujī hàomǎ] 圀 휴대폰 번호, 핸드폰 번호 记下 [jìxià] 圄 적어두다, 써두다 每 [měi] 떼 매, 각, …마다, 모두 联系 [liánxì] 圄 연락하다, 연결하다, 결합하다, 결부하다, 연관 짓다, 관계하다 方式 [fāngshì] 圀 방식, 방법, 패턴(Pattern) ❹以 [yǐ] 쩝 …하여, …함으로써, …하기 위하여 ❺方便 [fāngbiàn] 圀 편리하다 在…之前 [zài…zhīqián] 圀 이전에, …의 앞에, …의 전에, …전에 出发 [chūfā] 圄 출발하다, 떠나다 确认 [quèrèn] 圄 확인하다 以免 [yǐmiǎn] 쩝 …하지 않도록, …않기 위해서

TIP

❶ '宝贵'는 형용사로 '진귀하다, 소중하다, 귀중하다'는 뜻을 나타내며, 주로 획득하기 어려운 추상적인 명사와 함께 쓰인다. 예를 들면, '时间是很宝贵的(시간은 매우 귀중하다)', '很宝贵的经验(아주 소중한 경험)', '很 宝贵的建议(매우 귀중한 제안)', '宝贵的文化遗产(소중한 문화유산)' 등에 쓰일 수 있다. 이와 비슷한 형용사로 '珍贵 [zhēnguì]'가 있으며, 역시 '소중하다, 귀중하다, 진귀하다, 중시하다'는 뜻을 나타낸다. 다만 '珍贵'는 의미나 가치가 중시되는 실물을 가리키는 명사와 함께 쓰인다. 예를 들면, '珍贵物品(귀중품)', '珍贵的纪念品(귀중한 기념품)', '珍贵的药材(귀중한 약재)', '珍贵的资料(귀중한 자료)' 등이 있다.

❷ '还没(有) + 동사'는 '아직 ~하지 않았다'의 뜻이 되며, 반대되는 표현은 '已经…了'로 '이미 / 벌써 …하였다'가 된다. 예를 들면, '我已经到了(나는 이미 도착했다)', '我还没(有)到(나는 아직 도착하지 않았다 / 나는 아직 도착하지 못했다)'의 표현이 가능하다.

❸ '带'가 명사로 쓰일 때는 '띠, 벨트, 끈, 테이프'의 뜻으로 쓰이며, '领带(넥타이), 腰带(벨트), 绷带(붕대)' 등의 단어가 있다. 동사로 쓰일 때는 '(몸에) 지니다, 휴대하다, 가지다'의 뜻으로 '我随身带着手机(나는 휴대폰을 가지고 다닌다)', '我没带钱包(나는 지갑을 안 들고 왔다)', '我没带信用卡(나는 신용카드를 가지고 있지 않다)' 등으로 쓸 수 있다. 동사의 또 다른 뜻으로 '인솔하다, (누구를) 데리고 가다'는 뜻이 있으며, '我带你去(내가 너를 데리고 가 줄게)', '我带你回家(내가 집에 데려다 줄게)' 등으로 쓸 수 있다.

❹❺ '以方便'은 '以便[yǐbiàn]'과 같은 뜻으로 '…하기에 편리하도록' 또는 '…하기 위하여'라는 뜻을 나타낸다. 문장을 연결할 때, 뒷 문장의 첫마디에 놓인다. 앞 문장에서 언급한 조건이 뒤 문장에서 말하는 목적을 쉽게 실현하거나 달성할 수 있도록 함을 나타낸다. 예를 들면, '我会记下每一位游客的联系方式, 以方便联系'라고 하면, '나는 연락의 편의를 위해 모든 여행객의 연락 방식도 적어 둘 것이다'라는 뜻으로 '편리한 연락을 위해' 또는 '연락의 편의를 위해 어떤 행동을 취한다'라는 뜻을 표현한다.

04 | 사 소한 것도 기억하자

如果~, 我会~ : 만약 ~한다면, 나는 ~할 것이다.
如果发生这样的情况, 我会等那位游客几分钟。
만약 이런 상황이 발생한다면, 저는 그 여행객을 몇 분 동안 기다릴 것입니다.

向~表示感谢 : ~에게 감사를 표하다.
并向等待的游客表示感谢。
또한 기다리는 여행객에게 감사를 표할 것입니다.

把~详细地告诉他们 : ~을(를) 그들에게 상세하게 알려 주다.
把我们下一个旅游地点的地图、路线详细地告诉他们。
아울러 우리의 다음 여행 지점의 지도, 노선을 그들에게 상세하게 알려 줄 것입니다.

为了避免~ 我会提前~ : ~을(를) 방지하기 위해서 나는 미리 ~할 것이다.
为了避免这种情况的出现, 我会提前嘱咐游客我们接下来的行程、时间。
이런 상황이 생기지 않도록 하기 위해서 저는 미리 여행객에게 우리의 이어지는 일정, 시간을 당부할 것입니다.

让~一定要 : ~로 하여금 반드시 ~하도록 한다.
让他们一定要遵守时间。
그들로 하여금 반드시 시간을 준수하도록 할 것입니다.

~, 以方便联系 : 연락의 편의를 위해, 편리한 연락을 위해
我会记下每一位游客的联系方式, 以方便联系。
저는 연락의 편의를 위해 모든 여행객의 연락 방식도 적어 둘 것입니다.

~, 以免~ : ~을(를) 하지 않도록, ~을(를) 않기 위해서
我也会提前向每一位游客确认情况, 以免有游客迟到的情况发生。
저는 여행객이 지각하는 상황이 발생하지 않도록 미리 모든 여행객의 상황도 확인할 것입니다.

Q. 有一名游客迟到导致其他游客不满时应当怎样处理?

07

관광객에게 추천하고 싶은 관광지 한 곳을 소개해 보세요.

请说明一下你想为游客推荐的一个旅游景点。

2011, 2012, 2013, 2014, 2015, 2016, 2017, 2019, 2020 기출

01 | 일 단 한번 읽어보자

我想为游客推荐的是全州的韩屋村。因为这里是唯一完好保存了韩国传统文化的地方，也是韩国唯一一个没有被破坏的韩屋村。我推荐的理由是：第一，游客们可以在韩屋体验到韩国的传统居住环境。韩屋村的韩屋屋檐线条非常美丽。这里有里屋和客房两部分，还有韩屋最有名的温突，游客们可以在韩屋体验馆里住宿。第二，游客们可以在这里体验到韩国的传统文化和工艺。韩屋村里有很多有名的建筑，游客们还可以去传统酒博物馆欣赏韩国的传统酒，并学习关于饮酒的一些礼仪，在这里可以购买韩国传统酒马格利酒。

庆基殿是全州韩屋村的象征，这里有朝鲜王朝历代王的画像。在工艺品展示馆里可以体验到传统韩纸工艺、陶瓷工艺、木工、传统刺绣工艺等，还有针对外国人的家庭工艺等。

第三，游客们可以品尝到全州最有名的饮食：全州拌饭、全州豆芽汤饭、马格利酒和全州韩定食等。如果游客们晚上去马格利酒胡同，一壶马格利酒和各式菜肴摆满桌面，一定会非常喜爱的。

02 | 이 렇게도 알아두자

제가 여행객에게 추천하고 싶은 곳은 전주의 한옥마을입니다. 이곳은 한국 전통문화를 유일하게 고이 보존하고 있는 곳이며, 한국에서 유일하게 훼손되지 않은 한옥마을이기 때문입니다. 제가 추천하는 이유는 첫 번째로 여행객들이 한옥에서 한국의 전통 거주 환경을 체험할 수 있어서입니다. 한옥마을에 있는 한옥의 처마 선은 대단히 아름답습니다. 이곳은 안채와 사랑채 두 부분으로 되어 있으며, 또 한옥에서 가장 유명한 온돌이 있고 여행객들은 한옥체험관에서 숙박할 수 있습니다. 두 번째로, 여행객들은 이곳에서 한국의 전통문화와 공예를 체험할 수 있습니다. 한옥마을 안에는 많은 유명한 건축물이 있으며, 여행객들은 전통술 박물관에 가서 한국의 전통술을 감상할 수도 있고, 또한 음주에 관한 예의도 배울 수 있습니다. 이곳에서는 한국의 전통술 막걸리를 구매할 수 있습니다.

경기전은 전주 한옥마을의 상징이며, 이곳에는 조선왕조 역대 왕들의 초상화가 있습니다. 공예품 전시관에서는 전통 한지 공예, 도자기 공예, 목공, 전통 자수 공예 등을 체험할 수 있으며, 외국인에게 맞춘 가구 공예 등도 있습니다. 세 번째로, 여행객들은 전주에서 가장 유명한 음식을 맛볼 수 있습니다. 전주비빔밥, 전주 콩나물국밥, 막걸리와 전주 한정식 등이 그것입니다. 만약 여행객들이 저녁에 막걸리 골목에 갔을 때, 막걸리 한 주전자와 각종 요리가 테이블에 한가득 차려진다면, 반드시 좋아할 것입니다.

03 | 삼 세번은 복습하자

❶为 [wèi] 〔개〕 …에게 (…을 해 주다), …을 위하여 (…을 하다) 推荐 [tuījiàn] 〔동〕 추천하다, 천거하다, 소개하다 全州韩屋村 [Quánzhōu Hánwūcūn] 〔고유〕 전주 한옥마을 唯一 [wéiyī] 〔형〕 유일한, 하나밖에 없는 完好 [wánhǎo] 〔형〕 완정(完整)하다, 온전하다, 완전하다 保存 [bǎocún] 〔동〕 보존하다, 간수하다, 간직하다 传统文化 [chuántǒng wénhuà] 〔명〕 전통문화 地方 [dìfang] 〔명〕 (~儿) 장소, 곳, 자리, 부위 破坏 [pòhuài] 〔동〕 훼손시키다, (건축물 등을) 파괴하다 理由 [lǐyóu] 〔명〕 이유, 까닭, 연유 体验 [tǐyàn] 〔명〕〔동〕 체험(하다) 居住环境 [jūzhù huánjìng] 〔명〕 거주 환경, 주거 환경 居住 [jūzhù] 〔동〕 거주하다 屋檐 [wūyán] 〔명〕 처마 线条 [xiàntiáo] 〔명〕 (인체나 공예품의) 선, 윤곽, 라인 美丽 [měilì] 〔형〕 아름답다, 예쁘다, 곱다 里屋 [lǐwū] 〔명〕 안채 客房 [kèfáng] 〔명〕 사랑채 객실 部分 [bùfen] 〔명〕 (전체 중의) 부분, 일부(분) 温突 [wēntū] 〔명〕 온돌 韩屋体验馆 [Hánwū Tǐyànguǎn] 〔명〕 한옥체험관 住宿 [zhùsù] 〔동〕 묵다, 유숙하다, 숙박하다 工艺 [gōngyì] 〔명〕 공예 建筑 [jiànzhù] 〔명〕 건축물 传统酒博物馆 [Chuántǒngjiǔ Bówùguǎn] 〔고유〕 (전주) 전통술 박물관 欣赏 [xīnshǎng] 〔동〕 감상하다 传统酒 [chuántǒngjiǔ] 〔명〕 전통술 并 [bìng] 〔접〕 동시에, 또, 또한, 아울러 关于 [guānyú] 〔개〕 …에 관해서, …에 관하여 饮酒 [yǐnjiǔ] 〔동〕 술을 마시다, 음주하다 礼仪 [lǐyí] 〔명〕 예의, 예절과 의식 购买 [gòumǎi] 〔동〕 사다, 구매하다, 구입하다 马格利酒 [mǎgélìjiǔ] 〔명〕 막걸리 庆基殿 [Qìngjīdiàn] 〔고유〕 (한국) 경기전 象征 [xiàngzhēng] 〔동〕 상징하다, 표시하다, 나타내다 朝鲜王朝 [Cháoxiǎn wángcháo] 〔고유〕 조선왕조 历代 [lìdài] 〔명〕 역대 画像 [huàxiàng] 〔명〕 화상 工艺品 [gōngyìpǐn] 〔명〕 공예품, 수공예품 展示馆 [zhǎnshìguǎn] 〔명〕 전시관 韩纸工艺 [hánzhǐ gōngyì] 〔명〕 한지 공예 陶瓷工艺 [táocí gōngyì] 〔명〕 도자기 공예 木工 [mùgōng] 〔명〕 목수일, 목공일 刺绣 [cìxiù] 〔명〕 자수, 자수 공예품 针对 [zhēnduì] 〔동〕 겨누다, 조준하다, 초점을 맞추다 家庭工艺 [jiātíng gōngyì] 〔명〕 가구 공예 品尝 [pǐncháng] 〔동〕 맛보다, 시식(试食)하다, 자세히 식별하다 饮食 [yǐnshí] 〔동〕 음식을 먹고 마시다 〔명〕 음식 全州拌饭 [Quánzhōu Bànfàn] 〔고유〕 전주비빔밥 全州豆芽汤饭 [Quánzhōu Dòuyátāngfàn] 〔고유〕 전주 콩나물국밥 全州韩定食 [Quánzhōu Hándìngshí] 〔고유〕 전주 한정식 胡同 [hútòng] 〔명〕 골목 ❷一壶 [yìhú] 한 주전자 各式 [gèshì] 〔형〕 각종(의), 갖가지(의), 각양각색(의) 菜肴 [càiyáo] 〔명〕 (식사나 안주용의) 요리, 음식, 반찬 摆 [bǎi] 〔동〕 놓다, 배열하다, 벌여 놓다, 진열하다, 배치하다 ❸满 [mǎn] 〔형〕 가득차다, 꽉차다, 가득하다, 그득하다 桌面 [zhuōmiàn] 〔명〕 (~儿) 탁상, 탁자의 윗면 一定会 [yídìnghuì] 반드시 …할 것이다, 꼭 …할 것이다 喜爱 [xǐ'ài] 〔동〕 좋아하다, 애호하다

❶ '为'는 개사로서 '…를 위해, …를 위하여'라는 뜻을 나타낸다. 여기서는 '为 + 대상 + 동사'의 형태를 취하여 '(대상)을 위하여 (동사)를 하다'는 뜻을 표현한다. 예를 들면, '为大家介绍(모두를 위해 소개하다)', '为大家准备(모두를 위해 준비하다)', '为大家提供(모두를 위해 제공하다)'과 같이 문장에서 활용할 수 있다.

❷ '壶'는 명사로서 '술병, 단지, 주전자'의 뜻을 지니며, 양사로서 '단지, 주전자'를 셀 때 사용한다. '茶壶(차 주전자)', '酒壶(술 주전자 / 술 단지 / 술병)'는 명사로 사용된 경우이며, '一壶茶(차 한 주전자)', '一壶酒(술 한 주전자)'는 양사로 사용된 경우이다.

❸ '满'은 형용사로서 '가득차다, 꽉차다'는 뜻을 나타내며, '동사 + 满'의 형태로 보어 역할을 하기도 한다. '摆满'은 '한상 가득이 차리다'는 뜻을 나타내며, '装满'은 '가득 싣다, 가득 채우다', '塞满'은 '가득 차다, (물건을) 빽빽하게 채우다'는 뜻을 나타낸다.

04 ｜ 사 소한 것도 기억하자

📑 **我想为游客推荐的是~** : 내가 여행객에게 추천하고 싶은 것은~
我想为游客推荐的是全州的韩屋村。
제가 여행객에게 추천하고 싶은 곳은 전주의 한옥마을입니다.

📑 **我推荐的理由是 : 第一，~。第二，~。第三，~。**
내가 추천하는 이유는 : 첫 번째로, ~. 두 번째로, ~. 세 번째로, ~.
我推荐的理由是 : 第一，游客们可以在韩屋体验到韩国的传统居住环境。
제가 추천하는 이유는 : 첫 번째로 여행객들은 한옥에서 한국의 전통 거주 환경을 체험할 수 있어서입니다.

📑 **~是~的象征** : ~은(는) ~의 상징이다.
庆基殿是全州韩屋村的象征。
경기전은 전주 한옥마을의 상징입니다.

Q. 请说明一下你想为游客推荐的一个旅游景点。

08

중국어를 공부하게 된 동기는 무엇입니까?

学习汉语的动机是什么?

2010, 2011, 2012, 2013, 2014, 2015, 2017 기출

01 | 일 단 한번 읽어보자

我很喜欢看中国电影，可是听不懂电影里说的话。在我去中国旅游的时候，对中国的文化和风俗习惯产生了很大的兴趣，我想更深地了解中国的文化并能用汉语和中国人交流，而且最近来韩国旅游的中国人越来越多。我想努力学习汉语以后，可以从事与中国人有交流的工作，这样可以让我能够更深地了解中国，也可以向他们介绍我们国家。

02 | 이 렇게도 알아두자

저는 중국 영화 보는 것을 매우 좋아합니다. 그런데 영화 속에서 하는 말을 알아들을 수 없었습니다. 또한 제가 중국에 여행을 갔을 때, 중국의 문화와 풍속 습관에 대해 매우 큰 흥미가 생겼습니다. 저는 중국의 문화를 좀 더 깊게 이해하고 싶었고, 중국어로 중국인과 교류하고 싶었습니다. 게다가 최근에는 한국으로 여행 오는 중국인이 점점 더 많아지고 있습니다. 저는 중국어를 열심히 배운 다음 중국인과 교류가 있는 일에 종사하고 싶습니다. 이렇게 하면 저는 중국 문화에 대해서 더 깊게 이해할 수 있고, 나아가 그들에게 우리나라를 소개할 수도 있기 때문입니다.

动机 [dòngjī] 몡 동기 在 …的时候 [zài…de shíhou] …할 때, …일 때 可是 [kěshì] 젭 그러나, 하지만, 그렇지만 听不懂 [tīngbudǒng] 동 알아들을 수 없다, 알아듣지 못하다 旅游 [lǚyóu] 동 여행하다, 관광하다 对 [duì] 개 …에 대해(서), …에 대하여 文化 [wénhuà] 몡 문화 风俗习惯 [fēngsú xíguàn] 몡 풍속과 습관, 풍습 产生 [chǎnshēng] 동 생기다, 발생하다, 나타나다, 출현하다 ❶兴趣 [xìngqù] 몡 흥미, 흥취, 취미 更 [gèng] 뷔 더욱, 더, 훨씬, 한층 더, 가일층, 더군다나, 보다 더 ❷了解 [liǎojiě] 동 자세하게 알다, 이해하다 并 [bìng] 젭 게다가, 또, 나아가 用 [yòng] 개 …으로, …로써 交流 [jiāoliú] 동 서로 소통하다, 교류하다, (정보 따위를) 교환하다 而且 [érqiě] 젭 게다가, 뿐만 아니라, 또한 越来越 [yuèláiyuè] 뷔 더욱더, 점점, 갈수록 以后 [yǐhòu] 몡 이후, 금후 从事 [cóngshì] 동 종사하다, 몸담다 与 [yǔ] 개 …와(과), …함께[동작이나 행위와 관련 있는 대상을 이끌어들임] 让 [ràng] 동 …하게 하다, …하도록 시키다 能够 [nénggòu] 동 …할 수 있다

TIP

❶ '兴趣'는 '흥미, 취미, 관심'의 뜻을 나타내는 명사이며, 주로 '对…感兴趣(…에 흥미를 느끼다, …에 관심이 있다)', '对…有兴趣(…에 관심을 가지다, …에 흥미가 있다)'의 형태로 자주 등장한다. 여기서는 '对…产生兴趣'로 '…에 대해 흥미가 생기다, …에 대해 관심이 생기다'로 해석할 수 있다.

❷ '更深地了解'는 '한층 더 깊게 이해하다, 보다 더 깊이 이해하다'는 뜻으로 해석할 수 있다.

04 | 사 소한 것도 기억하자

📒 对~产生了很大的兴趣。 : ~에 대해 매우 큰 흥미가 생기다.
对中国的文化和风俗习惯产生了很大的兴趣。
중국의 문화와 풍속 습관에 대해 매우 큰 흥미가 생겼습니다.

📒 我想更深地了解~ : 나는 ~을(를) 좀 더 깊게 이해하고 싶다.
我想更深地了解中国的文化并能用汉语和中国人交流。
저는 중국의 문화를 좀 더 깊게 이해하고 싶었고, 중국어로 중국인과 교류하고 싶었습니다.

Q. 学习汉语的动机是什么?

PART

03

관광국사 및
관광자원해설 관련
지식에 관한 질문

작은 기회로부터 종종 위대한 업적이 시작된다.

– 데모스테네스 –

(01) 단군신화에 대해 이야기해 보세요.

请介绍檀君神话。

2013, 2014, 2015 기출

01 | 일 단 한번 읽어보자

檀君神话是韩国的建国神话。在很久以前，天神桓因有一个儿子叫桓雄，他想下凡帮助人类，要弘益人间，所以就带领雨、风、云三位治国臣子和3,000名随从来到太白山开始治理天下。

有一天，熊和虎向桓雄祈祷，想变成人。桓雄说100天之内只吃蒜和艾蒿，不见阳光，就能变成人。只有熊耐心地等待，过了21天，就变成了人。后来她和桓雄结婚并生下了一个儿子，这个孩子就是檀君。

檀君在公元前2,333年，在韩半岛北边和满洲地区建立了最早的国家"古朝鲜"。韩国人为了纪念檀君建国的日子，把10月3号定为开天节。

02 | 이 렇게도 알아두자

단군신화는 한국의 건국 신화입니다. 아주 오래 전에, 천신이신 환인에게 환웅이라 불리는 아들이 하나 있었습니다. 그는 속세로 내려와 인류를 돕고 널리 인간세계를 이롭게 하고자(홍익인간) 했습니다. 그래서 비, 바람, 구름을 다스리는 세 명의 치국신하와 3,000명을 데리고 태백산으로 내려와 천하를 다스리기 시작했습니다.

어느 날, 곰과 호랑이가 사람이 되고 싶다고 환웅에게 기도하였습니다. 환웅은 100일 동안 마늘과 쑥만을 먹고 햇빛을 보지 않으면 사람이 될 수 있다고 말했습니다. 곰만이 인내심을 갖고 기다려 21일이 지나서 사람으로 변했습니다. 후에 그녀는 환웅과 결혼하여 아들을 낳았는데 이 아이가 바로 단군입니다.

단군은 기원전 2,333년에 한반도 북쪽과 만주지역에 최초의 국가 "고조선"을 세웠습니다. 한국인은 단군의 건국일을 기념하기 위해 10월 3일을 개천절로 제정하였습니다.

檀君 [Tánjūn] 고유 단군　神话 [shénhuà] 명 신화　建国 [jiànguó] 동 건국하다, 나라를 세우다, 국가를 건설하다　**很久以前** [hěnjiǔ yǐqián] 부 오래 전에, 오랜 옛날, 아주 오래 전에　天神 [tiānshén] 명 (전설의) 하늘에 있는 신, 천신, 하느님　桓因 [Huányīn] 명 (인물) 환인, 천상을 지배하는 하늘의 임금　桓雄 [Huánxióng] 고유 (인물) 환웅, 천상을 지배하는 하늘의 임금인 환인의 아들　下凡 [xiàfán] 동 (신선이) 속세로 내려오다　帮助 [bāngzhù] 동 돕다, 원조하다, 보좌하다　人类 [rénlèi] 명 인류　弘益人间 [hóng yì rén jiān] 고유 홍익인간[널리 인간 세계를 이롭게 한다는 뜻으로, 우리나라의 건국 시조인 단군의 건국이념　带领 [dàilǐng] 동 인솔하다, 이끌다, 인도하다, 영도하다, 거느리다　治国 [zhìguó] 동 나라를 다스리다, 치국하다　臣子 [chénzǐ] 명 신하, 관리　随从 [suícóng] 동 수행하다, 모시고 따라가다, 따라다니다, 뒤따르다　太白山 [Tàibáishān] 고유 태백산　开始 [kāishǐ] 동 시작하다, 착수하다　治理 [zhìlǐ] 동 통치하다, 다스리다, 관리하다　天下 [tiānxià] 명 천하, 세계, 온 세상　有一天 [yǒu yì tiān] 부 어느 날, 언젠가는　熊 [xióng] 명 곰　虎 [hǔ] 명 호랑이　向 [xiàng] 개 …으로, …에게, …을[를] 향하여　祈祷 [qídǎo] 동 기도하다, 빌다　变成 [biànchéng] 동 …으로 변하다, …으로 되다, …이[가] 되다　之内 [zhīnèi] 명 …의 안에, …의 내에　只 [zhǐ] 부 단지, 다만, 오직, 겨우　蒜 [suàn] 명 마늘　艾蒿 [àihāo] 명 쑥　阳光 [yángguāng] 명 양광, 햇빛, 태양의 빛, 광선　只有 [zhǐyǒu] 접 …해야만 …이다　耐心 [nàixīn] 형 참을성이 있다, 인내심이 강하다, 인내성이 있다　等待 [děngdài] 동 (사물·상황 등을) 기다리다　❶过 [guò] 동 (시점을) 지나다, 지내다, 경과하다, 보내다　后来 [hòulái] 명 그 후, 그 뒤, 그다음　并 [bìng] 접 게다가, 나아가, 그리고　生下 [shēngxià] 동 낳다, 출산하다　公元前 [gōngyuánqián] 명 기원전　韩半岛 [Hán bàndǎo] 명 한반도　北边 [běibiān] 명 북쪽, 북방, 북부지역　满洲地区 [Mǎnzhōu dìqū] 명 만주지역　建立 [jiànlì] 동 건립하다, 세우다　最早 [zuìzǎo] 부 가장 이른 명 최초　❷古朝鲜 [Gǔcháoxiǎn] 명 고조선 국가　为了 [wèile] 개 …을[를] 하기 위하여　纪念 [jìniàn] 동 기념하다　日子 [rìzi] 명 날, 날짜　把 [bǎ] 개 …을[를]　定为 [dìngwéi] 동 …로 정하다, …으로 결정하다　开天节 [Kāitiānjié] 명 개천절

TIP

❶ 과거에 무엇을 한 적이 있다는 경험을 표현할 때에는 '동사 + 过'의 형태를 취하며, 이때에는 품사가 조사이며 경성으로 읽는다. 동사로 쓰일 때는 4성으로 읽는 것에 주의해야 한다. 过가 동사로 쓰일 때는 '건너다, (지점을) 지나다, (시점을) 보내다, 경과하다, (범위, 한도를) 넘다, 초과하다' 등의 뜻을 나타낸다.

❷ 고조선은 한국 역사상 최초의 고대 국가이다. 사서에 처음 등장할 때에는 '조선'이라 하였으나, 후에 기자조선이나 위만조선과 구분하기 위해 '고조선(단군조선)'이라 하였다. 20세기에 들어오면서 이씨 조선과 구분되는 고대의 조선이라는 의미로 통한다.

~向~祈祷，: ~은(는) ~에게 빌다 / 기도하다.

熊和虎向桓雄祈祷，想变成人。

곰과 호랑이가 사람이 되고 싶다고 환웅에게 기도하였습니다.

为了纪念~ : ~을(를) 기념하기 위해

韩国人为了纪念檀君建国的日子

한국인은 단군의 건국일을 기념하기 위해

把~定为~ : ~을(를) ~로(으로) 정하다 / 제정하다 / 결정하다.

把10月3号定为开天节。

10월 3일을 개천절로 제정하였습니다.

Q. 请介绍檀君神话。

[02] 단군왕검의 의미는 무엇입니까?

请回答檀君王俭的意思。

2013, 2014 기출

01 | 일 단 한번 읽어보자

檀君代表宗教中的神，王俭代表统治者。根据《三国遗事》中的记载，他是带着风伯、云师和雨师来的，这些都是农耕时必需的条件，所以可以推测他建立的古朝鲜是一个农耕社会的国家。

02 | 이 렇게도 알아두자

단군은 종교에서의 신을 나타내며, 왕검은 통치자를 나타냅니다. 〈삼국유사〉 중의 기록에 의하면, 그는 풍백, 운사와 우사를 데리고 왔으며, 이들은 모두 농경 시 반드시 있어야 하는 필수조건입니다. 그래서 그가 건립한 고조선이 농경사회의 국가임을 추측할 수 있습니다.

03 | 삼 세번은 복습하자

回答 [huídá] 동 대답하다, 회답하다, 응답하다　檀君王俭 [Tánjūn Wáng Jiǎn] 고유 단군왕검　意思 [yìsi] 명 의의, 의미　檀君 [Tánjūn] 고유 단군　代表 [dàibiǎo] 동 대표하다, 대신하다, 대리하다, 표시하다, 나타내다　宗教 [zōngjiào] 명 종교　神 [shén] 명 신　统治者 [tǒngzhìzhě] 명 통치자, 지배자　根据 [gēnjù] 개 …에 의거하여　❶三国遗事 [Sānguó Yíshì] 고유 삼국유사(三國遺事)　记载 [jìzǎi] 명 기록, 기사, 사료 동 기재하다, 기록하다　带着 [dàizhe] 부 …을 가지고, …을 데리고, …을 거느리고　❷风伯 [fēngbó] 고유 풍백　❸云师 [yúnshī] 고유 운사　❹雨师 [yǔshī] 고유 우사　农耕 [nónggēng] 동 농경하다, 농사를 짓다　时 [shí] …할 때, …일 때, …시　必需 [bìxū] 명 필수품 동 반드시, 꼭 필요로 하다, 없어서는 안 되다, 빠뜨릴 수 없다　条件 [tiáojiàn] 명 조건　所以 [suǒyǐ] 접 그래서, 그러므로, 그런 까닭에, 때문에　可以 [kěyǐ] 동 …할 수 있다, 가능하다　推测 [tuīcè] 동 추측하다, 헤아리다　建立 [jiànlì] 동 창설하다, 건립하다, 수립하다, 성립하다, 세우다　古朝鲜 [Gǔcháoxiān] 고유 고조선　社会 [shèhuì] 명 사회　国家 [guójiā] 명 국가, 나라

04 | **사** 소한 것도 기억하자

根据~的记载 : ~의 기재에 의거하면, ~의 기록에 의하면
根据《三国遗事》中的记载
〈삼국유사〉 중의 기록에 의하면

可以推测~ : ~을(를) 추측할 수 있다.
所以可以推测他建立的古朝鲜是一个农耕社会的国家。
그래서 그가 건립한 고조선이 농경사회의 국가임을 추측할 수 있습니다.

05 | **오** 로지 나만의 답안으로 만들자

Q. 请回答檀君王俭的意思。

[03] 세종대왕에 대해 설명해 보세요.

请介绍世宗大王。

2011, 2012, 2013, 2014, 2015 기출

01 | 일 단 한번 읽어보자

世宗大王是朝鲜王朝的第四代王。在位期间建立了集贤殿，召集了很多英才学子。他还创造了《训民正音》，因为当时的百姓很难学习汉字，《训民正音》可以让百姓很容易理解并使用，韩文可以很科学地表示出世界所有国家的文字。

世宗大王很关心农业的发展，在1429年世宗监督写成了《农事直说》朝鲜第一部农书。而且委任当时出身低微的蒋英实官职，蒋英实是一位有名的发明家。他在世宗大王的支持下，研制出了水钟、浑天仪、测雨器等，测雨器的科学技术比欧洲早了两百多年。

02 | 이 렇게도 알아두자

세종대왕은 조선왕조 제4대 왕입니다. 재위기간에 집현전을 건립하였으며, 많은 우수한 학자를 소집하였습니다. 그는 또 훈민정음을 창제하였습니다. 그 당시 백성들이 한자를 배우기가 어려웠기 때문에 훈민정음은 백성들이 쉽게 이해하고 사용할 수 있도록 만들었습니다. 한글은 매우 과학적으로 세계 모든 국가의 문자를 표시할 수 있습니다.

세종대왕은 농업발전에 관심이 많았으며, 1429년 세종의 감독으로 작성된 〈농사직설〉은 조선 최초의 농서입니다. 또한 당시 출신이 비천한 장영실에게 관직을 위임하였습니다. 장영실은 유명한 발명가입니다. 그는 세종대왕의 지지하에 물시계, 혼천의, 측우기 등을 연구 제작하였으며, 이 측우기의 과학기술은 유럽보다 200여 년 앞선 것이었습니다.

世宗大王 [Shìzōng Dàwáng] 고유 세종대왕(조선 제4대 임금) 朝鮮王朝 [Cháoxiǎn Wángcháo] 고유 조선왕조 第四代 [dì sì dài] 명 제4대 在位期间 [zàiwèi qījiān] 명 재위기간, 재위기간 동안 建立 [jiànlì] 동 건립하다, 세우다 集贤殿 [Jíxiándiàn] 고유 집현전 召集 [zhàojí] 동 소집하다, 불러 모으다 英才 [yīngcái] 명 영재, 뛰어난 재능과 지혜 学子 [xuézǐ] 명 학자 训民正音 [Xùnmín Zhèngyīn] 고유 훈민정음 当时 [dāngshí] 명 당시, 그 때 汉字 [hànzì] 명 한자 百姓 [bǎixìng] 명 백성, 평민 ❶容易 [róngyì] 형 쉽다, 용이하다, …하기 쉽다, …하기 일쑤다 理解 [lǐjiě] 동 알다, 이해하다 并 [bìng] 접 그리고, 또, 아울러, 게다가 使用 [shǐyòng] 동 사용하다, 쓰다 韩文 [Hánwén] 명 한국어, 한글 科学 [kēxué] 명형 과학(적이다) 表示 [biǎoshì] 동 나타내다, 표시하다, 표명하다 出 [chū] 동 (동사 뒤에 쓰여) 드러나거나 완성됨을 나타냄 世界 [shìjiè] 명 세계 所有 [suǒyǒu] 형 모든, 전부의, 일체의, 전체의 国家 [guójiā] 명 국가, 나라 文字 [wénzì] 명 문자, 글자 ❷关心 [guānxīn] 동 관심을 갖다, 관심을 기울이다 农业 [nóngyè] 명 농업 发展 [fāzhǎn] 동 발전하다 监督 [jiāndū] 동 감독하다 写成 [xiěchéng] 동 작성하다 农事直说 [Nóngshì Zhíshuō] 고유 농사직설 农书 [nóngshū] 명 농서 委任 [wěirèn] 동 위임하다, 맡기다 出身 [chūshēn] 명 신분, 출신 低微 [dīwēi] 형 (신분이나 지위가) 낮다, 비천하다 蒋英实 [Jiǎng Yīngshí] 고유 (인명) 장영실 官职 [guānzhí] 명 관직 有名 [yǒumíng] 형 유명하다 发明家 [fāmíngjiā] 명 발명가 在…下 [zài…xià] 부 …하에 支持 [zhīchí] 동 지지하다 研制 [yánzhì] 동 연구 제작하다, 연구 제조하다 水钟 [shuǐzhōng] 고유 물시계 浑天仪 [Húntiānyí] 고유 혼천의, 혼의(중국고대의 천문기기) 测雨器 [Cèyǔqì] 고유 측우기 科学 [kēxué] 명형 과학(적이다) 技术 [jìshù] 명 기술 比 [bǐ] 개 …에 비해, …보다 欧洲 [Ōuzhōu] 명 유럽 早 [zǎo] 형 (때가) 이르다, 빠르다 两百多年 [liǎngbǎi duō nián] 200여 년

TIP

❶ '容易 + 동사'는 '~하기 쉽다, ~하기 일쑤다'라는 뜻을 나타낸다.

❷ '关心'은 사람이나 사물에 대해 '관심을 갖다, 관심을 기울이다'는 뜻으로 '항상 마음에 두며 늘 생각하다, 염려하다' 라는 뜻을 내포하고 있다. 예를 들어 '关心父母的健康'이라고 하면 '부모님의 건강에 관심을 갖다 / 늘 염려하다'는 뜻이 된다.

---

04 | **사** 소한 것도 기억하자

📖 在~的支持下 : ~의 지지하에

他在世宗大王的支持下
그는 세종대왕의 지지하에

📖 ~比~早了~ : ~은(는) ~보다 ~ 이르다(앞섰다).

测雨器的科学技术比欧洲早了两百多年。
측우기의 과학기술은 유럽보다 200여 년 앞선 것이었습니다.

Q. 请介绍世宗大王。

(04) 이순신 장군에 대해 설명해 보세요.

请介绍李舜臣将军。

2010, 2013, 2014 기출

01 | 일단 한번 읽어보자

李舜臣是朝鲜时代的英雄，也是朝鲜时代的将军，在壬辰倭乱时，因数次成功地阻击日本海军而闻名。

李舜臣是一位著名的军事家，他发明并改造了当时最先进的战船—乌龟船，李舜臣还第一次使用了水雷。

李舜臣将军写的《乱中日记》在2013年入选联合国教科文组织世界记录遗产。乱中日记是李舜臣将军在壬辰倭乱时写的战争日记，日记包括他从壬辰倭乱爆发开始，一直到露梁海战中战死，经历七年战争的内容。

02 | 이렇게도 알아두자

이순신은 조선시대의 영웅이며, 조선시대의 장군입니다. 임진왜란 때, 일본 해군을 수차례 성공적으로 저지한 것으로 인해 유명해졌습니다.

이순신은 저명한 군사 전략가이기도 합니다. 그는 당시 가장 선진화된 전함 거북선을 발명하고 개조하였습니다. 이순신은 또한 처음으로 수뢰를 사용하였습니다.

이순신 장군이 쓴 〈난중일기〉는 2013년 유네스코 세계기록유산에 등재되었습니다. 난중일기는 이순신 장군이 임진왜란 중 기록한 전쟁일기로, 임진왜란 발발부터 노량해전에서 전사하기까지 겪은 7년간의 전쟁내용이 담겨 있습니다.

朝鲜 [Cháoxiǎn] 고유 조선 时代 [shídài] 명 (역사상의) 시대, 시기 英雄 [yīngxióng] 명 영웅 将军 [jiāngjūn] 명 장군, 장성 壬辰倭乱 [Rénchénwōluàn] 고유 임진왜란 数次 [shùcì] 부 여러 번, 수 차례 成功地 [chénggōngde] 부 성공적으로 阻击 [zǔjī] 동 (적의 진격·보급로·퇴로 등을) 저지하다, 차단하다, 저격하다 日本 [Rìběn] 고유 일본 海军 [hǎijūn] 명 해군 闻名 [wénmíng] 형 유명하다 동 명성을 듣다 ❶著名 [zhùmíng] 형 저명하다, 유명하다 军事家 [jūnshìjiā] 명 군사 전문가, 군사 전략가 发明 [fāmíng] 동 발명하다 改造 [gǎizào] 동 개조하다, 재제조하다 当时 [dāngshí] 명 당시, 그때 先进 [xiānjìn] 형 선진의, 남보다 앞선, 진보적인 战船 [zhànchuán] 명 전함, 군함 乌龟 [wūguī] 명 거북 第一次 [dì yī cì] 명 제1차, 최초, 맨 처음 使用 [shǐyòng] 동 사용하다, 쓰다 水雷 [shuǐléi] 명 수뢰 乱中日记 [Luànzhōng Rìjì] 고유 난중일기 入选 [rùxuǎn] 동 입선하다, 당선되다, 뽑히다 联合国教科文组织 [Liánhéguó Jiàokēwén Zǔzhī] 고유 **联合国教育科学及文化组织** 유네스코(UNESCO)의 약칭 世界 [shìjiè] 명 세계, 세상 记录 [jìlù] 명동 기록(하다) 遗产 [yíchǎn] 명 유산 战争 [zhànzhēng] 명 전쟁 爆发 [bàofā] 동 돌발하다, 갑자기 터져 나오다, 발발하다 露梁 [Lùliáng] 고유 노량(해전) 海战 [hǎizhàn] 명 해전 战死 [zhànsǐ] 동 전사하다 经历 [jīnglì] 동 몸소 겪다, 체험하다, 경험하다

TIP

❶ 중국어에서 '유명하다'는 뜻의 형용사는 '有名, 著名, 闻名' 등이 있다. '有名'와 '著名'의 차이는 '有名'은 구어체 표현이고, '著名'은 문어체 표현이라는 것이다. 또한 명사를 수식할 때 '有名'은 반드시 '的'를 써야 하며, '著名'은 '的'를 생략할 수 있다. '闻名'은 대중적으로 모두가 이것을 알고 있다는 의미로 '유명하다'는 뜻을 나타내므로 장소나 범위를 나타내는 단어와 같이 등장하는 경우가 많다. 또한 '어떤 사람의 명성을 듣다'라는 뜻도 있다.

📑 在~时 : ~때, ~일 때, ~할 때
在壬辰倭乱时
임진왜란 때

📑 因~而~ : ~로(으로) 인해 ~하다.
因数次成功地阻击日本海军而闻名。
일본 해군을 수차례 성공적으로 저지한 것으로 인해 유명해졌습니다.

Q. 请介绍李舜臣将军。

(05) 선덕여왕에 대해 설명하세요.

请介绍善德女王。

2012, 2013 기출

01 | 일 단 한번 읽어보자

善德女王原名叫金德曼，是二十七代王，是新罗及韩国历史上第一位女王，被称为"三国一统奠定者"。在位期间曾受到"女子不能理朝"的保守派的反对，善德女王在位十六年期间，主动与中原交好，派子弟到中国学习，引进中国儒学，效法唐朝进行政治改革，使得新罗得以发展。

02 | 이 렇게도 알아두자

선덕여왕의 본명은 김덕만으로, 신라 제27대 군주이며 신라 및 한국 역사상 첫 번째 여왕으로서 "삼한일통의 초석을 다진 자"로 불립니다. 재위기간에 일찍이 "여자가 조정을 다스려서는 안 된다"라는 보수파의 반대에 부딪히기도 했으나, 선덕여왕은 재위 16년 동안 중원과 적극적으로 친선을 도모하였으며, 자제를 중국에 보내 학습하게 했고, 중국 유학을 도입하였습니다. 당나라를 본받아 정치개혁을 실시하였으며, 신라가 발전할 수 있도록 하였습니다.

善德女王 [Shàndé Nǚwáng] 고유 선덕여왕 原名 [yuánmíng] 명 원명, 본명 叫 [jiào] 통 (…라고) 하다, 부르다, 불리다 金德曼 [Jīn Démàn] 고유 (인명) 김덕만 新罗 [Xīnluó] 고유 신라 代 [dài] 명 대, 시대, 시기, 왕조 及 [jí] 접 및, …와(과) 历史上 [lìshǐshàng] 부 사상, 역사상, 역사적으로 被称为 [bèichēngwéi] 통 …라고 불리다 三国 [Sānguó] 고유 삼국(고구려, 백제, 신라) 一统 [yìtǒng] 통 (국가 등을) 통일하다 三国一统 [sānguó yìtǒng] 명 삼국 통일, 삼한 일통 奠定者 [diàndìngzhě] 명 기틀을 다진 자, 기반을 마련한 자, 초석을 다진 자 奠定 [diàndìng] 통 다지다, 닦다, 안정시키다 在位期间 [zàiwèi qījiān] 명 재위기간 曾 [céng] 부 일찍이, 이미, 벌써, 이전에 ❶受到 [shòudào] 통 얻다, 받다, 만나다, 부딪히다 女子 [nǚzǐ] 명 여성, 여자 不能 [bùnéng] 통 …할 수가 없다, …해서는 안 된다 理朝 [lǐcháo] 통 조정을 다스리다, 조정을 관리하다 保守派 [bǎoshǒupài] 명 보수파 反对 [fǎnduì] 통 반대하다, 찬성하지 않다, 동의하지 않다 主动 [zhǔdòng] 형 주동적인, 자발적인, 자각적인, 능동적인 交好 [jiāohǎo] 통 사이가 좋다, 서로 친교를 맺다 中原 [Zhōngyuán] 명 중원 派 [pài] 통 파견하다, 분배하다, 안배하다, 지명하다, 임명하다 子弟 [zǐdì] 명 자제, 젊은 후진 引进 [yǐnjìn] 통 (인원, 자금, 기술, 설비 등을 외국에서) 도입하다, 끌어들이다 儒学 [rúxué] 명 유학 效法 [xiàofǎ] 통 본받다, 모방하다, 배우다 唐朝 [Tángcháo] 명 당조, 당 왕조 进行 [jìnxíng] 통 진행하다, 실시하다 政治改革 [zhèngzhì gǎigé] 명 정치 개혁 改革 [gǎigé] 통 개혁하다 명 개혁 使得 [shǐde] 통 (의도, 계획, 사물이) 어떠한 결과를 불러일으키다, …로 하여금 …하게 하다 ❷得以 [déyǐ] 통 (기회를 빌려서) …할 수 있다, (말미암아) …(하게) 되다 发展 [fāzhǎn] 통 발전하다

TIP

❶ '受到' 동사는 2음절 명사를 목적어로 취하며, 긍정적 또는 부정적 의미의 단어와 모두 결합이 가능하다. 먼저 긍정적 의미의 단어들과의 결합을 살펴보면, '受到关注(관심을 받다)', '受到优惠(우대, 혜택을 받다)', '受到表扬(칭찬을 받다)', '受到款待(환대를 받다)' 등이 있으며, 이에 반대로 '受到指责(핀잔을 받다)', '受到冲击(충격을 받다)', '受到挫折(좌절에 부딪히다)', '受到处罚(처벌을 받다)' 등의 부정적인 단어들과도 함께 사용할 수 있다.

❷ '得以'는 주로 문어체에 사용되며, '…할 수 있다' 또는 '…할 수 있게 되다'는 뜻으로 '能够'나 '可以'와 같은 뜻을 나타낸다. '愿望得以实现(염원을 이룰 수 있다)', '这次得以圆满完成任务(이번에 원만하게 임무를 완성할 수 있게 되다)', '工作得以顺利进行(일을 순조롭게 진행할 수 있게 되다)', '事业得以发展(사업이 발전할 수 있다)' 등으로 표현할 수 있다.

原名叫~ : 본명은 ~이다.

善德女王原名叫金德曼。

선덕여왕의 본명은 김덕만입니다.

被称为~ : ~로(으로) 불리다, ~라고 칭하다.

被称为"三国一统奠定者"。

"삼한일통의 초석을 다진 자"로 불립니다.

受到~的反对 : ~의 반대에 부딪히다.

在位期间曾受到"女子不能理朝"的保守派的反对。

재위기간에 일찍이 "여자가 조정을 다스려서는 안 된다"라는 보수파의 반대에 부딪히기도 했습니다.

主动与~交好 : ~와(과) 적극적으로 친선을 도모하다.

善德女王在位十六年期间，主动与中原交好。

선덕여왕은 재위 16년 동안 중원과 적극적으로 친선을 도모하였습니다.

05 | **오** 로지 나만의 답안으로 만들자

Q. 请介绍善德女王。

[06] 신사임당에 대해 설명하세요.

请介绍申师任堂。

2013, 2014, 2015, 2016 기출

01 | 일 단 한번 읽어보자

申师任堂是朝鲜时代的女书画家，她是朝鲜时代贤妻良母的典范，也是韩国第一位女性艺术家。她不仅善于写作、手工、刺绣，而且书法、诗文、绘画都非常出色，在教育子女方面也非常努力。她一生留下了很多名作。在2009年6月23日韩国银行发行的5万韩元纸币上，第一次印上了她的肖像。

02 | 이 렇게도 알아두자

신사임당은 조선시대의 여성 서화가입니다. 그녀는 조선시대 현모양처의 본보기이며, 한국 최초의 여성 예술가이기도 합니다. 그녀는 창작, 수공예, 자수에 능할 뿐만 아니라, 서예, 시문, 회화도 매우 뛰어났으며 자녀 교육에 있어서도 대단히 노력하였습니다. 그녀는 일생 동안 많은 명작을 남겼습니다. 2009년 6월 23일 한국은행에서 발행한 5만원권 한화 지폐에는 처음으로 그녀의 초상이 인쇄되었습니다.

申师任堂 [Shēnshī Rèntáng] 고유 신사임당(조선중기 여류 서화가)　朝鲜时代 [Cháoxiǎn Shídài] 고유 조선시대　女 [nǚ] 명 여자, 여성　书画家 [shūhuàjiā] 명 서화가　贤妻良母 [xián qī liáng mǔ] 성어 현모양처　典范 [diǎnfàn] 명 모범, 전범, 본보기　位 [wèi] 양 분, 명(공경의 뜻을 내포함)　女性 [nǚxìng] 명 여성, 여자 형 여성의　艺术家 [yìshùjiā] 명 예술가　不仅 [bùjǐn] 접 …뿐만 아니라　❶善于 [shànyú] 동 …를 잘하다, …에 능(숙)하다　写作 [xiězuò] 동 글을 짓다, 저작하다, (문학 작품) 창작하다　手工 [shǒugōng] 명 수공, 손으로 하는 일, 수공예　刺绣 [cìxiù] 명 자수, 자수 공예품, 수를 놓다, 자수하다　而且 [érqiě] 접 게다가, 뿐만 아니라, 또한　书法 [shūfǎ] 명 서예　诗文 [shīwén] 명 시문, 시와 글　绘画 [huìhuà] 명 회화, 그림, 그림을 그리다　❷出色 [chūsè] 형 특별히 좋다, 대단히 뛰어나다　在…方面 [zài…fāngmiàn] 부 …방면에서, …분야에서, …면에서, …방면에　教育 [jiàoyù] 동 교육하다, 양성하다, 육성하다, 기르다, 일깨우다, 계발하다　子女 [zǐnǚ] 명 자녀, 아들과 딸　一生 [yìshēng] 명 일생, 평생　留下 [liúxià] 동 남기다, 남겨 두다　名作 [míngzuò] 명 명작　韩国银行 [Hánguó Yínháng] 명 한국 은행　发行 [fāxíng] 동 (화폐·채권·우표·출판물 등을) 발행하다, 발매하다　万 [wàn] 수 만, 10000　韩元 [hányuán] 명 원화, 한국 돈, 한국 화폐　纸币 [zhǐbì] 명 지폐, 종이돈　在…上 [zài…shàng] 부 위에, …에서, …에　第一次 [dì yī cì] 명 제1차, 최초, 맨 처음　印 [yìn] 동 복사하다, 인쇄하다, 찍다, (사진을) 인화하다　上 [shàng] 동 …에 다다르다, …하게 되다, …하는 결과를 낳다[동사 뒤에 쓰여, 어떤 목적에 도달하였거나 결과가 있음을 나타냄]　肖像 [xiàoxiàng] 명 (사람의) 사진, 화상

TIP

❶ '善于'는 '…을 잘하다, …에 능숙하다'는 뜻으로 2음절 명사나 동사를 목적어로 두며, 다음과 같이 쓰인다. '善于处世(처세에 능하다)', '善于应变(임기응변을 잘하다)', '善于社交(사교에 능하다)' 등이 있다.

❷ '出色'는 일반적인 수준, 보통을 뛰어넘어 특히 좋다는 뜻을 나타낸다. '훌륭하다, 출중하다, 월등하다, 매우 뛰어나다' 등으로 해석할 수 있으며, 다음과 같이 쓰인다. '她的演技很出色(그녀의 연기는 훌륭하다)', '这篇论文很出色(이 논문은 매우 뛰어나다)', '他的理解能力很出色(그의 이해능력은 월등하다)', '出色的成绩(뛰어난 성적)', '很出色的教练(매우 뛰어난 코치)' 등이 있다.

---

04 | 사 소한 것도 기억하자

📖 她是~的典范 : 그녀는 ~의 본보기이다.
她是朝鲜时代贤妻良母的典范。
그녀는 조선시대 현모양처의 본보기입니다.

📖 不仅善于~, 而且~都非常出色 : ~에 능할 뿐만 아니라, ~도 매우 뛰어나다.
她不仅善于写作、手工、刺绣, 而且书法、诗文、绘画都非常出色。
그녀는 창작, 수공예, 자수에 능할 뿐만 아니라, 서예, 시문, 회화도 매우 뛰어났습니다.

📖 她一生留下了~ : 그녀는 일생 동안 ~을 남겼다.
她一生留下了很多名作。
그녀는 일생 동안 많은 명작을 남겼습니다.

Q. 请介绍申师任堂。

(07) 명성황후에 대해 설명해 보세요.

请介绍明成皇后。

2012 기출

01 | 일 단 한번 읽어보자

明成皇后是朝鲜近代史上的女政治家，是朝鲜最后一位皇后。明成皇后生前是朝鲜王朝高宗的王妃，是19世纪朝鲜王朝末期的实际统治者。

明成皇后刚被册封为王妃时，正是高宗的生父大院君摄政，大院君采取闭关锁国的路线，而明成皇后提倡开放政策。在与大院君争权的过程中与亲日派越来越远，渐渐开始亲华。

中日甲午战争之后，明成皇后打算和俄罗斯合作对抗日本，引起日本的不满。1895年爆发了"乙未事变"，明成皇后在景福宫被日本人杀死并烧了遗体，之后日本人又让高宗把她降为庶人。1897年，高宗改国号"大韩帝国"，把她追封为明成皇后。

因为明成皇后主张开放并对抗日本而被杀害，所以虽然韩国人对她有很多的看法，但是她还是受到了很高的评价。

02 | 이 렇게도 알아두자

명성황후는 조선 근대사의 여성 정치가이며, 조선의 마지막 황후입니다. 명성황후는 생전에 조선왕조 고종의 왕비였으며, 19세기 조선왕조 말기의 실제 통치자였습니다.

명성황후가 왕비로 책봉되었을 때는 마침 고종의 생부 대원군이 섭정하던 때였습니다. 대원군은 쇄국정책 노선을 채택했으나, 명성황후는 개방정책을 제창하였습니다. 그녀는 대원군과의 권력 다툼 과정에서 친일파와 점점 멀어지고, 중국과 가까워졌습니다.

중일 갑오전쟁 후, 명성황후는 러시아와 협력하여 일본에 대항하려고 하여 일본의 불만을 야기했습니다. 1895년 "을미사변"이 발발하였으며, 명성황후는 경복궁에서 일본인에 의해 살해되었고 유해는 불에 타버렸습니다. 또한 일본은 고종에게 그녀를 서민으로 강등하게 하였습니다. 1897년 고종이 국호를 "대한제국"으로 고치고 나서야 명성황후로 추봉되었습니다.

명성황후는 개방을 주장하였고 또 일본에 대항하였기 때문에 살해당했습니다. 그녀에 대해서는 다양한 견해가 있지만, 한국인들은 여전히 그녀를 높이 평가하고 있습니다.

明成皇后 [Míngchéng Huánghòu] 고유 (인물) 명성황후　近代史 [jìndàishǐ] 명 근대사, 근세사　政治家 [zhèngzhìjiā] 명 정치가　皇后 [huánghòu] 명 황후　生前 [shēngqián] 명 생전, 살아있는 동안, 죽기 전　高宗 [Gāozōng] 고유 (인물) 고종　王妃 [wángfēi] 명 왕비, 왕후　19世纪 [shíjiǔ shìjì] 명 19세기　末期 [mòqī] 명 말, 말엽　实际 [shíjì] 명 실제　统治者 [tǒngzhìzhě] 명 통치자, 지배자　刚…时 [gāng…shí] 부 금방 …때는, 막 …때는　被 [bèi] 동 …에게…를 당하다　册封 [cèfēng] 동 봉하다, 책봉하다　册封为 [cèfēngwéi] 동 …로 책봉하다, …으로 봉하다　正是 [zhèngshì] 동 바로 …이다, 마침 …이다, 때마침 …이다　生父 [shēngfù] 명 생부, 친아버지　大院君 [Dàyuànjūn] 고유 (인물) 대원군, 흥선대원군　摄政 [shèzhèng] 동 (왕을 대신하여) 섭정하다, 정사를 대행하다　采取 [cǎiqǔ] 동 (방침·수단·정책·조치·형식·태도 등을) 채택하다, 취하다, 강구하다　闭关锁国 [bì guān suǒ guó] 성어 문호를 봉쇄하고 타국과 내왕하지 않다, 쇄국정책을 실시하다　路线 [lùxiàn] 명 (국가나 정당이 제정한) 원칙, 방침, 노선, 계획, 방법　提倡 [tíchàng] 동 제창하다　开放政策 [kāifàng zhèngcè] 명 개방정책　与…争权 [yǔ… zhēngquán] 동 …와[과] 권력을 다투다, 정권을 다투다　过程 [guòchéng] 명 과정　亲日派 [qīnrìpài] 명 친일파　越来越 [yuèláiyuè] 부 더욱더, 점점 더, 갈수록　远 [yuǎn] 형 (공간적, 시간적으로) 멀다, (사이가) 멀다, 소원하다　渐渐 [jiànjiàn] 부 점점, 점차　开始 [kāishǐ] 동 시작되다, 개시하다　亲华 [qīnhuá] 동 중국과 친하게 지내다　中日 [ZhōngRì] 명 중일, 중국과 일본　甲午战争 [Jiǎwǔ Zhànzhēng] 명 갑오전쟁 [1894~1895년. 한국을 병탄하고 중국을 침략하려고 일본이 일으킨 청일전쟁. 1894년이 갑오년(**甲午年**)이므로 갑오전쟁이라고 함]　之后 [zhīhòu] 명 그 후, 그다음, …뒤, …후, …다음　打算 [dǎsuan] 동 …할 생각이다, 작정이다, …하려고 하다, 계획하다, 고려하다　合作 [hézuò] 동 합작하다, 협력하다　俄罗斯 [Éluósī] 러시아(연방)　对抗 [duìkàng] 동 대항하다, 저항하다　❶引起 [yǐnqǐ] 동 (주의를) 끌다, 야기하다, 불러일으키다, (사건 등을) 일으키다　不满 [bùmǎn] 명 불만 동 만족하지 않다, 불만스럽다　爆发 [bàofā] 동 돌발하다, 갑자기 터져 나오다, 발발하다　乙未事变 [Yǐwèi Shìbiàn] 고유 을미사변　景福宫 [Jǐngfúgōng] 고유 (한국) 경복궁　杀死 [shāsǐ] 동 죽이다, 살해하다　烧 [shāo] 동 태우다, 불사르다　遗体 [yítǐ] 명 유해, 유체(**遺體**)　让 [ràng] 동 …하게 하다, …하도록 시키다　把 [bǎ] 개 …으로, …을(를)　降为 [jiàngwéi] 동 …으로 내리다, …로 낮추다, …로 강등하다　庶人 [shùrén] 명 서민, 백성, 평민　改 [gǎi] 동 고치다, 바꾸다, 달라지다, 변화시키다, 변경하다　国号 [guóhào] 명 국호　大韩帝国 [Dàhán Dìguó] 명 대한제국　追封 [zhuīfēng] 동 (죽은 후에 관직, 작위 등을) 추서하다, 추봉하다

TIP

❶ '引起'는 어떤 사건, 현상, 활동 등으로 인해 어떤 결과를 '불러일으키다, 야기하다'는 뜻을 나타낸다. 문장에서 단독으로 사용할 수 없으므로 주로 목적어를 수반하여 다음과 같이 사용된다. '引起争论(논란을 일으키다)', '引起麻烦(말썽을 일으키다)', '引起怀疑(의심을 사다, 의혹을 불러일으키다)', '引起了一场风波(한바탕 풍파를 일으키다 / 한바탕 소동을 일으키다)', '引起战争(전쟁을 일으키다)', '引起不少问题(많은 문제를 일으키다)' 등이 있다.

📑 刚~时，正是~ : 막 ~할 때, 바로 / 마침 ~때 / 시기이다.

明成皇后刚被册封为王妃时，正是高宗的生父大院君摄政，

명성황후가 막 왕비로 책봉되었을 때, 마침 고종의 생부 대원군이 섭정하던 때였습니다.

📑 采取~路线 : ~노선을 채택하다.

大院君采取闭关锁国的路线，而明成皇后提倡开放政策。

대원군은 쇄국정책 노선을 채택했으나, 명성황후는 개방정책을 제창하였습니다.

📑 在~的过程中 : ~하는 과정에서

在与大院君争权的过程中

대원군과의 권력 다툼 과정에서

📑 引起~不满 : ~의 불만을 야기하다.

明成皇后打算和俄罗斯合作对抗日本，引起日本的不满。

명성황후는 러시아와 협력하여 일본에 대항하려고 하여 일본의 불만을 야기했습니다.

📑 把~降为~ : ~을(를) ~로(으로) 강등하다. ~을(를) ~로(으로) 내리다.

又让高宗把她降为庶人。

또한 고종에게 그녀를 서민으로 강등하게 하였습니다.

Q. 请介绍明成皇后。

[08] 한국전쟁에 대해 이야기해 보세요.

请介绍朝鲜战争。

2011, 2012, 2013, 2014, 2015 기출

01 | 일단 한번 읽어보자

朝鲜战争又叫"六二五战争"。1950年6月25日，朝鲜得到苏联的支持，进攻韩国。7月7日，联合国安理会通过第84号决议，派联合国军支援韩国抵抗朝鲜的进攻。8月中旬，朝鲜将韩军打退到釜山一带，攻占了韩国90%的土地。9月15日，以美军为主的联合国军在仁川登陆，开始反攻。10月25日，中国军答应朝鲜的请求，帮助朝鲜与联合国军作战，最后在三八线一带一直持续战争。1951年7月10日，中国、朝鲜与联合国军的美军代表开始了停战谈判，在1953年7月27日 签订了'朝鲜停战协定'。

02 | 이렇게도 알아두자

한국전쟁은 "6·25 전쟁"이라고도 합니다. 1950년 6월 25일, 북한은 소련의 지지를 받아 한국을 공격했습니다. 7월 7일, UN 안전보장이사회는 제84호 결의를 통해 연합군을 파견, 한국을 지원하여 북한의 공격에 저항했습니다. 8월 중순, 북한은 한국군을 부산 일대까지 격퇴하였으며, 한국의 토지 90%를 함락했습니다. 9월 15일, 미군이 주도하는 연합군은 인천에 상륙하여 반격을 시작하였습니다. 10월 25일, 중공군은 북한의 요청에 응하여 북한을 도와 연합군과 전쟁을 치렀고, 최후 38선 일대에서 전쟁이 계속 지속되었습니다. 1951년 7월 10일, 중국, 북한과 연합군의 미군 대표가 휴전회담을 시작했으며, 1953년 7월 27일 '한국휴전협정'을 체결하였습니다.

朝鲜战争 [Cháoxiǎn Zhànzhēng] 고유 한국전쟁, 6·25 전쟁　又叫 [yòujiào] 동 …라고도 한다, …라고도 부르다　朝鲜 [Cháoxiǎn] 고유 조선, 북한, 조선민주주의 인민 공화국　得到 [dédào] 동 얻다, 받다, 획득하다, 취득하다, 거두다, 차지하다, 손에 넣다　苏联 [Sūlián] 고유 소련　❶支持 [zhīchí] 동 지지하다　进攻 [jìngōng] 동 공격하다, 진공하다, 진격하다　联合国 [Liánhéguó] 고유 유엔(UN), 국제 연합　安理会 [Ānlǐhuì] 고유 联合国安全理事会(국제 연합 안전 보장 이사회)의 약칭　联合国安理会 [Liánhéguó Ānlǐhuì] 고유 유엔안전보장이사회　通过 [tōngguò] 개 …을 거쳐, …에 의해, …를 통해　决议 [juéyì] 명 (회의의 토론을 거친) 결의, 결정　派 [pài] 동 파견하다, 분배하다, 안배하다, 임명하다　联合国军 [Liánhéguójūn] 명 유엔군　❷支援 [zhīyuán] 동 지원하다　抵抗 [dǐkàng] 동 저항하다, 대항하다　中旬 [zhōngxún] 명 중순　将 [jiāng] 개 …을(를)　韩军 [hánjūn] 명 한국군　打退 [dǎtuì] 동 물리치다, 격퇴하다　到 [dào] 동 …에, …로, …까지 오다　釜山 [Fǔshān] 고유 부산　一带 [yídài] 명 일대　攻占 [gōngzhàn] 동 공격하여 점령하다, 함락하다　土地 [tǔdì] 명 토지, 영토, 국토, 강토, 강역　以…为主 [yǐ…wéizhǔ] 동 …을 위주로 하다, …을 주로 하는, …이 주가 되는, …이 주도하는　美军 [Měijūn] 명 미군　仁川 [Rénchuān] 명 인천　登陆 [dēnglù] 동 적지에 상륙하다, 육지에 오르다　开始 [kāishǐ] 동 착수하다, 시작하다　反攻 [fǎngōng] 동 역습하다, 반격하다　中国军 [Zhōngguójūn] 명 중공군　❸答应 [dāying] 동 동의하다, 허락하다, 승낙하다　请求 [qǐngqiú] 명 요구, 요청, 부탁　帮助 [bāngzhù] 동 돕다, 원조하다　与 [yǔ] 접 …와(과)　作战 [zuòzhàn] 동 싸우다, 전투하다, 작전하다, 투쟁하다　最后 [zuìhòu] 명 최후, 제일 마지막, 끝 형 최후의, 맨 마지막의　一直 [yìzhí] 부 계속, 줄곧 [동작 혹은 상태가 지속됨을 나타냄]　持续 [chíxù] 동 지속하다　战争 [zhànzhēng] 명 전쟁　代表 [dàibiǎo] 명 대표, 대표자 동 대표하다, 대신하다, 나타내다　停战 [tíngzhàn] 동 정전하다, 싸움을 멈추다, 휴전하다　谈判 [tánpàn] 동 담판하다, 회담하다, 교섭하다, 협상하다　停战谈判 [tíngzhàn tánpàn] 명 휴전회담, 정전회담　❹签订 [qiāndìng] 동 (조약을) 조인하다, 체결하다, (함께) 서명하다　朝鲜停战协定 [Cháoxiǎn Tíngzhàn Xiédìng] 고유 한국휴전협정, 한국정전협정　协定 [xiédìng] 동 (공동 준수 조약을) 협정하다 명 협정

TIP

❶ '支持'는 '지지하다'는 뜻으로 일반 회화에서는 '서포트하다, 응원하다, 격려하다'로 해석되는 경우가 많다. 예를 들면, '他在经济上支持了我三年(그는 경제적으로 3년 동안 나를 서포트해 줬다)', '谢谢大家的支持(여러분의 성원에 감사드립니다)', '他始终支持着我们(그는 시종일관 우리를 응원해 준다 / 격려해 준다)' 등이 있다.

❷ '支援'은 인적, 물적, 자금력을 동원하여 지원하고 도와준다는 뜻을 나타낸다. 주로 국가, 민족, 운동, 투쟁 등의 큰 범위 외에도, 재난지역, 공장, 농촌 등 작은 범위에서도 사용한다. '支援弱小国家(약소국가를 지원하다)', '支援地震灾区(지진재해구역을 지원하다)' 등으로 표현할 수 있다.

❸ '答应'은 '동의하다, 허락하다'는 뜻으로 '答应请求'는 '요청을 승낙하다, 요청을 수락하다', '答应要求'는 '요구에 응하다'로 해석할 수 있다. 일반 회화에서는 '약속하다'는 뜻도 있다. '是你答应说要跟我一起去(당신이 같이 가겠다고 약속했잖아요)', '你不是答应过要给我买吗?(당신이 사 준다고 약속하지 않았어요?)' 등이 있다.

❹ '签订' 동사는 주로 협의, 계약, 조약 등의 단어들과 함께 등장한다.
　예 签订合同(계약을 맺다), 签订条约(조약을 체결하다), 签订协议(협의에서 명하다)

📑 **得到~的支持** : ~의 지지를 받다, ~의 후원을 얻다.

朝鮮得到苏联的支持，进攻韩国。

북한은 소련의 지지를 받아 한국을 공격했습니다.

📑 **将~打退到~** : ~을(를) ~(까지) 격퇴하다 / 물리치다.

朝鮮将韩军打退到釜山一带。

북한은 한국군을 부산 일대까지 격퇴했습니다.

📑 **以~为主的~** : ~이(가) 주도하는~, ~이(가) 주가 되는~

以美军为主的联合国军在仁川登陆，开始反攻。

미군이 주도하는 연합군은 인천에 상륙하여 반격을 시작하였습니다.

📑 **答应~的请求** : ~의 요청을 들어주다, ~의 요구에 응하다.

中国答应朝鮮的请求。

중국은 북한의 요청에 응했습니다.

📑 **在**(시간 / 장소)**签订了~协定** : ~에 ~협정이 체결되었다 / 협정을 체결하였다.

在1953年7月27日签订了'朝鮮停战协定'。

1953년 7월 27일에 '한국휴전협정'을 체결하였습니다.

Q. 请介绍朝鮮战争。

(09) 판문점에 대해 설명하세요.

请说明一下板门店。

2012, 2013, 2014, 2023 **기출**

01 | **일** 단 한번 읽어보자

板门店的正式名称是军事停战委员会板门店共同警备区域，通常简称为"共同警备区域 (JSA；Joint Security Area)"，而大众将其称为"板门店"。板门店位于京畿道坡州市津西面。朝鲜战争时期，板门店是联合国军和共产军之间举行停战谈判的地方，1953年签订停战协定后，被划定为联合国和朝鲜共同警备区域。板门店不仅是军事停战委员会的会谈场所，还被用作韩朝直接接触、会谈的场所，和韩朝来往的过境点。

02 | **이** 렇게도 알아두자

판문점의 정식 명칭은 군사정전위원회 판문점 공동경비구역으로, 통상적으로는 공동경비구역(JSA；Joint Security Area)이라고 짧게 지칭하며, 대중적으로는 판문점이라고 부릅니다.

판문점은 경기도 파주시 진서면에 있습니다. 한국전쟁 때 판문점은 유엔군과 공산군 간에 휴전회담이 열렸던 곳이었으며, 1953년 정전협정 체결 후 UN과 북한 측 공동경비구역으로 정해졌습니다. 판문점은 군사정전위원회의 회담 장소만이 아니라 남북한 간의 직접적인 접촉과 회담을 위한 장소로 활용되고 있으며, 남북 내왕의 통과지점으로도 이용되고 있습니다.

板门店 [Bǎnméndiàn] 고유 판문점　正式 [zhèngshì] 형 정식의, 공식의　名称 [míngchēng] 명 명칭　军事 [jūnshì] 명 군사　停战 [tíngzhàn] 명 정전　委员会 [wěiyuánhuì] 명 위원회　共同 [gòngtóng] 형 공동의, 공통의　警备 [jǐngbèi] 명동 경비(하다)　区域 [qūyù] 명 구역, 지구　通常 [tōngcháng] 명 통상, 일반　简称 [jiǎnchēng] 명동 약칭(하다)　大众 [dàzhòng] 명 대중　位于 [wèiyú] 동 …에 위치하다　京畿道 [Jīngjīdào] 고유 경기도　坡州市 [Pōzhōushì] 고유 파주시　津西面 [Jīnxīmiàn] 고유 진서면　朝鲜战争 [Cháoxiǎnzhànzhēng] 고유 한국전쟁, 6・25전쟁　联合国军 [Liánhéguó jūn] 명 연합군　共产军 [gòngchǎn jūn] 명 공산군　之间 [zhījiān] 명 사이　谈判 [tánpàn] 명동 담판(하다), 회담(하다)　签订 [qiāndìng] 동 함께 서명하다, (조약을) 체결하다　协定 [xiédìng] 명동 협정(하다)　划定 [huàdìng] 동 확정하다, (범위・경계 따위를) 나누어 정하다　场所 [chǎngsuǒ] 명 장소　韩朝 [háncháo] 명 남북한　直接 [zhíjiē] 명형 직접적(인)　接触 [jiēchù] 동 접촉하다　来往 [láiwǎng] 동 오고 가다, 왕래하다　过境 [guòjìng] 동 국경을 넘다, 경계를 넘다

04 | **사** 소한 것도 기억하자

📑 ~的正式名称是~ : ~의 정식명칭은 ~이다.

板门店的正式名称是军事停战委员会板门店共同警备区域。

판문점의 정식 명칭은 군사정전위원회 판문점 공동경비구역입니다.

📑 ~通常简称为~ : ~을(를) 통상적으로 ~라고 약칭한다.

军事停战委员会板门店共同警备区域通常简称为"共同警备区域(JSA ; Joint Security Area)"

군사정전위원회 판문점 공동경비구역을 통상 '共同警备区域'라고 약칭합니다.

📑 大众将其称为~ : 대중적으로 그것을 ~라고 부른다.

而大众将其称为"板门店"。

대중적으로는 그것을 판문점이라고 부릅니다.

📑 ~被用作~ : ~은(는) ~로(으로) 쓰이다 / ~로(으로) 사용되다.

板门店被用作韩朝直接接触、会谈的场所，和韩朝来往的过境点。

판문점은 남북한 간의 직접적인 접촉과 회담을 하는 장소로 쓰이고 있으며, 남북 내왕의 통과 지점으로도 사용되고 있습니다.

Q. 请说明一下板门店。

(10) 38선이란 무엇입니까?

三八线是什么?

2013, 2014, 2015 기출

01 | 일단 한번 읽어보자

三八线是位于韩半岛上北纬38度附近的一条军事分界线。第二次世界大战结束后，美国、苏联在韩半岛商定把北纬38度作为日本投降的范围界限。北部为苏军受降区，南部为美军受降区。后来朝鲜战争结束后，朝鲜和韩国宣布停战，以三八线作为两国休战的分界线，北边为朝鲜民主主义人民共和国，南边为大韩民国。

02 | 이렇게도 알아두자

38선은 한반도상에 위치한 북위 38도 부근의 군사분계선입니다. 제2차 세계 대전이 끝난 후, 미국, 소련은 한반도에서 북위 38도를 일본 투항의 범위 경계선으로 합의 결정하였습니다. 북부는 소련군 투항 구역으로, 남부는 미군 투항 구역이 되었습니다. 후에 한국전쟁이 끝난 후, 북한과 한국은 정전을 선포했으며, 38선을 양국 휴전 분계선으로 삼았습니다. 북쪽은 조선민주주의 인민공화국이 되었고, 남쪽은 대한민국이 되었습니다.

三八线 [Sānbāxiàn] [고유] (한반도의) 삼팔선, 휴전선　位于 [wèiyú] [동] …에 위치하다　北纬 [běiwěi] [명] 북위　度 [dù] [명] 도　附近 [fùjìn] [명] 부근, 근처, 인근, 가까운 곳　条 [tiáo] [양] 줄기, 가닥, 갈래[지형, 구조물과 관련된 것 등의 가늘고 긴 것을 세는 단위]　军事分界线 [jūnshì fēnjièxiàn] [명] 군사분계선　第二次世界大战 [Dì èr cì Shìjiè Dàzhàn] [고유] 제2차 세계대전(1939～1945년)　结束 [jiéshù] [동] 끝나다, 마치다, 종결하다, 종료하다, 마무르다　苏联 [Sūlián] [고유] 소련　商定 [shāngdìng] [동] 협의하여 결정하다, 토의하여 결정하다　把 [bǎ] [개] …으로, …을[를]　作为 [zuòwéi] [동] …로 여기다[간주하다], …으로 삼다, …로 하다　日本 [Rìběn] [고유] 일본　投降 [tóuxiáng] [동] 투항하다, 항복하다　范围 [fànwéi] [명] 범위　界限 [jièxiàn] [명] 경계, 한도　北部 [běibù] [명] 북부　❶为 [wéi] [동] …이다, …이[가] 되다　苏军 [Sūjūn] [명] 소련군　受降 [shòuxiáng] [동] 적군의 투항을 받아들이다, 항복을 수락하다, 항복하다, 투항하다　受降区 [shòuxiángqū] [명] 투항지역, 항복지역　南部 [nánbù] [명] 남부　美军 [Měijūn] [고유] 미군, US Army　后来 [hòulái] [명] 그 후, 그 뒤, 그다음　朝鲜战争 [Cháoxiǎn Zhànzhēng] [고유] 한국전쟁, 6.25 전쟁　❷宣布 [xuānbù] [동] 선포하다, 공표하다, 선언하다, 발표하다　停战 [tíngzhàn] [동] 정전하다, 싸움을 멈추다, 휴전하다　两国 [liǎngguó] [명] 양국, 두나라　休战 [xiūzhàn] [동] 휴전하다, 정전하다　分界线 [fēnjièxiàn] [명] 분계선　北边 [běibiān] (～儿) [명] 북쪽, 북방, 북부지역　朝鲜民主主义人民共和国 [Cháoxiǎn Mínzhǔ Zhǔyì Rénmín Gònghéguó] [고유] 조선인민민주의공화국, 약칭은 '북한'　南边 [nánbian] [명] 남쪽　大韩民国 [Dàhán Mínguó] [고유] 대한민국

TIP

❶ 문어체에서 '是(～이다)'의 의미로 자주 쓰인다.

❷ '宣布'는 정식으로 공개적으로 모두들에게 '알리다, 선포하다'는 뜻을 나타낸다. 그러므로 함께 등장하는 목적어는 주로 법령, 규정, 조약, 협정, 명령, 명단 등이 올 수 있다.

　예 宣布条约内容(조약내용을 선포하다), 宣布双方的协定(쌍방의 협정을 선언하다), 宣布代表名单(대표명단을 발표하다), 宣布注意事项(주의사항을 공표하다) 등

📋 把~作为~ : ～을(를) ～로(으로) 하다 / ～을(를) ～로(으로) 삼다.
把北纬38度作为日本投降的范围界限。
북위 38도를 일본 투항의 범위경계선으로 하였습니다.

📋 以~作为~ : ～을(를) ～로(으로) 하다 / ～을(를) ～로(으로) 삼다.
以三八线作为两国休战的分界线。
38선을 양국 휴전 분계선으로 삼았습니다.

📋 ~为(是)~ : ～은(는) ～이다.
北部为苏军受降区，南部为美军受降区。
북부는 소련군 투항 구역이고, 남부는 미군 투항 구역이었습니다.

Q. 三八线是什么?

(01) 유네스코 세계유산의 등재 기준에 대해 설명하세요.

请说明一下世界遗产记录的标准。

2013, 2014, 2015, 2016, 2018 기출

01 | 일 단 한번 읽어보자

世界遗产是按照影响力、时间、地点、人物、主题、表现形式、社会价值、保存状态、稀缺性等标准选定的。根据此标准，可以区分为文化遗产、自然遗产、复合遗产三部分。文化遗产包括重要的遗址、寺院、宫殿、居住地等和宗教发生地等；自然遗产是以自然的形状、具有地质研究价值的自然地区、濒临灭绝的动植物的栖息地等为对象的；复合遗产是文化遗产和自然遗产的特性同时具备的遗产。

02 | 이 렇게도 알아두자

세계유산은 영향력, 시간, 장소, 인물, 주제, 표현형식, 사회가치, 보존상태, 희귀성 등의 기준에 따라서 선정됩니다. 또한 이 기준을 근거로 문화유산, 자연유산, 복합유산 세 부분으로 구분할 수 있습니다. 문화유산은 중요한 유적, 사원, 궁전, 거주지 등과 종교 발생지 등을 포함합니다. 자연유산은 자연의 형상으로 지질학적 연구 가치를 구비하고 있는 자연지역, 멸종 위기에 놓인 동식물의 서식지 등을 대상으로 한 것입니다. 복합유산은 문화유산과 자연유산의 특성을 동시에 갖춘 유산입니다.

遗产 [yíchǎn] 몡 (역사적으로 대대로 남겨진 물질 또는 정신적인) 유산　记录 [jìlù] 툉 기록하다　标准 [biāozhǔn] 몡 표준, 기준, 잣대　❶按照 [ànzhào] 꿰 …에 의해, …에 따라　影响力 [yǐngxiǎnglì] 몡 영향력　主题 [zhǔtí] 몡 (문학 작품, 연구 등의) 주제　表现 [biǎoxiàn] 몡 태도, 품행, 행동, 표현　形式 [xíngshì] 몡 형식, 형태　价值 [jiàzhí] 몡 가치　保存 [bǎocún] 툉 보존하다, 간수하다, 간직하다　状态 [zhuàngtài] 몡 상태　稀缺性 [xīquēxìng] 희소성, 희귀성　选定 [xuǎndìng] 툉 선정하다　❷根据 [gēnjù] 꿰 …에 의거하여 툉 근거하다, 의거하다, 따르다　复合 [fùhé] 툉 복합하다　区分 [qūfēn] 툉 구분하다, 분별하다, 나누다　包括 [bāokuò] 툉 포함하다, 포괄하다　遗址 [yízhǐ] 몡 유지, 유적, 옛 터, 사적　寺院 [sìyuàn] 몡 사원, 절　宫殿 [gōngdiàn] 몡 궁전　居住 [jūzhù] 툉 거주하다　宗教 [zōngjiào] 몡 종교　形状 [xíngzhuàng] 몡 형상, 물체의 외관, 생김새, 겉모습　具有 [jùyǒu] 툉 있다, 가지다, 지니다, 구비하다　地质 [dìzhì] 몡 지질　研究 [yánjiū] 툉 (사물의 본질·규율 등을) 연구하다, 탐구하다　濒临 [bīnlín] 툉 인접하다, 가까이 가다　灭绝 [mièjué] 툉 절멸하다, 멸절되다, 완전히 없애다[제거하다], 철저히 소멸하다　栖息 [qīxī] 툉 (새들이) 서식하다, 머물다, 쉬다　对象 [duìxiàng] 몡 대상　特性 [tèxìng] 몡 특성　❸具备 [jùbèi] 툉 (물품 등을) 갖추다, 구비하다, 완비하다

TIP

❶ '按照'은 개사로서 '…대로, …에 따라서, …에 의해서'라는 뜻으로 '어떤 기준을 따르다'를 표현한다. '按照标准(기준에 따라서 / 기준대로)', '按照计划(계획대로)', '按照自己的方式(자기 방식대로)' 등으로 표현할 수 있다.

❷ '根据'는 어떻게 했는지 판단의 근거 또는 결론을 도출하기 위한 전제를 나타낼 때 쓰는 개사이다. '根据~标准'은 '~의 기준에 근거하여'라는 뜻을 나타낸다.

❸ '具备'는 '(무엇을) 갖추다'는 뜻에 중점을 두는 동사이다. 그러므로, '具备条件(조건을 구비하다)', '具备资格(자격을 갖추다)' 등의 단어와 함께 쓰인다.

按照~标准选定 : ~의 기준에 따라 선정하다.
世界遗产是按照影响力、时间、地点、人物、主题、表现形式、社会价值、保存状态、稀缺性等标准选定的。
세계유산은 영향력, 시간, 장소, 인물, 주제, 표현형식, 사회가치, 보존상태, 희귀성 등의 기준에 따라서 선정됩니다.

根据此标准，可以区分为~ : 이 기준을 근거로 ~로(으로) 구분할 수 있다.
根据此标准，可以区分为文化遗产、自然遗产、复合遗产三部分。
이 기준을 근거로 문화유산, 자연유산, 복합유산 세 부분으로 구분할 수 있습니다.

~是以~为对象的 : ~은(는) ~을(를) 대상으로 한 것이다.
自然遗产是以自然的形状、具有地质的研究价值的自然地区、濒临灭绝的动植物的栖息地等为对象的
자연유산은 자연의 형상으로 지질학적 연구 가치를 구비하고 있는 자연지역, 멸종 위기에 놓인 동식물의 서식지 등을 대상으로 한 것입니다.

Q. 请说明一下世界遗产记录的标准。

(02) 우리나라의 유네스코 세계유산에 대해 설명하세요.

请说明一下我国被联合国教科文组织所指定的世界遗产都有什么。

2010, 2012, 2013, 2014, 2015, 2016, 2017, 2018, 2020, 2022 **기출**

01 | **일** 단 한번 읽어보자

韩国共有16个项目被联合国教科文组织指定为世界遗产。

石窟庵位于庆州吐含山东侧，是用花岗岩建造的石窟。其主室中央的主佛像本尊佛和四周墙壁的浮雕，具有很高的文化遗产价值。佛国寺是新罗最有代表性的寺庙，是将新罗人理想中的佛国现实化的产物。这里分为大雄殿和极乐殿两大区域。石窟雕刻和佛国寺石坛及两座石塔释迦塔、多宝塔，是东北亚古代佛教艺术的最高杰作之一。(1995)

海印寺藏经板殿是为了保存八万大藏经而建的，是海印寺现存建筑中最古老的一个。藏经板殿采用了科学的方法，在任何气候条件下都不会被腐蚀或损毁，具有很高的研究价值。(1995)

宗庙是朝鲜时代供奉历代君主与王妃灵位的祠堂。王室和大臣们定期在宗庙举行祭礼，祈求国家与百姓的安宁。宗庙的正殿共有19个神龛，永宁殿是辅助祠堂，共有16个神龛，长109米，是世界上最长的单一木造建筑。宗庙没有任何的装饰，也没有多余的空间，结构简单，气氛比较庄严、肃穆。宗庙在建筑历史上是独一无二的。(1995)

昌德宫建于1405年，是朝鲜王朝修建的第二座宫殿，正殿是仁政殿。壬辰倭乱时期，很多宫殿被烧毁，昌德宫重建后作为朝鲜的正宫使用。昌德宫的后苑是韩国最美丽的庭院，有各种各样的亭子和莲池、树林、岩石等，昌德宫体现了自然与和谐。(1997)

华城位于京畿道水原，是朝鲜第22代王正祖为悼念父亲思悼世子而修建，由丁若镛设计，是朝鲜后期的代表性城郭。从一开始就计划将居住地的邑城和防御用山城结合起来，建成城郭城市。在传统的筑城技法上运用了科学技术，并添加了许多以前城郭中不多见的多种防御设施。(1997)

庆州历史遗址区位于新罗时代的千年古都庆州，这里保留着大量新罗时代的佛教遗迹和生活遗迹。庆州历史遗址区由5个地区组成，佛教美术的宝库南山地区，王宫旧址月城地区，古坟群所在地大陵苑地区，佛教寺庙遗址皇龙寺地区，防御用山城所在的山城区。(2000)

支石墓是一种用巨石搭建起来的史前时代的坟墓，韩国最具代表性的支石墓有高敞支石墓遗址、和顺支石墓遗址、江华支石墓遗址。这些遗址分布密集，形态多样，是研究支石墓变化和历史的重要依据。(2000)

济洲火山岛与熔岩洞窟是由长久的火山活动形成的。济洲岛上自然形成的熔岩洞窟，景色很美丽，有很高的保存价值。(2007)

朝鲜王陵是朝鲜王朝国王和王妃的陵墓。王陵在缅怀先祖及其功绩，表示尊敬，巩固王室权威的同时，也起到了保护先祖灵魂，防止陵墓损毁的作用。根据风水观念，选择了依山傍水、风景优美的地方。王陵多数分布在以汉阳为中心的地带，即首尔、京畿道一带以及江原道地区。(2009)

河回村和良洞村是韩国具有代表性的氏族村落。根据背山临水，两座村落都坐落在依山傍水、风景优美的地方。这里既有宗家和贵族寄居的木屋、书院和祠堂，也有古代平民居住的土屋和草屋等，这些都体现出朝鲜时代的儒教文化。(2010)

南汉山城位于京畿道广州市南汉山城面，是朝鲜王朝非常时期的临时首都。南汉山城在建筑上受到了中国与日本筑城技术的影响，反映了筑城技术的发展阶段，具有很高的历史价值。(2014)

百济历史遗址区是将公州、扶余、益山的8处百济时代遗址合在一起。
这些遗址很好地展现了通过与中国、日本等国家交流而得到发展的百济文化价值。(2015)

山寺，韩国山地僧院的7个寺庙分别是通度寺、浮石寺、凤停寺、法住寺、麻谷寺、仙 岩寺、大兴寺，表现了韩国佛教的开放性，很好地保存了综合性佛教僧院特征。(2018)

韩国书院是朝鲜时代成立的基于性理学的教育机构，2019年9个书院（绍修书院、瀻溪书院 、玉山书院、陶山书院、笔岩书院、道东书院、屏山书院、 武城书院、遁岩书院）被列为韩国第14个联合国教科文组织世界遗产。韩国的书院体现了有关性理学的文化传统和历史过程。(2019)

韩国的滩涂分别有西川滩涂、高昌滩涂、新安滩涂、宝城-顺天滩涂，这里共栖息着2150种濒临灭绝的候鸟、珍稀生物等。而且，它在候鸟迁徙路线上还起到了核心停留地的作用。2021年7月它们被联合国教科文组织指定为世界自然遗产，是继"济州火山岛和熔岩洞窟"之后，我国第二个世界自然遗产。(2021)

伽倻古坟群存在于朝鲜半岛南部， 是由1世纪至6世纪的伽倻7座古坟群组成的系列遗产。七个古坟群分别是大成洞古坟群、末伊山古坟群、玉田古坟群、池山洞古坟群、松鹤洞古坟群、酉谷里和斗洛里古坟群、校洞和松岘洞古坟群。伽倻保持着联邦政治制度，同时与周围更强大的中央集权国家共存。伽倻古坟群是独一无二的杰出遗产，证明伽倻是一个独特的东亚古代文明。 这些遗址展示了东亚古代文明的多样性。(2023)

韩国共拥有16项世界遗产(14项文化遗产和2项自然遗产)。

한국은 모두 16개 항목이 유네스코에 의해 세계유산으로 등재되었습니다.

석굴암은 경주 토함산 동쪽에 있으며 화강암으로 만든 석굴입니다. 그 주실 중앙에 있는 주불상인 본존불과 사방벽의 부조는 문화재적 가치가 매우 높습니다. 불국사는 신라의 가장 대표적인 사찰로 신라인의 이상에 있는 불국을 현실화한 산물입니다. 이곳은 대웅전과 극락전 두 구역으로 나누어져 있습니다. 석굴암 조각과 불국사의 석조 기단 및 두 개의 석탑, 석가탑과 다보탑은 동북아시아 고대 불교예술의 최고 걸작 중 하나입니다.

해인사 장경판전은 팔만대장경을 보존하기 위해 지어진 것으로 해인사의 현존하는 건물 중 가장 오래된 건축물입니다. 장경판전은 과학적인 방법으로 어떠한 기후 조건에서도 부식되거나 훼손되지 않아 그 연구 가치가 매우 높습니다.

종묘는 조선시대에 역대 군주와 왕비의 위패를 모시는 사당입니다. 왕실과 대신들은 정기적으로 종묘에서 제례를 거행하며, 국가와 백성의 안녕을 기원하였습니다. 종묘의 정전은 모두 19개의 신당이 있으며, 영녕전은 부차적인 사당으로 모두 16개의 신당이 있습니다. 길이는 109미터로 세계에서 가장 긴 단일 목조 건축물입니다. 종묘는 장식이 없고 불필요한 공간도 없습니다. 구조가 단조로우며 분위기는 비교적 장엄하고 엄숙합니다. 종묘는 건축 역사상 유일무이합니다.

창덕궁은 1405년에 건립되었으며, 조선왕조가 지은 두 번째 궁전으로 정전은 인정전입니다. 임진왜란 때 많은 궁전이 불에 타서 소실되어 창덕궁을 재건한 후에 조선의 정궁으로 사용하였습니다. 창덕궁의 후원은 우리나라에서 가장 아름다운 정원으로 다양한 정자와 연못, 숲, 바위 등이 있으며 자연과 조화를 잘 나타내고 있습니다.

경기도 수원에 있는 화성은 조선의 제22대 왕 정조가 아버지 사도세자를 추모하기 위해 세운 것으로 정약용이 설계한 조선 후기의 대표적인 성곽입니다. 처음부터 계획하여 거주지로서의 읍성과 방어용 산성을 합해 성곽도시로 만들었습니다. 전통적인 축성기법에 과학기술을 적용하였고, 또한 이전의 성곽에서는 볼 수 없었던 많은 다양한 방어시설을 추가하였습니다.

경주역사유적지구는 신라시대의 천년고도 경주에 위치하고 있으며, 신라시대의 불교유적과 생활유적을 많이 보유하고 있습니다. 경주역사지구는 5개 지구로 이루어져 있습니다. 불교미술의 보고인 남산지구, 왕궁 옛 터였던 월성지구, 고분이 모여 있는 대릉원지구, 불교 사찰 유적지인 황룡사지구, 방어용 산성이 위치한 산성지구가 이에 해당합니다.

고인돌은 거석으로 괴어서 만든 선사시대 무덤으로, 우리나라의 대표적인 고인돌로는 고창고인돌유적, 화순고인돌유적, 강화고인돌유적이 있습니다. 이들 유적은 분포가 밀집되어 있고 형태가 다양해 고인돌의 변화와 역사를 연구하는 데 중요한 근거가 되고 있습니다.

제주화산섬과 용암동굴은 오랜 시간에 걸친 화산활동에 의해 형성되었습니다. 제주도에 있는 자연적으로 형성된 용암동굴은 경치가 아름답고 보존가치가 높습니다.

조선왕릉은 조선왕조의 왕과 왕비의 능입니다. 왕릉은 선조와 그 공적을 기리고 존경을 표하며, 왕실의 권위를 공고히 하는 동시에 선조의 넋을 보호하고 능이 훼손되는 것을 방지하는 역할을 했습니다. 풍수지리설의 관념에 따라 산과 강에 인접해 있는 경치가 아름다운 곳을 선택하였습니다. 왕릉은 한양을 중심으로 한 서울경기 일대와 강원도 지역에 많이 분포하고 있습니다.

하회마을과 양동마을은 한국의 대표적인 씨족마을입니다. 배산임수에 근거하여 두 마을 모두 산과 강에 인접하여 있으며 경치가 아름다운 곳에 자리 잡고 있습니다. 마을에는 종가와 양반들이 기거했던 목조 가옥, 서원과 사당이 있고 평민들이 살았던 흙집과 초가집 등이 있어 조선시대의 유교문화를 잘 보여 줍니다.

남한산성은 경기도 광주시 남한산성면에 위치한 조선왕조 비상 시기 임시수도입니다. 남한산성은 건축에 있어서 중국과 일본의 축성기술의 영향을 받았는데 이는 축성기술의 발전단계를 반영하고 매우 높은 역사적 가치를 가지고 있습니다.

백제역사유적지구는 공주, 부여, 익산의 8곳으로 백제시대의 유적이 모여져 있는 곳입니다. 이 유적들은 중국, 일본 등의 국가와의 교류를 통하여 발전한 백제문화의 가치를 잘 보여 줍니다.

산사, 한국의 산지승원을 구성하는 7개 사찰은 통도사, 부석사, 봉정사, 법주사, 마곡사, 선암사, 대흥사로 한국 불교의 개방성을 대표하면서 종합적인 불교 승원으로서의 특징을 잘 보존하고 있습니다.

한국의 서원은 조선시대 설립된 성리학 기반의 교육기관으로, 2019년 9개의 서원(소수서원, 남계서원, 옥산서원, 도산서원, 필암서원, 도동서원, 병산서원, 무성서원, 돈암서원)이 한국의 14번째 유네스코 세계유산으로 등재되었습니다. 한국의 서원은 성리학과 관련된 문화적 전통과 역사적 과정을 보여 줍니다.

한국의 갯벌은 서천갯벌, 고창갯벌, 신안갯벌, 보성–순천갯벌로, 이곳에는 멸종위기종인 철새, 희귀종 생물 등 2,150종이 서식하고 있습니다. 또한 철새 이동로에서 핵심 기착지 역할도 하고 있습니다. 2021년 7월에 유네스코 세계자연유산으로 지정되었으며, '제주 화산섬과 용암동굴'에 이은 두 번째 세계자연유산입니다.

가야고분군은 한반도 남부에 존재했던 1∼6세기 가야의 7개 고분군으로 이루어진 연속유산입니다. 7개 고분군은 대성동고분군, 말이산고분군, 옥전고분군, 지산동고분군, 송학동고분군, 유곡리와 두락리고분군, 교동과 송현동 고분군입니다. 가야는 연맹정치체제를 유지하면서도 주변의 더 강력한 중앙집권적 국가와 병존하였습니다. 가야고분군은 가야가 독특한 동아시아 고대 문명이었음을 증명하는 독보적으로 뛰어난 유산입니다. 이 유적들은 동아시아 고대 문명의 다양성을 보여 줍니다.

우리나라는 총 16건(문화유산 14건, 자연유산 2건)의 세계유산을 보유하게 되었습니다.

03 | 삼 세번은 복습하자

石窟庵 [Shíkū'ān] 고유 석굴암　位于 [wèiyú] 동 …에 위치하다　庆州 [Qìngzhōu] 고유 경주　吐含山 [Tǔhánshān] 고유 토함산　花岗岩 [huāgāngyán] 명 화강암　主室 [zhǔshì] 명 주실　中央 [zhōngyāng] 명 중앙　佛像 [fóxiàng] 명 불상　本尊佛 [běnzūnfó] 명 본존불　四周 [sìzhōu] 명 사방, 주위　墙壁 [qiángbì] 명 벽　浮雕 [fúdiāo] 명 부조　佛国寺 [Fóguósì] 고유 불국사　代表性 [dàibiǎoxìng] 명 대표성　寺庙 [sìmiào] 명 사원, 절, 사찰　理想 [lǐxiǎng] 형 이상적이다 명 이상　现实化 [xiànshíhuà] 명 현실화　产物 [chǎnwù] 명 산물　大雄殿 [Dàxióngdiàn] 고유 대웅전　极乐殿 [Jílèdiàn] 고유 극락전　区域 [qūyù] 명 구역, 지구　雕刻 [diāokè] 명 조각　石坛 [shítán] 명 석단　释迦塔 [Shìjiātǎ] 고유 석가탑　多宝塔 [Duōbǎotǎ] 고유 다보탑　东北亚 [Dōngběiyà] 고유 동북아시아　古代 [gǔdài] 명 옛날　杰作 [jiézuò] 명 걸작　海印寺 [Hǎiyìnsì] 고유 해인사　藏经板殿 [Zàngjīng Bǎndiàn] 고유 장경판전　修建 [xiūjiàn] 동 건설하다, 건축하다, 시공하다, 부설하다　腐蚀 [fǔshí] 동 부식하다　损毁 [sǔnhuǐ] 동 파손[훼손]시키다　宗庙 [Zōngmiào] 고유 종묘　供奉 [gòngfèng] 동 (제물을) 바치다, 공양하다, 모시다　历代 [lìdài] 명 역대　君主 [jūnzhǔ] 명 군주, 국왕　与 [yǔ] 접 …와[과]　王妃 [wángfēi] 명 왕비, 왕후, 비　灵位 [língwèi] 명 위패　祠堂 [cítáng] 명 사당　王室 [wángshì] 명 왕실　大臣 [dàchén] 명 대신　定期 [dìngqī] 형 정기의, 정기적인　举行 [jǔxíng] 동 거행하다　祭礼 [jìlǐ] 명 제례　祈求 [qíqiú] 동 바라다, 간구하다　百姓 [bǎixìng] 명 백성, 평민　安宁 [ānníng] 형 (마음이) 평온하다, 안정되다　正殿 [zhèngdiàn] 명 정전　神龛 [shénkān] 명 신당, 감실(龛室)[신상이나 위패를 모셔 두는 장]　永宁殿 [Yǒngníngdiàn] 고유 종묘 영녕전　辅助 [fǔzhù] 형 보조적인, 부차적인　祠堂 [cítáng] 명 사당　单一 [dānyī] 형 단일하다　建筑 [jiànzhù] 명 건축물　任何 [rènhé] 대 어떠한, 무슨　装饰 [zhuāngshì] 명 장식품 동 장식하다　多余 [duōyú] 형 쓸데없는, 불필요한, 군더더기의　空间 [kōngjiān] 명 공간　结构 [jiégòu] 명 구성, 구조　简单 [jiǎndān] 형 간단하다, 단순하다　气氛 [qìfēn] 명 분위기　庄严 [zhuāngyán] 형 장엄하다, 장중하고 엄숙하다　肃穆 [sùmù] 형 엄숙하

고 경건하다　**独一无二** [dú yī wú èr]　성어 유일하다, 독보적이다　**昌德宫** [Chāngdégōng]　고유 창덕궁　**仁政殿** [Rénzhèngdiàn]　고유 인정전　**壬辰倭乱** [Rénchénwōluàn]　고유 임진왜란　**时期** [shíqī]　명 (특정한) 시기　**烧毁** [shāohuǐ]　동 소각하다, 타 버리다　**重建** [chóngjiàn]　동 재건하다　**作为** [zuòwéi]　동 …으로 삼다　**使用** [shǐyòng]　동 사용하다　**后苑** [hòuyuàn]　고유 (창덕궁) 후원　**美丽** [měilì]　형 아름답다　**庭院** [tíngyuàn]　명 정원　**各种各样** [gè zhǒng gè yàng]　성어 여러 종류, 각종, 각양각색　**亭子** [tíngzi]　명 정자　**莲池** [liánchí]　명 연지, 연못　**树林** [shùlín]　명 수풀, 숲　**岩石** [yánshí]　명 암석, 바위　**体现** [tǐxiàn]　동 구현하다, 체현하다, 구체적으로 드러내다　**自然** [zìrán]　명 자연　**和谐** [héxié]　형 잘 어울리다, 잘 맞다　**华城** [Huáchéng]　고유 화성　**位于** [wèiyú]　동 …에 위치하다　**京畿道** [Jīngjīdào]　고유 경기도　**水原** [Shuǐyuán]　고유 수원　**正祖** [Zèngzǔ]　고유 정조, 조선 제22대 왕　**悼念** [dàoniàn]　동 애도하다, 추모하다　**思悼世子** [Sīdàoshìzi]　고유 사도세자　**丁若镛** [Dīng Ruòyōng]　고유 정약용　**设计** [shèjì]　명동 설계(하다)　**城郭** [chéngguō]　명 성곽　**将** [jiāng]　개 …을, …를['把'처럼 목적어를 동사 앞에 전치시킬 때 쓰임]　**居住地** [jūzhùdì]　명 거주지　**邑城** [yìchéng]　명 읍성　**防御** [fángyù]　명동 방어(하다)　**山城** [shānchéng]　명 산성　**结合** [jiéhé]　명동 결합(하다)　**运用** [yùnyòng]　명동 운용(하다), 활용(하다), 응용(하다)　**科学** [kēxué]　명 과학　**技术** [jìshù]　명 기술　**添加** [tiānjiā]　동 첨가하다, 늘리다, 보태다　**设施** [shèshī]　명 시설　**新罗时代** [Xīnluó shídài]　고유 신라시대　**古都** [gǔdū]　명 고도　**保留** [bǎoliú]　동 보존하다, 보류하다　**佛教** [Fójiào]　명 (종교) 불교　**遗迹** [yíjì]　명 유적　**美术** [měishù]　명 미술　**宝库** [bǎokù]　명 보고　**南山地区** [Nánshāndìqū]　고유 남산지구　**旧址** [jiùzhǐ]　명 옛터　**月城地区** [Yuèchéng dìqū]　고유 월성지구　**古坟群** [gǔmù qún]　명 고분군　**所在地** [suǒzàidì]　명 소재지　**大陵苑地区** [Dàlíngyuàndìqū]　고유 대릉원지구　**皇龙寺地区** [Huánglóngsìdìqū]　고유 황룡사지구　**山城区** [Shānchéngqū]　고유 산성지구　**支石墓** [zhīshímù]　명 고인돌, 지석묘　**用** [yòng]　동 쓰다, 사용하다　개 …로써　**巨石** [jùshí]　명 큰 바위, 거석　**搭** [dā]　동 받치다, 괴다　**史前** [shǐqián]　명 선사시대　**坟墓** [fénmù]　명 무덤　**高敞** [Gāochǎng]　고유 (한국) 고창　**和顺** [Héshùn]　고유 (한국) 화순　**江华** [Jiānghuá]　고유 강화　**遗址** [yízhǐ]　명 유적　**分布** [fēnbù]　동 분포하다　**密集** [mìjí]　명 밀집하다, 조밀하다　**依据** [yījù]　명 근거, 증거　**济洲火山岛** [Jìzhōu huǒshāndǎo]　고유 제주화산섬　**熔岩洞窟** [Róngyán dòngkū]　고유 용암동굴　**朝鲜王陵** [Cháoxiānwánglíng]　고유 조선왕릉　**王妃** [wángfēi]　명 왕비, 왕후　**陵墓** [língmù]　명 왕릉, 능묘　**缅怀** [miǎnhuái]　명동 추억(하다)　**先祖** [xiānzǔ]　명 선조, 조상　**功绩** [gōngjì]　명 공적　**尊敬** [zūnjìng]　명동 존경(하다)　**巩固** [gǒnggù]　동 견고하게 하다, 튼튼히 다지다, 공고히 하다　**权威** [quánwēi]　명 권위　**同时** [tóngshí]　접 동시에　**灵魂** [línghún]　명 영혼, 혼　**防止** [fángzhǐ]　동 방지하다　**损毁** [sǔnhuǐ]　동 파손[훼손]시키다　**根据** [gēnjù]　동 근거하다, 의거하다, 따르다　**风水** [fēngshuǐ]　명 풍수　**观念** [guānniàn]　명 관념, 생각　**依山傍水** [yī shān bàng shuǐ]　성어 (지리적 위치가) 산과 강에 인접해 있다　**优美** [yōuměi]　형 우아하고 아름답다　**分布** [fēnbù]　동 분포하다, 널려 있다　**汉阳** [Hànyáng]　고유 (지리) 한양, 한성, 서울　**首尔** [Shǒu'ěr]　고유 서울　**京畿道** [Jīngjīdào]　고유 경기도　**一带** [yídài]　명 일대　**江原道** [Jiāngyuándào]　고유 강원도　**河回** [Héhuí]　고유 (안동) 하회 (마을)　**良洞** [Liángdòng]　고유 (경주) 양동(마을)　**氏族** [shìzú]　명 씨족　**村落** [cūnluò]　명 촌락, 마을, 시골　**南汉山城** [Nánhànshānchéng]　고유 남한산성　**位于** [wèiyú]　동 문어 …에 위치하다　**京畿道** [Jīngjīdào]　명 (지리) 경기도　**广州市** [Guǎngzhōushì]　고유 광주시　**非常时期** [fēichángshíqī]　명 비상시, 비상 시기　**临时** [línshí]　명 임시, 잠시　**首都** [shǒudū]　명 수도　**建筑** [jiànzhù]　명 건축물　**筑城** [zhùchéng]　명 축성　**技术** [jìshù]　명 기술　**反映** [fǎnyìng]　명동 반영(하다, 시키다)　**发展** [fāzhǎn]　명동 발전(하다), 확대(하다)　**阶段** [jiēduàn]　명 단계, 계단　**具有** [jùyǒu]　동 구비하다, 가지다　**历史** [lìshǐ]　명 역사　**价值** [jiàzhí]　명 가치　**百济历史遗址区** [Bǎijì Lìshǐ Yízhǐqū]　고유 백제역사유적지구　**公州** [Gōngzhōu]　고유 공주(公州)　**扶余** [Fúyú]　고유 부여(扶餘)　**益山** [Yìshān]　고유 익산　**合** [hé]　동 합치다, 모으다　**山寺** [shānsì]　명 산사　**僧院** [sēngyuàn]　명 승원　**寺庙** [sìmiào]　명 사원, 절, 사찰　**通度寺** [Tōngdùsì]　고유 통도사　**浮石寺** [Fúshísì]　고유 부석사　**凤停寺** [Fèngtíngsì]　고유 봉정사　**法住寺** [Fǎzhùsì]　고유 법주사　**麻谷寺** [Mágǔsì]　고유 마곡사　**仙岩寺** [Xiānyánsì]　고유 선암사　**大兴寺** [Dàxīngsì]　고유 대흥사　**特征** [tèzhēng]　명 특징　**书院** [shūyuàn]　명 서원　**基于** [jīyú]　동 …에 근거하다　**性理学** [Xìnglǐxué]　명 성리학　**机构** [jīgòu]　명 기관　**绍修书院** [Shàoxiū shūyuàn]　고유 소수서원　**灆溪书院** [Lánxī shūyuàn]　고유 남계서원　**玉山书院** [Yùshān shūyuàn]　고유 옥산서원　**陶山书院** [Táoshān shūyuàn]　고유 도산서원　**笔岩书院** [Bǐyán shūyuàn]　고유 필암서원　**道东书院** [Dàodōng shūyuàn]　고유 도동서원　**屏山书院** [Píngshān shūyuàn]　고유 병산서원　**武城书院** [Wǔchéngshūyuàn]　고유 무성서원　**遁岩书院** [Dùnyánshūyuàn]　고유 돈암서원　**体现** [tǐxiàn]　동 구현하다, 체현하다, 구체적으로 드러내다　**传统** [chuántǒng]　명 전통　**历史** [lìshǐ]　명 역사　**过程** [guòchéng]　명 과정　**滩涂** [tāntú]　명 갯벌　**分别** [fēnbié]　부 각각　**西川滩涂** [Xīchuān tāntú]　명 서천갯벌　**高昌滩涂** [Gāochāng tāntú]　명 고창갯벌

新安滩涂 [Xīn'ān tāntú] 몡 신안갯벌 宝城-顺天滩涂 [Bǎochéng-Shùntiān tāntú] 몡 보성-순천갯벌 栖息 [qīxī] 동 서식하다 濒临 [bīnlín] 동 임박하다, …한 지경에 이르다 灭绝 [mièjué] 동 멸절하다 候鸟 [hòuniǎo] 몡 철새 珍稀 [zhēnxī] 혱 진귀하고 희소하다 迁徙 [qiānxǐ] 동 이주하다, 옮겨가다 核心 [héxīn] 몡 핵심, 주요 부분 停留地 [tíngliúdì] 몡 기착지 济州火山岛和熔岩洞窟 [Jìzhōu huǒshāndǎo hé Róngyán dòngkū] 몡 제주 화산섬과 용암동굴 伽倻古坟群 [Jiāyē Gǔfénqún] 고유 가야고분군 存在 [cúnzài] 동 존재하다, 현존하다 朝鲜半岛 [Cháoxiǎn bàndǎo] 고유 한반도 南部 [nánbù] 몡 남부 世纪 [shìjì] 몡 세기 组成 [zǔchéng] 동 구성하다, 조직하다 系列 [xìliè] 몡 계열, 시리즈 分别 [fēnbié] 부 각각, 따로따로 大成洞古坟群 [Dàchéngdòng Gǔfénqún] 고유 대성동고분군 末伊山古坟群 [Mòyīshān Gǔfénqún] 고유 말이산고분군 玉田古坟群 [Yùtián Gǔfénqún] 고유 옥전고분군 池山洞古坟群 [Chíshāndòng Gǔfénqún] 고유 지산동고분군 松鹤洞古坟群 [Sōnghèdòng Gǔfénqún] 고유 송학동고분군 酉谷里和斗洛里古坟群 [Yǒugǔlǐ hé Dǒuluòlǐ Gǔfénqún] 고유 유곡리와 두락리고분군 校洞和松岘洞古坟群 [Xiàodòng hé Sōngxiàndòng Gǔfénqún] 고유 교동과 송현동고분군 独一无二 [dúyīwú'èr] 성어 유일무이하다 杰出 [jiéchū] 혱 걸출하다, 뛰어나다 独特 [dútè] 혱 독특하다 东亚 [Dōngyà] 몡 동아시아 古代 [gǔdài] 몡 고대 文明 [wénmíng] 몡 문명 保持 [bǎochí] 동 지키다, 유지하다 联邦 [liánbāng] 몡 연방 政治 [zhèngzhì] 몡 정치 制度 [zhìdù] 몡 제도, 규정 强大 [qiángdà] 혱 강대하다 中央 [zhōngyāng] 몡 중앙 集权 [jíquán] 동 권력이 집중되다, 몡 집권 共存 [gòngcún] 동 공존하다 遗址 [yízhǐ] 몡 유지, 유적, 옛터 展示 [zhǎnshì] 동 분명하게 나타내[드러내] 보이다, 펼쳐 보이다 多样性 [duōyàngxìng] 몡 다양성

04 | 사 소한 것도 기억하자

这里分为A和B : 이곳은 A와 B로 나누어져 있다.
这里分为大雄殿和极乐殿两大区域。
이곳은 대웅전과 극락전 두 구역으로 나누어져 있습니다.

~作为~使用 : ~을(를) ~로(으로) (삼아) 사용하다.
昌德宫重建后作为朝鲜的正宫使用。
창덕궁을 재건한 후에 조선의 정궁으로 사용했습니다.

~为悼念~而修建 : ~이(가) ~을(를) 추모하기 위해 짓다.
正祖为悼念父亲思悼世子而修建。
정조가 아버지 사도세자를 추모하기 위해 지었습니다.

将A和B结合起来 : A와 B를 결합하다.
将居住地的邑城和防御用山城结合起来。
거주지로서의 읍성과 방어용 산성을 합하여 성곽도시로 만들었습니다.

📋 ～由～组成 : ～은(는) ～로(으로) 구성되어 있다.

庆州历史遗址区由5个地区组成。

경주역사유적지구는 5개 지구로 이루어져 있습니다.

伽倻古坟群由1世纪至6世纪的伽倻7座古坟群组成。

가야고분군은 1~6세기 '가야'의 7개 고분군으로 이루어져 있습니다.

📋 ～是由～形成的 : ～은(는) ～로(으로) 형성되었다.

济洲火山岛与熔岩洞窟是由长久的火山活动形成的。

제주화산섬과 용암동굴은 오랜 시간에 걸친 화산활동으로 형성되었습니다.

📋 ～分别是～ : ～은(는) 각각 ～이다.

山寺，韩国山地僧院的7个寺庙分别是通度寺、浮石寺、凤停寺、法住寺、麻谷寺、仙岩寺、大兴寺。

산사, 한국의 산지승원을 구성하는 7개 사찰은 각각 통도사, 부석사, 봉정사, 법주사, 마곡사, 선암사, 대흥사입니다.

📋 ～分别是A、B、C、D、E… : ～은 각각 A, B, C, D, E… 이다.

七个古坟群分别是大成洞古坟群、末伊山古坟群、玉田古坟群、池山洞古坟群、松鹤洞古坟群、酉谷里和斗洛里古坟群、校洞和松岘洞古坟群。

7개 고분군은 대성동고분군, 말이산고분군, 옥전고분군, 지산동고분군, 송학동고분군, 유곡리와 두락리고분군, 교동과 송현동고분군입니다.

05 | 오로지 나만의 답안으로 만들자

Q. 请说明一下我国被联合国教科文组织所指定的世界遗产都有什么。

(03) 우리나라의 유네스코 세계기록유산에 대해 설명하세요.

请说明一下被联合国教科文组织所指定的韩国世界记录遗产都有什么。

2012, 2014, 2015, 2016, 2017, 2018, 2020 기출

01 | 일단 한번 읽어보자

韩国共有18个项目被联合国教科文组织指定为世界记录遗产。

训民正音是"韩文"的旧称，是朝鲜时代第四代王世宗大王于1443年创制，于1446年公布的韩语文字标记体系，意思是"教给百姓的正确发音"。(1997)

朝鲜王朝实录是朝鲜王朝按年月日记录的编年史，记录了朝鲜时代的政治、经济、外交、军事、法律、风俗、宗教等各个方面，是世界上最为长久、内容最丰富的史书。(1997)

承政院日记是国王的秘书写的日记，是朝鲜王朝最大的机密记录，记录了当时的政治、经济、国防、社会、文化等各个方面，是朝鲜时代第一手史料。(2001)

佛祖直指心体要节中的"直指心体"意思是"只要参禅并直视人心，就一定能领悟佛心"。佛祖直指心体要节是白云和尚抄录的世界上最早的金属活字，展现了人类印刷术历史上非常重要的技术变化。(2001)

朝鲜王朝仪轨是朝鲜王朝重大活动的文字和图画记录，记录了政治、经济、建筑、美术、科学、语言、服饰、饮食等各个方面，是研究朝鲜王朝历史和儒教文化圈的重要史料。(2007)

海印寺大藏经板及诸经板主要内容是'大藏经'，又叫《高丽大藏经》或《高丽八万大藏经》。它反映了高丽时期的政治、文化、社会潮流及面貌，是目前世界上最古老和完整的佛教大藏经板。(2007)

东医宝鉴是由朝鲜王朝"医圣"许浚根据亚洲医学整理分类后而总编的医学书籍。这部医书可以称得上是韩医学的百科全书。(2009)

日省录是从1760年到1910年国王对国政运营内容整理的日记。 这不只是国王写的日记，也是政府实质上的正式记录，是研究朝鲜后期的宝贵资料。(2011)

5·18民主化运动记录物是1980年以光州为中心展开的民主化运动的有关记录，主要是文件、照片、影像等资料。5·18民主化运动不仅成为了韩国民主化进程的重要里程碑，而且在世界史上有着重要意义。(2011)

乱中日记是李舜臣将军在壬辰倭乱时写的战争日记，日记包括他从壬辰倭乱爆发开始，一直到露梁海战中战死，经历七年战争的内容。(2013)

新村运动记录物是韩国政府和国民成功合作，从1970年到1979年在新的地区推进社会建设运动的相关资料，新村运动是农村发展和消除贫困的模范事例之一。(2013)

韩国的儒教册版是朝鲜时代的学者们制作的印刷板，收录内容虽然涉及了多个领域，但最主要的是实现儒教的人伦共同体。(2015)

KBS电视台特别节目《寻找离散家属》的记录物是KBS电视台播放的特别节目，《寻找离散家属》记录的是离散家庭在战争中分离时的痛苦和重逢时的瞬间，以此提醒人们战争的残忍和南北统一的重要性。(2015)

朝鲜王室御宝和御册是为朝鲜王室制作的有关王室册封的御宝和御册，其作为一种神物，活着时象征王朝的永久性，死后也保障死者的权威，为朝鲜王室的政治稳定作出了极大贡献，具有很高的价值。(2017)

国债偿还运动记录物是政府为了还清日本的巨额债务，避免成为殖民地，从1907年到1910年全国各地展开的运动，国债偿还记录物展现了这段历史和全过程。(2017)

朝鲜通信使记录物是从1607年到1811年，十二次派遣外交使节到日本访问的内容。这些资料现在保管于韩国和日本两国。(2017)

4·19革命记录物是1960年4月19日在大韩民国以学生为中心发动市民革命的资料，展示了推翻独裁政权的4·19革命的起因和发展过程，以及革命之后的进程。4·19革命记录物对对抗独裁，通过非暴力实现民主主义方面有着历史性意义。(2023)

东学农民革命记录物是1894年至1895年在朝鲜爆发的东学农民革命的有关记录，体现了朝鲜百姓向往自由、平等、人权的普遍价值，其重要性得到了世界认可。(2023)

02 | 이 렇게도 알아두자

한국은 모두 18개 항목이 유네스코에 의해 세계기록유산으로 등재되었습니다.

훈민정음은 '한글'의 옛 명칭이며, 조선시대 제4대 왕인 세종대왕이 1443년 창제해 1446년 발표한 한글 문자표기 체계로 '백성을 가르치는 바른 소리'라는 뜻입니다.

조선왕조실록은 조선왕조를 날짜(연·월·일)에 따라 기록한 연대기(편년사)이며, 조선시대의 정치, 경제, 외교, 군사, 법률, 풍속, 종교 등 각 방면을 기록한 세계적으로 가장 장구하고 내용이 풍부한 역사서입니다.

승정원일기는 국왕의 비서가 쓴 일기로, 조선왕조 최대의 비밀기록입니다. 당시의 정치, 경제, 국방, 사회, 문화 등 각 방면을 기록한 조선시대의 1차 사료입니다.

불조직지심체요절의 '직지심체'는 '참선하여 사람의 마음을 직시하면 부처님의 마음을 깨닫게 된다'는 뜻입니다. 불조직지심체요절은 백운 스님이 초록한 세계최초의 금속활자로, 인류 인쇄술 역사에서 매우 중요한 기술 변화를 보여 줍니다.

조선왕조의궤는 조선왕조 중요 행사의 문자와 그림으로 정치, 경제, 건축, 미술, 과학, 언어, 복식, 음식 등 다양한 분야를 기록한 조선왕조 역사와 유교문화권 연구에 중요한 사료입니다.

해인사 대장경판 및 제경판의 주요 내용은 대장경이며 고려대장경 또는 고려팔만대장경이라고도 합니다. 고려시대의 정치, 문화, 사회의 흐름과 모습을 반영하였고, 현재 세계에서 가장 오래되고 완전한 불교대장경판입니다.

동의보감은 조선왕조 '명의' 허준이 동양 의학을 근거로 정리 분류한 후 편집한 의학 서적입니다. 이 의서는 한의학의 백과사전이라고 할 수 있습니다.

일성록은 1760~1910년까지의 국왕이 국정운영 내용을 정리한 일기입니다. 이것은 단순히 국왕이 쓴 일기에 그치지 않고 정부의 실질적인 공식 기록물로 조선 후기를 연구하는 데 귀중한 자료입니다.

5·18 민주화운동 기록물은 1980년 광주를 중심으로 전개된 민주화운동과 관련된 기록으로 주로 문건, 사진, 영상 등 자료의 기록물입니다. 5·18 민주화운동은 한국 민주화 진행과정의 이정표가 됐을 뿐만 아니라 세계사적으로도 중요한 의미를 지니고 있습니다.

난중일기는 이순신 장군이 임진왜란 중 기록한 전쟁일기로, 임진왜란 발발부터 노량해전에서 전사하기까지 겪은 7년간의 전쟁내용이 담겨있습니다.

새마을운동기록물은 대한민국 정부와 국민들이 성공적으로 협력하여 1970~1979년까지 새로운 지역사회 건설 추진 운동에 관한 자료입니다. 새마을운동은 농촌 개발과 빈곤 퇴치의 모범 사례로 손꼽힙니다.

한국의 유교책판은 조선시대의 유학자들이 제작한 인쇄판입니다. 수록 내용은 다양한 분야를 다루고 있지만 가장 주된 것은 유교의 인륜공동체를 실현하는 것입니다.

KBS 특별생방송 '이산가족을 찾습니다' 기록물은 KBS가 방송한 특별 생방송 프로그램 「이산가족 찾기」로 이산가족이 전쟁 중에 헤어졌을 때의 고통과 다시 만났을 때의 순간을 기록한 것입니다. 이로써 사람들에게 전쟁의 참상과 남북통일의 중요성을 일깨워 주었습니다.

조선왕실의 어보와 어책은 조선왕실을 위해 제작된 왕실책봉에 관한 어보와 어책으로, 살아있을 때 왕조의 영구성을 상징하고 사후에도 고인의 권위를 보장하여 조선왕실의 정치적 안정에 크게 기여하는 신물로서 높은 가치가 있습니다.

국채보상운동 기록물은 정부가 일본에 진 거액의 빚을 갚아서 나라의 식민지화를 막기 위해서 1907년부터 1910년에 걸쳐 한국 국민들이 국가 전역에 걸쳐 전개한 운동의 역사와 전 과정을 보여주는 기록물입니다.

조선통신사 기록물은 1607년부터 1811년까지 12회에 걸쳐 일본으로 파견된 외교사절에 관한 내용입니다. 이 자료는 현재 한국과 일본 양국에 소재하고 있습니다.

4·19혁명 기록물은 1960년 4월 19일 한국에서 학생이 중심이 되어 일어난 시민혁명 자료로, 독재정권을 무너뜨린 4·19 혁명의 원인과 전개 과정, 및 혁명 직후 처리 과정을 보여줍니다. 4·19혁명기록물은 독재에 맞서 비폭력을 통한 민주주의를 실현한 점에 역사적인 의미가 있습니다.

동학농민혁명기록물은 1894년부터 1895년까지 조선에서 일어난 동학농민혁명에 관한 기록으로, 조선 백성들의 자유·평등·인권을 지향하는 보편적 가치를 보여주는 것으로 그 중요성을 세계적으로 인정받고 있습니다.

※ 대장경(大藏經) : 불교의 교조 석가모니가 일생동안 설법한 경전과 계율, 그리고 그 내용들에 대해 후대의 사람들이 첨부한 논서, 주석서, 이론서들을 집대성한 불교경전(佛敎經典)의 총서(叢書)를 가리키는 말이다.

训民正音 [Xùnmín Zhèngyīn] 고유 훈민정음 旧称 [jiùchēng] 옛 명칭 创制 [chuàngzhì] 통 창제하다 公布 [gōngbù] 통 공포하다, 공표하다 百姓 [bǎixìng] 명 백성, 평민 标记 [biāojì] 명통 표기(하다) 体系 [tǐxì] 명 체계 朝鲜王朝实录 [Cháoxiǎn Wángcháo Shílù] 고유 조선왕조실록 实录 [shílù] 명 실록[편년체로 기록한 역사책의 하나. 한 임금의 통치 기간 동안의 대사를 기록함] 王朝 [wángcháo] 명 왕조 ❶按 [àn] 개 …에 의거하여, …에 따라서 编年史 [biānniánshǐ] 명 편년 사 朝鲜时代 [Cháoxiǎn shídài] 고유 조선시대 政治 [zhèngzhì] 명 정치 经济 [jīngjì] 명 경제 外交 [wàijiāo] 명 외교 军事 [jūnshì] 명 군사 法律 [fǎlǜ] 명 법률 风俗 [fēngsú] 명 풍속 宗教 [zōngjiào] 명 종교 最为 [zuìwéi] 부 제일, 가장, 맨 먼저 长久 [chángjiǔ] 형 장구하다 丰富 [fēngfù] 형 풍부하다, 많다 史书 [shǐshū] 명 역사서 承政院日记 [Chéngzhèngyuàn Rìjì] 고유 승정원일기 秘书 [mìshū] 명 비서 日记 [rìjì] 명 일기, 일지 机密 [jīmì] 기밀, 극비 当时 [dāngshí] 명 당시, 그 때 国防 [guófáng] 명 국방 社会 [shèhuì] 명 사회 文化 [wénhuà] 명 문화 史料 [shǐliào] 명 사료 佛祖 [Fózǔ] 고유 불교의 시조, 석가모니 佛祖直指心体要节 [Fózǔ Zhízhǐ Xīntǐ Yàojié] 고유 불조직지심체요절, 직지심경 直指心体 [zhízhǐ xīntǐ] 고유 직지심체 参禅 [cānchán] 통 참선하다 直视 [zhíshì] 통 직시하다 人心 [rénxīn] 명 사람의 마음 领悟 [lǐngwù] 통 깨닫다 佛心 [fóxīn] 부처님의 마음, 불심 白云 [Báiyún] 고유 백운 和尚 [héshang] 명 중, 승려 抄录 [chāolù] 통 초록하다 最早 [zuìzǎo] 부 가장 이른 金属 [jīnshǔ] 명 금속 活字 [huózì] 명 활자 展现 [zhǎnxiàn] 통 전개하다, 보여준다 人类 [rénlèi] 명 인류 印刷术 [yìnshuāshù] 명 인쇄술 技术 [jìshù] 명 기술 朝鲜王朝 仪轨 [Cháoxiǎn Wángcháo Yíguǐ] 고유 조선왕조의궤 重大 [zhòngdà] 형 중대하다 活动 [huódòng] 명 활동, 운동, 행사, 모임 文字 [wénzì] 명 문자, 글자 图画 [túhuà] 명 그림, 도화 建筑 [jiànzhù] 명 건축물 美术 [měishù] 명 미술 科学 [kēxué] 명 과학 语言 [yǔyán] 명 언어 服饰 [fúshì] 명 복식, 의복과 장신구 饮食 [yǐnshí] 명 음식 研究 [yánjiū] 명통 연 구(하다) 儒教 [Rújiào] 명 유교 文化圈 [wénhuàquān] 명 문화권 海印寺 [Hǎiyìnsì] 고유 해인사 大藏经板 [Dàzàngjīngbǎn] 고유 대장경판 及 [jí] 접 및, …와[과] 诸经板 [Zhūjīngbǎn] 고유 제경판 主要 [zhǔyào] 형 주요한, 주된 大藏经 [Dàzàngjīng] 고유 대장경 高丽大藏经 [Gāolí Dàzàngjīng] 명 고려대장경 高丽八万大藏经 [Gāolí Bāwàn Dàzàngjīng] 명 고려팔만대장경 反映 [fǎnyìng] 명통 반영(하다, 시키다) 潮流 [cháoliú] 명 흐름, 시대의 추세, 조류 面貌 [miànmào] 명 모습, 양상 目前 [mùqián] 명 지금, 현재 古老 [gǔlǎo] 형 오래 되다 完整 [wánzhěng] 형 온전하다, 완전하다 东医宝鉴 [Dōngyībǎojiàn] 고유 동의보감 由 [yóu] 개 …이(가), …(으)로부터 医圣 [yīshèng] 명 의성 许浚 [Xǔ Jùn] 고유 허준, 조선 선조 때의 명의 ❷根据 [gēnjù] 개 …에 의거하여, …에 근거하여 亚洲 [Yàzhōu] 아시아 医学 [yīxué] 명 의학 整理 [zhěnglǐ] 통 정리하다 分类 [fēnlèi] 통 분류하다 总编 [zǒngbiān] 통 전체적으로 편집하다 书籍 [shūjí] 명 서적, 책 称得上 [chēngdeshàng] 통 …라고 불릴 자격이 있다, …라고 할 만하다 韩医学 [Hányīxué] 명 한의학 百科全书 [bǎikē quánshū] 명 백과전서, 백과사전 日省录 [Rìshěnglù] 고유 일성록 国王 [guówáng] 명 국왕 对 [duì] 개 …에 대해서, …에 대하여 国政 [guózhèng] 명 국정 运营 [yùnyíng] 통 운영하다 ❸只是 [zhǐshì] 부 단지, 다만, 오직, 오로지 政府 [zhèngfǔ] 명 정부 实质上 [shízhìshàng] 부 실질상, 실질적으로 正式 [zhèngshì] 형 정식의, 공식의 后期 [hòuqī] 명 후기 宝贵 [bǎoguì] 형 귀중하다 资料 [zīliào] 명 자료 5.18民主化运动记录物 [5.18 Mínzhǔhuà Yùndòng jìlùwù] 고유 5.18 민주화운동 기록물 光州 [Guāngzhōu] 고유 광주 民主化 [mínzhǔhuà] 명 민주화 ❹有关 [yǒuguān] 통 관계가 있다, 관련이 있다, 연관되다 文件 [wénjiàn] 명 문서, 문건 影像 [yǐngxiàng] 명 영상 进程 [jìnchéng] 명 (사건·행위의) 경과, 발전 과정, 진전 里程碑 [lǐchéngbēi] 비유 역사상 이정표가 되는 사건, 획기적인 사건, 이정표 意义 [yìyì] 명 뜻, 의미 乱中日记 [Luànzhōng Rìjì] 고유 난중일기 李舜臣 [Lǐ Shùnchén] 고유 이순신 将军 [jiāngjūn] 명 장군 壬辰倭乱 [Rénchénwōluàn] 고유 임진왜란 战争 [zhànzhēng] 명 전쟁 包括 [bāokuò] 통 포함하 다, 포괄하다 爆发 [bàofā] 통 돌발하다, 발발하다 露梁海战 [Lùliáng Hǎizhàn] 고유 노량해전 战死 [zhànsǐ] 통 전사하다 经历 [jīnglì] 통 몸소 겪다, 체험하다, 경험하다 新村运动 [Xīncūn Yùndòng] 고유 새마을운동 合作 [hézuò] 통 합작하다, 협력하다 地区 [dìqū] 명 지역, 지구 推进 [tuījìn] 통 (일·사업을) 추진하다, 추진시키다 建设 [jiànshè] 통명 (새로운 사업을) 창립하다, 건설(하다), 세우다 农村 [nóngcūn] 명 농촌 发展 [fāzhǎn] 통 발전하다 消除 [xiāochú] 통 없애다, 해소하다, 퇴치하다 贫困 [pínkùn] 형 빈곤하다, 곤궁하다 模范 [mófàn] 명형 모범(적인), 모범이 되는 事例 [shìlì] 명 사례, 실례 之一 [zhīyī] 명 …중의 하나 儒教册版 [Rújiào Cèbǎn] 고유 유교책판 学者 [xuézhě] 명 학자 制作 [zhìzuò] 통 제작[제조]하다, 만들다 印刷板 [yìnshuābǎn] 명 인쇄판 收录 [shōulù] 통 수록하다, 싣다 涉及 [shèjí] 통 관련되다, 연관되다, 미치다 领域 [lǐngyù] 명 분야, 영역 实现 [shíxiàn] 통 실현하다, 달성하다 人伦 [rénlún] 명 인륜, 윤리 도덕,

인간관계 **共同体** [gòngtóngtǐ] 몡 공동체, 공동 사회　**电视台** [diànshìtái] 몡 텔레비전 방송국　**特别** [tèbié] 혱 특별하다
节目 [jiémù] 몡 프로그램　**寻找** [xúnzhǎo] 동 찾다　**离散家属** [lísàn jiāshǔ] 이산가족　**播放** [bōfàng] 동 방영하다,
방송하다　**离散** [lísàn] 동 (가족이) 이산하다, 뿔뿔이 헤어지다　**家庭** [jiātíng] 몡 가정　**分离** [fēnlí] 동 헤어지다, 이별하다
痛苦 [tòngkǔ] 몡 혱 아픔, 비통, 고초, 고통(스럽다), 괴롭다　**重逢** [chóngféng] 동 (오랫동안 못 보다가) 다시 만나다
瞬间 [shùnjiān] 몡 순간　**以** [yǐ] 개 …[으]로(써)　**此** [cǐ] 대 이, 이것　**提醒** [tíxǐng] 동 일깨우다, 상기시키다　**残忍** [cánrěn]
혱 잔인하다, 잔혹하다　**统一** [tǒngyī] 동 통일하다, 하나로 일치되다　**王室** [wángshì] 몡 왕실, 왕가, 왕의 집안　**御宝**
[yùbǎo] 몡 옥새, 어보　**御册** [yùcè] 몡 어책　**册封** [cèfēng] 동 봉하다, 책봉하다　**作为** [zuòwéi] 개 …로서　**神物** [shénwù]
몡 신물　**象征** [xiàngzhēng] 몡동 상징(하다)　**永久性** [yǒngjiǔxìng] 몡 영구성　**保障** [bǎozhàng] 동 보장하다　**死者** [sǐzhě]
몡 사자, 죽은 사람　**权威** [quánwēi] 몡 권위　**稳定** [wěndìng] 동혱 안정(하다)　**贡献** [gòngxiàn] 몡동 공헌(하다), 기여(하
다)　**具有** [jùyǒu] 동 구비하다, 가지다　**价值** [jiàzhí] 몡 가치　**国债** [guózhài] 몡 국가의 채무　**偿还** [chánghuán] 동 (진
빚을) 상환하다, 갚다　**还清** [huánqīng] 동 (빚을) 완전히[말끔히] 갚다, 청산하다　**巨额** [jù'é] 혱 액수가 많은, 거액의
债务 [zhàiwù] 몡 채무, 부채　**避免** [bìmiǎn] 동 피하다, (모)면하다, (나쁜 상황을) 방지하다　**成为** [chéngwéi] 동 …이[개]
되다, …[으]로 되다　**殖民地** [zhímíndì] 몡 식민지　**各地** [gèdì] 몡 각지, 각처, 여러 곳　**展开** [zhǎnkāi] 동 전개하다, 벌이다
历史 [lìshǐ] 몡 역사　**过程** [guòchéng] 몡 과정　**朝鲜通信使** [Cháoxiǎn Tōngxìnshǐ] 고유 조선통신사　**派遣** [pàiqiǎn] 동 파
견하다　**使节** [shǐjié] 몡 외교 사절, 외교관　**访问** [fǎngwèn] 동 방문하다　**保管** [bǎoguǎn] 동 보관하다　**4·19革命记录物**
[4·19 Gémìng jìlùwù] 몡 4·19혁명 기록물　**中心** [zhōngxīn] 몡 중심　**发动** [fādòng] 동 개시하(게 하)다, 행동하기
시작하다　**市民** [shìmín] 몡 시민　**革命** [gémìng] 몡 혁명　**资料** [zīliào] 몡 자료　**推翻** [tuīfān] 동 (기존의 국면을) 전복시
키다, 뒤집다　**独裁** [dúcái] 몡 독재　**政权** [zhèngquán] 몡 정권　**起因** [qǐyīn] 몡 기인, 원인　**以及** [yǐjí] 접 및, 그리고,
아울러　**进程** [jìnchéng] 몡 (사건·행위의) 경과, 진행 과정, 발전 과정, 진전　**对抗** [duìkàng] 동 대항하다, 반항하다
非暴力 [fēibàolì] 몡 비폭력　**实现** [shíxiàn] 동 실현하다, 달성하다　**民主主义** [mínzhǔ zhǔyì] 몡 민주주의　**东学农民革命**
记录物 [Dōngxué Nóngmín Gémìng jìlùwù] 고유 동학농민혁명기록물　**爆发** [bàofā] 동 발발하다, 돌발하다, 갑자기 터져
나오다　**有关** [yǒuguān] 동 관계하다, …에 연관되다, …에 관계되다　**记录** [jìlù] 몡 (회의 등의) 기록　**体现** [tǐxiàn] 동 구현
하다, 체현하다, 구체적으로 드러내다　**百姓** [bǎixìng] 몡 평민, 백성　**向往** [xiàngwǎng] 동 동경하다, 지향하다　**自由** [zìyóu]
몡 자유　**平等** [píngděng] 몡 평등　**人权** [rénquán] 몡 인권　**普遍** [pǔbiàn] 혱 보편적이다, 널리 퍼져 있다　**重要性**
[zhòngyàoxìng] 몡 중요성　**认可** [rènkě] 몡 인가, 승인

TIP

❶ '按'은 개사로서 '…에 따라서, …에 의해서'라는 뜻으로 '按照[ànzhào]'와 같은 뜻을 나타낸다. 어떤 기준에 따라
행동하거나 판단하는 것을 말하므로, 주로 '按照法律 / 指示 / 命令 / 情况 / 次序 / 时间 / 道理' 등 객관적인
사물의 단어와 결합하여 사용된다.

❷ '根据'는 '~을 근거로 해서 어떤 결론을 얻어 내다' 또는 '어떤 판단을 하다'라는 뜻을 나타낸다. 주로 '根据分析
/ 研究 / 调查 / 报道 / 统计' 등의 단어들과 결합한다.

❸ '只是'는 문장에서 '다만, 단지, …뿐'이라는 뜻을 나타낸다. 부정사 '不'를 동반하여 '不只是~'라고 하면 '단순히
~만은 아니다'라는 뜻을 표현한다. 예를 들면, '这不只是你一个人的问题'라고 하면 '이것은 단순히 당신 혼자만의
문제는 아닙니다'라는 뜻이 된다. 문장을 한층 더 확장하면 '不只是~, 也是~'의 형태로 '단순히 ~에 그치지 않고,
…이기도 하다'라는 뜻을 나타낸다.

❹ '有关' 동사에 접속사 '与'를 결합하여 '与~有关'의 형태를 만들면 '~과 관련이 있다, 연관 있다'는 뜻을 나타낸다.
반대로 '与~无关'이라 하면 '~과 관련이 없다, 무관하다'는 뜻이 된다.

📑 ~**是**~**的旧称** : ~은(는) ~의 옛 명칭이다.
训民正音是"韩文"的旧称。
훈민정음은 '한글'의 옛 명칭입니다.

📑 ~**按年月日**~ : ~은(는) 연월일에 따라서 / ~은(는) 날짜에 따라서
朝鲜王朝实录是朝鲜王朝按年月日记录的编年史。
조선왕조실록은 조선왕조를 날짜에 따라 기록한 편년사입니다.

📑 **主要内容是**~ : 주요 내용은 ~이다.
主要内容是'大藏经'。
주요 내용은 '대장경'입니다.

📑 **并不只是**~, **也是**~ : 단순히 ~에 그치지 않고 ~이라 할 수 있다 / ~이기도 하다.
国王写的并不只是日记，也是政府实质上的正式记录。
단순히 국왕이 쓴 일기에 그치지 않고 정부의 실질적인 공식 기록물이라 할 수 있습니다.

📑 ~**是以**~**为中心展开的**~ : ~은(는) ~을(를) 중심으로 전개된 ~이다.
5.18民主化运动记录物是1980年以光州为中心展开的民主化运动的有关记录。
5.18 민주화운동 기록물은 1980년 광주를 중심으로 전개된 민주화운동과 관련된 기록입니다.

📑 ~**是**~**的模范事例之一** : ~은(는) ~의 모범 사례 중 하나이다.
新村运动是农村发展和消除贫困的模范事例之一。
새마을운동은 농촌 개발과 빈곤 퇴치의 모범 사례 중 하나입니다.

📑 **为**~**作出了极大贡献** : ~에 크게 기여하다.
为朝鲜王室的政治稳定作出了极大贡献，
조선왕실의 정치적 안정에 크게 기여하였습니다.

📑 ~**现在保管于**~ : ~은(는) 현재 ~에 보관하고 있다.
这些资料现在保管于韩国和日本两国。
이 자료들은 현재 한국과 일본 양국에서 보관하고 있습니다.

📑 ~**展示了A和B, 以及C** : A와 B, 그리고 C를 보여 준다.
4·19革命记录物展示了推翻独裁政权的4·19革命的起因和发展过程，以及革命之后的进程。
4·19혁명기록물은 독재정권을 무너뜨린 4·19 혁명의 원인과 전개 과정 및 혁명 직후 처리 과정을 보여 줍니다.

对~方面有着历史性意义 : ~한 점에 역사적 의미가 있다.

4・19革命记录物对对抗独裁、通过非暴力实现民主主义方面有着历史性意义。

4・19혁명기록물은 독재에 맞서 비폭력을 통한 민주주의를 실현한 점에 역사적 의미가 있습니다.

~得到了世界认可 : ~을 세계적으로 인정받다.

其重要性得到了世界认可。

그 중요성을 세계적으로 인정받고 있습니다.

05 | 오로지 나만의 답안으로 만들자

Q. 请说明一下被联合国教科文组织所指定的韩国世界记录遗产都有什么。

(04) 한국의 유네스코 인류무형문화유산에 대해 설명하세요.

请说说韩国已入选的联合国教科文组织无形文化遗产。

2010, 2012, 2014, 2015, 2017, 2018, 2020, 2021, 2022 기출

01 | 일 단 한번 읽어보자

韩国共有22个项目被联合国教科文组织指定为世界无形文化遗产。

宗庙祭礼是朝鲜王室最大最重要的祭祀仪式，也叫宗庙大祭。宗庙祭礼乐是在举行祭礼仪式过程中，为了隆重举行而演奏的器乐、歌曲和舞蹈。(2001)

板索里(清唱)是朝鲜民族传统表演艺术，是一位说唱者和一位鼓手表演的音乐性叙事。板索里的五唱段分别是《春香歌》、《沈清歌》、《兴夫歌》、《水宫歌》、《赤壁歌》，反映了朝鲜时期"忠"、"孝"、"义"、"贞"的价值观。(2003)

江陵端午祭是韩国每年端午期间在江陵举办的大规模祭祀活动，为了祈求农耕丰收。江陵端午祭有一千多年的历史，是融入民族历史和生活的传统活动，具有突出价值。(2005)

羌羌水月来是韩国女性的民俗舞蹈游戏，在中秋圆月的晚上，姑娘们手拉手一起唱歌跳舞，展现了韩国女性的活泼面貌，是体现韩国农耕文化的最有代表性的风俗之一。(2009)

男寺党表演是朝鲜后期男子流浪艺人团体表演的民俗公演，讽刺了统治阶层，也表现了庶民对统治阶层的不满。(2009)

灵山斋是在人死后第四十九天，为了慰藉逝者灵魂而举办的佛教仪式。灵山斋不是表演，而是由大众参与的庄严的佛教仪式，具有很高的价值。(2009)

济州七头堂灵登神跳是向土地神祈求大海风平浪静和丰收，灵登神跳包含了济州岛特有的海女信仰和民俗信仰，是我国唯一的海女祭祀，具有很高的学术研究价值。(2009)

处容舞是戴着处容假面跳舞，是宫廷舞中唯一戴着人的假面跳舞的，也叫五方处容舞。舞蹈的内容是为了驱赶恶鬼和祈求王室平安。(2009)

歌曲是在小型管弦乐的伴奏下男女声演唱的韩国传统声乐，也叫数大叶或歌谣。歌曲由专家传承，具有很高的艺术价值。(2010)

大木匠是韩国拥有传统木造建筑技术的木匠，主要负责传统韩屋、宫殿、寺庙等历史建筑，传承了与韩国的文化背景、自然环境相和谐的独特的建筑文化。(2010)

鹰猎是训练鹰打猎的传统狩猎方法。过去鹰猎是为了确保粮食，但现在是与自然和谐共处的户外活动，在60多个国家传承了下来。(2010)

走绳是韩国的传统表演艺术，是杂技演员在音乐的伴奏下，在空中的绳上跳舞、说唱、与地上的小丑说相声的公演。国外的走绳重视技巧，而我国的走绳和国外的不同，我国的走绳重视表演者和观众的同乐，极具意义。(2011)

跆跟是从三国时代开始有的韩国传统武术的一种，具有灵活的动作和节奏，多动脚的特点。跆跟不仅具有武术价值，其社会、文化价值也极高。(2011)

韩山夏布织造是忠清南道舒川郡韩山地区制造的夏布。和其它地区相比，这里的夏布更优质也更细腻。韩山夏布象征着韩国之美，具有很高的历史价值。(2011)

阿里郎是韩国具有代表性的民谣，超越了地区和时代，世代传承并被再创造，是一首得到认可的具有多样性价值的歌曲。(2012)

制作越冬辛奇文化是韩国人为了度过寒冷的冬天，以女性为中心，家人、亲戚等聚在一起腌制辛奇，一起分享，准备过冬。它超越了地区、社会和经济差异，是全体国民共同参与的日常文化。(2013)

农乐是一边演奏传统打击乐一边跳舞，祈求村里的和谐和丰收的民族艺术，农乐一般在共同体的各种活动中演奏，起到加强沟通和团结的作用。(2014)

拔河是分两队，双方拉着绳子决定胜负的游戏，是为了祈求丰收和团体和谐而进行的。拔河仪礼与游戏是韩国首次试图和多国家共同登录的文化遗产。(2015)

济州海女文化是海女们在没有任何特殊装备的情况下潜入十几米深的海里采集海鲜，这种活动被称为"水活儿"。她们掌握着关于大海的丰富知识，这种文化主要传给女儿和儿媳。(2016)

摔跤是一项韩国传统体育运动。两个人相互抓住对方的带子，使用力量和技巧，将对手摔倒在地。摔跤一般在共同体的各种活动中进行，起到加强沟通和团结的作用。(2018)

燃灯会，韩国的灯会庆典是为了庆祝佛祖的诞生而举行的佛教活动。它是从统一新罗时期开始，延续约1200年的民族固有传统文化。灯象征着佛祖用智慧照亮无知和烦恼。(2020)

韩国假面舞是把舞蹈、戏剧、歌曲结合在一起的综合艺术,也是通过观众的积极参与来完成的沟通艺术。主要内容是所有人的自由和平等,其特点是愉快地讽刺自由和平等问题。另外,在加强地区认同感上以及在地区庆典中占据着重要地位。(2022)

한국은 모두 22개 항목이 유네스코에 의해 인류무형문화유산으로 등재되었습니다.

종묘제례는 조선 왕실에서 가장 크고 중요한 제사 의식으로, 종묘대제라고도 합니다. 종묘제례악은 제례 의식을 거행하는 과정에서 의식을 장엄하게 치르기 위하여 연주하는 기악과 노래, 춤을 말합니다.

판소리는 조선민족 전통 공연 예술이며, 한 명의 소리꾼과 한 명의 고수가 표현하는 음악성을 띤 스토리텔링입니다. 판소리 다섯마당은 '춘향가', '심청가', '흥보가', '수궁가', '적벽가'이며, 조선시대의 '충', '효', '의리', '정절'의 가치관이 반영되어 있습니다.

강릉단오제는 한국에서 매년 단오기간에 강릉에서 개최하는 대규모 제사 행사로, 농경사회의 풍농을 기원하기 위한 것입니다. 강릉단오제는 천년이 넘는 역사를 가지고 있으며, 민족의 역사와 삶이 녹아 있는 전통행사로서 뛰어난 가치가 있습니다.

강강술래는 한국 여성의 민속 무용 놀이이며, 추석 보름달이 뜬 저녁에 젊은 여성들이 손에 손을 맞잡고 함께 노래 부르며 춤을 추는 것으로, 활달한 한국여성의 기상을 보여 주고, 한국 농경문화를 보여 주는 가장 대표적인 풍속 중 하나입니다.

남사당 놀이는 조선 후기 남자 유랑극단이 공연하는 민속 공연으로, 지배계층을 풍자하며, 통치계급에 대한 서민들의 불만을 표현하였습니다.

영산재는 사람이 죽은 지 49일째 되는 날에 죽은 자의 영혼을 위로하기 위해 거행하는 불교의식입니다. 영산재는 공연이 아닌 대중이 참여하는 장엄한 불교의식으로서 뛰어난 가치가 있습니다.

제주 칠머리당 영등굿은 마을 수호신에게 바다의 평화와 풍어를 기원하는 것으로, 영등신굿은 제주도 특유의 해녀신앙과 민속신앙이 담겨 있습니다. 우리나라 유일의 해녀의 굿이라는 점에서 매우 높은 학술적 연구 가치가 있습니다.

처용무는 처용 가면을 쓰고 추는 춤으로, 궁중무용 중에서도 유일하게 사람 형상의 가면을 쓰고 추는 춤이며, 오방처용무라고도 합니다. 춤의 내용은 악운을 쫓고 왕실의 평안을 기원하기 위한 것입니다.

가곡은 소형 관현악의 반주에 맞추어 부르는 남녀 혼성 공연으로 이루어진 한국 전통 성악이며, '삭대엽' 또는 '노래'라고도 합니다. 가곡은 전문가들에 의해 전승되었으며, 예술적 가치가 매우 높습니다.

대목장은 한국 전통 목조건축 기술을 가진 목수이며, 주로 전통 한옥, 궁궐, 사원 등 역사적인 건축물을 담당하였고, 한국의 문화적 배경과 자연환경이 서로 조화를 이룬 독특한 건축문화를 계승하였습니다.

매사냥은 매를 훈련하여 사냥을 하게 하는 전통 사냥 방법입니다. 과거 매사냥은 식량을 확보하기 위한 것이었지만 지금은 자연과 조화를 이루는 야외활동으로 60여 개국에서 전승되고 있습니다.

줄타기는 한국의 전통공연예술로, 곡예사가 음악 반주에 맞추어 공중에 있는 줄 위에서 춤을 추고 창을 하면서 바닥에 있는 어릿광대와 재담을 주고받는 공연입니다. 우리나라의 줄타기는 외국의 줄타기와는 달리 외국에서는 기교를 중시하는 데 반해, 우리나라의 줄타기는 줄타는 사람과 구경꾼이 함께 즐기는 것을 중시한다는 데 의의가 있습니다.

택견은 삼국시대부터 있었던 한국의 전통 무술 중의 하나로, 유연한 동작과 리듬, 발을 많이 움직이는 특징을 가지고 있습니다. 택견은 무술적 가치뿐 아니라 사회적·문화적 가치도 매우 높습니다.

한산모시짜기는 충청남도 서천군 한산지역에서 제조하는 모시를 말하며, 다른 지역에 비해 이곳의 모시가 품질이 더 우수하고 섬세한 것으로 알려져 있습니다. 한산모시는 한국의 미를 상징하며, 역사적 가치가 매우 높습니다.

아리랑은 한국의 대표적인 민요로, 지역과 세대를 초월하여 전승되고 재창조되고 있어 다양성의 가치를 인정받은 노래입니다.

김장문화는 추운 겨울을 나야 하는 한국인이 여성을 중심으로 가족, 친족 등과 모여 김장을 하고 나누어 먹는 월동 준비입니다. 김장은 지역·사회·경제적 차이를 넘어 온 국민이 함께 참여하는 일상적인 문화입니다.

농악은 전통 타악기를 연주하고 춤을 추면서 마을의 화합과 풍농을 기원하는 민족 예술로, 일반적으로 공동체의 다양한 행사에서 연주되며, 소통과 단결을 강화하는 역할을 합니다.

줄다리기는 두 편으로 나뉘어 서로 줄을 잡아당겨 승부를 겨루었던 놀이로, 풍농과 공동체 화합을 기원하기 위해 행해졌습니다. '줄다리기 의례와 놀이'는 우리나라가 처음으로 시도한 다국가 간 공동등재입니다.

제주해녀문화는 해녀들이 어떤 특수한 장비가 없는 상황하에 십 몇 미터의 깊은 곳으로 잠수하여 해산물을 채집하는 것을 이르는데 이런 활동을 '물질'이라고 합니다. 해녀들은 바다에 관한 지식이 해박하며 이런 문화는 주로 딸과 며느리에게 전승되고 있습니다.

씨름은 한국의 전통운동으로 두 사람이 서로 상대의 샅바를 잡고 힘과 기술을 겨루어 상대를 넘어뜨리는 경기입니다. 씨름은 일반적으로 공동체의 다양한 행사에서 행해지며 소통과 단결을 강화하는 역할을 합니다.

연등회, 한국의 등불 축제는 부처의 탄생을 축하하기 위해 거행하는 불교 행사입니다. 이는 통일신라시대부터 대략 1,200년 동안 이어져 온 민족 고유의 전통문화입니다. 등은 부처님의 지혜로 번뇌와 무지를 밝게 비추는 것을 상징합니다.

한국의 탈춤은 춤과 연극, 노래를 연결한 종합예술로, 관객의 적극적인 참여로 완성되는 소통예술이기도 합니다. 주된 내용은 모든 사람의 자유와 평등이며, 자유와 평등의 문제를 유쾌하게 풍자한다는 점이 특징입니다. 또 지역의 정체성 강화 및 지역 축제에서 중요한 위치를 차지하고 있습니다.

03 | 삼 세번은 복습하자

共有 [gòngyǒu] 동 모두 …을(를) 가지고 있다, 모두 …가 있다 无形文化遗产 [wúxíng wénhuà yíchǎn] 명 무형문화유산, 무형문화재 宗庙祭礼 [Zōngmiào Jìlǐ] 고유 종묘제례 朝鲜王室 [Cháoxiān wángshì] 명 조선 왕실 祭祀 [jìsì] 동 제사 지내다 仪式 [yíshì] 명 의식 也叫 [yějiào] 동 …라고도 한다, …라고도 불린다 宗庙大祭 [Zōngmiào Dàjì] 고유 종묘대제 宗庙祭礼乐 [Zōngmiào jìlǐyuè] 고유 종묘제례악 举行 [jǔxíng] 동 거행하다 祭礼 [jìlǐ] 명 제례 过程 [guòchéng] 명 과정 为了 [wèile] 개 …을(를) 하기 위하여 隆重 [lóngzhòng] 형 성대하다, 성대하고 장중하다 演奏 [yǎnzòu] 동 연주하다 器乐 [qìyuè] 명 기악 歌曲 [gēqǔ] 명 노래, 가곡 舞蹈 [wǔdǎo] 명 무도, 춤, 무용 精髓 [jīngsuǐ] 명 정수 优秀性 [yōuxiùxìng] 명 우수성 得到 [dédào] 동 받다 认可 [rènkě] 동명 인정(하다) 板索里 [Bǎnsuǒlǐ] 고유 판소리 传统 [chuántǒng] 명 전통 형 전통적이다 表演艺术 [biǎoyǎnyìshù] 명 공연예술 说唱者 [shuōchàngzhě] 명 (판소리의) 창자, 소리꾼 鼓手 [gǔshǒu] 명 고수 音乐性 [yīnyuèxìng] 형 음악성의, 음악적인 叙事 [xùshì] 동 서사하다, 묘사하다, 서술하다 五唱段 [wǔchàngduàn] 명 다섯마당 分别 [fēnbié] 부 각각 春香歌 [Chūnxiānggē] 명 춘향가 沈清歌 [Shěnqīnggē] 명 심청가 兴夫歌 [Xīngfūgē] 명 흥보가 水宫歌 [Shuǐgōnggē] 명 수궁가 赤壁歌 [Chìbìgē] 명 적벽가 反映 [fǎnyìng] 동 반영하다 朝鲜时代 [Cháoxiān shídài] 명 조선시대 忠 [zhōng] 명 충 孝 [xiào] 명 효 义 [yì] 명 의리 贞 [zhēn] 명 정절 价值观 [jiàzhíguān] 명 가치관 江陵端午祭 [Jiānglíng Duānwǔjì] 고유 강릉 단오제 端午 [Duānwǔ] 고유 단오 期间 [qījiān] 명 기간 举办 [jǔbàn] 동 거행하다, 개최하다, 열다 大规模 [dàguīmó] 형 대규모의 活动 [huódòng] 명 활동, 운동, 행사 祈求 [qíqiú] 동 바라다, 기원하다 农耕 [nónggēng] 명 농사, 농업 동 농경하다, 농사를 짓다 丰收 [fēngshōu] 명 풍년, 풍작 동 풍작을 이루다, 풍년이 들다 融入 [róngrù] 동 융합되어 들어가다 突出 [tūchū] 형 뚜렷하다, 두드러지다, 뛰어나다 价值 [jiàzhí] 명 가치 羌羌水月来 [Qiāngqiāngshuǐyuèlái] 고유 강강수월래, 강강술래 女性 [nǚxìng] 명 여성, 여자 民俗 [mínsú] 명 민속 游戏 [yóuxì] 명 게임, 놀이 中秋 [Zhōngqiū] 고유 한가위, 추석 圆月

[yuányuè] 명 보름달, 둥근 달　姑娘们 [gūniangmen] 명 아가씨들　手拉手 [shǒulāshǒu] 동 손에 손을 맞잡다　展现 [zhǎnxiàn] 동 전개하다, (눈앞에)펼쳐지다, 보여주다　活泼 [huópō] 형 활발하다, 활기차다　面貌 [miànmào] 명 모습, 면모　体现 [tǐxiàn] 동 구현하다, 체현하다, 구체적으로 드러내다　农耕文化 [nónggēng wénhuà] 명 농경문화　风俗 [fēngsú] 명 풍속　之一 [zhīyī] …중의 하나　男寺党表演 [Nánsìdǎng biǎoyǎn] 고유 남사당 놀이　朝鲜后期 [Cháoxiǎn hòuqī] 명 조선 후기　男子 [nánzǐ] 명 남자, 남성　流浪 [liúlàng] 동 유랑하다, 방랑하다, 떠돌아다니다　艺人 [yìrén] 명 연예인　团体 [tuántǐ] 명 단체, 집단　公演 [gōngyǎn] 동 공연하다　讽刺 [fěngcì] 동 풍자하다　统治阶层 [tǒngzhì jiēcéng] 명 지배계층, 지배층　庶民 [shùmín] 명 서민　不满 [bùmǎn] 명 불만　灵山斋 [Língshānzhāi] 고유 영산재　慰藉 [wèijiè] 동 위로하다　逝者 [shìzhě] 명 떠난 사람, 죽은 사람　灵魂 [línghún] 명 영혼, 혼　佛教 [Fójiào] 명 불교　大众 [dàzhòng] 명 대중　参与 [cānyù] 동 참여하다　庄严 [zhuāngyán] 형 장엄하다, 엄숙하다　济州七头堂灵登跳 [Jìzhōu Qītóutáng Língdēng Shéntiào] 고유 제주 칠머리당 영등굿　向 [xiàng] 개 …[으]로, …에게, …을[를] 향하여　土地神 [tǔdìshén] 명 토신, 지신, 마을 수호신　大海 [dàhǎi] 명 큰 바다, 해양　风平浪静 [fēngpínglàngjìng] 성어 풍랑이 없이 잔잔하다　丰收 [fēngshōu] 동 풍작을 이루다, 풍년이 들다　包含 [bāohán] 동 포함하다　特有 [tèyǒu] 동 특유하다, 고유하다　海女 [hǎinǚ] 명 해녀　信仰 [xìnyǎng] 명 신앙　唯一 [wéiyī] 형 유일한, 하나밖에 없는　学术 [xuéshù] 형 학술적　研究 [yánjiū] 명 연구　处容舞 [Chùróngwǔ] 고유 처용무　戴 [dài] 동 착용하다, 쓰다, 이다　处容假面 [Chùróng jiǎmiàn] 명 처용 가면　宫廷舞 [gōngtíngwǔ] 명 궁정 무용　五方处容舞 [Wǔfāng Chùróngwǔ] 고유 오방처용무　内容 [nèiróng] 명 내용　为了 [wèile] 개 …을[를] 하기 위하여　驱赶 [qūgǎn] 동 쫓아내다, 내몰다　恶鬼 [èguǐ] 명 악귀, 몹쓸 귀신　王室 [wángshì] 명 왕실　平安 [píngān] 명 평안　歌曲 [Gēqǔ] 고유 노래, 가곡　小型 [xiǎoxíng] 형 소형의, 소규모의　管弦乐 [guǎnxiányuè] 명 관현악　伴奏 [bànzòu] 형동 반주(하다)　男女声 [nánnǚ shēng] 명 남녀혼성(합창)　演唱 [yǎnchàng] 동 [노래·가극(오페라) 따위를]공연하다, 노래를 부르다　声乐 [shēngyuè] 명 성악　数大叶 [Shùdàyè] 고유 삭대엽　歌谣 [Gēyáo] 고유 노래　专家 [zhuānjiā] 명 전문가　传承 [chuánchéng] 동 계승하다　大木匠 [Dàmùjiang] 고유 대목장　拥有 [yōngyǒu] 동 보유하다, 가지다　木造 [mùzào] 명 목조　建筑 [jiànzhù] 명 건축물　技术 [jìshù] 명 기술　木匠 [mùjiang] 명 목공, 목수　主要 [zhǔyào] 형 주요한, 주된　负责 [fùzé] 동 책임지다　韩屋 [hánwū] 명 한옥　宫殿 [gōngdiàn] 명 궁전　寺庙 [sìmiào] 명 사원, 절, 사찰　背景 [bèijǐng] 명 배경　自然环境 [zìrán huánjìng] 명 자연환경　和谐 [héxié] 동 조화를 이루다　独特 [dútè] 형 독특하다　鹰猎 [yīngliè] 명 매사냥　训练 [xùnliàn] 동 훈련하다, 훈련시키다　鹰 [yīng] 명 매　打猎 [dǎliè] 동 사냥하다, 수렵하다　狩猎 [shòuliè] 동 사냥(수렵)하다　方法 [fāngfǎ] 명 방법, 수단, 방식　确保 [quèbǎo] 동 확보하다　粮食 [liángshi] 명 식량　共处 [gòngchǔ] 동 공존하다　户外 [hùwài] 명 실외, 야외　走绳 [zǒushéng] 명 줄타기　杂技演员 [zájì yǎnyuán] 명 곡예사　空中 [kōngzhōng] 명 공중　小丑 [xiǎochǒu] 명 익살꾼, 어릿광대　相声 [xiàngsheng] 명 만담, 재담　重视 [zhòngshì] 동 중시하다　技巧 [jìqiǎo] 명 기교　表演者 [biǎoyǎnzhě] 명 실연자, 연희자　同乐 [tónglè] 동 함께 즐기다　极 [jí] 부 아주, 매우　意义 [yìyì] 명 의의, 가치　跤拳 [jiāoquán] 명 택견　跆跟 [táigēn] 명 택견　三国时代 [Sānguó shídài] 고유 삼국시대　武术 [wǔshù] 명 무술　灵活 [línghuó] 형 민첩하다, 원활하다　节奏 [jiézòu] 명 (일이나 활동의)리듬, 흐름　动脚 [dòngjiǎo] 동 발을 움직이다, 발동작을 하다　特点 [tèdiǎn] 명 특징, 특색 특점, 특성　韩山夏布织造 [Hánshān Xiàbù Zhīzào] 고유 한산 모시짜기　忠清南道 [Zhōngqīng Nándào] 고유 충청남도　舒川郡 [Shūchuānjùn] 고유 충청남도 서천군　地区 [dìqū] 명 지역, 지구　制造 [zhìzào] 동 제조하다, 만들다　夏布 [xiàbù] 명 모시　相比 [xiāngbǐ] 동 비교하다, 견주다　优质 [yōuzhì] 형 질이 우수하다, 양질의　细腻 [xìnì] 형 부드럽고 매끄럽다　象征 [xiàngzhēng] 동 상징하다　阿里郎 [Ālǐláng] 고유 아리랑　民谣 [mínyáo] 명 민요　超越 [chāoyuè] 동 넘다, 초월하다　世代 [shìdài] 명 여러 대, 대대　再创造 [zàichuàngzào] 동 재창조되다　多样性 [duōyàngxìng] 명 다양성　制作越冬辛奇文化 [Zhìzuò Yuèdōng xīnqí wénhuà] 고유 김장문화　度过 [dùguò] 동 (시간을)보내다, 지내다, 넘기다　寒冷 [hánlěng] 형 한랭하다, 춥고 차다　亲戚 [qīnqi] 명 친척　聚 [jù] 동 모이다, 회합하다, 집합하다　腌制 [yānzhì] 동 담그다　辛奇 [xīnqí] 명 김치　分享 [fēnxiǎng] 동 (기쁨·행복·좋은 점 등을) 함께 나누다[누리다]　过冬 [guòdōng] 동 월동하다, 겨울을 나다　差异 [chāyì] 명 차이　全体 [quántǐ] 명 전체　共同 [gòngtóng] 부 함께, 다같이　日常 [rìcháng] 형 일상의, 일상적인　农乐 [nóngyuè] 명 농악, 풍물놀이　一边 [yìbiān] 부 …하면서 …하다　打击乐 [dǎjīyuè] 명 타악　村里 [cūnlǐ] 명 마을, 부락, 동네　民族艺术 [mínzú yìshù] 명 민족예술　共同体 [gòngtóngtǐ] 명 공동체　各种 [gèzhǒng] 형 각종(의), 여러 가지　加强 [jiāqiáng] 동 강화하다, 보강하다　沟通 [gōutōng] 명 의사소통, 소통　团结 [tuánjié] 명 단결　作用 [zuòyòng] 명 역할　拔河 [báhé] 명동 줄다리기(하다)　分 [fēn] 동 나누다, 가르다　队 [duì] 명 단체, 팀　双方 [shuāngfāng] 명 쌍방, 양쪽　拉 [lā] 동 끌다,

당기다 **绳子** [shéngzi] 뗑 (노)끈, 밧줄 **胜负** [shèngfù] 뗑 승부, 승패 **团体** [tuántǐ] 뗑 단체, 집단 **拔河仪礼与游戏** [Báhé yílǐ yǔ yóuxì] 고유 줄다리기 의례와 놀이 **首次** [shǒucì] 뗑 처음 **试图** [shìtú] 동 시도하다 **登录** [dēnglù] 동 공동등재 **文化遗产** [wénhuà yíchǎn] 동 문화유산 **济洲海女文化** [Jìzhōu hǎinǚ wénhuà] 고유 제주해녀문화 **任何** [rènhé] 때 어떠한 **特殊** [tèshū] 톙 특수하다, 특별하다 **装备** [zhuāngbèi] 뗑 장비 **情况** [qíngkuàng] 뗑 상황, 정황 **潜入** [qiánrù] 동 물속으로 들어가다 **深** [shēn] 톙 깊다 **采集** [cǎijí] 동 채집하다, 수집하다 **海鲜** [hǎixiān] 뗑 해산물, 해물 **水活儿** [shuǐhuór] 뗑 물질[해녀들이 바다 속에 들어가서 해산물을 채취하는 일] **掌握** [zhǎngwò] 동 숙달하다, 정통하다, 파악하다, 정복하다 **关于** [guānyú] 개 …에 관해서(관하여) **丰富** [fēngfù] 톙 많다, 풍부하다 **知识** [zhīshi] 뗑 지식 **传** [chuán] 동 전하다, 가르쳐 전하다, 전수하다 **女儿** [nǚ'ér] 뗑 딸 **儿媳** [érxí] 뗑 며느리 **摔跤** [shuāijiāo] 동 씨름 **抓住** [zhuāzhù] 동 잡다 **带子** [dàizi] 뗑 띠·끈 따위의 총칭 **力量** [lìliang] 뗑 힘 **摔倒** [shuāidǎo] 동 쟤빠지다 **燃灯会,韩国的灯会庆典** [Rándēnghuì-Hánguó de dēnghuì qìngdiǎn] 고유 연등회, 한국의 등불 축제 **庆典** [qìngdiǎn] 뗑 축전, 축제 **庆祝** [qìngzhù] 동 경축하다 **佛祖** [fózǔ] 뗑 석가모니 **诞生** [dànshēng] 동 태어나다, 탄생하다 **延续** [yánxù] 동 계속하다, 연장하다 **约** [yuē] 뮈 약, 대략 **固有** [gùyǒu] 톙 고유의 **智慧** [zhìhuì] 뗑 지혜 **照亮** [zhàoliàng] 동 밝게 비치다, 밝혀주다 **无知** [wúzhī] 톙 무지하다 **烦恼** [fánnǎo] 뗑 번뇌, 걱정 **假面舞** [jiǎmiànwǔ] 뗑 탈춤 **舞蹈** [wǔdǎo] 뗑동 무도(하다), 춤(추다) **戏剧** [xìjù] 뗑 극, 연극 **歌曲** [gēqǔ] 뗑 노래, 가곡 **结合** [jiéhé] 뗑동 결합(하다), 결부(하다) **综合** [zōnghé] 뗑동 종합(하다) **艺术** [yìshù] 뗑 예술 **观众** [guānzhòng] 뗑 관중 **积极** [jījí] 톙 적극적이다 **参与** [cānyù] 동 참여하다 **沟通** [gōutōng] 동 소통하다 **自由** [zìyóu] 뗑 자유 **平等** [píngděng] 뗑 평등 **特点** [tèdiǎn] 뗑 특징, 특성 **愉快** [yúkuài] 톙 유쾌하다 **讽刺** [fěngcì] 뗑동 풍자(하다) **另外** [lìngwài] 때뗑 별도의, 그밖에 **加强** [jiāqiáng] 동 강화하다 **地区** [dìqū] 뗑 지역 **认同感** [rèntónggǎn] 뗑 정체성, 동질감 **以及** [yǐjí] 젭 및 **庆典** [qìngdiǎn] 뗑 축제 **占据** [zhànjù] 동 점거하다, 차지하다 **地位** [dìwèi] 뗑 위치, 지위

TIP

❶ 유네스코에 의해 지정된 유산의 뒷부분에 추가할 수 있는 만능 문장
○○○是韩国文化的精髓，其优秀性得到世界认可，被联合国教科文组织指定为世界非物质文化遗产。
○○○은 우리문화의 정수로, 그 우수성을 세계적으로 인정받아 유네스코에 의해 세계무형문화유산으로 지정되었습니다.

---

04 | **사** 소한 것도 기억하자

📋 **在~过程中 : ~하는 과정에서**
在举行祭礼仪式过程中
제례 의식을 거행하는 과정에서

📋 **为了~而~ : ~하기 위하여 ~하다.**
为了隆重举行而演奏。
의식을 장엄하게 치르기 위하여 연주하였습니다.
为了慰藉逝者灵魂而举办。
죽은 자의 영혼을 위로하기 위해 거행했습니다.
为了祈求丰收和团体和谐而进行。
풍농 기원과 공동체 화합을 위해 행해졌습니다.

📑 向～祈求～ : ～에게 ～을(를) 빌다 / 기원하다 / 기도하다.

济州七头堂灵登神跳是向土地神祈求大海风平浪静和丰收。

제주 칠머리당 영등굿은 마을 수호신에게 바다의 평화와 풍어를 기원하는 것입니다.

📑 ～主要负责～ : ～은(는) 주로 ～을(를) 책임진다.

大木匠主要负责传统韩屋、宫殿、寺庙等历史建筑。

대목장은 주로 전통 한옥, 궁궐, 사원 등 역사적인 건축물을 책임집니다.

📑 在～的伴奏下 : ～반주에 맞추어, ～의 반주하에

杂技演员在音乐的伴奏下

곡예사가 음악 반주에 맞추어

📑 具有～的特点 : ～의 특징이 있다.

具有灵活的动作和节奏，多动脚的特点。

유연한 동작과 리듬, 발을 많이 움직이는 특징이 있습니다.

📑 和～相比 : ～에 비해, ～와(과) 비교해서

和其它地区相比

다른 지역에 비해

📑 一边～一边～ : ～하면서 ～하다.

农乐是一边演奏传统打击乐一边跳舞。

농악은 전통 타악기를 연주하면서 춤을 추는 것입니다.

📑 在～的情况下 : ～한 상황하에

在没有任何特殊装备的情况下

어떤 특수한 장비가 없는 상황하에

📑 把A、B、C结合在一起 : A, B, C를 같이 결합하다.

韩国假面舞是把舞蹈、戏剧、歌曲结合在一起的综合艺术。

한국탈춤은 춤과 연극, 노래를 연결한 종합예술입니다.

Q. 请说说韩国已入选的联合国教科文组织无形文化遗产。

(01) 국보와 보물 3가지씩을 설명하세요.

请分别说出我国的3件国宝和3件宝物。

2012, 2014, 2015, 2016, 2017, 2018, 2020 기출

01 | 일 단 한번 읽어보자

我想介绍的第一件国宝是崇礼门，又叫南大门。崇礼门是朝鲜时代围绕着首尔都城的正门。第二件国宝是圆觉寺址十层石塔，是一座10层大理石佛塔，建于1467年。第三件国宝是北汉山新罗真兴王巡狩碑，现在保存在韩国国立中央博物馆。

我想介绍的第一件宝物是兴仁之门，又叫东大门，是8个城门中唯一设有瓮城的城门。第二件宝物是普信阁钟，是计时的工具，制作于朝鲜时代。后来用于每年12月31号在首尔钟路普信阁敲钟，代表迎接新年，现在保存在韩国国立中央博物馆。第三件宝物是圆觉寺大圆觉寺碑，建于1471年，碑上刻着建立圆觉寺的历史背景。

02 | 이 렇게도 알아두자

제가 소개하고 싶은 첫 번째 국보는 숭례문이며, 남대문이라고도 합니다. 숭례문은 조선시대 서울 도성을 둘러싸고 있던 성곽의 정문이었습니다. 두 번째 국보는 원각사지 십층석탑이며 10층짜리 대리석 불탑으로 1467년에 지어졌습니다. 세 번째 국보는 북한산 신라 진흥왕 순수비이며, 현재 한국 국립중앙박물관에 보존하고 있습니다.

제가 소개하고 싶은 첫 번째 보물은 흥인지문이며, 동대문이라고도 합니다. 도성의 8개 성문 중 유일하게 옹성을 갖추고 있습니다. 두 번째 보물은 보신각종입니다. 시간을 알려 주던 것으로 조선시대에 만들어졌습니다. 후에 매년 12월 31일 서울 종로 보신각에서 제야의 종을 칠 때 사용되었으며, 새해를 맞이함을 나타냅니다. 현재 한국 국립중앙박물관에 보존하고 있습니다. 세 번째 보물은 원각사지 대원각사비이며, 1471년에 만들어졌습니다. 비석에는 원각사를 건립한 역사적 배경이 새겨져 있습니다.

国宝 [guóbǎo] 몡 국보   号 [hào] 몡 (차례나 순번을 표시하는) 번호   南大门 [Nándàmén] 고유 남대문   又叫 [yòujiào] 툉 …라고도 한다   崇礼门 [Chónglǐmén] 고유 (한국) 숭례문[남대문]   建于 [jiànyú…] 툉 …에 지어지다, …에 건설되다   圆觉寺址十层石塔 [Yuánjuésìzhǐ Shícéng Shítǎ] 고유 (한국) 원각사지 십층석탑   座 [zuò] 양 좌, 동, 채   层 [céng] 양 층 [건물의 층수를 셀 때 쓰임]   大理石 [dàlǐshí] 몡 대리석   佛塔 [fótǎ] 몡 불탑   北汉山 [Běihànshān] 고유 (한국) 북한산   新罗真兴王巡狩碑 [Xīnluó Zhēnxīngwáng Xúnshòubēi] 고유 신라 진흥왕 순수비   保存 [bǎocún] 툉 보존하다, 간수하다, 간직하다   国立中央博物馆 [Guólì Zhōngyāng Bówùguǎn] 고유 국립중앙박물관   宝物 [bǎowù] 몡 보물   东大门 [Dōngdàmén] 고유 (한국) 동대문   兴仁之门 [Xīngrénzhīmén] 고유 (한국) 흥인지문(동대문)   城门 [chéngmén] 몡 성문   唯一 [wéiyī] 혱 유일한, 하나밖에 없는   设有 [shèyǒu] 툉 설치되어 있다, 가설되어 있다   瓮城 [wèngchéng] 몡 옹성(甕城)   普信阁钟 [Pǔxìngézhōng] 고유 서울 보신각종   计时 [jìshí] 툉 시간을 표시하다, 시간을 나타내다   工具 [gōngjù] 몡 (비유) 수단, 도구, 방법   制作于 [zhìzuòyú] 툉 …에 제작[제조]하다, …에 만들다   后来 [hòulái] 몡 그 후, 그 뒤, 그다음   用于 [yòngyú] 툉 …에 쓰다 / 쓰이다, …에 사용하다 / 사용되다   钟路 [Zhōnglù] 고유 서울 종로   敲钟 [qiāo zhōng] 툉 종을 치다, 종을 울리다   代表 [dàibiǎo] 툉 대표하다, 대신하다, 대리하다, 표시하다, 나타내다   迎接新年 [yíngjiē xīnnián] 툉 새해를 맞이하다   圆觉寺 [Yuánjuésì] 고유 원각사   大圆觉寺碑 [Dàyuánjuésìbēi] 고유 대원각사비   碑 [bēi] 몡 비석, 비   刻 [kè] 툉 새기다, 조각하다   ❶着 [zhe] 조 …해 있다, …한 채로 있다   建立 [jiànlì] 툉 건립하다, 창립하다, 세우다   历史 [lìshǐ] 몡 역사   背景 [bèijǐng] 몡 (역사적 또는 사회적) 배경

TIP

❶ 조사 '着'는 동사나 형용사 뒤에 쓰여 '상태의 지속'을 나타낸다. 예를 들면, '大门上刻着一条龙(대문에 용 한 마리가 새겨져 있다)', '灯还亮着(등이 여전히 켜져 있다)', '饭菜还热着(음식이 여전히 따뜻하다)'의 표현은 모두 어떤 상태가 지속되어 있음을 나타낸다.

📑 现在保存在~ : 현재 ~에 보존하고 있다.
现在保存在韩国国立中央博物馆。
현재 한국 국립중앙박물관에 보존하고 있습니다.

📑 碑上刻着~ : 비석 위에 ~이(가) 새겨져 있다.
碑上刻着建立圆觉寺的历史背景。
비석에는 원각사를 건립한 역사적 배경이 새겨져 있습니다.

Q. 请分别说出我国的3件国宝和3件宝物。

(02) 국보와 보물의 차이점은 무엇입니까?

国宝和宝物之间的区别是什么？

2014, 2015, 2018, 2020 기출

01 | 일 단 한번 읽어보자

国宝是国家级别的宝物，对国家有重大意义，是国家的骄傲和象征，价值是独一无二的。
宝物是重要的有形文化遗产，是文化遗产委员会指定的。
国宝和宝物的价值不同。宝物要成为国宝需要满足几个条件：第一，国宝要有前所未有历史性、艺术性或学术方面的价值；第二，它有悠久的历史，是当时时代的象征；第三，形态和设计应该与著名的历史人物有着很深的关联性。

02 | 이 렇게도 알아두자

국보는 국가 등급의 보물이며, 국가에 대해 중대한 의의가 있습니다. 국가의 자부심과 상징이며, 가치는 독보적입니다. 보물은 중요한 유형문화유산으로 문화유산위원회가 지정합니다.
국보와 보물의 가치는 다르며, 보물이 국보가 되려면 몇 가지 조건을 갖추어야 합니다. 첫째, 국보는 전대미문의 역사성, 예술성 혹은 학술 방면의 가치를 가지고 있어야 합니다. 둘째, 그것은 유구한 역사를 가지고 있으며, 당시 시대의 상징이어야 합니다. 셋째, 형태와 설계가 저명한 역사 인물과 아주 깊은 관련성이 있어야 합니다.

国宝 [guóbǎo] 몡 국보 宝物 [bǎowù] 몡 보물 之间 [zhījiān] 몡 (…의) 사이, 지간 ❶区别 [qūbié] 몡 구별, 차이 통 구분하다, 나누다, 판별하다 级别 [jíbié] 몡 등급, 단계, 계급, 등급의 높낮이, 차례 重大 [zhòngdà] 혱 중대하다, 무겁고 크다 意义 [yìyì] 몡 의의, 작용, 가치 ❷骄傲 [jiāo'ào] 몡 자랑, 긍지, 자랑거리 혱 자랑스럽다, 스스로 자부심을 느끼다 象征 [xiàngzhēng] 몡 상징 통 상징하다, 표시하다, 나타내다 价值 [jiàzhí] 몡 가치 独一无二 [dú yī wú èr] 성어 유일하다, 하나밖에 없다, 독보적이다 重要 [zhòngyào] 혱 중요하다 有形文化遗产 [yǒuxíng wénhuà yíchǎn] 몡 유형문화재 文化遗产 [wénhuà yíchǎn] 몡 문화유산 委员会 [wěiyuánhuì] 몡 위원회 指定 [zhǐdìng] 통 (사전에 사람·시간·장소 등을) 지정하다, 확정하다 ❸不同 [bùtóng] 혱 같지 않다, 다르다 成为 [chéngwéi] 통 …이(가) 되다, …(으)로 되다 需要 [xūyào] 통 필요하다, 요구되다 满足 [mǎnzú] 혱 만족하다, 흡족하다 통 만족시키다 条件 [tiáojiàn] 몡 조건 前所未有 [qián suǒ wèi yǒu] 성어 역사상 유례가 없다 历史性 [lìshǐxìng] 몡 역사(성), 역사적 艺术性 [yìshùxìng] 몡 예술성 或 [huò] 접 혹은, 또는 学术 [xuéshù] 몡 학술 方面 [fāngmiàn] 몡 방면, 부분, 분야, 영역, 측(면), 쪽 悠久 [yōujiǔ] 혱 유구하다, 장구하다, 아득하게 오래되다 当时 [dāngshí] 몡 당시, 그 때 时代 [shídài] 몡 (역사상의) 시대, 시기 形态 [xíngtài] 몡 형태 与 [yǔ] 접 …와(과) 设计 [shèjì] 통 설계하다, 디자인하다, 짜다, 계획하다 몡 설계, 디자인 ❹著名 [zhùmíng] 혱 저명하다, 유명하다 历史 [lìshǐ] 몡 역사 人物 [rénwù] 몡 인물 深 [shēn] 혱 깊다 关联性 [guān lián xìng] 몡 관련성

TIP

❶ '区别'은 두 가지 이상의 사물을 비교하여 이들의 차이를 구별 또는 식별한다. 예를 들면 '진짜 또는 가짜를 구별'하거나 '일본 사람 또는 중국 사람을 구별, 식별하다'라고 할 때 쓰는 단어이다. '区分[qūfēn]'은 '구분하다, 분별하다'는 뜻으로, 예를 들어 와인의 등급을 구분하거나, 중국어의 성조를 구분할 때 쓴다.

❷ '骄傲'가 어떤 사람의 성격이나 태도를 형용할 때에는 '오만하다, 거만하다'는 뜻을 나타낸다. 문장에서 주로 '为~骄傲 / 为~感到骄傲'라고 표현하면, '~을 자랑스럽게 생각한다, ~이 자랑스럽다, ~에 자부심을 느낀다'로 해석된다.

❸ 'A和B不同'의 형태로 'A와 B는 다르다, 같지 않다'는 뜻을 나타낸다.

❹ 중국어에서 '유명하다'는 뜻의 형용사는 '有名', '著名' 등이 있다. '有名'와 '著名'의 차이는 '有名'은 구어체 표현이고, '著名'은 문어체 표현이다. 또한 명사를 수식할 때 '有名'은 반드시 '的'를 써야 하며, '著名'은 '的'를 생략할 수 있다.

对~有重大意义 : ~에 대해 중대한 의의가 있다.

对国家有重大意义。

국가에 대해 중대한 의의가 있습니다.

~和~不同 : ~와(과) ~은(는) 다르다.

国宝和宝物价值不同。

국보와 보물의 가치는 다릅니다.

~要成为~需要满足几个条件 : ~이(가) 되려면 몇 가지 조건을 만족하여야 한다.

宝物要成为国宝需要满足几个条件。

보물이 국보가 되려면 몇 가지 조건을 갖추어야 합니다.

Q. 国宝和宝物之间的区别是什么？

[03] 천연기념물 한 가지를 소개해 주세요.

请介绍一个天然纪念物。

2014 기출

PART 03

01 | 일 단 한번 읽어보자

我想介绍的天然纪念物是大邱道洞侧柏树林，原来被称为'达城的侧柏树林'。侧柏树分布在中国和韩国，生长在韩国的大邱、丹阳、安东等地。虽然原来侧柏树只生长在中国，但是现在在我国也生长了侧柏树，所以有很高的学术性价值，被指定为天然纪念物。

02 | 이 렇게도 알아두자

제가 소개하고 싶은 천연기념물은 '대구 도동 측백나무 숲'입니다. 원래는 '달성의 측백수림'으로 불렸습니다. 측백나무는 중국과 한국에 분포하고 있으며 한국에서는 대구, 단양, 안동 등지에서 자라고 있습니다. 원래 측백나무는 중국에서만 자랐으나, 우리나라에서도 자라고 있어 학술적인 가치가 높아 천연기념물로 지정되었습니다.

03 | 삼 세번은 복습하자

天然 [tiānrán] 혱 자연의, 천연의, 자연적인, 자연(천연) 그대로의 纪念物 [jìniànwù] 몡 기념물 大邱 [Dàqiū] 고유 (한국 지명) 대구 道洞 [Dàodòng] 고유 (대구) 도동 树林 [shùlín] 몡 수림, 수풀, 숲 原来 [yuánlái] 뷤 이전에, 당초, 처음에, 원래, 본래 被称为 [bèichēngwéi] 동 …라고 불리다 达城 [Dáchéng] 고유 (지명) 대구 달성 侧柏树 [cèbǎishù] 고유 측백나무 分布 [fēnbù] 동 (일정한 지역에) 분포하다, 널려 있다 生长 [shēngzhǎng] 동 생장하다, 자라다 丹阳 [Dānyáng] 고유 (지명) 충청북도 단양 安东 [Āndōng] 고유 (지명) 경상북도 안동 等地 [děngdì] 몡 등지, 등 只 [zhǐ] 뷤 단지, 다만, 오직, 겨우, 한갓 学术性 [xuéshùxìng] 몡 학술성 价值 [jiàzhí] 몡 가치 被指定为 [bèi zhǐdìng wéi] 동 …으로 지정되다

原来被称为〜 : 원래는 〜로(으로) 불리다.
原来被称为'达城的侧柏树林'。
원래는 '달성의 측백수림'으로 불렸습니다.

虽然原来〜, 但是现在〜 : 원래 〜했으나, 지금은 〜하다.
虽然原来侧柏树只生长在中国, 但是现在在我国也生长了侧柏树。
원래 측백나무는 중국에서만 자랐으나, 지금은 우리나라에서도 자라고 있습니다.

被指定为〜 : 〜로(으로) 지정되다.
被指定为天然纪念物。
천연기념물로 지정되었습니다.

Q. 请介绍一个天然纪念物。

(04) 사적과 명승의 차이점에 대해 이야기해 보세요.

请说明一下史迹和名胜的区别。

2012, 2015, 2018 기출

01 | 일 단 한번 읽어보자

史迹是在自然遗产中，由国家指定的具有重大历史价值的地方。名胜是经过自然遗产委员会审议的遗址和环境优美的景观。

史迹和名胜有些相似，但也有很大的不同，名胜是自然环境的比重更大，而史迹是遗迹的比重更大。

02 | 이 렇게도 알아두자

사적은 자연유산 가운데 국가가 지정한 중대한 역사적 가치를 가진 곳입니다. 명승은 자연유산위원회의 심의를 거친 사적과 환경이 아름다운 경관을 말합니다.

사적과 명승은 일부 비슷하지만 큰 차이점이 있습니다. 명승은 자연환경의 비중이 더 크고 사적은 유적의 비중이 더 큽니다.

史迹 [shǐjì] 명 사적, 역사상의 유적 自然 [zìrán] 명 자연 名胜 [míngshèng] 명 명승지 指定 [zhǐdìng] 동 지정하다,
확정하다 具有 [jùyǒu] 동 있다, 가지다, 지니다, 구비하다 价值 [jiàzhí] 명 가치 经过 [jīngguò] 동 경유하다, 통과하다,
지나다, 거치다 委员会 [wěiyuánhuì] 명 위원회 审议 [shěnyì] 동 심의하다, 심사하다 遗迹 [yíjì] 명 유적 优美
[yōuměi] 형 우아하고 아름답다 景观 [jǐngguān] 명 경관, 경치 ❶相似 [xiāngsì] 형 닮다, 비슷하다, 근사하다 比重
[bǐzhòng] 명 비중

TIP

❶ '相似'는 '닮다, 비슷하다'는 뜻의 형용사로 사람의 모습이나 성격, 물건의 형태, 환경, 관점 등에서 '비슷하다, 근사하
다'는 뜻을 표현한다. 예를 들면, '他们长得很相似(그들은 매우 닮았다)', '相似的地方很多(닮은 점이 매우 많
다)', '楼房的结构很相似(건물의 구조가 매우 비슷하다)', '非常相似的观点(매우 비슷한 관점)' 등의 표현이 가능
하다.

📋 由~指定 : ~이(가) 지정하다.
由国家指定的具有重大历史价值的地方。
국가가 지정한 중대한 역사적 가치가 있는 곳입니다.

📋 经过~审议 : ~의 심의를 거치다.
名胜是经过自然遗产委员会审议的遗址。
명승은 자연유산위원회의 심의를 거친 사적입니다.

📋 ~和~相似 : ~와(과) ~비슷하다.
史迹和名胜有些相似。
사적과 명승은 일부 비슷합니다.

📋 ~的比重更大 : ~의 비중이 더 크다.
名胜是自然环境的比重更大。
명승은 자연환경의 비중이 더 큽니다.

Q. 请说明一下史迹和名胜的区别。

(05) 하회탈에 대해 이야기해 보세요.

请介绍一下河回假面。

2012, 2013, 2014 기출

01 | 일 단 한번 읽어보자

河回假面是河回村制作的木制面具，与2个屏山假面一起被指定为国宝。河回假面中的和尚、书生、两班、屠夫的面具下巴可以活动，而屏山假面没有下巴。河回假面舞通过对社会的讽刺和幽默的表演，表达了庶民对官僚层的不满。

02 | 이 렇게도 알아두자

하회탈은 하회마을에서 만들어져 내려오는 목조탈로, 2개의 병산탈과 함께 국보로 지정되어 있습니다. 하회탈의 중·선비·양반·백정의 탈 아래턱은 움직일 수 있으며 병산탈에는 턱이 없습니다. 하회탈놀이는 사회에 대한 풍자와 유머러스한 공연을 통해 관료층에 대한 서민의 불만을 표출하였습니다.

03 | 삼 세번은 복습하자

河回假面 [Héhuí Jiǎmiàn] 고유 하회탈　河回村 [Héhuícūn] 고유 하회마을　制作 [zhìzuò] 통 제작하다, 만들다　木制 [mùzhì] 형 목제　面具 [miànjù] 명 가면, 탈　屏山假面 [Píngshān jiǎmiàn] 고유 병산탈　国宝 [guóbǎo] 명 국보　和尚 [héshang] 명 중, 승려　书生 [shūshēng] 명 서생, 선비　两班 [liǎngbān] 명 양반　屠夫 [túfū] 명 백정　下巴 [xiàba] 명 턱, 아래턱　活动 [huódòng] 통 움직이다　通过 [tōngguò] 개 …을 거쳐, …에 의해, …를 통해　社会 [shèhuì] 명 사회　讽刺 [fěngcì] 통 풍자하다　幽默 [yōumò] 형 유머러스한　表达 [biǎodá] 통 (자신의 사상이나 감정을) 나타내다, 표현하다　庶民 [shùmín] 명 서민, 서인, 평민, 백성　官僚层 [guānliáo céng] 명 관료층　不满 [bùmǎn] 명 불만

📑 与~一起被指定为~。 : ~와(과) 함께 ~로(으로) 지정되다.

与2个屏山假面一起被指定为国宝。

2개의 병산탈과 함께 국보로 지정되어 있습니다.

📑 通过~的表演，表达了~ : ~한 공연을 통해 ~을(를) 표현하다.

河回假面舞通过对社会的讽刺和幽默的表演，表达了庶民对官僚层的不满。

하회탈 놀이는 사회에 대한 풍자와 유머러스한 공연을 통해 관료층에 대한 서민의 불만을 표현하였습니다.

05 | **오** 로지 나만의 답안으로 만들자

Q. 请介绍一下河回假面。

[06] 첨성대에 대해 설명하세요.

请介绍一下瞻星台。

2011 기출

01 | 일단 한번 읽어보자

瞻星台在韩国的庆州，庆州是新罗时代的首都。瞻星台建于新罗第27代善德女王时期，主要用于观测天象，也就是天空中的云和星星。瞻星台高9.17米，圆筒形，是一座石结构建筑，当时的人们用它来测定24节气。瞻星台的362块石块，代表着阴历一年的天数。1962年被指定为国宝。

02 | 이렇게도 알아두자

첨성대는 한국의 경주에 있으며, 경주는 신라시대의 수도입니다. 첨성대는 신라 제27대 선덕여왕 시기에 건립되었으며 주로 천체 현상(천문 현상), 바로 하늘에 있는 구름과 별을 관측하는 데 사용되었습니다. 첨성대는 높이 9.17미터, 원통형의 돌 구조로 건축되었습니다. 당시의 사람들은 그것을 이용해서 24절기를 측정하였습니다. 첨성대의 362개 돌은 음력 1년의 날짜수를 나타냅니다. 1962년 국보로 지정되었습니다.

瞻星台 [Zhānxīngtái] 고유 (한국) 첨성대 在 [zài] 통 (사람이나 사물이) …에 있다 庆州 [Qìngzhōu] 고유 (지명) 경주 新罗时代 [Xīnluó Shídài] 고유 신라 때, 신라시대 首都 [shǒudū] 명 수도 建于 [jiàn yú] 통 …에 건설되다, …에 건립되다, …에 지어지다 善德女王 [Shàndé Nǚwáng] 고유 선덕여왕 时期 [shíqī] 명 (특정한) 시기 主要 [zhǔyào] 부 주로, 대부분 用于 [yòngyú] 통 …에 쓰다, …에 사용되다 观测 [guāncè] 통 (천문, 지리, 기상, 방향 등을) 관측하다 天象 [tiānxiàng] 명 천상, 천체 현상, 천문 현상, 기상, 기후 현상 天空 [tiānkōng] 명 하늘, 공중 云 [yún] 명 구름 星星 [xīngxing] 명 (구어) 별 高 [gāo] 명 높이 米 [mǐ] 양 미터(meter) 圆筒形 [yuántǒngxíng] 명 원통형 座 [zuò] 양 좌, 동, 채[부피가 크거나 고정된 물체를 세는 단위] 石结构 [shí jiégòu] 명 돌 구조, 석조 구조 建筑 [jiànzhù] 명 건축물 当时 [dāngshí] 명 당시, 그 때 用 [yòng] 개 …로써, …으로 它 [tā] 대 그, 저, 그것, 저것[사람 이외의 것을 가리킴] 测定 [cèdìng] 통 측정하다 ❶节气 [jiéqì] 명 절기, 시령(時令), 절후(節候) 块 [kuài] 양 덩이[덩이로 된 물건을 세는 단위] 石块 [shíkuài] 명 석괴, 돌덩어리 代表 [dàibiǎo] 통 표시하다, 나타내다, 대표하다, 대신하다, 대리하다 ❷着 [zhe] 조 …해 있다, …한 채로 있다 阴历 [yīnlì] 명 (태)음력 天数 [tiānshù] 명 일수 被指定为 [bèi zhǐdìng wéi] 통 …으로 지정되다 国宝 [guóbǎo] 명 국보

TIP

❶ 절기는 시령(時令) 또는 절후(節候)라고도 한다. 1달에서 5일을 1후, 3후인 15일을 1기라고 하며, 이것이 기후를 나타내는 기초가 된다. 좀 더 구체적인 설명을 곁들인다면, 태양의 황도상의 위치에 따라 계절적 구분을 하려고 만든 것이 바로 절기이다. 황도에서 춘분점을 기점으로 15도 간격으로 점을 찍어 총 24개의 절기를 나타내고 이렇게 구분된 절기에 기후를 나타내는 이름을 붙인 것이다. 사계절은 입춘, 입하, 입추, 입동의 4절기로 시작된다.

❷ '着'는 동사나 형용사 뒤에 쓰여 어떤 상태가 지속되거나 유지됨을 나타낸다. 예를 들면, '窗户开着呢(창문이 열려 있다)', '他穿着一件新衣服(그는 새 옷을 입고 있다)' 등이 있다.

📋 建于~时期 : ~시기에 건설(건립)되다.

瞻星台建于新罗第27代善德女王时期。

첨성대는 신라 제27대 선덕여왕 시기에 건설(건립)되었습니다.

📋 主要用于~ : 주로 ~에 사용되다.

也就是说~ : 다시 말해 ~이다.

主要用于观测天象, 也就是说天空中的云和星星。

주로 천체 현상(천문 현상), 다시 말하자면 하늘에 있는 구름과 별을 관측하는 데 사용되었습니다.

📋 用~来测定~ : ~을(를) 이용하여 ~을(를) 측정하다.

当时的人们用它来测定24节气。

당시의 사람들은 그것을 이용해서 24절기를 측정하였습니다.

📋 代表着~ : ~을(를) 나타내다, ~을(를) 표시하다.

代表着阴历一年的天数。

음력 1년의 날짜수를 나타냅니다.

📋 被指定为~ : ~로(으로) 지정되다.

1962年被指定为国宝。

1962년 국보로 지정되었습니다.

05 | 오로지 나만의 답안으로 만들자

Q. 请介绍一下瞻星台。

(07) 경복궁을 설명해 보세요.

请介绍一下景福宫。

2010, 2011, 2012, 2013, 2014, 2015, 2016, 2017, 2018, 2020, 2023 **기출**

01 | **일** 단 한번 읽어보자

景福宫是朝鲜王朝的正宫，是朝鲜王朝规模最大的宫殿。景福宫呈正方形，一共有四个门。东面是建春门，是王室宗亲出入的地方。西面是迎秋门，是文武百官出入的地方，南面是光化门，是景福宫的正门，和其他宫殿的正门相比，光化门的规模更雄伟，格局更华丽。北面是神武门，平时因阴气较重而关闭。

景福宫从南到北的建筑依次是勤政殿、思政殿、康宁殿、交泰殿。正殿是勤政殿，主要用于举行国家的重大庆典，接见外国使节，戴冠式等重大活动；思政殿是国王处理国政的地方；康宁殿是国王的寝殿；交泰殿是王妃的寝殿。交泰殿东侧是慈庆殿，大妃的寝殿；思政殿西侧是庆会楼，是国王和大臣们举行盛大宴会或接待贵宾的地方。另外还有乾清宫，是景福宫中唯一以'宫'命名的建筑。

TIP 서울 5대 궁에는 무엇이 있습니까?

首尔的五大宫是景福宫、昌德宫、昌庆宫、庆熙宫和德寿宫。

02 | **이** 렇게도 알아두자

경복궁은 조선왕조의 정궁이며, 조선왕조의 궁궐 가운데 규모가 가장 큰 궁궐입니다. 경복궁은 정방형으로 4개의 문이 있습니다. 동쪽에 있는 건춘문은 왕실 종친들이 드나드는 출입문이고, 서쪽에 있는 영추문은 문무백관이 출입하던 곳이며, 남쪽에 있는 광화문은 경복궁의 정문으로 다른 궁궐의 정문에 비해 규모가 더 웅장하고 격식이 더 화려했습니다. 북쪽에 있는 신무문은 음기가 강하다고 하여 평소에는 굳게 닫아 두었습니다.

남쪽에서 북쪽까지의 건축물은 순서대로 근정전, 사정전, 강녕전, 교태전입니다. 정전은 근정전이며, 주로 국가 의례, 외국 사신 영접과 대관식 등의 중대한 행사들을 거행하는 데 사용되었습니다. 사정전은 왕이 국정을 처리하던 곳이고 강녕전은 왕의 침전, 교태전은 왕비의 침전입니다. 교태전의 동쪽은 자경전으로 대비의 침전입니다.

사정전의 서쪽은 경회루인데 왕과 대신들이 성대한 연회를 열거나 귀빈을 영접하던 곳입니다. 그 외에 건청궁은 경복궁에서 유일하게 '궁'이라는 이름이 들어간 건축물입니다.

03 | 삼 세번은 복습하자

景福宫 [Jǐngfúgōng] 고유 경복궁　朝鲜 [Cháoxiǎn] 고유 조선　王朝 [wángcháo] 명 왕조, 조, 조정　正宫 [zhènggōng] 명 정궁　规模 [guīmó] 명 규모　宫殿 [gōngdiàn] 명 궁전　呈 [chéng] 동 (어떤 색깔이나 상태를) 나타내다, 띠다, 드러내다　正方形 [zhèngfāngxíng] 명 정방형　建春门 [Jiànchūnmén] 고유 건춘문　王室 [wángshì] 명 왕실　迎秋门 [Yíng qiū mén] 고유 영추문　文武百官 [wén wǔ bǎi guān] 명 문무백관　光化门 [Guānghuàmén] 고유 광화문　其他 [qítā] 대 기타, 다른 사람(사물)　正门 [zhèngmén] 명 정문　相比 [xiāngbǐ] 동 비교하다　更 [gèng] 부 더욱, 더　雄伟 [xióngwěi] 형 웅위하다, 웅장하다　格局 [géjú] 명 짜임새, 구조, 구성　华丽 [huálì] 형 화려하다　神武门 [Shénwǔmén] 고유 신무문　阴气 [yīnqì] 명 음기　关闭 [guānbì] 동 닫다　依次 [yīcì] 부 순서에 따라, 차례대로　思政殿 [Sīzhèngdiàn] 고유 사정전　康宁殿 [Kāngníngdiàn] 고유 강녕전　交泰殿 [Jiāotàidiàn] 고유 교태전　勤政殿 [Qínzhèngdiàn] 고유 근정전　❶举行 [jǔxíng] 동 거행하다　庆典 [qìngdiǎn] 명 경축 의식, 축전　使节 [shǐjié] 명 외교사절, 외교관　戴冠式 [dàiguànshì] 명 대관식　处理 [chǔlǐ] 동 처리하다　寝殿 [qǐndiàn] 명 침전　东侧 [dōngcè] 명 동쪽, 동측, 동편　慈庆殿 [Cíqìngdiàn] 고유 자경전　大妃 [dàfēi] 명 대비　庆会楼 [Qìnghuìlóu] 고유 경회루　大臣 [dàchén] 명 대신　盛大 [shèngdà] 형 성대하다　宴会 [yànhuì] 명 연회, 파티　接待 [jiēdài] 동 접대하다, 응접하다, 영접하다　贵宾 [guìbīn] 명 귀빈, 귀중한 손님　乾清宫 [Qiánqīnggōng] 고유 건청궁　昌德宫 [Chāngdégōng] 고유 창덕궁　昌庆宫 [Chāngqìnggōng] 고유 창경궁　庆熙宫 [Qìngxīgōng] 고유 경희궁　德寿宫 [Déshòugōng] 고유 덕수궁

TIP

❶ '举行'은 '거행하다, 진행하다'는 뜻으로 주로 회의(会议 / 会谈), 경기(比赛), 공연(表演), 결혼식(婚礼), 행사나 의식(典礼), 음악회(音乐会) 등의 단어와 함께 쓰인다.

04 | 사 소한 것도 기억하자

📖 依次是~ : 순서대로 ~이다.

从南到北的建筑依次是勤政殿、思政殿、康宁殿、交泰殿。

남쪽에서 북쪽까지의 건축물은 순서대로 근정전, 사정전, 강녕전, 교태전입니다.

📖 主要用于~ : 주로 ~을(를) 하는 데 쓰인다.

主要用于举行国家的重大庆典，接见外国使节，戴冠式等重大活动。

주로 국가의례, 외국 사신 영접과 대관식 등의 중대한 행사들을 거행하는 데 사용되었습니다.

Q. 请介绍一下景福宫。

[08] 창경궁을 설명해 보세요.

请介绍一下昌庆宫。

2011, 2012, 2013, 2014, 2015, 2017, 2018, 2023 **기출**

01 | 일 단 한번 읽어보자

昌庆宫原名是寿康宫，是世宗为供奉父亲太宗而建造的宫殿，后来成宗扩建并改称为昌庆宫。在日本殖民统治时期，昌庆宫被降格为昌庆苑，日本人在此修建了动物园和植物园，1983年，部分动物园和植物园被搬到了首尔大公园，名字也被重新改为昌庆宫，经过3年的复原工程，昌庆宫恢复原貌。

02 | 이 렇게도 알아두자

창경궁의 처음 이름은 수강궁으로 세종이 부친인 태종을 모시기 위해 지은 궁이었습니다. 후에 성종이 확장하고 창경궁으로 개칭하였습니다. 일제 식민지 통치 시기에 창경궁은 창경원으로 격하되었으며 일본은 이곳에 동물원과 식물원을 만들었습니다. 1983년에 일부 동물원과 식물원을 서울 대공원으로 옮기고, 이름도 다시 창경궁으로 바뀌었으며, 3년 동안의 복원공사를 거쳐 원래의 모습을 되찾게 되었습니다.

03 | 삼 세번은 복습하자

昌庆宫 [Chāngqìnggōng] 고유 창경궁 原名 [yuánmíng] 명 원명, 본명 寿康宫 [Shòukānggōng] 고유 수강궁 世宗 [Shìzōng] 고유 세종 供奉 [gòngfèng] 동 공양하다, 모시다 太宗 [Tàizōng] 고유 태종 建造[jiànzào] 동 건조하다, 짓다 宫殿 [gōngdiàn] 명 궁전 扩建 [kuòjiàn] 동 증축하다, 확장하다 并 [bìng] 접 그리고, 또 改称 [gǎichēng] 동 개칭하다, 고쳐 부르다 殖民 [zhímín] 명동 식민(하다) 统治 [tǒngzhì] 명동 통치[지배](하다) 降格 [jiànggé] 동 기준·표준·신분 따위를 낮추다, 격을 낮추다 昌庆苑 [Chāngqìngyuàn] 고유 창경원 此 [zàicǐ] 대 이 곳 动物园 [dòngwùyuán] 명 동물원 植物园 [zhíwùyuán] 명 식물원 重新 [chóngxīn] 부 다시 经过 [jīngguò] 개 …를 거쳐서 复原 [fùyuán] 동 복원하다 工程 [gōngchéng] 명 공사 恢复[huīfù] 동 회복하다 原貌 [yuánmào] 명 원형, 원래의 모습

📋 ～为供奉 ～ 而建造 : ～이(가) ～을(를) 모시기 위해 짓다.
世宗为供奉父亲太宗而建造。
세종이 부친인 태종을 모시기 위해 지었습니다.

📋 ～被降格为～ : ～은(는) ～로(으로) 격하되다.
昌庆宫被降格为昌庆苑。
창경궁은 창경원으로 격하되었습니다.

05 | 오 로지 나만의 답안으로 만들자

Q. 请介绍一下昌庆宫。

[09] 경희궁을 설명해 보세요.

请介绍一下庆熙宫。

2012, 2013, 2014, 2015, 2017, 2018, 2023 기출

01 | 일 단 한번 읽어보자

庆熙宫于光海君时期修建，是朝鲜后期的离宫，原名为庆德宫，在英祖时期改名为庆熙宫。因位于景福宫西边，所以也被称为西阙。由于大院君重建景福宫，庆熙宫的大多数建筑被移走，1910年，由于日本京城中学的建成，崇政殿等庆熙宫内保留的大部分重要殿阁被拆除。首尔市从1987年开始对庆熙宫址进行了复原工作，从2002年开始向市民开放。

02 | 이 렇게도 알아두자

경희궁은 광해군 때 건립된 것으로 조선 후기의 이궁입니다. 원래 이름은 경덕궁이었으나 영조 때 경희궁으로 개칭하였습니다. 경복궁 서쪽에 있어 서궐이라고도 합니다. 대원군이 경복궁을 중건하면서 경희궁에 있던 건물의 대다수를 옮겨 갔으며, 1910년 일본인 학교 경성중학교를 세우면서 숭정전 등 경희궁에 남아있던 중요한 전각들이 대부분 헐려 나갔습니다. 서울시에서는 1987년부터 경희궁지에 대한 복원작업을 하여 2002년부터 시민들에게 개방하기 시작하였습니다.

03 | 삼 세번은 복습하자

庆熙宫 [Qìngxīgōng] 고유 경희궁   原名 [yuánmíng] 명 원명, 본명   庆德宫 [Qìngdégōng] 고유 경덕궁   光海君 [Guānghǎijūn] 고유 광해군, 조선 제15대 왕   英祖 [Yīngzǔ] 고유 영조, 조선 제21대 왕   改名 [gǎimíng] 명 동 개명(하다)   朝鲜 [Cháoxiǎn] 고유 조선   后期 [hòuqī] 명 후기   离宫 [lígōng] 명 이궁, 행궁(行宫)   位于 [wèiyú] 동 …에 위치하다   景福宫 [Jǐngfúgōng] 명 경복궁   西阙 [Xīquè] 명 서궐   大院君 [Dàyuànjūn] 명 대원군(흥선대원군)   建筑 [jiànzhù] 명 건축물   移走 [yízǒu] 동 옮겨 가다   京城中学 [Jīngchéng zhōngxué] 고유 경성중학교   崇政殿 [Chóngzhèngdiàn] 고유 숭정전   保留 [bǎoliú] 동 보존하다, 보류하다   殿阁 [diàngé] 명 궁전과 누각   拆除 [chāichú] 동 (건축물 따위를) 뜯어 없애다, 철거하다   址 [zhǐ] 명 (건축물의) 위치, 지점, 소재지   复原 [fùyuán] 동 복원하다 명 복원, 회복   开放 [kāifàng] 동 (공원·도서관·전람회장 따위의) 공공장소를 (일반인에게) 공개하다

📖 ~于~修建 : ~은(는) ~에 지어졌다.
庆熙宫于光海君时期修建。
경희궁은 광해군 때 지어졌습니다.

📖 ~对~进行了复原工作 : ~은(는) ~대한 복원작업을 하다.
首尔市从1987年开始对庆熙宫址进行了复原工作。
서울시는 1987년부터 경희궁지에 대한 복원작업을 하기 시작하였습니다.

📖 从~开始向~开放 : ~부터 ~에게 개방하기 시작하다.
从2002年开始向市民开放。
2002년부터 시민들에게 개방하기 시작하였습니다.

05 | **오**로지 나만의 답안으로 만들자

Q. 请介绍一下庆熙宫。

(10) 덕수궁을 설명해 보세요.

请介绍一下德寿宫。

2011, 2012, 2013, 2014, 2015, 2016, 2017, 2020, 2023 기출

01 | 일 단 한번 읽어보자

德寿宫最初是月山大君的私邸，壬辰倭乱后被用作宣祖的临时居所，被称为贞陵洞行宫，在光海君时期改名为庆运宫。1897年高宗从俄罗斯公使馆搬到此处居住。1907年让位给纯宗的高宗仍在此居住，为了祈求高宗长寿，最后将其改名为德寿宫。宫内建造了很多建筑，部分建筑采用西式风格，其中石造殿是韩国最早的西式石造建筑。德寿宫因同时保留着传统木造建筑和西式建筑，在朝鲜王朝宫殿中占有特殊位置。

02 | 이 렇게도 알아두자

덕수궁은 처음 월산대군의 사저였던 것이 임진왜란 이후 선조의 임시거처로 사용되어 정릉동 행궁으로 불리다가 광해군 때에 경운궁으로 개칭되었습니다. 1897년 고종이 러시아공사관에서 이곳으로 와서 거처하였습니다. 1907년 순종에게 양위한 고종이 이곳에 계속 머무르게 되면서 고종의 장수를 빌기 위해 덕수궁으로 개칭하였습니다. 궁 안에는 많은 건물들이 지어졌고, 일부 건물들은 서양식 스타일로 지어졌는데, 그 중 석조전은 한국 최초의 서양식 석조 건물입니다. 덕수궁은 전통목조건축과 서양식의 건축이 함께 남아 있어서 조선왕조의 궁궐 가운데 특별한 위치를 차지하고 있습니다.

德寿宫 [Déshòugōng] 고유 덕수궁　最初 [zuìchū] 명 최초, 처음　月山大君 [Yuèshāndàjūn] 고유 월산대군　私邸 [sīdǐ] 명 (고급 관리의)사저　壬辰倭乱 [Rénchénwōluàn] 고유 임진왜란　宣祖 [Xuānzǔ] 고유 선조, 조선 제14대 임금　临时 [línshí] 명 임시, 잠시　居所 [jūsuǒ] 명 거처　贞陵洞行宫 [Zhēnlíngdòngxínggōng] 고유 정릉동 행궁　光海君 [Guānghǎijūn] 고유 광해군, 조선 제15대 왕　改名 [gǎimíng] 동 개명하다　庆运宫 [Qìngyùngōng] 고유 경운궁　高宗 [Gāozōng] 고유 고종　俄罗斯公使馆 [Éluósīgōngshǐguǎn] 고유 러시아공사관　此处 [cǐchù] 명 이곳, 여기　居住 [jūzhù] 동 거주하다, 살다　让位 [ràngwèi] 동 지위를 물려주다　纯宗 [Chún zōng] 고유 순종　祈求 [qíqiú] 동 기원하다　长寿 [chángshòu] 명 장수　西式 [xīshì] 명 서양식　风格 [fēnggé] 명 풍격, 스타일　石造殿 [Shízào diàn] 고유 석조전　同时 [tóngshí] 접 동시에　保留 [bǎoliú] 동 보존하다

📖 ~被用作~：～로(으로) 사용되다.
被用作宣祖的临时居所。
선조의 임시거처로 사용되었습니다.

📖 从~搬到~：～에서 ～로(으로) 옮겨오다 / 이사하다
1897年高宗从俄罗斯公使馆搬到此处居住。
1897년 고종이 러시아공사관에서 이곳으로 옮겨와 거처하였습니다.

📖 为了~，将其改名为~：～하기 위해, 그것을 ～로(으로) 개칭하다.
为了祈求高宗长寿，将其改名为德寿宫。
고종의 장수를 빌기 위해 그것을 덕수궁으로 개칭하였습니다.

📖 同时保留着A和B：A와 B가 동시에(함께) 남아 있다.
同时保留着传统木造建筑和西式建筑。
전통목조건축과 서양식의 건축이 함께 남아 있습니다.

Q. 请介绍一下德寿宫。

(11) 사대문과 사소문을 나열해 보세요.

请列出四大门和四小门。

2013, 2014, 2015, 2020 기출

01 | 일 단 한번 읽어보자

朝鲜王朝太祖李成桂于1394年迁都汉阳后，在周围修筑了城墙并修建了东西南北四大门和四小门。四大门分别是北大门(肃靖门)、东大门(兴仁之门)、南大门(崇礼门)、西大门(敦义门)。现在四大城门中有三大门保留下来。四小门分别是光熙门(南小门)、惠化门(东小门)、彰义门(北小门)、昭德门(西小门)。除北边位置的肃靖门以外，东、西、南大门原来的名字分别代表儒教思想的核心'仁义礼智'中的一个字。

02 | 이 렇게도 알아두자

조선왕조 태조 이성계는 1394년에 한양으로 천도한 후, 주변에 성벽을 쌓고 동서남북으로 사대문과 사소문을 건축하였습니다. 사대문은 각각 북대문(숙정문), 동대문(흥인지문), 남대문(숭례문), 서대문(돈의문)으로 구별됩니다. 현재 사대 성문 가운데 3개의 대문이 남아 있습니다. 사소문은 각각 광희문(남소문), 혜화문(동소문), 창의문(북소문), 소덕문(서소문)으로 구별됩니다. 북쪽에 위치한 숙정문을 제외한 동, 서, 남대문의 원래 이름은 유교 사상의 핵심인 '인의예지' 중의 한 글자를 각각 나타내고 있습니다.

03 | 삼 세번은 복습하자

太祖 [Tàizǔ] 고유 (인물) 태조　李成桂 [Lǐ Chéngguì] 고유 (인물) 이성계　迁都 [qiāndū] 동 천도하다, 수도를 옮기다　汉阳 [Hànyáng] 고유 한양　修筑 [xiūzhù] 명 건설, 건축, 부설　城墙 [chéngqiáng] 명 성벽　修建 [xiūjiàn] 동 건조하다, 건설하다, 건축하다, 시공하다, 부설하다　肃靖门 [Sùjìngmén] 고유 (한국) 숙정문[북대문]　兴仁之门 [Xīngrénzhīmén] 고유 흥인지문[동대문]　崇礼门 [Chónglǐmén] 고유 숭례문[남대문]　敦义门 [Dūnyìmén] 고유 돈의문[서대문]　保留 [bǎoliú] 동 보존하다, 유지하다　光熙门 [Guāngxīmén] 고유 광희문　惠化门 [Huìhuàmén] 고유 혜화문　彰义门 [Zhāngyìmén] 고유 창의문　昭德门 [Zhāodémén] 고유 소덕문　❶除 [chú] 개 …을[를] 제외하고, …이외에　位置 [wèizhi] 명 위치　儒教思想 [rújiào sīxiǎng] 명 유교 사상　核心 [héxīn] 명 핵심　仁义礼智 [rén yì lǐ zhì] 명 인의예지

04 | 사 소한 것도 기억하자

~分別是~ : ~은(는) 각각 ~이다.

四大门分别是北大门(肃靖门)、东大门(兴仁之门)、南大门(崇礼门)、西大门(敦义门)。

사대문은 각각 북대문(숙정문), 동대문(흥인지문), 남대문(숭례문), 서대문(돈의문)으로 구별됩니다.

除~以外 : ~을(를) 제외하고, ~을(를) 제외한, ~이외에

除北边位置的肃靖门以外,

북쪽에 위치한 숙정문을 제외한 / 제외하고

~分別代表~ : ~은(는) ~을(를) 각각 나타내다.

东、西、南大门原来的名字分别代表儒教思想的核心'仁义礼智'中的一个字。

동, 서, 남대문의 원래 이름은 유교사상의 핵심인 '인의예지' 중의 한 글자를 각각 나타내고 있습니다.

05 | 오 로지 나만의 답안으로 만들자

Q. 请列出四大门和四小门。

(01) 한국의 대표적인 음식에 대해 설명하세요.

请介绍一下韩国的代表性饮食。

2011, 2012, 2013, 2014, 2015, 2016, 2020 **기출**

01 | **일** 단 한번 읽어보자

韩国的代表性饮食有辛奇、拌饭、韩式烤肉等。其中最具有代表性的是辛奇，也是韩国不可缺少的食品。韩国人每餐必须要有辛奇，辛奇的效能很多，辛奇里有很丰富的营养，发酵良好的辛奇有大量的乳酸菌和维生素，还有膳食纤维，经常吃辛奇可以提高免疫力、补钙，还可以抗癌、抗衰老、预防心脏病。

每年11月、12月，韩国人就大量准备辛奇，他们和家庭成员、亲戚、邻居一起做'越冬辛奇'，这样做也可以增进邻里之间的感情。2013年联合国教科文组织把"制作越冬辛奇文化"指定为无形(非物质)文化遗产。

02 | **이** 렇게도 알아두자

한국의 대표적인 음식에는 김치, 비빔밥, 불고기 등이 있습니다. 그 중 가장 대표적인 음식은 김치를 들 수 있는데 김치는 한국에서 없어서는 안 될 식품입니다. 한국인은 모든 식사에 반드시 김치가 있어야 합니다. 김치의 효능은 매우 많습니다. 김치에는 영양소가 풍부하게 들어있는데, 발효가 잘된 김치에는 대량의 유산균과 비타민이 있으며 식이섬유도 있습니다. 김치를 자주 먹으면 면역력을 높이고 칼슘을 보충할 수 있으며 또 항암과 노화방지 효과가 있고 심장병을 예방할 수 있습니다.

매년 11월, 12월이 되면 한국인은 김치를 대량으로 준비하고 그들은 가족들, 친척, 이웃과 함께 '김장김치'를 만드는데 이렇게 함으로써 이웃 사이의 정도 증진할 수 있습니다. 2013년에 유네스코(UNESCO)에서는 '김장문화'를 무형문화유산으로 지정하였습니다.

PART 03

代表性 [dàibiǎoxìng] 몡 대표성, 대표적인　饮食 [yǐnshí] 몡 음식　辛奇 [xīnqí] 몡 김치　拌饭 [bànfàn] 몡 비빔밥　韩式烤肉 [hánshì kǎoròu] 몡 불고기, 한식 불고기　其中 [qízhōng] 때 그 중에, 그 안에　具有 [jùyǒu] 통 있다, 가지다, 지니다, 구비하다[주로 추상적인 사물에 쓰임]　不可缺少 [bùkěquēshǎo] 불가결, 없어서는 안 되는, 꼭 있어야 하는　食品 [shípǐn] 몡 식품　必须 [bìxū] 틘 반드시 …해야 한다, 꼭 …해야 한다, 기필코 …해야 한다　效能 [xiàonéng] 몡 효능, 효과, 효율　丰富 [fēngfù] 혱 많다, 풍부하다, 넉넉하다, 풍족하다　营养 [yíngyǎng] 몡 영양　发酵 [fājiào] 통 발효하다, 발효시키다, 띄우다　良好 [liánghǎo] 혱 좋다, 양호하다, 훌륭하다, 만족할 만하다　大量 [dàliàng] 혱 대량의, 다량의, 많은 양의, 상당한 양의　乳酸菌 [rǔsuānjūn] 몡 유산균　维生素 [wéishēngsù] 몡 비타민　膳食纤维 [shànshí xiānwéi] 몡 식이섬유　提高 [tígāo] 통 (위치·수준·질·수량 등을) 제고하다, 향상시키다　补 [bǔ] 통 보양하다, 보충하다　钙 [gài] 몡 칼슘　抗癌 [kàng'ái] 통 항암 통 암을 예방·치료하다　抗衰老 [kàng shuāilǎo] 몡 항노화, 노화방지, 안티에이징　衰老 [shuāilǎo] 혱 노쇠하다, 늙어 쇠약해지다　预防 [yùfáng] 통 예방하다, 미리 방비하다　心脏病 [xīnzàngbìng] 몡 심장병　家庭成员 [jiātíng chéngyuán] 몡 가족구성원, 가족　亲戚 [qīnqi] 몡 친척　邻居 [línjū] 몡 이웃집, 이웃사람　越冬辛奇 [yuèdōng xīnqí] 몡 김장김치　增进 [zēngjìn] 통 증진하다, 증진시키다　邻里 [línlǐ] 몡 동네 사람, 동네 집　之间 [zhījiān] 몡 (…의) 사이, 지간　感情 [gǎnqíng] 몡 감정, 정, 애정, 친근감　联合国教科文组织 [Liánhéguó Jiàokēwén Zǔzhī] 고유 유네스코 (UNESCO)　指定为 [zhǐdìngwéi] 통 …으로 지정하다, …으로 지정되다　无形文化遗产 [wúxíng wénhuà yíchǎn] 몡 무형문화유산　非物质文化遗产 [fēiwùzhì wénhuà yíchǎn] 몡 무형문화유산

代表性饮食有~等 : 대표적인 음식에는 ～등이 있다.
韩国的代表性饮食有辛奇、拌饭、韩式烤肉等。
한국의 대표적인 음식에는 김치, 비빔밥, 불고기 등이 있습니다.

其中最具有代表性的是~ : 그 중 가장 대표적인 음식은 ～이다.
其中最具有代表性的是辛奇，也是韩国不可缺少的食品。
그 중 가장 대표적인 음식은 김치를 들 수 있는데 한국에서 없어서는 안 될 식품입니다.

可以~，还可以~ : ～할 수 있고, 또 ～할 수 있다.
可以提高免疫力、补钙，还可以抗癌、抗衰老、预防心脏病。
면역력을 높이고 칼슘을 보충할 수 있으며, 또 항암과 노화방지 효과가 있고 심장병을 예방할 수 있습니다.

把~指定为~ : ～을(를) ～로(으로) 지정하다.
把'制作越冬辛奇文化'指定为非物质文化遗产。
'김장문화'를 무형문화유산으로 지정하였습니다.

Q. 请介绍一下韩国的代表性饮食。

(02) 비빔밥을 소개해 보세요.

请介绍一下拌饭。

2011, 2013, 2014, 2015, 2017 기출

01 | 일 단 한번 읽어보자

拌饭是韩国的传统饮食之一，以"全州拌饭"、"晋州拌饭"最为有名。拌饭是在米饭上面放入各种野菜和辣椒酱而做成的饮食，这些野菜的颜色搭配不但鲜艳，而且有益健康，吃的时候把野菜和辣椒酱拌起来就可以了。

02 | 이 렇게도 알아두자

비빔밥은 한국의 전통음식 중의 하나로 "전주비빔밥", "진주비빔밥"이 가장 유명합니다. 비빔밥은 밥 위에 각종 나물과 고추장을 넣어 만든 음식이며, 이런 나물들의 색깔 조화는 선명하고 아름다울 뿐만 아니라 또 건강에 좋습니다. 먹을 때 나물과 고추장을 비비기만 하면 됩니다.

03 | 삼 세번은 복습하자

拌饭 [bànfàn] 몡 비빔밥 传统 [chuántǒng] 몡 전통 휑 전통적이다, 역사가 유구한, 대대로 전해진 饮食 [yǐnshí] 몡 음식 之一 [zhīyī] 몡 …중의 하나 以 [yǐ] 갠 …[으로(써), …을[를] 가지고, …을[를] 근거로 全州拌饭 [Quánzhōu bànfàn] 고유 전주비빔밥 晋州拌饭 [Jìnzhōu bànfàn] 고유 진주비빔밥 ❶最为 [zuìwéi] 뷔 제일, 가장, 맨 먼저 有名 [yǒumíng] 휑 유명하다, 명성이 높다, 이름이 널리 알려지다 米饭 [mǐfàn] 몡 쌀밥, 백반 放入 [fàng rù] 통 넣다, 담다 各种 [gèzhǒng] 휑 각종의, 갖가지의 ❷野菜 [yěcài] 몡 산나물, 나물 辣椒酱 [làjiāojiàng] 몡 고추장 做成 [zuòchéng] 통 …(으로) 만들다, …(으로) 만들어내다 颜色 [yánsè] 몡 색, 색깔 搭配 [dāpèi] 몡 조화, 배합 휑 잘 어울리다, 걸맞다, 짝이 맞다, 딱 맞다 통 (일정한 기준이나 요구에 따라) 배합하다, 조합하다, 맞추다 鲜艳 [xiānyàn] 휑 화려하다, 산뜻하고 아름답다 而且 [érqiě] 접 게다가, 뿐만 아니라, 또한 ❸不但…而且… [búdàn… érqiě…] 접 …뿐만 아니라, 또한… 有益 [yǒuyì] 통 유익하다, 도움이 되다 健康 [jiànkāng] 휑 건강하다 拌 [bàn] 통 뒤섞다, 버무리다, 비비다 ❹就可以了 [jiù kěyǐ le] …하면 된다, …(하기만) 하면 된다

TIP

❶ '最为'는 '가장, 제일, 맨 먼저'의 뜻을 지닌 부사로 주로 2음절 형용사나 동사 앞에 쓰여 최상급을 나타낸다. 예를 들면, '最为重要(가장 중요하다)', '最为突出(제일 돋보인다)', '最为畅销(가장 잘 팔린다, 베스트셀러이다)' 등으로 표현할 수 있다.

❷ 중국어의 '野菜'를 한자로 독음할 때에는 '야채'로 읽는다. 주의해야 할 점은 중국어의 '野菜'는 '산나물, 나물'을 뜻하며, '蔬菜[shūcài]'가 우리가 흔히 말하는 '야채, 채소'를 나타낸다.

❸ '不但…而且…'는 '~뿐만 아니라 게다가~' 또는 '~뿐 아니라 또한~' 등의 해석이 가능하다. 문장의 의미를 한층 더 분명하게 표현하며, 주로 구어체에 자주 등장한다. 뒤 문장에는 '而且'와 더불어 '还, 也, 又' 등의 부사가 호응할 수도 있다.
　예 坐公共汽车不但方便，而且便宜。버스를 타면 편리할 뿐만 아니라 (요금도) 싸다.

❹ '~就可以了'는 문장 뒤에 쓰여 앞 문장에서 언급한 내용 또는 알려주는 사항대로 '하면 된다'라는 뜻을 나타낸다. '~就好了', '~就行了'와 같은 뜻을 나타낸다. 예를 들면 '前面路口停车就可以了(앞의 길 입구에 세워 주시면 돼요)', '你直接打电话给我就行了(저한테 직접 전화 주시면 돼요)', '你把东西放在这儿就好了(물건을 여기에 놓아 두면 돼요)' 등으로 표현할 수 있다.

04 | 사 소한 것도 기억하자

🔖 ~是~之一 : ~은(는) ~중의 하나이다.
拌饭是韩国的传统饮食之一。
비빔밥은 한국의 전통음식 중의 하나입니다.

🔖 以~最为有名 : ~로(으로) 가장 유명하다.
以"全州拌饭"、"晋州拌饭"最为有名。
"전주비빔밥", "진주비빔밥"이 가장 유명합니다.

🔖 ~是~而做成的饮食 : ~은(는) ~로(으로) 만든 음식이다.
拌饭是在米饭上面放入各种野菜和辣椒酱而做成的饮食。
비빔밥은 밥 위에 각종 나물과 고추장을 넣어 만든 음식입니다.

🔖 不但~，而且~ : ~뿐만 아니라 게다가 / 또한 / ~도
这些野菜的颜色搭配不但鲜艳，而且有益健康。
이런 나물들의 색깔 조화는 선명하고 아름다울 뿐만 아니라 게다가 건강에 유익합니다.

🔖 ~就可以了 : ~하면 된다.
吃的时候把野菜和辣椒酱拌起来就可以了。
먹을 때 나물과 고추장을 비비기만 하면 됩니다.

Q. 请介绍一下拌饭。

(03) 미역국에 대해 이야기해 보세요.

请介绍一下海带汤。

01 | 일 단 한번 읽어보자

韩国人过生日时，除了吃生日蛋糕以外，还要喝海带汤，这是为了纪念母亲生产的痛苦。从很久以前开始，韩国产妇坐月子时一定要喝海带汤，因为海带具有增加血液、预防便秘、解毒、预防癌症的作用，也有助于产妇的母乳喂养，所以韩国的产妇一般生产以后，都要连续喝三个星期的海带汤。

02 | 이 렇게도 알아두자

한국 사람들은 생일 때 생일 케이크를 먹는 것 외에 또 미역국을 먹는데, 이것은 어머니의 출산의 고통을 기념하기 위한 것입니다. 아주 오래 전부터 한국의 임산부는 산후 조리를 할 때 반드시 미역국을 먹었습니다. 미역은 혈액을 증가시키고, 변비를 예방하며, 해독, 암을 예방하는 효과가 있고 임산부의 모유 수유에도 도움이 되기 때문입니다. 그래서 한국의 임산부는 일반적으로 출산한 후에 연속해서 3주간 미역국을 먹습니다.

03 | 삼 세번은 복습하자

海带汤 [hǎidàitāng] 몡 미역국 生日 [shēngrì] 몡 생일 ❶除了 [chúle] 깨 …을[를] 제외하고(는) 蛋糕 [dàngāo] 몡 케이크 为了 [wèile] 깨 …을[를] 하기 위하여 纪念 [jìniàn] 동 기념하다 母亲 [mǔqīn] 몡 모친, 엄마, 어머니 ❷生产 [shēngchǎn] 동 출산하다, 해산하다 痛苦 [tòngkǔ] 몡 고통, 아픔 ❸从…开始 [cóng…kāishǐ] …에서 시작하다 很久以前 [hěnjiǔ yǐqián] 오랜 옛날, 아주 오래 전에, 아주 먼 옛날에 产妇 [chǎnfù] 몡 임산부, 산모 坐月子 [zuòyuèzi] 동 산욕기에 들다, 산후 조리하다 因为 [yīnwèi] 접 왜냐하면 海带 [hǎidài] 몡 다시마, 미역 具有 [jùyǒu] 동 있다, 가지다, 지니다, 구비하다 增加 [zēngjiā] 동 증가하다, 더하다, 늘리다 血液 [xuèyè] 몡 혈액, 피 预防 [yùfáng] 동 예방하다, 미리 방비하다 便秘 [biànmì] 몡 변비 解毒 [jiědú] 동 해독하다 癌症 [áizhèng] 몡 암의 통칭 作用 [zuòyòng] 몡 (사람과 사물에 끼치는) 작용, 영향, 효과, 효용, 역할 有助于 [yǒuzhùyú] 동 …에 도움이 되다 母乳 [mǔrǔ] 몡 모유 喂养 [wèiyǎng] 동 키우다, 양육하다 一般 [yìbān] 형 보통이다, 일반적이다, 평범하다 ❹连续 [liánxù] 동 연속하다, 계속하다

❶ '除了…以外'는 '~을 제외하고'라는 뜻으로 회화체에서 아주 자주 사용되는 표현이다. 뒤에 오는 '以外'는 종종 생략되어 '除了'만 사용되는 경우도 많음에 주의한다.

　　예 除了他(以外), 我们都到了。(그를 제외하고, 우리는 모두 도착했다)

❷ '生产'은 어떤 물품을 '생산하다'라는 뜻과 '아이를 낳다, 출산하다'는 뜻을 가진 동사이다.

❸ '从~开始'는 어떤 동작이나 상황의 '시작 기점'을 표현한다. 같은 표현으로 '从~起'가 있다. '从今天开始, 我不喝酒了。(오늘부터 나는 술을 안 마실 거야)', '从明天起, 学校放假了。(내일부터 학교가 방학을 한다)'로 쓸 수 있다.

❹ '连续'가 부사로 쓰일 때에는 '연속하여, 연속적으로, 계속하여'라는 뜻을 나타낸다. 즉, 어떤 동작이나 상황이 중간에 끊이지 않고 쭉 연결되어 연달아 발생함을 나타낸다. 예를 들어 '连续三天一直下雨'라고 하면 '삼일 동안 계속해서 비가 내렸다'는 뜻이 된다. 이와 비슷한 단어로 '继续[jìxù]'가 있는데 부사로서 '계속해서, 연속해서'라는 유사한 뜻을 나타낸다. '继续'는 쭉 이어지는 경우도 있고 중간에 끊겼다가 다시 이어지는 경우도 있으므로 두 단어의 구별 포인트에 주의한다. '别休息了, 你继续做吧'라고 하면, '쉬지 말고 계속해라'라는 뜻으로 어떤 작업을 하다가 쉬었다가 또 이어서 한다는 표현이다.

04 | 사 소한 것도 기억하자

📋 **这是为了纪念~** : 이것은 ~을(를) 기념하기 위한 것이다.

这是为了纪念母亲生产的痛苦。

이것은 어머니의 출산의 고통을 기념하기 위한 것입니다.

📋 **从~开始** : ~에서 시작해서

从很久以前开始, 韩国产妇坐月子时一定要喝海带汤。

아주 예전부터 시작해서 한국의 임산부는 산후 조리를 할 때 반드시 미역국을 먹었습니다.

📋 **~具有~的作用** : ~은(는) ~효과를 가지고 있다.

海带具有增加血液、预防便秘、解毒、防治癌症的作用。

미역은 혈액을 증가시키고, 변비를 예방하며, 해독, 암을 예방하는 효과를 가지고 있습니다.

📋 **也有助于~** : ~에도 도움이 된다.

也有助于产妇的母乳喂养。

임산부의 모유 수유에도 도움이 됩니다.

Q. 请介绍一下海带汤。

(04) 불고기에 대해 이야기해 보세요.

请介绍一下韩式烤肉。

2011 기출

01 | 일 단 한번 읽어보자

韩式烤肉就是烤腌制的牛肉，是韩国传统食物中最美味的食物之一。腌制牛肉一般要两个小时以上，腌料一般放酱油、白糖、洋葱、葱和大蒜等。腌制好的牛肉通常是用火烤着吃，韩国人吃烤肉时，喜欢用生菜、苏子叶等叶菜包着吃，还加上大蒜、洋葱、特制的酱等。

02 | 이 렇게도 알아두자

한식 불고기는 바로 절인 소고기를 굽는 것을 말하며, 한국 전통 음식 중에서 맛있는 음식 중의 하나입니다. 소고기를 절이는 것은 일반적으로 두 시간 이상 걸리며, 절임 양념은 보통 간장, 설탕, 양파, 파와 마늘 등을 넣습니다. 다 절인 소고기는 보통 불에 구워서 먹는데 한국 사람들은 불고기를 먹을 때 상추, 깻잎 등 잎채소에 싸서 먹습니다. 여기에 또 마늘, 양파, 특제 소스 등을 더하기도 합니다.

03 | 삼 세번은 복습하자

韩式 [hánshì] 몡 한식, 한국식　烤肉 [kǎoròu] 몡 구운 고기, 불고기　烤 [kǎo] 동 굽다　腌制 [yānzhì] 동 (음식물을 소금, 설탕, 간장, 술 등에) 절이다　牛肉 [niúròu] 몡 쇠고기, 소고기　传统 [chuántǒng] 몡 전통　食物 [shíwù] 몡 음식, 음식물　美味 [měiwèi] 몡 좋은 맛, 맛있는 음식 톙 맛있다, 맛나다　之一 [zhīyī] 몡 …중의 하나　以上 [yǐshàng] 몡 이상　腌料 [yānliào] 몡 절임 양념　放 [fàng] 동 (집어) 넣다, 타다, 섞다　酱油 [jiàngyóu] 몡 간장　白糖 [báitáng] 몡 백설탕, 흰설탕　葱 [cōng] 몡 파　大蒜 [dàsuàn] 몡 마늘　通常 [tōngcháng] 몡 평상시, 보통, 통상　火 [huǒ] 몡 (~儿) 불, 화염　❶烤着吃 [kǎo zhe chī] 동 구워서 먹다　生菜 [shēngcài] 몡 생채, 상추　苏子叶 [sūziyè] 몡 깻잎　叶菜 [yècài] 몡 (배추와 같이) 잎을 먹을 수 있는 야채　包 [bāo] 동 (종이나 베 혹은 기타 얇은 것으로) 싸다, 싸매다　加上 [jiāshàng] 동 더하다, 첨가하다　洋葱 [yángcōng] 몡 양파　特制 [tèzhì] 동 특수[특별] 제작하다, 특제하다　酱 [jiàng] 몡 장, 소스, 된장

❶ '着'는 동사 뒤에 쓰여 '동작의 진행', '상태의 지속' 그리고 '동작의 방식'을 나타낸다. '동사 + 着 + 동사'의 형태로 '烤着吃'는 '구워서 먹는다'로 '동작의 방식'을 나타낸다. 예문을 좀 더 살펴보면, '躺着吃(누워서 먹는다)', '站着吃 (서서 먹는다)', '坐着吃(앉아서 먹는다)' 등으로 표현할 수 있다.

04 | **사** 소한 것도 기억하자

~是~的食物之一 : ~은(는) 음식 중의 하나이다.
是韩国传统食物中最美味的食物之一。
한국 전통 음식 중에서 맛있는 음식 중의 하나입니다.

用~包着吃 : ~로(으로) 싸서 먹는다.
用生菜、苏子叶等叶菜包着吃。
상추, 깻잎 등 잎채소로 싸서 먹습니다.

05 | **오** 로지 나만의 답안으로 만들자

Q. 请介绍一下韩式烤肉。

(05) 탈춤에 대해 이야기해 보세요.

请介绍一下假面舞。

2013, 2015, 2020 기출

01 | 일단 한번 읽어보자

假面舞是韩国的传统舞蹈，是韩国文化的象征。表演形式为模仿、对话、唱诵等，具有戏剧性，伴奏乐器有奚琴、笛、鼓、长鼓等。假面舞是在庶民中发展起来的，表演时没有舞台，是在地上被观众们包围着的。假面舞以滑稽的动作和幽默的内容讽刺了统治阶级的政治矛盾，也表现了庶民对统治阶层的不满。

TIP 탈춤은 언제 유네스코 무형문화유산으로 등재되었나요?

2022年韩国假面舞被联合国教科文组织指定为世界非物质文化遗产。

02 | 이렇게도 알아두자

탈춤은 한국 전통의 춤이자 한국 문화의 상징입니다. 표현 형식으로는 모방(몸짓), 대화(대사), 낭송 등이 있으며 희극적인 성격을 띠고 있습니다. 반주 악기로는 해금, 피리, 북, 장구 등이 있습니다. 탈춤놀이는 서민층에서 발전하기 시작했으며, 공연할 때 무대가 없고, 길거리에서 관중들에게 둘러싸인 채로 공연을 합니다. 탈춤은 익살스러운 동작과 유머러스한 내용으로 지배계층의 정치 모순을 풍자하며 통치계급에 대한 서민들의 불만을 표현하기도 합니다.

假面舞 [jiǎmiànwǔ] 몡 (민속) 탈춤 传统 [chuántǒng] 몡 전통 톙 전통적이다 舞蹈 [wǔdǎo] 몡 (예술) 무도, 춤, 무용 韩国文化 [Hánguó wénhuà] 몡 한국 문화 象征 [xiàngzhēng] 동 상징하다, 표시하다, 나타내다 表演 [biǎoyǎn] 몡 공연, 연기, 쇼 동 공연하다, 연기하다 形式 [xíngshì] 몡 형식, 형태 ❶为 [wéi] …이다 模仿 [mófǎng] 동 모방하다, 본뜨다, 흉내 내다 对话 [duìhuà] 몡 (소설·연극 가운데 인물 간의) 대화 唱诵 [chàng sòng] 동 노래 등을 낭송하다, 음송하다, 읊다 等 [děng] 조 등, 따위 具有 [jùyǒu] 동 있다, 가지다, 지니다, 구비하다 戏剧性 [xìjùxìng] 몡 희극성, 연극성, 극적인 면 伴奏 [bànzòu] 몡동 반주(하다) 乐器 [yuèqì] 몡 악기 奚琴 [xīqín] 몡 해금 笛 [dí] 몡 피리 鼓 [gǔ] 몡 북 长鼓 [chánggǔ] 몡 (우리 나라의) 장구 庶民 [shùmín] 몡 서민, 서인, 평민, 백성 发展 [fāzhǎn] 동 발전하다 舞台 [wǔtái] 몡 무대 在地上 [zài dìshang] 길에서, 땅에서, 바닥에서 被 [bèi] 동 …에게 …를 당하다, …에 의해 观众 [guānzhòng] 몡 관중, 구경꾼, 시청자 包围 [bāowéi] 동 포위하다, 에워싸다, 둘러싸다 ❷着 [zhe] 조 …해 있다, …한 채로 있다 ❸以 [yǐ] 개 …(으)로(써), 을[를] 가지고, 을[를] 근거로 滑稽 [huájī] 톙 (말·행동·자태가) 웃음을 자아내게 하다, 익살맞다, 익살스럽다 动作 [dòngzuò] 몡 동작, 행동, 움직임, 몸놀림 幽默 [yōumò] 톙 유머러스한 内容 [nèiróng] 몡 내용 讽刺 [fěngcì] 동 (비유·과장 등의 수법으로) 풍자하다 统治 [tǒngzhì] 동 통치하다, 다스리다 몡 통치 阶级 [jiējí] 몡 계급 政治 [zhèngzhì] 몡 정치 矛盾 [máodùn] 몡 갈등, 대립, 배척, 배타, 불화, 반목, 모순 表现 [biǎoxiàn] 동 나타내다, 표현하다 ❹对 [duì] 개 …에 대해(서), …에 대하여 不满 [bùmǎn] 몡 불만 동 만족하지 않다, 불만족이다, 불만스럽다

TIP

❶ '为'가 2성으로 발음되는 것에 주의한다. 여기서는 '~이다'라는 뜻으로 '是'와 같은 뜻을 나타내며, 문어체에 자주 쓰인다. '北京为中国首都' = '北京是中国首都' (북경은 중국의 수도이다), '学习期限为三年' = '学习期限是三年' (학습 기한은 3년이다) 등으로 쓰인다.

❷ '着'는 주로 동사나 형용사 뒤에 쓰여 어떤 상태가 지속되거나 유지됨을 나타낸다. '被观众们包围着'라고 하면, '관중들에 의해 둘러싸여져 있다 / 둘러싸여 있다'로 해석할 수 있다.

❸ 주로 '以~ + 동사'의 형식으로 '~으로 / ~을 근거로 / ~을 가지고'라는 뜻을 나타낸다. '以滑稽的动作和幽默的内容讽刺~'는 '익살스런 동작과 유머러스한 내용으로 ~을 풍자하다'는 뜻이며 다른 예를 살펴보면, '我以老朋友的身份劝你~'는 '내가 오랜 친구의 신분으로서 충고하는데~'라는 뜻을 나타낸다.

❹ '对…的不满'은 '…에 대한 불만'이라는 뜻을 나타낸다. 반대되는 표현 '满意[mǎnyì]'은 '만족하다, 만족스럽다, 흡족하다'라는 뜻의 형용사를 사용하여, '对…很满意(…에 대해 만족하다)', '对…很不满意(…에 대해 만족하지 못하다)'의 형태로 자주 쓰인다.

04 | 사 소한 것도 기억하자

📑 以~讽刺~ : ~로(으로) ~을(를) 풍자한다.

假面舞以滑稽的动作和幽默的内容讽刺了统治阶级的政治矛盾。

탈춤놀이는 익살스러운 동작과 유머러스한 내용으로 지배계층의 정치 모순을 풍자합니다.

05 | 오 로지 나만의 답안으로 만들자

Q. 请介绍一下假面舞。

[06] 두레에 대해 설명하세요.

请介绍一下互助组。

01 | 일 단 한번 읽어보자

互助组是以农村社会的互相合作、监察为目的而组成的以村落为单位，在农忙季节或者其他村里必要劳动时，居民们共同互相协作的劳动组织。互助组分为两种，一种是由6~10人，经济条件或土地规模比较相近的邻居们组成的小互助组，一种是整个村庄的所有成员组成的大互助组。

02 | 이 렇게도 알아두자

두레는 농촌 사회의 상호 협력, 감찰을 목적으로 구성된 촌락 단위로서 농번기나 또는 기타 마을에서 노동이 필요할 때, 주민들이 공동으로 서로 힘을 모아 협력하는 노동 조직을 말합니다. 두레는 두 가지로 나뉘는데 하나는 6~10명 정도로 경제적 여건이나 농지 소유 규모가 비슷한 이웃 사람들끼리 조성된 작은 두레와 다른 하나는 마을 전체의 모든 구성원으로 조성된 큰 두레가 있습니다.

03 | 삼 세번은 복습하자

互助组 [hùzhùzǔ] 몡 두레 目的 [mùdì] 몡 목적 农村 [nóngcūn] 몡 농촌 社会 [shèhuì] 몡 사회 互相合作 [hùxiāng hézuò] 동 상호 협력하다, 서로 협력하다 监察 [jiānchá] 동 감찰하다, 감독하여 살피다 组成 [zǔchéng] 동 짜다, 조성하다, 구성하다, 조직하다 单位 [dānwèi] 몡 단위 村落 [cūnluò] 몡 촌락, 마을, 시골 农忙季节 [nóngmáng jìjié] 몡 농번기 或者 [huòzhě] 뿐 혹은, 또는 其他 [qítā] 대 기타, 다른 村里 [cūnlǐ] 몡 마을, 동네 必要 [bìyào] 동 필요하다 劳动 [láodòng] 몡 일, 노동 居民 [jūmín] 몡 주민, 거(주)민 共同 [gòngtóng] 뿐 함께, 다 같이 互相 [hùxiāng] 뿐 서로, 상호 协作 [xiézuò] 동 (어떤 임무를) 힘을 모아 공동으로 완성하다, 협동하다 劳动组织 [láodòng zǔzhī] 몡 노동 조직 分为 [fēnwéi] 동 (…으로) 나누다, (…으로) 나누어지다, (…으로) 구분되다 由 [yóu] 개 …이[가], …에서, …[으]로부터 [동작의 주체를 이끌어 냄] 经济 [jīngjì] 몡 경제 条件 [tiáojiàn] 몡 조건 土地 [tǔdì] 몡 토지, 전답, 전지, 농토, 땅 规模 [guīmó] 몡 규모 比较 [bǐjiào] 뿐 비교적 相近 [xiāngjìn] 형 비슷하다, 근사하다 邻居 [línjū] 몡 이웃집, 이웃 사람 整个 [zhěnggè] 몡 온, 모든 것 村庄 [cūnzhuāng] 몡 마을, 촌락 所有 [suǒyǒu] 형 모든, 전부의 成员 [chéngyuán] 몡 성원, 구성원

📋 ~是以~为目的而组成的 : ~은(는) ~을(를) 목적으로 구성된 것이다.
互助组是以农村社会的互相合作、监察为目的而组成的。
두레는 농촌 사회의 상호 협력, 감찰을 목적으로 구성된 것입니다.

📋 在~时 : ~할 때, ~일 때
在农忙季节或者其他村里必要劳动时
농번기나 또는 기타 마을에서 노동이 필요할 때

📋 ~分为~ : ~은(는) ~로(으로) 나뉜다.
互助组分为两种。
두레는 두 가지로 나뉩니다.

📋 由~组成~ : ~로(으로) 구성되다.
一种是由6~10人，经济条件或土地规模比较相近的邻居们组成的小互助组。
하나는 6~10명 정도로 경제적 여건이나 농지 소유 규모가 비슷한 이웃 사람들끼리 구성된 작은 두레입니다.

Q. 请介绍一下互助组。

(07) 태권도에 대해 이야기해 보세요.

请介绍一下跆拳道。

2014, 2015 기출

01 | 일단 한번 읽어보자

跆拳道是由韩国的传统武术跤拳(跆跟)、手搏而演变的武术运动，主要是用手和脚进行攻击和防御。2000年被指定为奥运会正式比赛项目。

02 | 이렇게도 알아두자

태권도는 한국 전통 무술인 택견, 수박을 바탕으로 발전한 무술운동입니다. 주로 손과 발을 이용하여 공격과 방어를 합니다. 2000년도에 올림픽 정식 경기 종목으로 채택되었습니다.

03 | 삼세번은 복습하자

跆拳道 [táiquándào] 몡 태권도 由 [yóu] 개 …[으]로부터 传统武术 [chuántǒng wǔshù] 몡 전통무술 跤拳 [jiāoquán] 몡 택견 跆跟 [táigēn] 몡 택견 手搏 [shǒubó] 몡 수박[손을 써서 상대를 공격, 수련을 하는 우리나라 전통 무예] ❶演变 [yǎnbiàn] 동 변화 발전하다, 변천하다 武术 [wǔshù] 몡 무술 运动 [yùndòng] 몡 운동 主要 [zhǔyào] 형 주요한, 주된 用 [yòng] 동 쓰다, 사용하다 개 …로써 手 [shǒu] 몡 손 脚 [jiǎo] 몡 발 进行 [jìnxíng] 동 (어떤 일을) 하다, 진행하다 攻击 [gōngjī] 동 공격하다, 진공하다 防御 [fángyù] 동 방어하다 指定为 [zhǐdìng wéi] 동 …으로 지정하다, …으로 지정되다 正式比赛 [zhèngshì bǐsài] 몡 정식 경기 项目 [xiàngmù] 몡 항목, 종목, 사항

TIP

❶ '演变'은 오랜 시간의 경과를 거쳐 발전하고 변화한다는 뜻으로 사용 범위 또한 광범위하다. 생물의 변천이나 어떤 국면, 언어, 사람의 계급적 지위 등에도 사용할 수 있다. '生物演变史(생물 변화 발전사)', '气候演变(기후 변화)', '这对事态的演变毫无关系(이것은 사태의 변화에 전혀 관계없다)', '生老病死是自然演变的过程(생로병사는 자연 변화의 과정이다)' 등이 있다.

📖 ~是由~而演变的 : ~은(는) ~로(으로)부터 발전한 것이다.

跆拳道是由韩国的传统武术跤拳(跆跟)、手搏而演变的武术运动。

태권도는 한국 전통 무술인 택견, 수박을 바탕으로 발전한 무술운동입니다.

📖 被指定为~ : ~로(으로) 채택되다.

2000年被指定为奥运会正式比赛项目。

2000년도에 올림픽 정식 경기 종목으로 채택되었습니다.

Q. 请介绍一下跆拳道。

(08) 한글에 대해 이야기해 보세요.

请介绍一下韩文。

2013, 2014, 2015, 2016, 2017, 2020, 2022, 2023 기출

01 | 일단 한번 읽어보자

韩文原名为训民正音，是朝鲜时代第四代王世宗大王于1443年创制，于1446年公布的韩语文字标记体系，意思是"教给百姓的正确发音"。

韩文既简单又具有系统性，很容易学。以前韩国借用中国的汉字纪录自己的语言，对于下层朝鲜平民来说，学习汉字太费时间而且很难学。韩文由21个元音和19个辅音构成，是表现力很丰富的一种语言，很易于学习。韩文采用了世界上最科学的标记体系，可以把听到的语言直接用韩文写下来，每年的10月9号被定为韩文日。

02 | 이렇게도 알아두자

한글의 원래 이름은 훈민정음이며, 조선시대 제4대 왕인 세종대왕이 1443년 창제해 1446년 반포한 한글 문자표기체계로, '백성을 가르치는 바른 소리'라는 뜻입니다.

한글은 간단할 뿐만 아니라 체계적이어서 배우기가 매우 쉽습니다. 예전에 한국은 중국의 한자를 빌려서 자신의 언어를 기록했는데, 하층의 조선 평민이 한자를 배우기에는 시간이 너무 걸리고 또 어려웠습니다. 한글은 21개의 모음과 19개의 자음으로 구성되어 있으며 표현력이 풍부한 언어라서 학습하기에 매우 수월합니다. 한글은 세계에서 가장 과학적인 표기 체계를 쓰고 있어서 들은 언어를 한글로 바로 쓸 수 있습니다. 매년 10월 9일은 한글날로 지정되어 있습니다.

韩文 [Hánwén] 명 한국어　训民正音 [Xùnmín zhèngyīn] 고유 훈민정음　朝鲜 [Cháoxiǎn] 고유 조선　世宗大王 [Shìzōng Dàwáng] 고유 세종대왕　创制 [chuàngzhì] 동 창제하다　公布 [gōngbù] 동 공포하다, 공표하다　既 [jì] 접 …할 뿐만 아니라, …이며, …뿐더러, …하고도　简单 [jiǎndān] 형 간단하다, 단순하다　具有 [jùyǒu] 동 있다, 가지다, 지니다, 구비하다　系统性 [xìtǒngxìng] 명 계통성, 체계성 ❶容易 [róngyì] 형 쉽다, 용이하다, …하기 쉽다, …하기 일쑤다　借用 [jièyòng] 동 차용하다, 빌려서 쓰다　汉字 [Hànzì] 명 한자　纪录 [jìlù] 명 기록 동 기록하다　语言 [yǔyán] 명 말, 언어　对于 [duìyú] 개 …에 대해(서), …에 대하여　下层 [xiàcéng] 명 (기구·조직·사회의) 기층, 하층　平民 [píngmín] 명 평민, 일반인, 일반 대중　来说 […láishuō] …으로 말할 것 같으면, …으로 말하자면　费 [fèi] 동 소비하다, 쓰다, 들이다　而且 [érqiě] 접 게다가, 뿐만 아니라, 또한 ❷难 [nán] 형 어렵다, 힘들다, 곤란하다, …하기 어렵다　由 [yóu] 개 …이[가], …에서, …[으]로부터　元音 [yuányīn] 명 모음　辅音 [fǔyīn] 명 자음　构成 [gòuchéng] 동 구성하다, 짜다, 이루다, 형성하다　表现力 [biǎoxiànlì] 명 표현력　丰富 [fēngfù] 형 많다, 풍부하다, 넉넉하다, 풍족하다　易于 [yìyú] 동 …하기 쉽다　采用 [cǎiyòng] 동 채용하다, 채택되다, 적합한 것을 골라 쓰다　科学 [kēxué] 명 과학 형 과학적이다　标记 [biāojì] 명동 표기(하다)　体系 [tǐxì] 명 체계　直接 [zhíjiē] 형 직접적인　定为 [dìng wéi] 동 …으로 결정하다, 정하다, 확정하다　韩文日 [Hánwénrì] 고유 한글날

TIP

❶ '容易'는 형용사로 다음 두 가지 해석이 가능하다.
'开车很容易(운전은 매우 쉽다)'
'容易感冒(감기 걸리기 쉽다)'
'容易 + 동사'로 '~하기 쉽다, ~하기 일쑤다'라는 뜻을 나타낸다.

❷ '难'는 형용사로 다음 두 가지 해석이 가능하다.
'中文很难(중국어는 매우 어렵다)'
'很难相信(믿기 매우 어렵다)'
'难 + 동사'로 '~하기 어렵다, ~하기 힘들다'라는 뜻을 나타낸다.

📋 ~原名为~ : ~은(는) 원래 이름이 ~이다.
韩文原名为训民正音。
한글의 원래 이름은 훈민정음입니다.

📋 ~既~又~ : ~은(는) ~할 뿐만 아니라, ~하기도 하다.
韩文既简单又具有系统性，很容易学。
한글은 간단할 뿐만 아니라 체계적이어서 배우기가 쉽습니다.

📱 对于~来说 : ~에게 있어서, ~의 입장에서 말하자면, ~한테는

对于下层朝鲜平民来说，学习汉字太费时间而且很难学。

하층 조선 평민에게 있어서 한자를 배우는 것은 시간이 너무 소비되며 배우기가 어려웠습니다.

📱 由~构成 : ~로(으로) 구성되다.

由21个元音和19个辅音构成。

21개의 모음과 19개의 자음으로 구성되어 있습니다.

05 | 오로지 나만의 답안으로 만들자

Q. 请介绍一下韩文。

[09] 한국 불교의 특징은 무엇입니까?

韩国佛教的特征是什么？

2012, 2013, 2014, 2015 기출

01 | 일 단 한번 읽어보자

韩国佛教的思想特征是通佛教即会通的传统。会通是和会疏通的简称，整理并融合了所有佛教分支教派的主张。中国和日本的佛教作为宗派佛教，发展了无数的分支，而韩国的佛教传承了宗派佛教并将他们和解、融合在一起。

02 | 이 렇게도 알아두자

한국 불교의 사상적인 특징은 통불교, 즉 회통의 전통이라고 할 수 있습니다. 회통이란 화회소통을 줄인 말로서 불교의 여러 교파의 주장들을 정리해서 융합하는 것을 말합니다. 중국과 일본의 불교는 종파불교로서 무수한 갈래로 나뉘어 발전했는데, 한국불교는 종파불교를 계승하면서도 그들을 화해하게 하고 융합하도록 했습니다.

03 | 삼 세번은 복습하자

佛教 [Fójiào] 몡 불교 思想 [sīxiǎng] 몡 사상, 의식 特征 [tèzhēng] 몡 특징 通佛教 [Tōngfójiào] 몡 통불교 ❶即 [jí] 뷔 곧, 즉, 바로 会通 [huìtōng] 몡 회통 和会疏通 [héhuì shūtōng] 몡 화회소통 简称 [jiǎnchēng] 몡 약칭 통 간단하게 부르다, 줄여서 부르다 整理 [zhěnglǐ] 통 정리하다 并 [bìng] 젭 그리고, 또, 아울러, 게다가 融合 [rónghé] 통 융합하다 所有 [suǒyǒu] 혱 모든, 전부의, 일체의, 전체의 分支 [fēnzhī] 몡 갈라져[분리되어] 나온 것, 분파, 지류 教派 [jiàopài] 몡 교파, 종파 主张 [zhǔzhāng] 몡 주장, 견해, 의견 作为 [zuòwéi] 통 …으로서 宗派 [zōngpài] 몡 종파 发展 [fāzhǎn] 통 발전하다 无数 [wúshù] 혱 무수하다, 매우 많다 传承 [chuánchéng] 통 전수하고 계승하다, 전승하다 和解 [héjiě] 통 화해하다, 화의하다

TIP

❶ '即'은 문장에서 앞부분을 설명하거나 해석할 때 사용되는 삽입어로 '즉, 바로'의 뜻을 나타낸다. '即'의 앞뒤로는 주로 명사성 성분이 놓이며, 문어체에 자주 쓰인다.

📑 ~特征是~即~ : ~의 특징은 ~, 즉 ~이다.
韩国佛教的思想特征是通佛教即会通的传统。
한국불교의 사상적인 특징은 통불교, 즉 회통의 전통이라고 할 수 있습니다.

📑 ~是~的简称 : ~은(는) ~을(를) 줄인 말이다 / ~은(는) ~의 약칭이다.
会通是和会疏通的简称。
회통이란 화회소통을 줄인 말입니다.

📑 整理并融合了~的主张 : ~의 주장을 정리해서 융합하다.
整理并融合了所有佛教分支教派的主张。
불교의 여러 교파의 주장들을 정리해서 융합하였습니다.

05 | **오** 로지 나만의 답안으로 만들자

Q. 韩国佛教的特征是什么?

(10) 불교의 삼보는 무엇을 말합니까?

请说说佛教的三宝是什么?

2012, 2014 기출

01 | 일 단 한번 읽어보자

三宝是佛教中所指的三件宝物, 即佛宝、法宝、僧宝。佛宝是参悟佛道的佛主, 法宝是佛主的教诲和教法, 僧宝是实践佛主教诲的教徒。

02 | 이 렇게도 알아두자

삼보는 불교에서 가리키는 세 가지 소중한 보물, 즉 불보, 법보, 승보를 말합니다. 불보는 진리를 깨친 부처님을, 법보는 부처님의 가르침과 교법을, 승보는 부처님의 가르침대로 실천하고 수행하는 사람을 이릅니다.

03 | 삼 세번은 복습하자

三宝 [sānbǎo] 몡 (불교) 삼보(三寶), 세 가지 귀중한 사물[불(佛)·법(法)·승(僧)] 佛教 [Fójiào] 몡 불교 所指的 [suǒzhǐde] 가리키는 三件 [sān jiàn] 몡 세 가지 宝物 [bǎowù] 몡 보물 即 [jí] 뷔 곧, 즉, 바로 佛宝 [fóbǎo] 몡 불보 法宝 [fǎbǎo] 몡 법보 僧宝 [sēngbǎo] 몡 승보 参悟 [cānwù] 동 (불교) 참선하여 깨닫다 佛道 [fódào] 몡 불도 佛主 [fózhǔ] 몡 불주, 부처님, 석가모니 教诲 [jiàohuì] 동 가르치다, 깨우치다, 타이르다 教法 [jiàofǎ] 몡 교육 방법, 가르치는 방법 实践 [shíjiàn] 동 실천하다, 실행하다, 이행하다 教徒 [jiàotú] 몡 교도(敎徒), 신도(信徒), 신자(信者)

~, 即~ : ~은(는), 즉 ~을(를) 말한다.

三宝是佛教中所指的三件宝物，即佛宝、法宝、僧宝。

삼보는 불교에서 가리키는 세 가지 소중한 보물, 즉 불보, 법보, 승보를 말합니다.

Q. 请说说佛教的三宝是什么？

PART 03

(11) 십장생에 대해 이야기해 보세요.

请介绍一下十长生。

2015, 2016 기출

01 | 일 단 한번 읽어보자

日、山、水、石头、松树、月或云、长生不老草、乌龟、鹤、鹿都来源于中国的神仙思想，这10种长寿物都是自然崇拜的对象，原始信仰也是一样。从宫中到民间都用十长生做家具或者饰品，代表人们祈求长生的愿望。

02 | 이 렇게도 알아두자

해, 산, 물, 돌, 소나무, 달 또는 구름, 불로초, 거북, 학, 사슴을 말하는데, 모두 중국의 신선사상에서 유래하였습니다. 이 10가지는 모두 장수물로 자연숭배의 대상이었으며, 원시신앙 역시 이와 같았습니다. 궁중을 비롯하여 민간에 이르기까지 십장생을 가구나 장식품에 사용하였는데, 이는 사람들이 장생을 소망하는 것을 나타냅니다.

03 | 삼 세번은 복습하자

石头 [shítou] 몡 돌 松树 [sōngshù] 몡 소나무 云 [yún] 몡 구름 长生 [chángshēng] 통 오래 살다, 장수하다, 영원히 살다, 영원히 살아 있다 长生不老草 [chángshēng bùlǎocǎo] 몡 불로초 乌龟 [wūguī] 몡 거북, 남생이 鹤 [hè] 몡 두루미, 학 鹿 [lù] 몡 사슴 ❶来源于 [láiyuányú] 통 (사물이) …에서 기원하다, …로부터 유래하다 神仙 [shénxiān] 몡 신선, 선인(仙人) 思想 [sīxiǎng] 몡 사상, 의식 长寿物 [chángshòuwù] 몡 장수물 自然 [zìrán] 몡 자연 崇拜 [chóngbài] 통 숭배하다 对象 [duìxiàng] 몡 대상 原始 [yuánshǐ] 혱 원시의 信仰 [xìnyǎng] 몡 신앙 宫中 [gōngzhōng] 몡 궁중 民间 [mínjiān] 몡 민간 十长生 [shíchángshēng] 몡 십장생 家具 [jiājù] 몡 가구 或者 [huòzhě] 뷔 혹은, 또는 饰品 [shìpǐn] 몡 장신구, 장식품 代表 [dàibiǎo] 통 대표하다, 나타내다 祈求 [qíqiú] 통 바라다, 간구하다 愿望 [yuànwàng] 몡 희망, 소망, 바람, 소원

04 | 사 소한 것도 기억하자

📑 **~都来源于~** : ~은(는) 모두 ~에서 유래한다.

日、山、水、石头、松树、月或云、长生不老草、乌龟、鹤、鹿都来源于中国的神仙思想。

해, 산, 물, 돌, 소나무, 달 또는 구름, 불로초, 거북, 학, 사슴은 모두 중국의 신선사상에서 유래합니다.

📑 **~也是一样** : ~역시 이와 같다, ~도 같다, ~도 마찬가지다.

原始信仰也是一样。

원시 신앙 역시 이와 같았습니다.

📑 **从~到~** : ~에서 ~까지

从宫中到民间都用十长生做家具或者饰品。

궁중을 비롯하여 민간에 이르기까지 십장생을 가구나 장식품에 사용하였습니다.

05 | 오 로지 나만의 답안으로 만들자

Q. 请介绍一下十长生。

(12) 새마을운동이란 무엇입니까?

新村运动是什么?

2015 기출

01 | 일 단 한번 읽어보자

新村运动是70年代初开始的，在全国开展的运动，以政府无偿帮忙的形式，让农民脱离贫困为目的的运动。新村运动主要以农民为主体，让农民亲身搞建设，通过这个运动，短短几年的时间就改变了农村的情况，让农民的生活好了起来。后来新村运动变成了自发的运动。

02 | 이 렇게도 알아두자

새마을운동은 70년대 초에 시작되었으며, 전국적으로 전개된 운동입니다. 정부가 무상으로 돕는 형식으로 농민들을 빈곤에서 벗어나게 하는 것을 목적으로 하는 운동이었습니다. 새마을운동은 주로 농민이 주체가 되어 농민으로 하여금 직접 건설하도록 하였습니다. 이 운동을 통해 짧은 몇 년의 시간 동안 농촌의 상황이 변했으며, 농민들의 생활이 좋아지기 시작하였습니다. 후에 새마을운동은 자발적인 운동으로 변했습니다.

03 | 삼 세번은 복습하자

新村运动 [Xīncūn Yùndòng] 명 새마을운동　初 [chū] 명 초장, 처음, 최초, 개시, 초　开展 [kāizhǎn] 동 (활동이 작은 범위에서 큰 범위로) 전개되다, 확대되다, 펼쳐지다　政府 [zhèngfǔ] 명 정부　无偿 [wúcháng] 형 무상의, 대가를 바라지 않는　帮忙 [bāngmáng] 동 일(손)을 돕다, 도움을 주다, 원조하다　形式 [xíngshì] 명 형식, 형태　❶脱离 [tuōlí] 동 (어떤 상황, 환경에서) 벗어나다　贫困 [pínkùn] 형 빈곤하다, 곤궁하다　以…为主体 [yǐ… wéi zhǔtǐ] ~가 주체가 되다　农民 [nóngmín] 명 농민, 농부　让 [ràng] 동 …하게 하다, …하도록 시키다　亲身 [qīnshēn] 부 친히, 직접, 몸소, 스스로　搞建设 [gǎo jiànshè] 동 건설을 하다　通过 [tōngguò] 개 …를 통해　改变 [gǎibiàn] 동 변하다, 바뀌다, 달라지다　农村 [nóngcūn] 명 농촌　情况 [qíngkuàng] 명 상황, 정황, 형편, 사정　生活 [shēnghuó] 명 생활　好起来 [hǎoqǐlái] 좋아지다, 나아지다　后来 [hòulái] 명 그 후, 그 뒤, 그다음　变成 [biànchéng] 동 …으로 변하다, …으로 되다, …이[가] 되다　自发 [zìfā] 형 자발적인

❶ '脱离'는 어떤 상황이나 환경에서 '벗어나다, 이탈하다'는 뜻 외에, 어떤 관계나 연계를 '단절하다, 끊다'는 뜻도 있다. '脱离危险(위험에서 벗어나다)', '脱离苦海(곤경에서 벗어나다)'는 '벗어나다, 이탈하다'는 뜻으로 쓰였으며, '脱离群众(대중과 단절되다)', '脱离社会(사회와 단절되다)', '脱离关系(관계를 끊다, 인연을 끊다)'는 '단절하다, 끊다'는 뜻으로 쓰였다.

04 | 사 소한 것도 기억하자

📑 以~为主体 : ~이(가) 주체가 되다.
主要以农民为主体。
주로 농민이 주체가 되었습니다.

📑 通过这个运动 : 이 운동을 통해서
通过这个运动，短短几年的时间就改变了农村的情况。
이 운동을 통해, 짧은 몇 년의 시간 동안 농촌의 상황이 변했습니다.

📑 后来~变成了~ : 후에 ~은(는) ~로(으로) 변했다.
后来新村运动变成了自发的运动。
후에 새마을운동은 자발적인 운동으로 변했습니다.

05 | 오 로지 나만의 답안으로 만들자

Q. 新村运动是什么?

(13) 정월대보름 풍속과 전통음식에 대해 설명하세요.

请说明一下正月大望日的风俗以及传统食物。

01 | 일 단 한번 읽어보자

正月大望日是农历正月十五，表示望满月。这是春节之后看到的第一个圆月，祈求一年的健康、丰收和平安。在这一天韩国人要吃五谷饭和干菜，是补充冬天里的营养，也是祈求新一年里身体健康和丰收；吃干菜表示夏天不会中暑，另外，还吃花生、核桃、栗子等，表示牙齿会更好，还防治皮肤病。

这一天的早上要喝一杯不加热的清耳酒，祈求新的一年里不得病，听到所有的都是好消息。这一天也有很多民俗活动，放风筝、拔河、踏桥，还有烧月亮屋，都是祈求新的一年里不生病、没有灾害、幸福。

02 | 이 렇게도 알아두자

정월대보름은 음력 1월 15일에 보름달을 바라보는 것을 가리킵니다. 이것은 설 이후에 보는 첫 번째 보름달로 1년의 건강, 풍년과 평안을 비는 것입니다. 이날 한국 사람은 오곡밥과 나물을 먹어야 하는데 이는 겨울에 영양을 보충하고 새해의 건강과 풍년을 비는 것이기도 합니다. 나물을 먹는 것은 여름에 더위를 먹지 않는다는 것을 나타냅니다. 이 외에도 땅콩, 호두, 밤 등을 먹는데 이것은 치아가 더 좋아지고 피부병을 예방하는 것을 나타냅니다.

이날 아침에 데우지 않은 귀밝이술을 한 잔 마시는데 한 해 동안 병에 걸리지 않고, 듣게 되는 모든 것이 좋은 소식이기를 바라는 것입니다. 이날엔 또 연날리기, 줄다리기, 다리밟기 그리고 달집태우기 등의 민속행사가 많은데 모두 새로운 한 해 동안 아프지 않고, 재해가 없으며 행복하기를 비는 것입니다.

正月大望日 [Zhēngyuè Dàwàngrì] 몡 정월대보름 农历 [nónglì] 몡 음력 表示 [biǎoshì] 통 의미하다, 가리키다, 나타내다, 표시하다 望 [wàng] 통 (멀리) 바라보다, 조망하다 满月 [mǎnyuè] 몡 보름달 ❶春节 [Chūnjié] 몡 춘절, 설 圆月 [yuányuè] 몡 보름달 祈求 [qíqiú] 통 바라다, 간구하다, 간청하다, 희구하다 健康 [jiànkāng] 몡형 건강(하다) 丰收 [fēngshōu] 몡 풍년, 풍작 平安 [píng'ān] 형 평안하다, 편안하다, 무사하다 五谷饭 [wǔgǔfàn] 몡 오곡밥 干菜 [gāncài] 몡 (햇볕이나 바람에) 말린 채소, 나물 补充 [bǔchōng] 통 보충하다 营养 [yíngyǎng] 몡 영양 身体 [shēntǐ] 몡 몸, 신체, 건강 夏天 [xiàtiān] 몡 여름 中暑 [zhòngshǔ] 통 더위 먹다 另外 [lìngwài] 접 이 외에, 이 밖에 花生 [huāshēng] 몡 땅콩 核桃 [hétao] 몡 호두 栗子 [lìzi] 몡 밤 牙齿 [yáchǐ] 몡 이, 치아 防治 [fángzhì] 통 예방 치료하다, 예방 퇴치하다 皮肤病 [pífūbìng] 몡 피부병 加热 [jiārè] 통 가열하다, 데우다 清耳酒 [qīngěrjiǔ] 몡 귀밝이술 得病 [débìng] 통 병에 걸리다, 병을 얻다, 병이 나다 所有 [suǒyǒu] 부 모든 好消息 [hǎo xiāoxi] 몡 좋은 소식, 기쁜 소식, 희소식 民俗活动 [mínsú huódòng] 몡 민속활동 放风筝 [fàng fēngzheng] 통 연을 날리다, 연을 띄우다, 연날리기 拔河 [báhé] 몡 줄다리기 踏桥 [tàqiáo] 몡 다리밟기 烧月亮屋 [shāo yuèliangwū] 몡 달집태우기 生病 [shēngbìng] 통 병이 나다, 병에 걸리다, 몸이 아프다 灾害 [zāihài] 몡 (자연이나 인위적인) 재해, 화, 재난, 환난 幸福 [xìngfú] 몡 행복

TIP

❶ '春节'는 음력 정월 초하룻날, 즉 한국의 설날(음력 1월 1일)과 같으며 중국 최대의 명절이다. 춘절의 또 다른 표현으로 '过年'이 있는데 이는 묵은 해를 보내고 새해를 맞이한다는 뜻이며, 지금은 '설을 쇠다, 새해를 맞이하다'는 뜻의 동사로 사용된다.

📖 在这一天要~ : 이날에는 ~을(를) 해야 한다.
在这一天韩国人要吃五谷饭和干菜。
이날에 한국 사람은 오곡밥과 나물을 먹어야 합니다.

📖 是~, 也是~ : ~이고, ~이기도 하다.
是补充冬天里的营养, 也是祈求新一年里身体健康和丰收。
겨울에 영양을 보충하고 새해의 건강과 풍년을 비는 것이기도 합니다.

Q. 请说明一下正月大望日的风俗以及传统食物。

(14) 장승에 대해 설명해 보세요.

请介绍一下长生柱。

2015 기출

01 | 일 단 한번 읽어보자

长生柱是韩国的村或者寺庙入口处立的人头模样的柱子，一般分为用石头做的石长生柱和用木头做的木长生柱。长生柱主要用来标志地域之间的界限或者村里的里程碑。另外，受萨满教文化的影响，长生柱也用来作村里的守护神。

02 | 이 렇게도 알아두자

장승은 한국의 마을 또는 절 입구에 세워진 사람 머리 모양의 기둥을 말하며, 일반적으로 돌로 만든 석장승과 나무로 만든 목장승으로 구분됩니다. 장승은 주로 지역 간의 경계를 표시하거나 또는 마을의 이정표로 사용하였습니다. 그 외에, 샤머니즘 문화의 영향을 받아 장승은 마을의 수호신 역할도 하였습니다.

03 | 삼 세번은 복습하자

长生柱 [chángshēngzhù] 몡 장승　村 [cūn] 몡 촌락, 마을　或者 [huòzhě] 뮈 혹은, 또는　寺庙 [sìmiào] 몡 사원, 절, 사찰　入口处 [rùkǒuchù] 몡 입구　人头 [réntóu] 몡 사람의 머리　模样 [múyàng] 몡 모양, 모습, 형상　柱子 [zhùzi] 몡 기둥　一般 [yìbān] 혱 보통이다, 일반적이다, 평범하다　分为 [fēnwéi] 동 …으로 나뉘다, …으로 나누어지다　❶用 [yòng] 개 …으로, …로써　石头 [shítou] 몡 돌　做 [zuò] 동 만들다, 제작하다　木头 [mùtou] 몡 나무, 목재, 재목　主要 [zhǔyào] 뮈 주로, 대부분　用来 [yònglái] 동 …에 쓰다[사용하다]　标志 [biāozhì] 동 상징하다, 명시하다　地域 [dìyù] 몡 지역, 고장　之间 [zhījiān] 몡 (…의) 사이, 지간　界限 [jièxiàn] 몡 경계　村里 [cūnlǐ] 몡 마을, 동네　里程碑 [lǐchéngbēi] 몡 이정표　另外 [lìngwài] 젭 이 외에, 이 밖에　受 [shòu] 동 받다, 받아들이다　萨满教 [Sàmǎnjiào] 몡 샤머니즘　影响 [yǐngxiǎng] 몡 영향 동 영향을 주다, 영향을 끼치다　守护神 [shǒuhùshén] 몡 수호신, 수호천사

❶ '用'은 '사용하다, 쓰다'는 동사의 뜻과 '···로써, ···으로'의 뜻을 나타내는 개사 역할을 겸한다. '用 + 재료(石头) + 동사(做)'의 형태는 '(재료)로 (무엇)을 만들다'는 뜻을 나타낸다. 즉, '用石头做的'는 '돌로 만든', '用木头做的'는 '나무로 만든'의 뜻을 각각 나타낸다.

04 | 사 소한 것도 기억하자

📑 一般分为~和~ : 일반적으로 ~와(과) ~로(으로) 구분되다.
一般分为用石头做的石长生柱和用木头做的木长生柱。
일반적으로 돌로 만든 석장승과 나무로 만든 목장승으로 구분됩니다.

📑 ~主要用来~ : ~은(는) 주로 ~에 사용한다.
长生柱主要用来标志地域之间的界限或者村里的里程碑。
장승은 주로 지역 간의 경계를 표시하거나 또는 마을의 이정표로 사용하였습니다.

📑 受~的影响 : ~의 영향을 받다.
受萨满教文化的影响。
샤머니즘 문화의 영향을 받았습니다.

📑 ~也用来~ : ~은(는) ~도 한다, ~은(는) ~에도 쓰인다.
长生柱也用来作村里的守护神。
장승은 마을의 수호신 역할도 하였습니다.

05 | 오 로지 나만의 답안으로 만들자

Q. 请介绍一下长生柱。

(15) 무궁화에 대해 이야기해 보세요.

请介绍一下无穷花。

2014, 2015, 2016 **기출**

01 | **일** 단 한번 읽어보자

无穷花又叫木槿花，每年七月到十月花开花落连续不断地开花，是一种生命力很强、很美丽的花。无穷就是永恒的意思，象征着大韩民国的民族性格。

据记载，木槿花在古朝鲜之前人们称它为'从天而降的花'，新罗时自称为'槿花乡'，槿花乡是有很多无穷花，'无穷花的国家'的意思。韩国人对无穷花非常喜爱，后来无穷花就成为了韩国的国花。

02 | **이** 렇게도 알아두자

무궁화는 목근화라고도 하며, 매년 7월부터 10월까지 꽃이 폈다가 졌다가를 계속하며 꽃을 피우는 생명력이 매우 강하고 아름다운 꽃입니다. 무궁은 바로 영원하다는 뜻으로 대한민국의 민족 성격을 상징합니다.

기록에 따르면, 목근화를 고조선 전에 사람들은 '하늘에서 내려온 꽃'으로 불렸으며, 신라 때에는 '근화향'으로 자칭했다고 합니다. 근화향은 무궁화가 많은 '무궁화의 나라'라는 뜻입니다. 한국인은 무궁화를 아주 좋아해서 후에 한국의 국화가 되었습니다.

无穷花 [wúqiónghuā] 몡 무궁화　又叫 [yòujiào] 동 …라고도 한다　木槿花 [mùjǐnhuā] 몡 목근화　花开 [huākāi] 동 꽃이 피다　花落 [huāluò] 동 꽃이 지다　连续 [liánxù] 동 연속하다, 계속하다　不断 [búduàn] 閈 계속해서, 끊임없이, 부단히 동 끊임없다　连续不断 [liánxù búduàn] 閈 계속하여, 끊임없이, 연달아　开花 [kāihuā] 동 꽃이 피다　无穷 [wúqióng] 혱 무궁하다, 끝이 없다, 한이 없다　永恒 [yǒnghéng] 혱 영원히 변하지 않다, 영원하다, 항구하다　❶意思 [yìsi] 몡 의미, 뜻　一种 [yìzhǒng] 閈 일종의, 한 종류의, 한 가지의　生命力 [shēngmìnglì] 몡 생명력　强 [qiáng] 혱 강하다, 건장하다, 힘이 세다　美丽 [měilì] 혱 아름답다, 예쁘다, 곱다　象征 [xiàngzhēng] 동 상징하다, 표시하다, 나타내다　着 [zhe] 조 …해 있다, …한 채로 있다　大韩民国 [Dàhán Mínguó] 고유 대한민국　民族 [mínzú] 몡 민족　性格 [xìnggé] 몡 성격　❷据 [jù] 개 …에 따르면, …에 의거(근거)하여　记载 [jìzǎi] 동 기재하다, 기록하다 몡 기록, 기사, 사료　在…之前 [zài…zhīqián] …전에　古朝鲜 [Gǔcháoxiǎn] 고유 고조선　称 [chēng] 동 부르다, 칭하다, 일컫다, …(이)라고 부르다　它 [tā] 때 그, 저, 그것, 저것　从天而降 [cóngtiān'érjiàng] 하늘에서 떨어지다, 갑자기 나타나다　新罗时 [xīnluóshí] 閈 신라 때, 신라시대 때　自称 [zìchēng] 동 자칭하다, 스스로 일컫다　槿花乡 [jǐnhuāxiāng] 몡 근화향[무궁화의 나라, 무궁화가 많이 피는 나라]　喜爱 [xǐ'ài] 혱 좋아하다, 애호하다, 사랑하다　后来 [hòulái] 몡 그 후, 그 뒤, 그다음　成为 [chéngwéi] 동 …이[가] 되다, …으로 되다　国花 [guóhuā] 몡 국화

TIP

❶ '意思'는 단어, 문장, 말 등의 '의미, 뜻'을 나타낸다. '有意思'라고 표현하면 '재미있다, 흥미있다'는 뜻으로 책, 영화 등의 감상을 말할 때 자주 등장한다. 추가로, 선물을 전할 때 '这只是我的一点儿意思'라고 하면 '이것은 다만 저의 작은 성의입니다'라는 표현이 된다.

❷ '据'는 주로 문어체에 자주 등장한다. 유사한 의미를 가진 개사로는 '根据[gēnjù]'가 있으며, 이 둘의 차이점은 다음과 같다. '据'는 항상 문장 첫머리에 등장하며, 단음절 동사와의 결합이 가능하나 '根据'는 단음절 동사와의 결합이 불가능하며, 문장 첫머리 또는 문장 중간에 등장할 수도 있다.

04 | 사 소한 것도 기억하자

📑 据记载, ～ : 기록에 따르면, ～라고 한다.
据记载, 木槿花在古朝鲜之前人们称它为从天而降的花。
기록에 따르면, 목근화(무궁화)를 고조선 전에 사람들은 그것을 하늘에서 내려온 꽃으로 불렀다고 합니다.

📑 自称为～ : ～로(으로) 자칭하다.
新罗时自称为'槿花乡'。
신라 때에는 '근화향'으로 자칭했습니다.

📖 ~对~非常喜爱 : ~은(는) ~에 대해 매우 애호적이다, ~은(는) ~을(를) 아주 좋아한다.

韩国人对无穷花非常喜爱。

한국인은 무궁화를 아주 좋아합니다.

📖 后来就成为了~ : 후에 / 나중에 ~로(으로) 되었다.

后来就成为了韩国的国花。

후에 한국의 국화가 되었습니다.

05 | 오 로지 나만의 답안으로 만들자

Q. 请介绍一下无穷花。

(16) 김치 담그는 방법을 설명해 보세요.

说说制作辛奇的方法。

2013, 2014, 2015, 2016, 2020, 2021 기출

01 | 일 단 한번 읽어보자

做辛奇的方法是首先把白菜切成两半，把它们放在盐水里等到白菜叶变软，然后把其他的蔬菜、蒜末、姜末、辣椒粉、鱼酱、米糊放在一起搅拌。白菜叶变软以后，用水洗干净，把拌好的佐料塞进白菜叶中间，最后放进坛子里进行发酵。现在韩国人一般等辛奇发酵好了以后，放在特制的辛奇冰箱里保管。

02 | 이 렇게도 알아두자

김치를 만드는 방법은 먼저 배추를 반으로 자르고, 소금물에 절여서 배추 잎이 부드러워지도록 한 다음 기타 채소, 다진 마늘, 다진 생강, 고춧가루, 젓갈, 쌀풀을 함께 넣고 섞어 놓는 것입니다. 배추 잎이 부드러워진 후, 물로 깨끗이 씻어서 잘 섞은 양념을 배추 잎 사이에 채워 넣고, 마지막으로 항아리에 넣어서 발효시키면 됩니다. 현재 한국인은 일반적으로 김치가 발효되기를 기다렸다가 특별 제작된 김치냉장고에 넣어서 보관합니다.

03 | 삼 세번은 복습하자

切 [qiē] 통 자르다, 썰다, 가르다　盐 [yán] 명 소금　叶 [yè] 명 잎(사귀)　软 [ruǎn] 형 부드럽다, 연하다　蒜末 [suànmò] 명 마늘 다진 것　姜末 [jiāngmò] 명 생강 다진 것　辣椒粉 [làjiāofěn] 명 고춧가루　鱼酱 [yújiàng] 명 젓갈　米糊 [mǐhú] 명 쌀풀　搅拌 [jiǎobàn] 통 휘저어 섞다, 반죽하다　佐料 [zuǒliào] 명 양념, 조미료　塞 [sāi] 통 채우다, 쑤셔 넣다　坛子 [tánzi] 명 단지　发酵 [fājiào] 통 발효시키다　保管 [bǎoguǎn] 통 보관하다

把~切成~ : ~을(를) ~로(으로) 썰다 / 가르다.
把白菜切成两半。
배추를 반으로 가릅니다.

把~放在~里 : ~을(를) ~에 넣다.
把它们放在盐水里。
그것들을 소금물에 넣습니다.

把~放在一起搅拌 : ~을(를) 같이 넣고 섞다.
然后把其他的蔬菜、蒜末、姜末、辣椒粉、鱼酱、米糊放在一起搅拌。
그런 다음 기타 채소, 마늘, 생강, 고춧가루, 젓갈, 쌀풀을 함께 넣고 섞습니다.

把~塞进~中间 : ~을(를) ~가운데에 채워 넣는다.
把拌好的佐料塞进白菜叶中间。
잘 섞은 양념을 배추 잎 사이에 채워 넣습니다.

Q. 说说制作辛奇的方法。

(17) 한국의 대표적인 발효식품에 대해 설명하세요.

请说明一下韩国具有代表性的发酵食品。

2014, 2016 기출

01 | 일 단 한번 읽어보자

韩国的代表性发酵食品有辛奇、酱类、鱼虾酱等。 酱类发酵食品主要是用豆做的，比如辣椒酱、大酱、酱油都属于这类，这些都是天然调味，所以几乎所有的料理都可以放。
辛奇是韩国的最有代表性的发酵食品。辛奇的效能很多，辛奇里有很丰富的营养，发酵良好的辛奇有大量的乳酸菌和维生素，还有膳食纤维，经常吃辛奇可以提高免疫力、补钙，还可以抗癌、抗衰老、预防心脏病。

02 | 이 렇게도 알아두자

한국의 대표적인 발효식품에는 김치, 장류, 젓갈 등이 있습니다. 장류의 발효식품은 주로 콩을 이용해서 만든 것으로 예를 들면, 고추장, 된장, 간장이 이 종류에 속합니다. 이들은 모두 천연 조미료라서 거의 모든 요리에 다 넣을 수 있습니다.
김치는 한국의 가장 대표적인 발효식품입니다. 김치의 효능은 매우 많습니다. 김치에는 풍부한 영양이 있고, 발효가 잘된 김치는 대량의 유산균과 비타민이 있으며, 그리고 식이섬유도 있습니다. 김치를 자주 먹으면 면역력을 높이고 칼슘을 보충할 수 있으며, 또 항암과 노화방지 효과가 있고 심장병을 예방할 수 있습니다.

03 | 삼 세번은 복습하자

具有 [jùyǒu] 동 있다, 가지다, 지니다, 구비하다 代表性 [dàibiǎoxìng] 명 대표성, 대표적인 发酵食品 [fājiào shípǐn] 명 발효식품 发酵 [fājiào] 동 발효하다, 발효시키다, 띄우다 辛奇 [xīnqí] 명 김치 酱类 [jiàng lèi] 명 장류 鱼虾酱 [yúxiājiàng] 명 젓갈 主要 [zhǔyào] 부 주로, 대부분 用 [yòng] 개 …로써, …으로 豆 [dòu] 명 콩 比如 [bǐrú] 접 예를 들어, 예를 들면, 예컨대 辣椒酱 [làjiāojiàng] 명 고추장 大酱 [dàjiàng] 명 된장 酱油 [jiàngyóu] 명 간장 属于 [shǔyú] 동 …에 속하다, …의 소유이다 这类 [zhèlèi] 대 이런 종류의 天然调味 [tiānrán tiáowèi] 명 천연조미료 几乎 [jīhū]

⑨ 거의, 거의 모두 **料理** [liàolǐ] ⑲ 요리 ⑧ 요리하다 **可以** [kěyǐ] ⑧ …할 수 있다, 가능하다 **放** [fàng] ⑧ (집어) 넣다, 타다, 섞다 **效能** [xiàonéng] ⑲ 효능, 효과, 효율 **丰富** [fēngfù] ⑲ 많다, 풍부하다 **营养** [yíngyǎng] ⑲ 영양 **良好** [liánghǎo] ⑲ 좋다, 양호하다 **大量** [dàliàng] ⑲ 대량의, 많은 양의 **乳酸菌** [rǔsuānjūn] ⑲ 유산균 **维生素** [wéishēngsù] ⑲ 비타민 **膳食纤维** [shànshí xiānwéi] ⑲ 식이섬유 **经常** [jīngcháng] ⑨ 언제나, 늘, 항상, 자주, 종종 **提高** [tígāo] ⑧ (위치·수준·질·수량 등을) 제고하다, 향상시키다, 높이다, 끌어올리다 **免疫力** [miǎnyìlì] ⑲ 면역력 **补** [bǔ] ⑧ 보양하다, 보충하다 **钙** [gài] ⑲ 칼슘 **抗癌** [kàng'ái] ⑲ 항암 ⑧ 암을 예방·치료하다 **抗衰老** [kàng shuāilǎo] ⑲ 항노화, 노화방지 **衰老** [shuāilǎo] ⑲ 노쇠하다, 늙어 쇠약해지다 **预防** [yùfáng] ⑧ 예방하다, 미리 방비하다 **心脏病** [xīnzàngbìng] ⑲ 심장병

04 | 사 소한 것도 기억하자

📋 **主要是用~做的** : 주로 ~을(를) 이용해서 만든다.
酱类发酵食品主要是用豆做的。
장류의 발효식품은 주로 콩을 이용해서 만듭니다.

📋 **可以~, 还可以~** : ~할 수 있고, 또 ~할 수 있다.
可以提高免疫力、补钙, 还可以抗癌、抗衰老、预防心脏病。
면역력을 높이고 칼슘을 보충할 수 있으며, 또 항암, 노화방지, 심장병을 예방할 수 있습니다.

05 | 오 로지 나만의 답안으로 만들자

Q. 请说明一下韩国具有代表性的发酵食品。

(18) 우리 민족을 배달민족이라 부르는 이유에 대해 이야기 하세요.

请说明一下被叫做倍达民族的理由。

01 | 일 단 한번 읽어보자

我们叫我们的民族是韩民族，这里的'韩'是我们国家的汉字表达。另外也叫白衣民族和倍达民族。叫白衣民族是因为我们民族从很久以前就喜欢穿白色的衣服。叫倍达民族是因为桓因的儿子桓雄从天上降落到地上，建立的那个国家的名字就是倍达国家。因为在很久很久以前我们国家的名字叫过倍达，所以我们民族就一直沿用了这个名称。

02 | 이 렇게도 알아두자

우리는 우리 민족을 한민족이라고 부릅니다. 여기서의 한(韩, 韓)은 우리나라의 한자 표현입니다. 이 외에 '백의민족'과 '배달민족'이라고도 부릅니다. 백의민족으로 부르는 것은 우리 민족이 아주 오래 전부터 흰색 옷을 입는 것을 좋아했기 때문입니다. 배달민족으로 부르는 것은 환인(桓因)의 아들 환웅(桓雄)이 하늘에서 지상으로 내려와서 건립한 그 나라의 이름이 바로 배달국가였기 때문입니다. 아주 오래 전에 우리나라의 이름이 배달로 불린 적이 있기 때문에 우리 민족은 이 명칭을 줄곧 사용해 왔습니다.

03 | 삼 세번은 복습하자

民族 [mínzú] 명 민족   表达 [biǎodá] 명 표현 통 (자신의 사상이나 감정) 나타내다, 표현하다   另外 [lìngwài] 접 이 외에, 이 밖에   白衣民族 [báiyīmínzú] 명 백의민족   倍达民族 [bèidámínzú] 명 배달민족   很久以前 [hěnjiǔyǐqián] 오랜 옛날, 아주 오래 전에   桓因 [Huányīn] 고유 (인물) 환인, 천상을 지배하는 하늘의 임금   桓雄 [Huánxióng] 고유 (인물) 환웅, 천상을 지배하는 하늘의 임금인 환인의 아들   天上 [tiānshàng] 명 하늘, 천상   ❶降落 [jiàngluò] 통 내려오다, 착륙하다   地上 [dìshàng] 명 땅, 지상   建立 [jiànlì] 통 창설하다, 건립하다, 수립하다, 성립하다, 세우다   沿用 [yányòng] 통 (과거의 방법·제도·법령 등을) 계속하여 사용하다   名称 [míngchēng] 명 명칭, 이름

❶ '降落'는 '掉'(떨어지다)와는 달리 주로 안전하게 내려오는 것에 쓰인다. '神仙降落在人间(신선이 인간세상에 내려 오다)', '飞机降落在地上(비행기가 지상에 착륙하다)', '鸟降落在树上(새가 나무 위에 내려앉다)' 등의 표현이 가능하다.

04 | 사 소한 것도 기억하자

📖 **另外也叫~** : 이 외에 ~라고도 부른다.

另外也叫白衣民族和倍达民族。

이 외에 백의민족과 배달민족이라고도 부릅니다.

📖 **叫~是因为~** : ~라고 부르는 것은 ~이기 때문이다.

叫白衣民族是因为我们民族从很久以前就喜欢穿白色衣服。

백의민족으로 부르는 것은 우리 민족이 아주 오래 전부터 흰색 옷을 입는 것을 좋아했기 때문입니다.

📖 **因为~, 所以~** : ~하기 때문에, 그래서 ~하다.

因为在很久很久以前我们国家的名字叫过倍达，所以我们民族就一直沿用了这个用语。

아주 오래 전에 우리나라의 이름이 배달로 불린 적이 있기 때문에 그래서 우리 민족은 이 명칭을 줄곧 사용해 왔습니다.

05 | 오 로지 나만의 답안으로 만들자

Q. 请说明一下被叫做倍达民族的理由。

[19] 잡상에 대해 이야기해 보세요.

请介绍一下杂像。

2014 기출

01 | 일 단 한번 읽어보자

杂像是在传统建筑物的屋顶上装饰小动物图案的瓦片，韩国古代大部分的宫殿都有杂像。这些小动物是根据中国四大名著中《西游记》里的人物雕刻的，还有些是想像中的动物，主要是为了驱除宫廷恶魔及邪气，保王室的平安而做的。庆会楼的屋顶上有11个杂像，勤政殿的屋顶上有7个杂像。

02 | 이 렇게도 알아두자

잡상은 전통적인 건축물의 지붕 위에 장식하는 동물 모양의 기와를 말합니다. 한국 고대의 대부분의 궁전에는 잡상이 있습니다. 이런 작은 동물들은 중국 4대 명작 중 〈서유기〉의 인물을 근거로 하여 조각한 것이며, 또 어떤 것은 상상 속의 동물입니다. 주로 궁정의 악귀와 사기를 내쫓고, 왕실의 평안을 보호하기 위해 만든 것입니다. 경회루의 지붕 위에는 11개의 잡상이 있고, 근정전의 지붕 위에는 7개의 잡상이 있습니다.

03 | 삼 세번은 복습하자

❶杂像 [záxiàng] 명 잡상 在…上 [zài…shàng] …위, …위에 传统 [chuántǒng] 명 전통 형 전통적이다, 역사가 유구한, 대대로 전해진 建筑物 [jiànzhùwù] 명 건축물 屋顶 [wūdǐng] 명 옥상, 지붕 装饰 [zhuāngshì] 명 장식, 장식품 동 장식하다 小动物 [xiǎo dòngwù] 명 작은 동물 图案 [tú'àn] 명 (미술) 도안 瓦片 [wǎpiàn] 명 기와 조각 古代 [gǔdài] 명 고대 大部分 [dàbùfen] 명 대부분 宫殿 [gōngdiàn] 명 궁전 ❷四大名著 [sìdà míngzhù] 명 4대 명작 西游记 [Xīyóujì] 고유 《서유기(西遊記)》[사대기서(四大奇書)의 하나, 명(明)대 오승은(吳承恩)이 지음] 人物 [rénwù] 명 인물 雕刻 [diāokè] 동 (금속·상아·뼈 등에) 조각하다 有些 [yǒuxiē] 대 일부, 어떤 것[사람] 想象 [xiǎngxiàng] 명 상상 동 상상하다 主要 [zhǔyào] 형 주요한, 주된 为了 [wèile] 개 …을[를] 하기 위하여 驱除 [qūchú] 동 내쫓다, 없애다, 제거하다 宫廷

[gōngtíng] 명 궁궐, 궁정, 궁전　**恶魔** [èmó] 명 악마, 귀신　**及** [jí] 접 및, …와(과)　**邪气** [xiéqì] 명 사기[인체에 병을 일으키는 온갖 요인]　**保** [bǎo] 동 보호하다, 보위하다　**王室** [wángshì] 명 왕실, 왕가, 왕의 집안　**平安** [píng'ān] 형 평안하다, 편안하다, 무사하다　**庆会楼** [Qìnghuìlóu] 고유 경회루　**勤政殿** [Qínzhèngdiàn] 고유 근정전

TIP

❶ 기와지붕의 추녀마루 위에 놓이는 와제(瓦製) 토우(土偶)들을 말한다. 장식기와의 하나로서, 이러한 것들을 만드는 사람을 '잡상장(雜像匠)'이라 한다.

❷ 중국의 4대 명작 '三国演义[Sānguó Yǎnyì]'(삼국연의), '水浒传[Shuǐhǔzhuàn]'(수호전), '西游记[Xīyóujì]'(서유기), '红楼梦[Hónglóumèng]'(홍루몽)을 가리킨다.

04 ｜ **사** 소한 것도 기억하자

📘 **大部分的~都有~** : 대부분의 ～에는 다 ～이(가) 있다.
韩国古代大部分的宫殿都有杂像。
한국 고대의 대부분의 궁전에는 다 잡상이 있습니다.

📘 **主要是为了~ 而~** : 주로 ～을(를) 하기 위해서 ～하다.
主要是为了驱除宫廷恶魔及邪气，保王室的平安而做的。
주로 궁정의 악귀와 사기를 내쫓고, 왕실의 평안을 보호하기 위해 만든 것입니다.

05 ｜ **오** 로지 나만의 답안으로 만들자

Q. 请介绍一下杂像。

(20) 한옥의 장점은 무엇입니까?

请介绍一下韩屋的优点是什么?

2011, 2014, 2016, 2017, 2019, 2021, 2023 기출

01 | 일단 한번 읽어보자

韩屋是韩国的传统民居, 是用树木、泥土、石头、纸张等天然材料建成的房屋。韩屋中最科学的是地热(又叫温石、温突), 这是韩国独有的安装在炕底下的取暖设施。炕占了屋里的全部空间, 热气通过炕底下的通道传递, 室内就会变得很暖和。韩纸一般用在韩屋的窗户和门上, 韩纸易通风且保温效果好, 这有利于韩屋冬天保温, 夏天散热。

TIP 북촌한옥마을과 남산골한옥마을의 차이는 무엇입니까?

北村韩屋村是韩屋密集地区, 现在也有人住。因此, 很难进去参观。相反, 南山谷韩屋村则搬迁了散落在市内的5栋韩屋, 作为参观用的修复场所, 可以进去参观。

02 | 이렇게도 알아두자

한옥은 한국의 전통 민가로 나무, 진흙, 돌, 종이 등 천연재료를 사용하여 지은 집입니다. 한옥에서 가장 과학적인 것은 온돌인데, 이것은 오직 한국에만 있는 방구들 밑에 설치하는 난방시설입니다. 방구들이 방의 전체 공간을 차지하며, 열기가 방구들 아래의 통로를 통해 전달되어 실내가 따뜻해집니다. 한지는 일반적으로 한옥의 창문과 문에 사용되는데, 한지는 통풍이 잘되고 보온효과가 좋기 때문에 한옥이 겨울에는 보온이 되며 여름에는 열을 발산하는 데 도움이 됩니다.

韩屋 [hánwū] 고유 한옥 **❶优点** [yōudiǎn] 명 장점 传统 [chuántǒng] 명 전통 民居 [mínjū] 명 민가(**民家**) 用 [yòng] 개 …로써, …을 써서 树木 [shùmù] 명 나무, 수목 泥土 [nítǔ] 명 점토, 진흙 石头 [shítou] 명 돌 纸张 [zhǐzhāng] 명 종이, 종이장 建成 [jiànchéng] 동 건설하다, (건축물을) 완성하다, 준공하다, 낙성하다 房屋 [fángwū] 명 집, 주택, 가옥, 건물 科学 [kēxué] 명 과학 형 과학적이다 地热 [dìrè] 명 지열, 바닥을 따뜻하게 하다 又叫 [yòujiào] 동 …라고 부르다, …라고도 한다 温石 [wēnshí] 명 온돌, 온석 温突 [wēntū] 명 온돌 独有 [dúyǒu] 부 오직 ~만, 단지, 다만, 유독 동 혼자만 갖고 있다, 독점하다, 독차지하다 安装 [ānzhuāng] 동 (기계, 설비, 시설 등을) 설치하다, 고정하다, 장착하다 底下 [dǐxia] 명 아래, 밑 在…底下 [zài… dǐxia] …밑에(서), …아래에(서) 炕 [kàng] 명 온돌, 방구들 设施 [shèshī] 명 시설 取暖 [qǔnuǎn] 동 (몸에) 온기를 받다, 따뜻하게 하다 占 [zhàn] 동 점용하다, 차지하다, 보유하다 屋里 [wūli] 명 방안, 실내 全部 [quánbù] 형 전부의, 전체의 空间 [kōngjiān] 명 공간 热气 [rèqì] 명 열기, 뜨거운 기운 **❷通过** [tōngguò] 개 …을 거쳐, …에 의해, …를 통해 通道 [tōngdào] 명 통로, 큰길 **❸传递** [chuándì] 동 (차례차례) 전달하다, 전하다, 건네다 室内 [shìnèi] 명 실내 **❹变得** [biànde] 동 …로 되다, …하게 변하다 暖和 [nuǎnhuo] 형 따뜻하다 窗户 [chuānghu] 명 창문, 창(**窗**) 易 [yì] 형 쉽다, 용이하다, 간편하다 通风 [tōngfēng] 동 통풍시키다, 공기를 유통시키다, 환기시키다 且 [qiě] 접 그 위에, 더욱이, 게다가, 또한 保温 [bǎowēn] 동 보온하다 效果 [xiàoguǒ] 명 효과 有利于 [yǒulìyú] 동 …에 유리하다, …에 좋다, …에 이롭다 冬天 [dōngtiān] 명 겨울, 겨울철, 동계 夏天 [xiàtiān] 명 여름 散热 [sànrè] 동 산열하다, 열을 발산하다, 열기가 발산되다 北村韩屋村 [Běicūn hánwūcūn] 고유 북촌 한옥마을 密集 [mìjí] 형 밀집해 있다 地区 [dìqū] 명 지역 参观 [cānguān] 명동 참관(하다), 견학(하다) 相反 [xiāngfǎn] 동 상반되다, 반대되다 南山谷韩屋村 [Nánshāngǔ hánwūcūn] 고유 남산골 한옥마을 搬迁 [bānqiān] 동 이전하다, 이사하다 散落 [sànluò] 동 흩어져 떨어지다 栋 [dòng] 양 동, 채 作为 [zuòwéi] 동 …로 하다, …으로 삼다, …로 여기다 修复 [xiūfù] 동 (건축물을) 수리하여 복원하다 场所 [chǎngsuǒ] 명 장소, 시설

TIP

❶ '优点'은 사람이나 사물의 '장점, 우수한 점'을 가리킨다. 반대말은 '缺点[quēdiǎn]'으로 '단점, 결점, 부족한 점'을 나타낸다. 유사한 단어로 '好处[hǎochu]'가 있으며, '이로운 점, 좋은 점, 이익, 도움, 혜택' 등의 뜻으로 사람이나 사물에 대한 유리한 요소를 말한다. 반대말로 '坏处[huàichu]''나쁜 점, 결점, 해로운 점'이 있다. 예를 들면, '你的优点是什么?(당신의 장점은 무엇입니까?)', '运动是对身体有好处的(운동은 몸에 이로운 점이 있다)' 등으로 표현할 수 있다.

❷ '通过'가 동사로 쓰일 때에는 한쪽에서 다른 한쪽으로 지나가는 것, 통과하는 것을 말한다. '选手们通过了体力测验' 라고 하면, '선수들은 체력 테스트를 통과했다'고 해석할 수 있다. 개사(개사)로 쓰일 때에는 어떤 수단이나 방식을 통해 결과를 얻는 것으로 '~을 통해서, ~을 거쳐서, ~에 의해서'라는 뜻을 나타낸다.
예 通过几次的会议, 我们终于达成协议了(몇 차례의 회의를 거쳐서 우리는 마침내 협의에 이르렀다)

❸ '传递'는 소식이나 편지 등을 '전해주다, 건네다, 전달하다'는 뜻을 나타내며, 여기서는 '따뜻한 공기가 한 곳에서 다른 곳으로 전달되다'라는 뜻으로 사용되었다.

❹ '变'은 동사로서 사람이나 사물이 이전과는 다름을 나타낸다. 동사 뒤에 보어 '得'를 붙여서 '变得'의 형태로 동사 '变'의 결과를 설명해준다. '变得漂亮(예쁘게 변했다)', '变得复杂(복잡하게 되었다)', '世界变得很方便(세상이 정말 편리하게 변했다)', '变得我都不认识了(나도 몰라볼 정도로 변했다)' 등으로 표현할 수 있다.

📑 是用~建成的房屋 : ~로(으로) 지은 집이다.
是用树木、泥土、石头、纸张等天然材料建成的房屋。
나무, 진흙, 돌, 종이 등 천연재료로 지은 집입니다.

📑 ~一般用在~上 : ~은(는) 일반적으로 ~에 사용된다.
韩纸一般用在韩屋的窗户和门上。
한지는 일반적으로 한옥의 창문과 문에 사용됩니다.

📑 这有利于~ : 이것은 ~에 유리하다, ~에 좋다.
这有利于韩屋冬天保温, 夏天散热。
이것은 한옥이 겨울에는 보온이 되며 여름에는 열을 발산하는 데 도움이 됩니다.

05 | 오 로지 나만의 답안으로 만들자

Q. 请介绍一下韩屋的优点是什么?

(21) 한국과 중국의 온돌을 비교하여 설명하세요.

请说明一下韩国温突和中国暖炕的区别。

2011, 2014 기출

01 | 일 단 한번 읽어보자

韩国的温突有点像中国的暖炕，但又有很大的不同。中国的暖炕占房间的一部分空间，在地上用砖和土建成，上面铺上席子再铺上被子就可以睡觉了，下面有孔道和烟囱连接相通。冬天烧火，烟通过孔道可以烧热暖炕并使屋里变暖。而温突是韩国独有的安装在炕底下的取暖设施，炕占了屋里的全部空间。以前在厨房里有一个灶口，厨房的火用来做饭，热气通过炕底下的通道传递，室内就会变得很暖和。因为地热的关系，所以以前的人都不使用床和椅子，而是采用"坐式"文化。

TIP 온돌에 대해 설명하세요.

温突是韩国独有的安装在炕底下的取暖设施，炕占了屋里的全部空间，以前在厨房里都有一个灶口，厨房的火用来做饭，热气通过炕底下的通道传递，室内就会变得很暖和。

02 | 이 렇게도 알아두자

한국의 온돌은 중국의 온돌과 좀 비슷하기는 하지만 많이 다릅니다. 중국의 온돌은 방의 일부 공간을 차지하며, 바닥에 벽돌과 흙으로 만들고 그 위에 자리와 이불을 깔면 바로 잠을 잘 수 있습니다. 밑에 있는 좁은 통로가 굴뚝과 연결되어 통하여, 겨울에 불을 지피면 연기가 통로를 통해 온돌을 덥혀 방안이 따뜻해집니다. 그러나 온돌은 오직 한국에만 있는 방구들 밑에 설치하는 난방시설입니다. 방구들이 방의 전체 공간을 차지합니다. 예전에는 주방에 아궁이가 있었으며 주방의 불은 밥을 짓는 데 사용되었는데, 그 열기가 방구들 아래의 통로를 통해 전해져 실내가 따뜻하게 됩니다. 방바닥이 따뜻한 관계로 이전 사람들은 침대와 의자를 사용하지 않는 좌식문화였습니다.

温突 [wēntū] 고유 온돌　暖炕 [nuǎnkàng] 명 (중국) 온돌　占 [zhàn] 동 토지나 장소를 차지하다　空间 [kōngjiān] 명 공간　砖 [zhuān] 명 벽돌　土 [tǔ] 명 흙, 토양　建成 [jiànchéng] 동 건설하다, 만들다, 짓다　铺上 [pū·shang] 동 깔다　席子 [xízi] 명 (바닥에 까는) 자리　孔道 [kǒngdào] 명 좁은 통로　烟囱 [yāncōng] 명 굴뚝, 연통　连接 [liánjiē] 동 연접하다, 잇닿다, 이어지다, 맞물리다, 연결되다　相通 [xiāngtōng] 동 (사물 사이가) 서로 통하다, 상통하다　烧火 [shāohuǒ] 동 (주로 취사를 위해) 불을 지피다, 불을 때다, 불을 피우다　炕 [kàng] 명 온돌, 방구들　独有 [dúyǒu] 부 오직 …만, 단지, 다만, 유독 동 혼자만 갖고 있다, 독점하다, 독차지하다　安装 [ānzhuāng] 동 (기계, 설비, 시설 등을) 설치하다, 고정하다, 장착하다　取暖 [qǔnuǎn] 동 (몸에) 온기를 받다, 따뜻하게 하다　设施 [shèshī] 명 시설　屋里 [wūli] 명 방안, 실내　全部 [quánbù] 형 전부의, 전체의, 모두의, 전반의　厨房 [chúfáng] 명 주방, 부엌　灶口 [zàokǒu] 명 아궁이　热气 [rèqì] 명 열기, 뜨거운 기운　通过 [tōngguò] 개 …을 거쳐, …에 의해, …를 통해　通道 [tōngdào] 명 통로, 큰길　传递 [chuándì] 동 (차례차례) 전달하다, 전하다, 건네다　室内 [shìnèi] 명 실내　暖和 [nuǎnhuo] 형 따뜻하다　使用 [shǐyòng] 동 사용하다　床 [chuáng] 명 침대　椅子 [yǐzi] 명 의자　采用 [cǎiyòng] 동 채용하다, 채택되다, 적합한 것을 골라 쓰다, 응용하다　坐式 [zuò shì] 명 좌식

和~连接相通 : ~와(과) 연결되어 서로 통한다.
下面有孔道和烟囱连接相通。
밑에 있는 좁은 통로가 굴뚝과 연결되어 통합니다.

安装在~底下 : ~밑에 / 아래에 설치하다.
温突是韩国独有的安装在炕底下的取暖设施。
온돌은 한국에만 있는 방구들 밑에 설치하는 난방시설입니다.

~用来~ : ~은(는) ~하는 데 사용한다, ~하는 데 쓰인다.
厨房的火用来做饭。
주방의 불은 밥을 짓는 데 사용했습니다.

Q. 请说明一下韩国温突和中国暖炕的区别。

[22] 자장면의 유래를 설명해 보세요.

请说明一下炸酱面的由来。

2013, 2014 기출

01 | 일 단 한번 읽어보자

在壬午军乱时，中国的商人们跟随中国清朝军队一起来到韩国，在仁川开始生活。这些商人大部分是山东人，从那时开始他们做起了炸酱面的生意。随着时间的推移，炸酱面的味道渐渐变为韩国人喜欢的味道，后来就成了现在的炸酱面。

02 | 이 렇게도 알아두자

임오군란 때, 중국의 상인들이 중국 청나라 군대를 따라서 함께 한국에 왔으며 인천에서 생활하기 시작했습니다. 이 상인들은 대부분 산동 사람이며, 그때부터 그들은 자장면 장사를 하기 시작했습니다. 시간이 지남에 따라, 자장면의 맛이 점점 한국인이 좋아하는 맛으로 변했으며 후에 지금의 자장면이 되었습니다.

03 | 삼 세번은 복습하자

炸酱面 [zhájiàngmiàn] 명 자장면 由来 [yóulái] 명 유래, 원인, 출처 在…时 [zài…shí] …때, (언제)에 ❶壬午军乱 [Rénwǔjūnluàn] 고유 임오군란 跟随 [gēnsuí] 동 (뒤)따르다, 동행하다, 따라가다 명 수행원, 동행 清朝 [Qīngcháo] 명 청나라, 청조 军队 [jūnduì] 명 군대 仁川 [Rénchuān] 명 인천 生活 [shēnghuó] 명 생활 大部分 [dàbùfen] 명 대부분 山东人 [Shāndōngrén] 명 산동인, 산동 사람 从…开始 [cóng…kāishǐ] …에서 시작하다, …부터 시작하다, …에서, …부터 那时 [nàshí] 대 그 때, 그 당시, 그 무렵 做起 [zuòqǐ] 동 …하기 시작하다 生意 [shēngyi] 명 장사, 영업, 사업 ❷随着 [suízhe] 동 (…에) 따르다, …따라서, …뒤이어, …에 따라 推移 [tuīyí] 동 (시간, 형세, 기풍 등이) 변화하다, 지나가다, 추이하다 味道 [wèidao] 명 맛 渐渐 [jiànjiàn] 부 점점, 점차 变为 [biànwéi] 동 …으로 바뀌다[변하다] 后来 [hòulái] 명 그 후, 그 뒤, 그다음 成 [chéng] 동 …이(가) 되다, …(으)로 변하다

❶ '임오군란'은 조선시대 1882년 고종 19년에 훈련도감에서 해고된 구식 군대의 군인들이 일본식 군대인 별기군(別技軍)과의 차별 대우와 10개월 이상 밀린 급료 및 불량 쌀 지급에 대한 불만을 품고 일으킨 변란을 말한다.

❷ '随着'는 '…에 따라, …에 따라서'라는 뜻으로 어떤 시간이나 상황의 변화에 따라 어떤 결과가 발생한다는 뜻을 표현하며 항상 문장의 첫 머리에 등장한다.

04 | **사** 소한 것도 기억하자

~跟随~一起来到~ : ~이(가) ~을(를) 따라 함께 ~로(으로) 왔다.
中国的商人们跟随中国清朝军队一起来到韩国。
중국의 상인들이 중국 청나라 군대를 따라서 함께 한국으로 왔습니다.

做起了~的生意 : ~의 장사를 하기 시작하다.
从那时开始他们做起了炸酱面的生意。
그때부터 그들은 자장면 장사를 하기 시작했습니다.

~渐渐地变成了~ : ~이(가) 점점 ~로(으로) 변했다.
随着时间的推移，炸酱面的品味渐渐地变成了韩国人喜欢的味道。
시간이 지남에 따라, 자장면의 맛이 점점 한국인이 좋아하는 맛으로 변했습니다.

后来就成了~ : 그 후에 ~이(가) 되다, 나중에 ~이(가) 되다.
后来就成了现在的炸酱面。
그 후에 지금의 자장면이 되었습니다.

05 | **오** 로지 나만의 답안으로 만들자

Q. 请说明一下炸酱面的由来。

[23] 사물놀이에 대해 설명하세요.

请介绍一下四物表演。

2013, 2014, 2016, 2017, 2019, 2020, 2021 기출

01 | 일 단 한번 읽어보자

四物表演是一种农乐表演，仅用小锣、锣、长鼓、圆鼓四种打击乐器，是韩国传统打击乐中的一种流派。四物表演源于农耕文化，为活跃生活气氛而产生的一种农乐表演形式。四物表演的推拉演奏，或紧张或弛缓的反复，形成了一种对比，给听众一种紧张和弛缓的感觉。

02 | 이 렇게도 알아두자

사물놀이는 일종의 농악공연(풍물놀이)으로 꽹과리, 징, 장구, 북 네 가지 타악기만을 사용하는 한국 전통 타악 중의 한 유파입니다. 사물놀이는 농경문화에서 비롯되었으며, 생활의 분위기를 활기차게 하기 위해 생긴 일종의 풍물놀이 형식입니다. 사물놀이의 밀고 당기는 연주와 긴장과 이완의 반복이 대비를 이루어 청중에게 긴장되고 이완되는 느낌을 줍니다.

四物表演 [sìwù biǎoyǎn] 고유 사물놀이 一种 [yìzhǒng] 명 한 가지, 한 종류의, 일종의 农乐 [nóngyuè] 명 농악, 풍물놀이 表演 [biǎoyǎn] 동 공연하다, 연기하다 명 공연 ❶仅 [jǐn] 부 다만, 단지, …뿐 用 [yòng] 동 쓰다, 사용하다 小锣 [xiǎoluó] 명 작은 징, 꽹과리 锣 [luó] 명 징 长鼓 [chánggǔ] 명 장구 圆鼓 [yuán gǔ] 명 북 四种 [sì zhǒng] 수량 네 종류, 네 가지 打击乐 [dǎjīyuè] 명 타악(打樂) 打击乐器 [dǎjī yuèqì] 명 타악기 传统 [chuántǒng] 명 형 전통(적이다) 流派 [liúpài] 명 (학술·문예·무술 등의) 파별, 파(派), 유파, 분파 源于 [yuányú] 동 …에서 발원하다, …서 근원하다, …에서 비롯되다 农耕 [nónggēng] 명 농사, 농업 동 농경하다, 농사를 짓다 文化 [wénhuà] 명 문화 ❷为…而… [wèi…ér…] …을 위해 …하다, …을 하기 위해 …하다 活跃 [huóyuè] 형 활동적이다, 활기 있다, 활기차다 동 활기를 띠게 하다, 활발하게 하다, 활성화하다 生活 [shēnghuó] 명 생활 气氛 [qìfēn] 명 분위기 产生 [chǎnshēng] 동 생기다, 발생하다, 나타나다, 출현하다 农乐表演 [nóngyuè biǎoyǎn] 명 풍물놀이, 사물놀이 形式 [xíngshì] 명 형식, 형태 推拉 [tuī lá] 동 밀고 당기다 演奏 [yǎnzòu] 동 연주하다 ❸紧张 [jǐnzhāng] 형 긴장감 있다, 급박하다, 긴박하다, 격렬하다 ❹弛缓 [chíhuǎn] 형 풀어지다, 해이해지다 形成 [xíngchéng] 동 (어떤 사물이나 기풍·국면 등이) 형성되다, 이루어지다 对比 [duìbǐ] 동 대비하다, 대조하다 명 대비 听众 [tīngzhòng] 명 청중 或 [huò] 접 혹은, 또는, 그렇지 않으면 感觉 [gǎnjué] 명 감각, 느낌

TIP

❶ '仅'은 '단지, 다만, …뿐'의 뜻으로 '只[zhǐ]'에 상당한다.

❷ '为…而…'은 원인이나 목적을 설명하기 위한 고정 형식이다. '为开发新产品而努力(신제품을 개발하기 위해 노력하다)', '为考上大学而努力学习(대학에 가기 위해 열심히 공부하다)' 등으로 표현할 수 있다.

❸ 사물놀이의 리듬에서 '紧张'이라고 하면, 빠르게 치면서 몰아가는 것을 말한다.

❹ 반대로 '弛缓'이라고 하면, 리듬을 느리게 치면서 풀어나가는 것을 말한다.

---

04 | 사 소한 것도 기억하자

📋 ~是一种~ : ~는(은) 일종의 ~이다.
四物表演是一种农乐表演。
사물놀이는 일종의 농악 공연(풍물놀이)입니다.

📋 仅用~ : 단지 ~만을 사용한다.
仅用小锣、锣、长鼓、圆鼓四种打击乐器。
꽹과리, 징, 장구, 북 네 가지 타악기만을 사용합니다.

📑 源于~ : ~에 기원하다, ~에서 비롯되다.
四物表演源于农耕文化。
사물놀이는 농경문화에서 비롯되었습니다.

📑 为~而~ : ~하기 위해 ~하다.
为活跃生活气氛而产生。
생활의 분위기를 활기차게 하기 위해 생겼습니다.
为活跃生活气氛而产生的一种农乐表演形式。
생활의 분위기를 활기차게 하기 위해 생긴 일종의 풍물놀이 형식입니다.

📑 给予~的感觉 : ~한 느낌을 준다.
给予听众一种紧张和弛缓的感觉。
청중에게 긴장 혹은 이완의 느낌을 줍니다.

05 | **오**로지 나만의 답안으로 만들자

Q. 请介绍一下四物表演。

(24) 거문고와 가야금의 차이점은 무엇입니까?

玄鹤琴和伽倻琴的区别是什么?

2013 기출

01 | 일 단 한번 읽어보자

玄鹤琴和伽倻琴都是韩国传统的乐器之一。玄鹤琴是由高句丽人王山岳创制的，一共有6条弦，用竹棍拨动琴弦，发出的声音比较低沉，有点像男人的声音。

据《三国史记》记载，伽倻琴是由伽倻国嘉实王依照筝而制成的。一共有12条弦，用右弹左按的方法，发出的声音比较柔和，有点像女人的声音。

02 | 이 렇게도 알아두자

거문고와 가야금은 모두 한국 전통 악기 중의 하나입니다. 거문고는 고구려인 왕산악이 만들었습니다. 6줄의 현이 있고 대나무 술대를 이용하여 거문고의 현을 퉁깁니다. 소리는 비교적 낮고 묵직하며 남성의 목소리와 비슷합니다.

〈삼국사기〉에 의하면 가야금은 가야국 가실왕이 쟁을 보고 제작하였다고 전해집니다. 모두 12줄의 현으로 오른손으로 퉁기고 왼손으로 누르는 방법을 사용합니다. 소리는 비교적 온화하며, 여인의 목소리를 닮았습니다.

玄鹤琴 [xuánhèqín] 몡 거문고 伽倻琴 [jiāyēqín] 몡 가야금 区别 [qūbié] 몡 구별, 차이 통 구분하다, 나누다, 판별하다
传统 [chuántǒng] 몡 전통 乐器 [yuèqì] 몡 악기 之一 [zhīyī] 몡 ···중의 하나 由 [yóu] 캐 ···(으)로부터, ···에 의해
高句丽 [Gāogōulì] 고유 고구려 ❶王山岳 [Wáng Shānyuè] 고유 (인명) 왕산악 创制 [chuàngzhì] 통 (주로 문자, 법률 등을)
창제하다, 처음으로 제정하다 一共 [yígòng] 부 모두, 전부, 합계 条 [tiáo] 양 줄기, 가닥, 갈래[가늘고 긴 것을 세는 단위]
用 [yòng] 캐 ···로써, ···으로 통 쓰다, 사용하다, 이용하다 竹棍 [zhúgùn] 몡 대나무 막대기, 대나무 술대 拨动 [bōdòng]
통 손가락이나 도구로 거문고를 켜다, 심금을 울리다, 감동시키다 琴弦 [qínxián] 몡 거문고의 줄, 현, 악기줄 发出 [fāchū]
통 (소리 등을) 내다 声音 [shēngyīn] 몡 소리, 목소리 比较 [bǐjiào] 부 비교적, 상대적으로 低沉 [dīchén] 혭 (소리가)
나지막하다, 낮고 묵직하다 像 [xiàng] 통 같다, 비슷하다, 닮다 据 [jù] 캐 ···에 따르면, ···에 의거[근거]하여 三国史记
[Sānguó Shǐjì] 고유 삼국사기 记载 [jìzǎi] 몡 기록, 기사, 사료 통 기재하다, 기록하다 伽倻国 [Jiāyēguó] 고유 가야국
嘉实王 [Jiāshíwáng] 고유 (인물) 가실왕, 6세기 가야국의 임금 ❷依照 [yīzhào] 캐 ···에 의해, ···에 따라 筝 [zhēng] 몡 쟁
制成 [zhìchéng] 통 ···로 만들다, ···로 만들어지다 弹 [tán] 통 (악기를) 타다, 뜯다, 치다, 연주하다 按 [àn] 통 (손이나
손가락 등으로) 누르다 柔和 [róuhé] 혭 온유하다, 온화하다, 온순하다, 연하고 부드럽다

TIP

❶ 왕산악은 고구려 시대의 음악가로 거문고의 제작자이며 거문고 연주의 대가이다. 삼국사기에 의하면, 진나라에서
   보내온 칠현금을 개량하여 새로운 현악기를 만들었는데 그것이 오늘날 '거문고'이다.

❷ '依照'는 동작의 근거를 나타낸다. 어떤 지시, 규정, 법률, 부탁 등을 바꾸거나 변경하지 않고 엄격히 준수하며 그대
   로 처리할 때 이 개사(개사)를 사용한다. 그러므로 '依照'는 문어체에 자주 등장하며 주로 법률 조항을 설명할 때
   '···에 따라, ···에 근거하여, ···에 의해'의 뜻을 나타낸다. 예를 들면, '依照宪法(헌법에 따라)', '依照规定(규정에
   의해)', '依照指示(지시대로)' 등이 있다.

~和~的区别是什么 : ~와(과) ~의 차이점은 무엇인가?
玄鹤琴和伽倻琴的区别是什么?
거문고와 가야금의 차이점은 무엇입니까?

由~创制 : ~이(가) 창제하였다.
玄鹤琴是由高句丽人王山岳创制的。
거문고는 고구려인 왕산악이 창제하였습니다.

有点像~ : ~을(를) 좀 닮다.
有点像男人的声音。
남성의 목소리와 닮았습니다.

📖 由~依照~而制成 : ~이(가) ~에 따라 제작하다.
据《三国史记》记载伽倻琴是由伽倻国嘉实王依照筝而制成的。
〈삼국사기〉에 의하면 가야금은 가야국 가실왕이 쟁을 보고 제작하였다고 전해집니다.

📖 用~的方法 : ~의 방법을 사용하다.
用右弹左按的方法。
오른손으로 튕기고 왼손으로 누르는 방법을 사용합니다.

05 | 오로지 나만의 답안으로 만들자

Q. 玄鹤琴和伽倻琴的区别是什么?

(25) 한국의 전통 술에는 어떤 것들이 있습니까?

韩国的传统酒都有什么?

2013, 2014, 2019, 2021 기출

01 | 일단 한번 읽어보자

韩国每个地区都有自己的传统酒,其中最有代表性的传统酒是马格利酒。马格利酒是由米、小麦等谷物发酵酿成的,它的颜色是乳白色。以前马格利酒很受农民们的喜爱,当他们口渴的时候,把马格利酒当作饮料来喝,所以也称农酒。马格利酒的酒精含量较少,含有大量的蛋白质、维生素、膳食纤维和乳酸菌,还有抗癌物质,现在受很多外国人和韩国人的喜爱。

02 | 이렇게도 알아두자

한국은 각 지역마다 고유의 전통주가 있습니다. 그 중 가장 대표적인 전통주는 막걸리입니다. 막걸리는 쌀, 밀 등의 곡물을 발효시켜 빚어낸 것으로 그 색깔은 우윳빛입니다. 예전에 막걸리는 농민들에게 많은 사랑을 받았습니다. 그들은 목이 마를 때 막걸리를 음료수처럼 마셨습니다. 그래서 농주라고도 합니다. 막걸리는 알코올 함량이 적고 대량의 단백질, 비타민, 식이섬유와 유산균을 함유하고 있으며, 또 항암물질을 포함하고 있어서 현재 외국인과 한국인에게 많은 사랑을 받고 있습니다.

传统酒 [chuántǒngjiǔ] 몡 전통주, 전통술 马格利酒 [mǎgélìjiǔ] 몡 막걸리 由 [yóu] 갱 …에서부터, …으로부터 米 [mǐ] 몡 쌀 小麦 [xiǎomài] 몡 밀 谷物 [gǔwù] 몡 곡물, 곡식 发酵 [fājiào] 동 발효하다, 발효시키다, 띄우다 ❶酿成 [niàngchéng] 동 (좋지 않은 결과를) 조성하다, 빚어내다, 만들다, 발생시키다, 야기하다, 초래하다 颜色 [yánsè] 몡 색, 색깔 乳白色 [rǔbáisè] 몡 젖빛, 유백색, 우윳빛 受 [shòu] 동 받다, 받아들이다 农民们 [nóngmínmen] 몡 농민들, 농부들 喜爱 [xǐ'ài] 동 좋아하다, 애호하다 口渴 [kǒukě] 혱 목마르다 当作 [dàngzuò] 동 …으로 여기다, …으로 삼다, …으로 간주하다 饮料 [yǐnliào] 몡 음료 也称 [yě chēng] 동 …라고도 부르다, …라고도 칭하다, …라고도 일컫다 农酒 [nóngjiǔ] 몡 농주 酒精 [jiǔjīng] 몡 알코올 含量 [hánliàng] 몡 함량 较少 [jiàoshǎo] 혱 좀 적다, 비교적 적다 含有 [hányǒu] 동 함유하다, 포함하다, (사물의) 안에 들어 있다 大量 [dàliàng] 혱 대량의, 다량의, 많은 양의, 상당한 양의 蛋白质 [dànbáizhì] 몡 단백질 维生素 [wéishēngsù] 몡 비타민 膳食纤维 [shànshí xiānwéi] 몡 식이섬유 乳酸菌 [rǔsuānjūn] 몡 유산균 而且 [érqiě] 젭 게다가, 뿐만 아니라, 또한 抗癌 [kàng'ái] 몡 항암 동 암을 예방·치료하다 物质 [wùzhì] 몡 물질

TIP

❶ '酿'은 동사로서 '술을 빚다, 양조하다'는 뜻으로 '酿酒[niàngjiǔ](술을 빚다, 술을 담그다)'는 뜻을 포함한다. 酿의 한자 훈음은 '술 빚을 양'이다. 우리가 술이나 식초, 간장 등을 '양조하다'라고 할 때도 이 단어를 사용하여 '酿造[niàngzào]'라고 표현할 수 있다. 여기서 파생된 동사 '酿成'은 어떤 경우에는 좋지 않은 결과를 '빚어내다, 조성하다, 일으키다'는 뜻을 나타낸다. 예를 들면, '酿成灾祸(재앙을 빚어내다)', '酿成大祸(큰 화를 일으키다)' 등이 있다.

是由~发酵酿成的 : ~은(는) ~을(를) 발효시켜 빚어낸 것이다.
马格利酒是由米、小麦等谷物发酵酿成的。
막걸리는 쌀, 밀 등의 곡물을 발효시켜 빚어낸 것입니다.

很受~的喜爱 : ~에게 많은 사랑을 받다.
以前马格利酒很受农民们的喜爱。
예전에 막걸리는 농민들에게 많은 사랑을 받았습니다.

当~的时候 : ~때, ~일 때, ~할 때
当他们口渴的时候,
그들은 목이 마를 때,

把~当作~来喝 : ~을(를) ~로(으로) 삼아서 마시다.
把马格利酒当作饮料来喝。
막걸리를 음료수처럼 마셨습니다.

Q. 韩国的传统酒都有什么?

[26] 한국의 공휴일에 대해 설명하세요.

请介绍一下韩国公休日。

2011, 2014 **기출**

01 | 일 단 한번 읽어보자

韩国的公休日有：

新年：阳历1月1日，新的一年开始的日子。

春节：农历正月初一，是韩国最大的传统节日之一。

3·1节：阳历3月1日，是民族独立运动纪念日。

释迦牟尼诞辰日：农历四月初八，是佛教的创始人释迦牟尼诞生的日子。

儿童节：阳历5月5日。

显忠日：阳历6月6日，是纪念为国献身战士的日子。

光复节：阳历8月15日，是纪念1945年国家恢复主权的日子。

中秋节：农历八月十五，是庆祝丰收、感谢祖先的日子。

开天节：阳历10月3日，传说韩国民族先祖在这一天建立了古朝鲜。

韩文节：阳历10月9日，是纪念世宗大王创制文字的日子。

圣诞节：阳历12月25日，是基督教耶稣诞生的日子。

02 | 이 렇게도 알아두자

한국에는 다음과 같은 공휴일이 있습니다.

신년 : 양력 1월 1일, 새로운 한 해를 시작하는 날입니다.

춘절(설날) : 음력 정월 초하루, 한국 최대의 전통 명절 중의 하나입니다.

3·1절 : 양력 3월 1일, 민족 독립운동 기념일입니다.

석가탄신일 : 음력 4월 초파일, 불교의 창시인 석가모니 탄생의 날입니다.

어린이날 : 양력 5월 5일입니다.

현충일 : 양력 6월 6일, 위국헌신(나라를 위해 몸을 바친)의 전사를 기념하는 날입니다.

광복절 : 양력 8월 15일, 1945년 나라가 주권을 회복한 날을 기념하는 날입니다.

PART 03

중추절(추석) : 음력 8월 15일, 풍년을 경축하고 조상에 감사하는 날입니다.
개천절 : 양력 10월 3일, 전설에 의하면 한국 민족의 선조가 이날 고조선을 건국하였습니다.
한글날 : 양력 10월 9일, 세종대왕이 문자를 창제한 날을 기념합니다.
성탄절 : 양력 12월 25일, 기독교 예수가 탄생한 날입니다.

03 | 삼 세번은 복습하자

公休日 [gōngxiūrì] 명 공휴일　新年 [Xīnnián] 명 신년, 새해　阳历 [yánglì] 명 양력, 태양력　日子 [rìzi] 명 (선택한) 날, 날짜, 시일, 시간　春节 [Chūnjié] 명 설, 음력 정월 초하루, 춘절　农历 [nónglì] 명 음력　正月初一 [zhēngyuè chūyī] 명 정월 초하루　传统节日 [chuántǒng jiérì] 명 전통명절　之一 [zhīyī] 명 …중의 하나　节 [jié] 명 절, 기념일, 명절, 축제일　民族 [mínzú] 명 민족　独立运动 [dúlì yùndòng] 명 독립운동　纪念日 [jìniànrì] 명 기념일　释迦牟尼 [Shìjiāmóuní] 고유 석가모니　诞辰日 [dànchénrì] 명 탄신일, 생일　佛教 [Fójiào] 명 불교　创始人 [chuàngshǐrén] 명 창시자, 창립인　诞生 [dànshēng] 통 탄생하다, 태어나다, 출생하다　儿童节 [Értóngjié] 명 어린이날　显忠日 [Xiǎnzhōngrì] 명 현충일　纪念 [jìniàn] 통 기념하다　献身 [xiànshēn] 통 헌신하다, 몸을 바치다　战士 [zhànshì] 명 전사　光复节 [Guāngfùjié] 명 광복절　恢复 [huīfù] 통 회복하다, 회복되다　主权 [zhǔquán] 명 주권　中秋节 [Zhōngqiūjié] 명 추석, 한가위　庆祝 [qìngzhù] 통 경축하다　丰收 [fēngshōu] 명 풍작, 풍년　感谢 [gǎnxiè] 통 고맙다, 감사하다, 고맙게 여기다　祖先 [zǔxiān] 명 선조, 조상　开天节 [Kāitiānjié] 명 개천절　传说 [chuánshuō] 명 전설　先祖 [xiānzǔ] 명 선조, 조상　建立 [jiànlì] 통 창설하다, 건립하다, 수립하다, 성립하다, 세우다　古朝鲜 [Gǔcháoxiān] 고유 고조선　韩文节 [Hánwénjié] 명 한글날　世宗大王 [Shìzōng dàwáng] 고유 세종대왕　创制 [chuàngzhì] 통 (주로 문자·법률 등을) 창제하다, 처음으로 제정하다　文字 [wénzì] 명 문자, 글자　圣诞节 [Shèngdànjié] 명 성탄절, 크리스마스　基督教 [Jīdūjiào] 명 기독교　耶稣 [Yēsū] 고유 예수

04 | 사 소한 것도 기억하자

📖 ~是~之一 : ~은(는) ~ 중의 하나이다.
春节是韩国最大的传统节日之一。
설은 한국 최대의 전통 명절 중의 하나입니다.

📖 是纪念~的日子 : ~을(를) 기념하는 날이다.
显忠日是纪念为国献身的战士的日子。
현충일은 위국헌신의 전사를 기념하는 날입니다.

Q. 请介绍一下韩国公休日。

(27) 애국가에 대해 이야기해 보세요.

请介绍一下爱国歌。

2014, 2015 기출

01 | 일 단 한번 읽어보자

《爱国歌》是韩国的国歌。作词者不详，作曲安益泰。1930年后期安益泰在奥地利留学时作曲的曲谱，在1948年8月15日大韩民国政府成立的同时，正式成为韩国的国歌。2005年3月16日安益泰的夫人西班牙人罗丽塔·安向韩国政府捐赠了爱国歌的版权。

02 | 이 렇게도 알아두자

애국가는 한국의 국가입니다. 작사자는 미상이며, 작곡자는 안익태입니다. 1930년 후기에 안익태가 오스트리아에서 유학할 때 작곡한 악보가 1948년 8월 15일 대한민국 정부 수립과 함께 국가로 공식 채택되었습니다. 2005년 3월 16일 안익태의 부인 스페인 사람 로리타 안이 한국 정부에 애국가의 저작권을 기증하였습니다.

03 | 삼 세번은 복습하자

爱国歌 [àiguógē] 명 애국가 国歌 [guógē] 명 국가 作词者 [zuòcízhě] 명 작사자 **❶**不详 [bùxiáng] 형 상세하지 않다, 분명하지 않다, 미상 后期 [hòuqī] 명 후기 安益泰 [Ān yìtài] 고유 (인명) 안익태 奥地利 [Àodìlì] 고유 오스트리아 留学 [liúxué] 동 유학하다 作曲 [zuòqǔ] 동 작곡하다 曲谱 [qǔpǔ] 명 악보, 곡보 大韩民国 [Dàhán Mínguó] 고유 대한민국 政府 [zhèngfǔ] 명 정부 夫人 [fūrén] 명 부인 西班牙人 [Xībānyárén] 명 스페인 사람, 스패니시인(Spanish) 罗丽塔·安 [Luólìtǎ·Ān] 고유 (인명, 외래어) 로리타 안 向 [xiàng] 개 …에게, …을 향해 捐赠 [juānzèng] 동 기증하다, 기부하다, 헌납하다 版权 [bǎnquán] 명 저작권

TIP

❶ '不详'은 형용사로 '情况不详，地址不详'으로 쓰일 때는 '분명하지 않다, 상세하지 않다'라는 뜻을 나타내며, '作者不详，出生年月不详'으로 쓰일 때는 '작자 미상, 출생년도 미상'으로 해석된다.

04 | 사 소한 것도 기억하자

📖 向~捐赠~ : ~에(에게) ~을(를) 기증하다.

向韩国政府捐赠了爱国歌的版权。

한국 정부에 애국가의 저작권을 기증하였습니다.

05 | 오 로지 나만의 답안으로 만들자

Q. 请介绍一下爱国歌。

[28] 태극기에 대해 설명하세요.

请介绍一下太极旗。

2014 기출

01 | 일 단 한번 읽어보자

太极旗是韩国的国旗，是根据《周易》绘制的。中央的太极象征宇宙，蓝色代表阴，红色代表阳。阴和阳、男和女、天和地、光明和黑暗分别代表宇宙的两种力量，相互对立达到宇宙的平衡。太极旗四角有四种三条横线图案，分别是乾、坤、坎、离，分别代表天、地、水、火。太极旗的底色是白色，代表韩国人民的纯洁还有他们对和平的热爱。

02 | 이 렇게도 알아두자

태극기는 한국의 국기로 〈주역〉에 근거하여 제작한 것입니다. 중앙의 태극은 우주를 상징하며, 파란색은 음을 나타내고, 붉은색은 양을 나타냅니다. 음과 양, 남과 여, 천과 지, 빛과 어둠은 각각 우주의 두 가지 힘을 나타내며, 상호 대립은 우주의 균형을 맞춰 줍니다. 태극기의 모퉁이에는 네 종류의 세 줄로 된 도안이 있는데 건, 곤, 감, 리로 각각 하늘, 땅, 물, 불을 나타냅니다. 태극기의 바탕색은 흰색으로 한국 국민의 순결 그리고 그들의 평화에 대한 열렬한 사랑을 나타냅니다.

03 | 삼 세번은 복습하자

太极旗 [tàijíqí] 몡 태극기(太極旗) 国旗 [guóqí] 몡 국기 根据 [gēnjù] 꽤 …에 의거하여, …에 근거하여 周易 [Zhōuyì] 몡 《주역》 绘制 [huìzhì] 통 제도하다, (도면·도표 따위를) 제작하다 象征 [xiàngzhēng] 몡통 상징(하다) 宇宙 [yǔzhòu] 몡 우주, 세계 代表 [dàibiǎo] 통 대표하다, 나타내다 阴 [yīn] 몡 음(陰) 阳 [yáng] 몡 양[중국 고대 철학에서 우주에서 모든 사물을 통괄하는 두 가지 대립되는 것의 하나. '음(陰)'에 상대되는 말] 光明 [guāngmíng] 몡 광명, 빛 黑暗 [hēi'àn] 몡 암흑, 어둠 分别 [fēnbié] 뿐 각각, 따로따로 力量 [lìliang] 몡 능력, 역량, 힘, 작용, 효과, 효능, 효력 相互 [xiānghù] 뿐 상호(간에), 서로(간에) 对立 [duìlì] 통 대립하다, 대립되다, 적대하다, 모순되다 达到 [dádào] 통 달성하다, 도달하다,

이르다 **平衡** [pínghéng] 톙 균형이 맞다, 균형 잡히다, 평형하다   **四角** [sìjiǎo] 몡 사각, 네모, 네 귀   **横线** [héngxiàn]
톙 횡선, 가로줄, 밑줄   **图案** [tú'àn] 톙 도안   **乾** [qián] 톙 건[팔괘(八卦) 가운데 하나. 괘형(卦形)은 '☰'로 하늘을 상징함]
坤 [kūn] 톙 곤괘[팔괘(八卦)의 하나. 괘형(卦形)은 '☷'으로, 땅을 상징함]   **坎** [kǎn] 톙 감괘[팔괘(八卦)의 하나. 괘형(卦形)
은 '☵'으로, 물을 상징함]   **离** [lí] 톙 이괘(**离卦**)[팔괘(八卦)의 하나. 괘형(卦形)은 '☲'으로, 불을 상징함]   **底色** [dǐsè] 톙 (그
림·도안 등의) 바탕색[깔]   **人民** [rénmín] 톙 인민, 국민   **纯洁** [chúnjié] 톙 순결 톙 순결하다, 순수하고 맑다, 티없이
깨끗하다, 사심(**私心**)이 없다   **和平** [hépíng] 톙 평화   **热爱** [rè'ài] 톙 사랑 통 열애에 빠지다, 뜨겁게 사랑하다

---

04 | **사** 소한 것도 기억하자

📑 ~**分别代表**~ : ~은(는) 각각 ~을(를) 나타낸다.

光明和黑暗分别代表宇宙的两种力量。

빛과 어둠은 각각 우주의 두 가지 힘을 나타냅니다.

---

05 | **오** 로지 나만의 답안으로 만들자

Q. **请介绍一下太极旗。**

PART 03 관광국사 및 관광자원해설 관련 지식에 관한 질문 **291**

(01) N서울타워(남산타워)를 소개해 보세요.

请介绍一下N首尔塔(南山塔)。

2014 기출

01 | 일 단 한번 읽어보자

N首尔塔又叫南山塔，在首尔的南山上，建于1975年，是韩国有名的旅游景点，也是韩国的象征。N首尔塔最初是为电视和电台发送无线电而建造的。

N首尔塔大厅里有多种媒体区、儿童体验学习馆及展览和演出的空间。N首尔塔高236.7米，7楼有旋转式餐厅，在上面用餐的同时，可以欣赏全首尔的风景。

02 | 이 렇게도 알아두자

N서울타워는 남산타워라고도 불리며, 서울의 남산에 있으며 1975년에 지어졌습니다. 한국의 유명한 관광 명소이며, 한국의 상징이기도 합니다. N서울타워는 처음에는 텔레비전과 라디오 방송국에 무선 전신을 송출하기 위해 지어졌습니다.

N서울타워 로비에는 다양한 미디어 구역, 아동 체험학습관 및 전람과 연출의 공간이 있습니다. N서울타워는 높이가 236.7미터이고, 7층에는 회전식 레스토랑이 있어 위에서 식사를 하면서 서울의 풍경을 감상할 수 있습니다.

03 | 삼 세번은 복습하자

N首尔塔 [Shǒu'ěrtǎ] 고유 N서울타워 又叫 [yòujiào] 통 …라고도 한다, …라고도 불리다 南山塔 [Nánshāntǎ] 고유 남산타워 建于 [jiàn yú] 통 …에 지어지다, …에 건립되다, …에 건설되다 旅游景点 [lǚyóu jǐngdiǎn] 명 관광 명소 象征 [xiàngzhēng] 명 상징, 표상, 표징, 심벌, 표시 电视 [diànshì] 명 텔레비전(방송) 电台 [diàntái] 명 라디오 방송국 ❶发送 [fāsòng] 통 (무선 신호 등을) 송출하다, 보내다, 발사하다, (편지, 신문, 여객 등을) 보내다, 띄우다, 부치다, 발송하다, 배달하다, 송출하다 无线电 [wúxiàndiàn] 명 무선 전신 建造 [jiànzào] 통 건조하다, 건축하다, 세우다, 제조하다 大厅 [dàtīng] 명 대청, 홀, 로비 媒体区 [méitǐqū] 명 미디어 구역, 언론 매체 구역 儿童体验学习馆 [értóng tǐyàn xuéxíguǎn] 명 아동 체험 학습관 及 [jí] 접 및, …와(과) 展览 [zhǎnlǎn] 통 전람하다 演出 [yǎnchū] 통 공연하다, 연출하다 명 공연 空间 [kōngjiān] 명 공간 楼 [lóu] 양 층 旋转式 [xuánzhuǎn shì] 명 회전식 餐厅 [cāntīng] 명 식당, 레스토랑 旋转

[xuánzhuǎn] 图 (빙빙) 돌다, 회전하다, 선회하다, 돌리다 用餐 [yòngcān] 图 식사를 하다, 밥을 먹다 欣赏 [xīnshǎng] 图 감상하다 风景 [fēngjǐng] 图 경치, 풍경

04 | **사**소한 것도 기억하자

📑 ~又叫~ : ~은(는) ~라고도 불린다.
N首尔塔又叫南山塔。
N서울타워는 남산타워라고도 불립니다.

📑 是~, 也是~ : ~이며, ~이기도 하다.
是韩国有名的旅游景点，也是韩国的象征。
한국의 유명한 관광 명소이며, 한국의 상징이기도 합니다.

📑 最初是为~而建造 : 처음에는 / 본래 ~을(를) 하기 위해 건설되다 / 지어지다
N首尔塔最初是为电视和电台发送无线电而建造。
N서울타워는 처음에는 텔레비전과 라디오 방송국에 무선 전신을 송출하기 위해 지어졌습니다.

05 | **오**로지 나만의 답안으로 만들자

请介绍一下N首尔塔(南山塔)。

(02) 인사동을 설명해 보세요.

请介绍一下仁寺洞。

2011, 2014 기출

01 | 일 단 한번 읽어보자

仁寺洞在朝鲜时代是官府和富人集中居住的地方。从日本强占时期起，富人们把家中的物品拿出来卖钱，慢慢地就成了古董街。

仁寺洞位于首尔中心的钟路区，现已成为买卖文化商品的文化街，韩国40%的古董店都在仁寺洞。仁寺洞有很多画廊、古董店，游客们可以买到各种古代和现代的美术品、韩服、陶瓷、书法材料、古董家具、韩纸、传统茶、民俗工艺品等。这里还有韩国的传统茶屋和餐厅，并且保留了韩国特色的风格和情调，其中比较有名的是'仁寺艺术中心'、'耕仁美术馆'和'Alive Museum 爱来魔相艺术馆'。

Ssamzigil是仁寺洞路上的地标，一直深受大家的喜欢。里面有70家以上的店铺，游客们在这儿可以购买到很多东西，品尝多种美食，还可以欣赏传统艺术。

02 | 이 렇게도 알아두자

인사동은 조선시대에 관청과 부자들이 집중해서 거주하던 곳입니다. 일제강점기부터 부자들이 집에 있는 물품들을 가지고 와서 돈을 받고 팔기 시작하면서 천천히 골동품 거리가 되었습니다.

인사동은 서울 중심의 종로구에 위치하고 있고, 지금은 이미 문화상품을 사고파는 문화거리가 되었으며, 한국의 40%의 골동품 가게가 모두 인사동에 있습니다. 인사동에는 많은 화랑, 골동품 가게가 있어서 여행객들은 고대와 현대의 예술품, 한복, 도자기, 서예 재료, 골동 가구, 한지, 전통차, 민속 공예품 등을 살 수 있습니다. 이곳에는 또 한국의 전통찻집과 식당이 있으며 한국 특색의 풍격과 정서를 간직하고 있습니다. 그중에서 비교적 유명한 것은 '인사아트센터', '경인미술관'과 '박물관은 살아있다'입니다.

쌈지길은 인사동 길의 랜드마크이며, 줄곧 사람들의 깊은 사랑을 받았습니다. 내부에는 70개 이상의 점포가 있으며, 여행객은 이곳에서 많은 물건을 구매할 수 있고 여러 종류의 맛있는 음식도 맛볼 수 있으며 또 전통예술도 감상할 수 있습니다.

仁寺洞 [Rénsìdòng] 고유 (지명) (한국) 인사동　官府 [guānfǔ] 명 관청, 관아　富人 [fùrén] 명 부자　集中 [jízhōng] 동 집중하다, 모으다, 집중시키다, 집중되다 형 집중된, 전심전력의, 집결된　居住 [jūzhù] 동 거주하다　❶从…起 [cóng…qǐ] …에서 시작하다, …부터 시작하다　强占 [qiángzhàn] 동 강점하다, 힘으로 차지하다, 무력으로 점령하다　时期 [shíqī] 명 (특정한) 시기　物品 [wùpǐn] 명 물품　拿出来 [náchūlái] 동 꺼내다, 가지고 오다, 가지고 나오다　卖钱 [màiqián] 동 물건을 팔아서 돈을 얻다, 돈을 받고 팔다, 돈으로 바꾸다　慢慢地 [mànmànde] 부 천천히　成 [chéng] 동 …이[가] 되다, …[으]로 변하다　古董街 [gǔdǒngjiē] 명 골동품거리　位于 [wèiyú] 동 …에 위치하다　首尔 [Shǒu'ěr] 고유 서울　中心 [zhōngxīn] 명 한가운데, 중심, 복판, 중심지, 중요 지역　钟路区 [Zhōnglùqū] 고유 (서울) 종로구　❷现已 [xiànyǐ] 현재는, 지금은, 이제, 현재 이미, 지금 이미　成为 [chéngwéi] 동 …이[가] 되다, …[으]로 되다　买卖 [mǎimài] 명 사업, 장사, 교역, 매매, 거래　文化 [wénhuà] 명 문화　商品 [shāngpǐn] 명 상품　文化街 [wénhuàjiē] 명 문화 거리[서울의 인사동과 같이 도서·서화·공예품 등을 집중적으로 취급하는 거리]　画廊 [huàláng] 명 화랑[미술품을 파는 상점]　古代 [gǔdài] 명 고대　美术品 [měishùpǐn] 명 미술품　韩服 [Hánfú] 고유 한복　陶瓷 [táocí] 명 도자기　书法 [shūfǎ] 명 서예, 서법, 서도　材料 [cáiliào] 명 재료, 원료, 감　古董 [gǔdǒng] 명 골동품　家具 [jiājù] 명 가구　韩纸 [Hánzhǐ] 고유 한지　传统茶 [chuántǒng chá] 명 전통차　民俗 [mínsú] 명 민속, 민풍　工艺品 [gōngyìpǐn] 명 (수)공예품　传统茶屋 [chuántǒng cháwū] 명 전통찻집　餐厅 [cāntīng] 명 식당, 레스토랑　❸保留 [bǎoliú] 동 남겨 두다, 간직하다, 유지하다, 보류하다, 유보하다　特色 [tèsè] 명 특색, 특징　风格 [fēnggé] 명 풍격, 작풍, 기풍(氣風)　情调 [qíngdiào] 명 정서(情緒), 기분, 분위기, 무드　其中 [qízhōng] 대 그 중에, 그 안에　比较 [bǐjiào] 부 비교적, 상대적으로　有名 [yǒumíng] 형 유명하다, 명성이 높다, 이름이 널리 알려지다　仁寺艺术中心 [Rénsì Yìshù Zhōngxīn] 고유 인사아트센터　耕仁美术 [Gēngrén Měishùguǎn] 고유 경인미술관　Alive Museum 爱来魔相艺术馆 [Àilái Móxiàng Yìshùguǎn] 고유 「박물관은 살아있다」 예술관　地标 [dìbiāo] 명 지표, 지상 표지, 랜드마크　❹深受 [shēnshòu] 동 (매우) 깊이 받다, 크게 입다　店铺 [diànpù] 명 상점, 가게, 점포　购买 [gòumǎi] 동 사다, 구입하다　品尝 [pǐncháng] 동 맛보다, 시식(試食)하다, 자세히 식별하다　多种 [duōzhǒng] 형 다양한　美食 [měishí] 명 맛있는 음식, 미식　欣赏 [xīnshǎng] 동 감상하다, 좋아하다, 마음에 들다　传统艺术 [chuántǒng yìshù] 명 전통 예술

TIP

❶ '从…起'는 '~에서 / ~부터 시작하다'는 뜻으로 '从…开始'와 같은 의미를 나타낸다. 주로 출발점, 출발시간, 시작시간을 표현할 때 사용한다. '从明天起(=从明天开始)'는 '내일부터 (~을 시작하다)'라는 뜻을, '从朝鲜时代起(=从朝鲜时代开始)'는 '조선시대 때부터 (시작하여)'라는 뜻을 나타낸다.

❷ '现已'는 '现在 + 已经'의 준말로 볼 수 있으며, 문장에서 '지금은, 이제는, 현재 이미, 지금은 이미' 등의 해석이 가능하다.

❸ '保留'는 '남겨두다, 유지하다, 간직하다'는 뜻으로 어떤 사물이나 상황이 변하지 않도록 잘 유지하고 남겨 둔다는 뜻을 강조한다.

❹ '深受'는 '매우 깊이 ~을 받다, ~을 크게 입다'는 뜻으로 단독으로 사용되기보다는 항상 뒤에 함께 등장하는 단어들이 정해져 있다.
　예 深受喜欢(깊은 사랑을 받다 / 많은 인기가 있다), 深受宠爱(각별한 사랑을 받다), 深受感动(깊은 감동을 받다 / 큰 감동을 받다), 深受影响(깊은 영향을 받다)

📑 **从~起 :** ~에서 시작하여
从日本强占时期起
일제강점기부터

📑 **~位于~, 现已成为~ :** ~은(는) ~에 위치하며, 지금은 이미 ~이(가) 되었다.
仁寺洞位于首尔中心的钟路区, 现已成为买卖文化商品的文化街。
인사동은 현재 서울 중심의 종로구에 위치하며, 지금은 이미 문화상품을 거래하는 문화거리가 되었습니다.

📑 **一直深受~喜欢 :** 줄곧 ~의 깊은 사랑을 받다, 줄곧 인기가 있다.
Ssamzigil是仁寺洞路上的地标, 一直深受大家的喜欢。
쌈지길은 인사동 길의 랜드마크이며, 줄곧 사람들의 깊은 사랑을 받았습니다.

📑 **~可以~, 还可以~ :** ~을(를) 할 수 있으며, 게다가 ~도 할 수 있다.
游客们在这儿可以购买到很多东西, 品尝多种美食, 还可以欣赏传统艺术。
여행객은 이곳에서 많은 물건을 구매할 수 있으며, 여러 종류의 맛있는 음식도 맛볼 수 있고 또 전통예술도 감상할 수 있습니다.

05 | 오 로지 나만의 답안으로 만들자

Q. 请介绍一下仁寺洞。

(03) 남대문시장과 동대문시장을 비교해 보세요.

请比较一下南大门市场和东大门市场。

2010, 2012, 2014 기출

01 | 일단 한번 읽어보자

南大门市场和东大门市场是首尔最具有代表性的综合市场，是外国游客来韩国时一定要去的旅游地。

南大门市场是在1414年由政府租赁店铺开始的，1608年设置了宣惠厅以后，开始有了客舍和代销商，南大门市场得到了全面的发展。现在的南大门市场已经成为了服装、日用品等批发、零售的市场，在这里可以买到低廉价格的商品。

东大门市场最初是1905年由90多家店铺组成的广藏市场开始的，6·25战争以后，难民为了维持生活而在这里进行各种物品的交易。现在的东大门市场有很多购物中心和地下商场，是一座不夜城。

南大门市场和东大门市场的商品物美价廉，美食也是非常有名。市场开门时，韩国人特有的勤奋也成为了城市形象中一道独特的风景。

02 | 이렇게도 알아두자

남대문시장과 동대문시장은 서울의 가장 대표적인 종합시장이며, 외국인 관광객들이 한국에 오면 꼭 방문하는 관광지입니다.

남대문시장은 1414년 정부임대시전으로 출발하여 1608년에 선혜청이 설치된 후, 객사와 객주가 생겨나기 시작하면서 전면적으로 발전하게 되었습니다. 지금의 남대문시장은 의류, 생활용품의 도소매시장이 되었으며, 여기서는 저렴한 가격의 상품을 살 수 있습니다.

동대문시장은 1905년 90여 개의 점포로 이루어진 광장시장이 시초였으며, 6.25전쟁 이후 피난민들이 생계를 유지하기 위해 이곳에서 각종 물품의 거래가 이뤄졌습니다. 지금의 동대문시장은 쇼핑센터와 지하상가가 아주 많으며, 불야성을 이루는 곳이 되었습니다.

남대문시장과 동대문시장의 상품은 상품의 질이 좋고 값이 저렴하며, 먹거리로도 유명합니다. 시장이 문을 열 때, 한국인 특유의 부지런함은 도시 이미지 속에서 독특한 풍경이 되었습니다.

南大门 [Nándàmén] 고유 (한국) 남대문　市场 [shìchǎng] 명 시장　东大门 [Dōngdàmén] 고유 (한국) 동대문　首尔 [Shǒu'ěr] 고유 (지명) 서울　最 [zuì] 부 가장, 제일, 아주, 매우　具有 [jùyǒu] 있다, 가지다, 지니다, 구비하다　代表性 [dàibiǎoxìng] 명 대표성, 대표적인　综合市场 [zōnghé shìchǎng] 명 종합시장　一定要 [yídìngyào] 통 …꼭 …하다, 반드시 …하다　旅游地 [lǚyóudì] 명 관광지　由 [yóu] 개 …이[가], …에서, …[으]로부터　政府 [zhèngfǔ] 명 정부　租赁 [zūlìn] 통 임대(賃貸)하다, 세를 놓다, (세를 받고) 빌려 주다　店铺 [diànpù] 명 상점, 가게, 점포　设置 [shèzhì] 통 설치하다, 설립하다, 세우다　❶宣惠厅 [Xuānhuìtīng] 고유 선혜청　客舍 [kèshè] 명 객사, 여관　代销商 [dàixiāoshāng] 명 객주, 판매대리상　得到 [dédào] 통 (기회를 빌려서) …할 수 있다　全面 [quánmiàn] 명 전면, 전반, 전체　发展 [fāzhǎn] 통 발전하다　成为 [chéngwéi] 통 …이[가] 되다, …[으]로 되다　服装 [fúzhuāng] 명 복장, 의류, 의상, 의복　日用品 [rìyòngpǐn] 명 일용품　批发 [pīfā] 통 도매하다　零售 [língshòu] 통 소매하다　买到 [mǎidào] 통 사들이다, 사서 손에 넣다　低廉 [dīlián] 형 싸다, 저렴하다　价格 [jiàgé] 명 가격, 값　商品 [shāngpǐn] 명 생산품, 제품　最初 [zuìchū] 명 최초, 처음, 맨 먼저, 맨 처음　由…组成 [yóu…zǔchéng] 통 …로 조성되다, …로 구성되다, …로 조직되다　广藏市场 [guǎngcáng shìchǎng] 명 광장시장　战争 [zhànzhēng] 명 전쟁　难民 [nànmín] 명 난민　交易 [jiāoyì] 명 거래　各种物品 [gèzhǒng wùpǐn] 명 각종 물품, 갖가지 물건　购物中心 [gòuwù zhōngxīn] 명 대형 쇼핑센터[몰]　地下商场 [dìxià shāngchǎng] 명 지하 상점, 지하 상가　座 [zuò] 양 좌, 동, 채[도시나 건물 등 부피가 크거나 고정된 물체를 세는 단위]　不夜城 [bùyèchéng] 명 불야성　物美价廉 [wù měi jià lián] 성어 상품의 질이 좋고 값도 저렴하다　美食 [měishí] 명 맛있는 음식, 미식, 맛집　有名 [yǒumíng] 형 유명하다, 명성이 높다, 이름이 널리 알려지다　开门 [kāimén] 통 영업을 시작하다, 개점하다　特有 [tèyǒu] 통 특유하다, 고유하다　勤奋 [qínfèn] 형 꾸준하다, 부지런하다, 열심히 하다　城市 [chéngshì] 명 도시　形象 [xíngxiàng] 명 (총체적인) 인상, 이미지, 형상　独特 [dútè] 형 독특하다, 특별하다, 특수하다, 특이하다　风景 [fēngjǐng] 명 경치, 풍경

TIP

❶ '선혜청'은 1608년 대동법(여러 가지 공물을 쌀로 통일하여 바치게 한 납세제도)이 선혜법이란 이름으로 경기도 지역에 처음으로 시행되면서 이를 관리하기 위해서 설치한 관서의 이름이다.

---

04 | **사** 소한 것도 기억하자

📑 **在这里可以买到~** : 여기서는 ~을(를) 살 수 있다.
在这里可以买到低廉价格的商品。
여기서는 저렴한 가격의 상품을 살 수 있습니다.

📑 **最初是由~开始的** : ~이(가) 시초가 되다, 처음에는 ~로(으로)부터 시작되었다.
东大门市场最初是1905年由90多家店铺组成的广藏市场开始的。
동대문시장은 1905년 90여 개의 점포로 이루어진 광장시장이 시초가 되었습니다.

Q. 请比较一下南大门市场和东大门市场。

(04) 명동에 대해 이야기해 보세요.

请介绍一下明洞。

2010, 2012, 2013, 2014, 2021 기출

01 | 일 단 한번 읽어보자

明洞是韩国代表性的购物街，位于首尔中区。在这里，不仅可以购买到服装、鞋、化妆品，还有各种各样的美食，更有很多银行、美容店、剧场和证券公司建在这里。

明洞的商品以中高档为主，这里到处都是中高档品牌商店和免税店。即使是晚上，这里也是灯火辉煌，明洞就是女士们的购物天堂。另外，明洞周边还有中国大使馆、明洞天主教堂、南山韩屋村、光化门、清溪川等景点。

02 | 이 렇게도 알아두자

명동은 한국의 대표적인 쇼핑가로 서울 중구에 있습니다. 이곳에서는 의류, 신발, 화장품뿐만 아니라, 각양각색의 맛있는 음식도 구입할 수 있습니다. 또 많은 은행, 미용실, 극장과 증권회사가 이곳에 지어졌습니다.

명동의 상품은 중고가 위주로, 여기에는 곳곳이 모두 중고가 브랜드 상점과 면세점입니다. 설령 밤이라 하더라도 이곳은 등불이 휘황찬란합니다. 명동은 바로 여성들의 쇼핑 천국입니다. 이 외에도 명동 주변에는 중국대사관, 명동성당, 남산 한옥마을, 광화문, 청계천 등의 명소가 있습니다.

明洞 [míngdòng] 고유 (한국) 명동　代表性 [dàibiǎoxìng] 명 대표성, 대표적인　购物街 [gòuwù jiē] 명 쇼핑가, 쇼핑 거리　位于 [wèiyú] 동 …에 위치하다　首尔 [Shǒu'ěr] 고유 서울　中区 [Zhōngqū] 고유 중구　不仅 [bùjǐn] 접 …뿐만 아니라　可 [kě] 동 …할 수 있다, …해도 좋다　购买 [gòumǎi] 동 사다, 구매[구입]하다　到 [dào] 동 동사 뒤에서 보어로 쓰여 동작이 목적에 도달했거나 결과가 있음을 나타냄　服装 [fúzhuāng] 명 복장, 의류, 의상, 의복　鞋 [xié] 명 신(발), 구두　化妆品 [huàzhuāngpǐn] 명 화장품　各种各样 [gè zhǒng gè yàng] 성어 여러 종류, 각종, 각양각색, 가지각색　美食 [měishí] 명 맛있는 음식　银行 [yínháng] 명 은행　美容店 [měiróngdiàn] 명 미용실　剧场 [jùchǎng] 명 극장　证券公司 [zhèngquàn gōngsī] 명 증권 회사, 증권사　建在 [jiànzài] 동 …에 짓다, …에 건설하다　商品 [shāngpǐn] 명 (시장에서 사고 파는) 제품, 물품, 상품　以…为主 [yǐ… wéi zhǔ] …을 위주로 한다, …을 우선한다, …을 위주로, …을 우선으로　中高档 [zhōnggāodàng] 형 중·고급의　到处 [dàochù] 명 도처, 곳곳, 이르는 곳, 가는 곳, 여기저기　品牌 [pǐnpái] 명 상표, 브랜드 (brand)　❶免税店 [miǎnshuìdiàn] 명 면세점　即使 [jíshǐ] 접 설령 …하더라도, 설령 …할지라도, 설령 …일지라도　灯火辉煌 [dēng huǒ huī huáng] 성어 번화하고 불빛이 휘황찬란한 야경　女士们 [nǚshìmen] 여사들, 여성들　购物 [gòuwù] 동 물품을 구입하다, 물건을 사다　天堂 [tiāntáng] 명 천당, 천국, 극락　购物天堂 [gòuwù tiāntáng] 명 쇼핑 천국　另外 [lìngwài] 접 이 외에, 이 밖에　周边 [zhōubiān] 명 주변, 주위　中国大使馆 [Zhōngguó dàshǐguǎn] 명 중국대사관　明洞天主教堂 [Míngdòng Tiānzhǔ Jiàotáng] 고유 (한국) 명동성당　南山韩屋村 [Nánshān Hánwūcūn] 고유 (한국) 남산골 한옥마을　光化门 [Guānghuàmén] 고유 (한국) 광화문　清溪川 [Qīngxīchuān] 고유 청계천　景点 [jǐngdiǎn] 명 경치가 좋은 곳, 명승지, 명소

TIP

❶ '即使'는 문장에서 '也'나 '还' 등의 부사와 호응하여 '가설 겸 양보'를 나타낸다. 앞 문장은 가설 상황을 나타내며, 뒷 문장은 결과나 결론을 나타내는데 앞의 상황이 언급한 '가설'의 영향을 전혀 받지 않음을 나타낸다. '即使天气冷也要去(날씨가 춥다 하더라도 가야 한다)', '即使有困难, 也要完成任务(설령 어려움이 있다 하더라도 임무를 완성해야 한다)' 등으로 표현할 수 있다.

---

04 | **사** 소한 것도 기억하자

位于～ : ～에 (위치하고) 있다.
位于首尔中区。
서울 중구에 (위치하고) 있습니다.

不仅～, 还有～ : ～뿐만 아니라, ～도 있다.
不仅可购买到服装、鞋、化妆品, 还有各种各样的美食。
이곳에서는 의류, 신발, 화장품뿐만 아니라, 각양각색의 맛있는 음식도 구입할 수 있습니다.

📑 以~为主 : ~을(를) 위주로 하다, ~이(가) 주가 되다.
明洞的商品以中高档为主。
명동의 상품은 중고가 위주입니다.

📑 到处都是~ : 도처가 / 곳곳이 모두 ~이다.
这里到处都是中高档品牌商店和免税店。
여기에는 곳곳이 모두 중고가 브랜드 상점과 면세점입니다.

📑 即使~, 也~ : 설령 ~일지라도, ~하다.
即使是晚上, 这里也是灯火辉煌。
설령 밤이라 하더라도 이곳은 등불이 휘황찬란합니다.

📑 另外, 周边还有~ : 그 외에도, 주변에는 ~이(가) 있다.
另外, 明洞周边还有中国大使馆、明洞天主教堂、南山韩屋村、光化门、清溪川等景点。
그 외에도, 명동 주변에는 중국대사관, 명동성당, 남산 한옥마을, 광화문, 청계천 등의 명소가 있습니다.

05 | 오로지 나만의 답안으로 만들자

Q. 请介绍一下明洞。

(05) 남이섬에 대해 소개해 보세요.

请介绍一下南怡岛。

2014 기출

01 | 일 단 한번 읽어보자

南怡岛位于江原道春川市。朝鲜世祖时期平定李施爱叛乱的南怡将军的坟墓就安置在这里，所以这里起名叫南怡岛。

岛上有很多的草地和树木，风景非常美丽，这里还建有娱乐、住宿设施、观光旅游地和疗养地，是旅游观光的胜地。2002年很有名的电视剧"冬季恋歌"就是在这里拍摄的，所以不仅是韩国游客，很多外国的游客也知道这里并来到这里旅游。

02 | 이 렇게도 알아두자

남이섬은 강원도 춘천시에 위치하고 있습니다. 조선 세조 때 이시애의 난을 평정한 남이 장군의 묘가 있다 하여 남이섬이라는 이름이 지어졌습니다.

남이섬에는 많은 풀밭과 수목이 있으며 풍경이 매우 아름답습니다. 이곳은 오락, 숙박시설, 관광 여행지와 요양지가 있는 관광 명승지입니다. 2002년 유명한 드라마 "겨울연가"를 바로 이곳에서 촬영했으며, 그래서 한국 여행객뿐만 아니라 외국의 많은 여행객들도 이곳을 알고 이곳으로 여행을 옵니다.

南怡岛 [Nányídǎo] 고유 남이도, 남이섬 位于 [wèiyú] 동 …에 위치하다 江原道 [Jiāngyuándào] 고유 강원도 春川市 [Chūnchuānshì] 고유 (지명) 춘천시 ❶世祖 [shìzǔ] 고유 세조 平定 [píngdìng] 동 (반란 등을) 평정하다, 진압하다, 수습하다, 잠재우다 ❷李施爱 [Lǐ Shī'ài] 고유 (인물) 이시애 叛乱 [pànluàn] 명 반란 ❸南怡将军 [Nányí jiāngjūn] 고유 남이 장군 坟墓 [fénmù] 명 무덤, 묘지 安置 [ānzhì] 동 안치하다, 배치하다 起名 [qǐmíng] 동 이름을 짓다, 작명하다 岛上 [dǎoshàng] 섬에는, 섬에 草地 [cǎodì] 명 풀밭, 잔디밭 树木 [shùmù] 명 나무, 수목 风景 [fēngjǐng] 명 풍경, 경치 美丽 [měilì] 형 아름답다, 예쁘다, 곱다 娱乐 [yúlè] 명 예능, 오락 동 오락하다, 즐겁게 소일하다, 쉬는 시간을 즐겁게 보내다 住宿设施 [zhùsù shèshī] 명 숙박 시설 观光旅游地 [guānguāng lǚyóudì] 명 관광 여행지 疗养地 [liáoyǎngdì] 명 요양지 胜地 [shèngdì] 명 명승지 有名 [yǒumíng] 형 유명하다, 명성이 높다, 이름이 널리 알려지다 电视剧 [diànshìjù] 명 텔레비전 드라마 冬季恋歌 [Dōngjì Liàngē] 고유 (드라마) 겨울연가 拍摄 [pāishè] 동 촬영하다, (사진을) 찍다 不仅 [bùjǐn] 접 …뿐만 아니라 知道 [zhīdào] 동 알다, 이해하다 并 [bìng] 접 그리고, 또, 아울러, 게다가

TIP

❶ '세조'는 조선 제7대 임금이다. 조선 왕조 최초로 왕세자를 거치지 않고 즉위한 임금이며 또한 최초로 반정을 일으켜 즉위한 군주이다.

❷ '이시애'는 함길도를 근거로 한 호족 토반출신으로, 함길도는 지리적으로 북방 이민족과 근접하여 이곳의 지방관은 대부분 지역에 기반을 둔 호족을 임명해서 다스리게 하였다. 그러나 세조가 중앙집권 체제를 강화하면서 북도 출신의 수령을 점차 줄여 나가고 서울 출신의 관리를 파견함으로써 북도인의 불만을 사게 되었다. 이에 1467년 세조의 집권 정책에 반대해 이시애가 일으킨 반란을 '이시애의 난'이라 부른다.

❸ '남이 장군'은 태종 이방원의 외손자로 태어나서 1457년 17세의 어린 나이에 무과에 급제, 세조의 총애를 한몸에 받으면서 여러 무직을 역임했다. 세조 때 최대의 국난인 '이시애의 난'을 평정함으로써 나라에서 최고의 공신이 되었다. 그러나 세조가 승하하자마자 역모를 꾀했다는 누명을 쓰며 능지처참을 당하고 가문은 멸문지화를 당했다.

位于~ : ~에 위치하다(있다).
南怡岛位于江原道春川市。
남이섬은 강원도 춘천시에 (위치하고) 있습니다.

起名叫~ : ~라고 이름 지어지다.
所以这里起名叫南怡岛。
그래서 이곳은 남이섬이라고 이름 지어졌습니다.

不仅~, ~也 : ~뿐만 아니라, ~도
不仅是韩国游客, 很多外国的游客也知道这里并来到这里旅游。
한국 여행객뿐만 아니라, 외국의 많은 여행객들도 이곳을 알고 이곳으로 여행을 옵니다.

Q. 请介绍一下南怡岛。

[06] 드라마나 영화에 나온 우리나라의 관광 명소로는 어떤 것들이 있나요?

在电视剧和电影里出现的我国有名的观光地都有哪些?

2014, 2015, 2020 **기출**

01 | **일** 단 한번 읽어보자

第一，江原道的南怡岛，一年四季都有天然美景，是《冬季恋歌》的拍摄地。

第二，韩国民俗村，韩国传统文化都聚集在这儿，是韩国古装剧的拍摄地。拍摄的电视剧有《大长今》、《善德女王》、《来自星星的你》等。

第三，龙仁市MBC Dramia，龙仁市MBC电视台的古装剧拍摄地。拍摄的古装电视剧有《奇皇后》、《马医》、《九家之书》等。

第四，庆尚南道的马山海洋电视剧外景地。拍摄的电视剧有《伙伴》、《公主的男人》等。

第五，顺天市的顺天电视剧外景地，是韩国最大的外景拍摄地。拍摄的电视剧有《伊甸园之东》、《巨人》、《面包王金卓求》等；电影《许三观》、《狼族少年》、《那年夏天》等。

第六，全罗南道的乐安邑城民俗村，拍摄的电视剧有《同伊》、《太祖王建》、《海神》等。

第七，莞岛郡的清海镇是一个岛，历史悠久，拍摄的作品有《鸣梁》、《千秋太后》、《海盗》等。

02 | **이** 렇게도 알아두자

첫 번째, 강원도의 남이섬입니다. 1년 사계절이 모두 천연의 아름다운 경치를 가지고 있으며, 〈겨울연가〉의 촬영지이기도 합니다.

두 번째, 한국민속촌입니다. 한국 전통문화가 모두 여기에 집결해 있으며, 한국 사극의 촬영지입니다. 촬영한 드라마로는 〈대장금〉, 〈선덕여왕〉, 〈별에서 온 그대〉 등이 있습니다.

세 번째, 용인시 MBC Dramia입니다. 용인시 MBC 방송국의 사극 촬영지이며, 촬영한 사극 드라마로는 〈기황후〉, 〈마의〉, 〈구가의 서〉 등이 있습니다.

네 번째, 경상남도의 마산 해양 드라마 세트장입니다. 촬영한 드라마로는 〈짝패〉, 〈공주의 남자〉 등이 있습니다.

다섯 번째, 순천시의 순천 드라마 세트장으로 한국 최대의 세트 촬영지입니다. 촬영한 드라마로는 〈에덴의 동쪽〉, 〈자이언트〉, 〈제빵왕 김탁구〉 등이 있으며, 영화로는 〈허삼관〉, 〈늑대소년〉, 〈그해 여름〉 등이 있습니다.

여섯 번째, 전라남도의 낙안읍성 민속마을입니다. 촬영한 드라마로는 〈동이〉, 〈태조왕건〉, 〈해신〉 등이 있습니다.

일곱 번째, 완도군의 청해진은 하나의 섬으로 역사가 유구합니다. 촬영한 작품으로는 〈명량〉, 〈천추태후〉, 〈해적〉 등이 있습니다.

03 | 삼 세번은 복습하자

出现 [chūxiàn] 통 출현하다, 나타나다   有名 [yǒumíng] 형 유명하다, 명성이 높다, 이름이 널리 알려지다   观光地 [guānguāngdì] 명 관광지   江原道 [Jiāngyuándào] 고유 (지명) (한국) 강원도   南怡岛 [Nányídǎo] 고유 (지명) 남이섬   一年四季 [yì nián sì jì] 성어 일 년 내내, 일 년 사계절, 사시사철   天然 [tiānrán] 형 자연의, 천연의, 자연적인, 자연 그대로의   美景 [měijǐng] 명 아름다운 경치   《冬季恋歌》[Dōngjì Liàngē] 고유 (드라마) 겨울연가   拍摄地 [pāishèdì] 명 촬영지, 촬영장   韩国民俗村 [Hánguó Mínsúcūn] 고유 (지명) 한국민속촌   传统文化 [chuántǒng wénhuà] 명 전통문화   聚集 [jùjí] 통 합류[회합]하다, 한데 모이다[모으다], 집중하다   古装剧 [gǔzhuāngjù] 명 시대극, 역사극, 사극   拍摄 [pāishè] 통 촬영하다, (사진을) 찍다   电视剧 [diànshìjù] 명 텔레비전 드라마   《大长今》[Dàchángjīn] 고유 (드라마) 대장금   《善德女王》[Shàndé nǔwáng] 고유 (드라마) 선덕여왕   《来自星星的你》[Láizì Xīngxing de Nǐ] 고유 (드라마) 별에서 온 그대   龙仁市 [Lóngrénshì] 고유 (지명) 용인시   古装电视剧 [gǔzhuāng diànshìjù] 명 사극드라마   《奇皇后》[Qíhuánghòu] 고유 (드라마) 기황후   《马医》[Mǎyī] 고유 (드라마) 마의   《九家之书》[Jiǔjiā zhī Shū] 고유 (드라마) 구가의 서   庆尚南道 [Qìngshàngnándào] 고유 (지명) 경상남도   马山 [Mǎshān] 고유 (지명) 마산   海洋 [hǎiyáng] 명 해양, 바다, 근해와 원양   电视剧外景地 [diànshìjù wàijǐngdì] 명 드라마 세트장, 드라마 야외촬영장   《伙伴》[Huǒbàn] 고유 (드라마) 짝패   명 동료, 친구, 동반자   《公主的男人》[Gōngzhǔ de Nánrén] 고유 (드라마) 공주의 남자   顺天市 [Shùntiānshì] 고유 (지명) 전라남도 순천시   外景拍摄地 [wàijǐng pāishèdì] 명 야외 촬영지   《伊甸园之东》[Yīdiànyuán zhī Dōng] 고유 (드라마) 에덴의 동쪽   《巨人》[Jùrén] 고유 (드라마) 자이언트   《面包王金卓求》[Miànbāowáng Jīn Zhuóqiú] 고유 (드라마) 제빵왕 김탁구   《许三观》[Xǔ Sānguān] 고유 (영화) 허삼관   《狼族少年》[Lángzú Shàonián] 고유 (영화) 늑대소년   《那年夏天》[Nànián Xiàtiān] 고유 (영화) 그해 여름   全罗南道 [Quánluónándào] 고유 (지명) 전라남도   乐安邑城民俗村 [Lè'ānyìchéng Mínsúcūn] 고유 (한국) 낙안읍성 민속마을   《同伊》[Tóngyī] 고유 (드라마) 동이   《太祖王建》[Tàizǔ Wáng Jiàn] 고유 (드라마) 태조 왕건   《海神》[Hǎishén] 고유 (드라마) 해신   莞岛郡 [Wǎndǎojùn] 고유 (지명) 전라남도 완도군   清海镇 [Qīnghǎizhèn] 고유 (지명) 완도 청해진   岛 [dǎo] 명 섬   历史悠久 [lìshǐ yōujiǔ] 통 역사가 유구하다, 오랜 역사를 가지다   作品 [zuòpǐn] 명 (문학・예술의) 창작품, 작품   《千秋太后》[Qiānqiū Tàihòu] 고유 (드라마) 천추태후   《鸣梁》[Míngliáng] 고유 (영화) 명량   《海盗》[Hǎidào] 고유 (영화) 해적

📋 是~的拍摄地 : ~의 촬영지이다, ~을(를) 촬영한 곳이다.
是《冬季恋歌》的拍摄地。
〈겨울연가〉의 촬영지입니다.

📋 ~都聚集在这儿 : ~은(는) 모두 여기에 집결해 있다, ~이(가) 모두 이곳에 한데 모여 있다.
韩国传统文化都聚集在这儿。
한국 전통문화가 모두 여기에 집결해 있습니다.

📋 拍摄的电视剧有~等 : 촬영한 드라마로는 ~등이 있다.
拍摄的电视剧有《大长今》、《善德女王》、《来自星星的你》等。
촬영한 드라마로는 〈대장금〉, 〈선덕여왕〉, 〈별에서 온 그대〉 등이 있습니다.

05 | **오**로지 나만의 답안으로 만들자

Q. 在电视剧和电影里出现的我国有名的观光地都有哪些?

(07) 한국의 온천에 대해 이야기해 보세요.

请介绍一下韩国的温泉。

2011, 2014 기출

01 | 일 단 한번 읽어보자

韩国的温泉和中国、日本的不同。中国、日本的温泉大多是火山生成的，而韩国的温泉是从花岗岩中出来的，水温较低，里面含有硫磺、钾、镁、镭等矿物质，对治疗一些疾病有很好的效果。韩国全国一共有20多个温泉，比较有名的有温阳、水安堡、儒城、釜谷、利川、尺山等。

02 | 이 렇게도 알아두자

한국의 온천은 중국이나 일본과는 다릅니다. 중국, 일본의 온천은 대다수 화산에 의해 생성된 것이지만, 한국의 온천은 화강암(화강암 단층에서 생성된 물)에서 나온 것입니다. 수온이 비교적 낮고 유황, 칼륨, 마그네슘, 라듐 등의 광물질을 함유하고 있으며, 일부 질병을 치료하는 데 좋은 효과가 있습니다. 한국 전국에 모두 20여 개의 온천이 있으며, 비교적 유명한 곳은 온양, 수안보, 유성, 부곡, 이천, 덕산 등이 있습니다.

03 | 삼 세번은 복습하자

温泉 [wēnquán] 뗑 온천 大多 [dàduō] 閉 대다수, 대부분, 거의 다 火山 [huǒshān] 뗑 화산 生成 [shēngchéng] 동 생겨나다, 생성되다 而 [ér] 접 …지만, …나, …면서, 그러나 花岗岩 [huāgāngyán] 뗑 화강암 水温 [shuǐwēn] 뗑 수온 较低 [jiào dī] 혱 비교적 낮다 含有 [hányǒu] 동 함유하다, 포함하다, (사물의) 안에 들어 있다 硫磺 [liúhuáng] 뗑 황, 유황 钾 [jiǎ] 뗑 칼륨(K, potassium) 镁 [měi] 뗑 마그네슘(Mg, magnesium) 镭 [léi] 뗑 라듐(Ra, radium) 矿物质 [kuàngwùzhì] 뗑 광물질 治疗 [zhìliáo] 동 치료하다 疾病 [jíbìng] 뗑 병, 질병, 고질병 效果 [xiàoguǒ] 뗑 효과 全国 [quánguó] 뗑 전국, 나라 전체 一共 [yígòng] 閉 모두, 전부, 합계 温阳 [wēnyáng] 고유 (지명) 온양 水安堡 [Shuǐ'ānbǎo] 고유 (지명) 수안보 儒城 [Rúchéng] 고유 (지명) 유성 釜谷 [Fǔgǔ] 고유 (지명) 부곡 利川 [Lìchuān] 고유 (지명) 이천 尺山 [Chǐshān] 고유 (지명) 척산

04 | 사 소한 것도 기억하자

~和~不同 : ~은(는) ~와(과) 다르다.
韩国的温泉和中国、日本的不同。
한국의 온천은 중국이나 일본과는 다릅니다.

对~有很好的效果 : ~에 좋은 효과가 있다.
对治疗一些疾病有很好的效果。
일부 질병을 치료하는 데 좋은 효과가 있습니다.

05 | 오 로지 나만의 답안으로 만들자

Q. 请介绍一下韩国的温泉。

[08] 설악산에 대해 소개해 보세요.

请介绍一下雪岳山。

2010, 2012, 2013, 2014 기출

01 | 일 단 한번 읽어보자

雪岳山又叫'雪山、雪峰山、雪华山', 位于江原道, 海拔1708米, 是韩国第三高的山。雪岳山上最有名的就是枫叶, 每年秋天是雪岳山最美的时候, 所以登山者也特别多。雪岳山上还有很多种动物, 很多都是国家指定保护的。1965年被指定为"天然保护区", 1970年3月被指定为国家公园, 1982年被联合国教科文组织指定为"生物圈保存地区"。

02 | 이 렇게도 알아두자

설악산은 '설산, 설봉산, 설화산' 이라고도 불렸으며 강원도에 있습니다. 해발 1,708미터로 한국에서 세 번째로 높은 산입니다.

설악산에서 가장 유명한 것은 바로 단풍으로 매년 가을은 설악산이 가장 아름다운 때입니다. 그래서 등산하는 사람도 특히 많아집니다. 설악산에는 여러 종류의 동물이 있으며 국가가 지정하여 보호하고 있습니다.

1965년 "천연보호구역"으로 지정되었으며, 1970년 3월 국립공원으로 지정되었습니다. 1982년에는 유네스코 (UNESCO)에 의해 "생물권 보존지역"으로 지정되었습니다.

03 | 삼 세번은 복습하자

雪岳山 [Xuěyuèshān] 고유 설악산 又叫 [yòujiào] 동 …라고도 한다, …라고도 불리다 雪山 [Xuěshān] 고유 설산 雪峰山 [Xuěfēngshān] 고유 설봉산 雪华山 [Xuěhuáshān] 고유 설화산 位于 [wèiyú] 동 …에 위치하다, …에 있다 江原道 [Jiāngyuándào] 고유 강원도 海拔 [hǎibá] 명 해발 枫叶 [fēngyè] 명 단풍잎 秋天 [qiūtiān] 명 가을 登山者 [dēngshānzhě] 명 등산자 指定 [zhǐdìng] 동 지정하다 保护 [bǎohù] 동 보호하다 天然 [tiānrán] 형 자연의, 천연의, 자연적인, 자연 그대로의, 천연 그대로의 保护区 [bǎohùqū] 명 보호구역, 보호지역 公园 [gōngyuán] 명 공원 生物圈 [shēngwùquān] 명 생물권 保存 [bǎocún] 동 보존하다, 간수하다, 간직하다 地区 [dìqū] 명 지역, 지구

04 | **사** 소한 것도 기억하자

📋 ~又叫~，位于~ : ~은(는) ~라고도 불리며, ~에 위치한다(있다).

雪岳山又叫'雪山、雪峰山、雪华山'，位于江原道。

설악산은 '설산, 설봉산, 설화산' 이라고도 불렸으며 강원도에 (위치하고) 있습니다.

📋 ~被指定为~ : ~은(는) ~로(으로) 지정되다.

1965年被指定为天然保护区。

1965년 천연보호구역으로 지정되었습니다.

05 | **오** 로지 나만의 답안으로 만들자

Q. 请介绍一下雪岳山。

(09) 안압지에 대해 설명해 보세요.

请介绍一下雁鸭池。

01 | 일단 한번 읽어보자

雁鸭池是新罗时代的人工湖，位于庆州国立公园。韩国的史书《三国史记》记载，新罗文武王14年修建了这座雁鸭池，总面积有5000多平方米，种了花草，还喂养了很多珍奇动物。从1975年挖掘的调查结果看，雁鸭池是球形，里面有大小不等的3个小岛。现在雁鸭池是韩国最美丽的旅游景点之一，也是开放时间最长的庆州景点。现在被指定为史迹，正式名称是'庆州东宫和月池'。

02 | 이렇게도 알아두자

안압지는 신라시대의 인공호수로 경주국립공원에 있습니다. 한국의 사서 〈삼국사기〉에 기재된 내용을 보면, 신라 문무왕 14년에 이 안압지가 지어졌으며, 총면적은 5천여 평방미터로 화초를 심고, 또 많은 진기한 동물을 키웠다고 합니다. 1975년 발굴한 조사 결과를 보면, 안압지는 둥근 형태를 띠며, 안에는 크고 작은 3개의 작은 섬이 있습니다. 현재 안압지는 한국에서 가장 아름다운 관광 명소 중의 하나이며, 또한 개방한 지 가장 오래된 경주의 명소이기도 합니다. 현재 사적으로 지정되어 있으며, 공식적인 명칭은 '경주 동궁과 월지'입니다.

雁鸭池 [Yànyāchí] 고유 (한국) 안압지　新罗时代 [Xīnluó shídài] 명 신라 때, 신라시대[기원전 57년~935년]　位于 [wèiyú] 동 …에 위치하다　庆州 [Qìngzhōu] 고유 경주　国立公园 [guólì Gōngyuán] 명 국립공원　❶庆州国立公园 [Qìngzhōu Guólì Gōngyuán] 고유 (한국) 경주국립공원　人工湖 [réngōnghú] 명 인공 호수　史书 [shǐshū] 명 역사책, 사서　❷《三国史记》 [Sānguó Shǐjì] 고유 삼국사기　记载 [jìzǎi] 명 기록, 기사, 사료 동 기재하다, 기록하다　文武王 [Wénwǔwáng] 고유 문무왕[신라 제30대 왕 : 626년~681년]　修建 [xiūjiàn] 동 건조(建造)하다, 건설하다, 건축하다, 시공하다, 부설하다　座 [zuò] 양 좌, 동, 채[부피가 크거나 고정된 물체를 세는 단위]　总面积 [zǒngmiànjī] 명 총 면적　❸多 [duō] 수 (수량사 뒤에 쓰여) …남짓, …여　平方米 [píngfāngmǐ] 양 제곱[평방]미터　种 [zhǒng] 양 종류, 부류, 가지　花草 [huācǎo] 명 화초, 화훼　喂养 [wèiyǎng] 동 키우다, 양육하다, 사육하다[기르다]　珍奇 [zhēnqí] 형 진기하다　动物 [dòngwù] 명 동물　从…看 [cóng…kàn] …으로 보아, …을 봐서, …을 볼 때　挖掘 [wājué] 동 파(내)다, 캐다　调查 [diàochá] 동 (현장에서) 조사하다　结果 [jiéguǒ] 명 결과　球形 [qiúxíng] 명 구형, 둥근 형태　里面 [lǐmiàn] 명 안, 안쪽, 속, 내부, 가운데　大小 [dàxiǎo] 명 크기　不等 [bùděng] 형 같지 않다, 고르지 않다, 차이가 있다　小岛 [xiǎodǎo] 명 작은 섬　美丽 [měilì] 형 아름답다, 예쁘다, 곱다　景点 [jǐngdiǎn] 명 경치가 좋은 곳, 명승지, 명소　之一 [zhīyī] 명 …중의 하나　开放 [kāifàng] 동 (출입·통행을) 개방하다　❹长 [cháng] 형 (시간이) 길다, 오래다, (길이가) 길다　被 [bèi] 동 …에게 …를 당하다　指定为 [zhǐdìng wéi] 동 …로 지정하다, …로 지정되다　史迹 [shǐjì] 명 사적, 역사유적　正式 [zhèngshì] 형 정식의, 공식의, 정규의　名称 [míngchēng] 명 명칭, 이름　庆州东宫和月池 [Qìngzhōu Dōnggōng hé Yuèchí] 고유 경주 동궁과 월지

TIP

❶ 1968년 12월 31일에 지리산에 이어 두 번째로 지정된 국립공원으로 우리나라 전체 23개의 국립공원 중 찬란한 신라의 문화유산으로 이루어진 유일한 사적형 공원이다.

❷ '삼국사기'는 1145년 김부식(金富軾)이 고려 인종의 명을 받아 완성한 50권 10책의 삼국시대사로, 한국에서 현존하는 가장 오래된 역사서이다.

❸ '多'는 수량사 뒤에 쓰여 '남짓, 여'의 뜻으로 그 수를 초과하였음을 나타내는데, 우리가 자주 사용하는 '~이(가) 넘는다'의 표현이다.

❹ '长'은 두 가지 발음이 있는 형용사이다. [cháng]으로 발음할 때에는 '(길이가) 길다, (시간이) 길다, 오래다'는 뜻을 나타내며, [zhǎng]으로 발음할 때에는 '성장하다, 자라다, 생기다'의 뜻을 나타낸다. '她长得很漂亮(그녀는 아주 예쁘게 자랐다)'와 '我的头发长得很快(내 머리카락은 엄청 빨리 자란다)'의 문장에서 '长'은 [zhǎng]으로 발음한다.

从~调查结果看 : ~의 조사 결과를 보면
从1975年挖掘的调查结果看,
1975년 발굴한 조사 결과를 보면,

~是~旅游景点之一 : ~은(는) 관광 명소 중의 하나이다.
现在雁鸭池是韩国最美丽的旅游景点之一。
현재 안압지는 한국에서 가장 아름다운 관광 명소 중의 하나입니다.

Q. 请介绍一下雁鸭池。

많이 보고 많이 겪고 많이 공부하는 것은 배움의 세 기둥이다.

– 벤자민 디즈라엘리 –

PART

04

관광법규 및 관광학개론
관련 지식에 관한 질문

배우기만 하고 생각하지 않으면 얻는 것이 없고,
생각만 하고 배우지 않으면 위태롭다.

- 공자 -

SIT에 대해 설명하세요.

请说明一下SIT。

2015, 2017, 2020 기출

01 | 일 단 한번 읽어보자

SIT是特殊目的旅游(Special Interest Tour)的首字母缩写，是个人或团体对自己特别感兴趣的领域进行有目的性的旅游。这包括文化、艺术、健康、生态旅游或农村体验、体育等多种领域。

02 | 이 렇게도 알아두자

SIT는 특수목적관광(Special Interest Tour)의 머리글자이며, 개인이나 단체가 특별한 관심 분야에 대한 목적을 가지고 진행하는 여행입니다. 여기에는 문화, 예술, 건강, 에코투어나 농촌체험, 스포츠 같은 다양한 분야가 포함되어 있습니다.

03 | 삼 세번은 복습하자

特殊 [tèshū] 형 특수하다, 특별하다 目的 [mùdì] 명 목적 旅游 [lǚyóu] 명 동 여행(하다), 관광(하다) 字母 [zìmǔ] 명 자모, 알파벳 缩写 [suōxiě] 동 준말로 쓰다, 악어로 쓰다 个人 [gèrén] 명 개인 或 [huò] 접 혹은, 또는, 그렇지 않으면 团体 [tuántǐ] 명 단체, 집단 对…感兴趣 [duì…gǎn xìngqù] …에 관심이 있다, …에 취미를 붙이다, …에 흥미가 있다 自己 [zìjǐ] 명 자기, 자신, 스스로 特别 [tèbié] 부 유달리, 각별히, 특별히, 아주 领域 [lǐngyù] 명 분야, 영역 进行 [jìnxíng] 동 어떤 활동을 하다, 진행하다 目的性 [mùdìxìng] 명 목적성, 목적의식 包括 [bāokuò] 동 포함하다, 포괄하다 文化 [wénhuà] 명 문화 艺术 [yìshù] 명 예술 健康 [jiànkāng] 명 건강 형 건강하다 生态 [shēngtài] 명 생태 农村体验 [nóngcūn tǐyàn] 명 농촌체험 体育 [tǐyù] 명 체육, 스포츠, 운동 等 [děng] 조 등, 따위

~是~的首字母缩写 : ~은(는) ~의 머리글자이다.

SIT是特殊目的旅游(Special Interest Tour)的首字母缩写。

SIT는 특수목적관광(Special Interest Tour)의 머리글자입니다.

Q. 请说明一下SIT。

02 Stop Over란 무엇입니까?

什么是Stop Over?

2015, 2023 기출

01 | 일 단 한번 읽어보자

中途停留是指游客在经由地逗留24小时以上。在国家的立场来看，中途停留可以吸引游客对本国观光的兴趣；在游客的立场来看，一次可以旅游两个地方。

02 | 이 렇게도 알아두자

스톱오버(Stop Over)는 여행객이 경유지에서 24시간 이상 체류하는 것을 가리킵니다. 국가 입장에서 보면, 스톱오버는 여행객이 본국을 관광하는 것에 대한 흥미를 끌 수 있으며, 여행객 입장에서 보면 한 번에 두 곳을 여행할 수 있습니다.

03 | 삼 세번은 복습하자

中途停留 [zhōngtú tíngliú] 명 스톱오버 中途 [zhōngtú] 명 중도, 도중 停留 [tíngliú] 동 (잠시) 머물다, 묵다, 체류하다, 멈추다 指 [zhǐ] 동 가리키다, 지시하다 经由地 [jīngyóudì] 명 경유지 逗留 [dòuliú] 동 (잠시) 머물다, 체류하다, 체재하다 以上 [yǐshàng] 명 이상 立场 [lìchǎng] 명 입장, 태도, 관점 ❶…来看 [∽áikàn] …에서 보면, …에게 있어서 吸引 [xīyǐn] 동 끌어당기다, 유인하다, 매료시키다, 매혹시키다 本国 [běnguó] 명 (자기 나라를 가리켜) 본국, 이 나라 兴趣 [xìngqù] 명 흥미, 흥취, 취미

TIP

❶ '…来看'은 패턴이 정형화된 숙어로 인식하는 것이 좋다. 주로 '在我的立场来看(내 입장에서 보면)', '在我的角度来看(내 관점에서 보면)'의 형태로 누구의 입장이나 관점에서 의견을 나타낼 때 자주 사용된다. 여기서 '在'는 '从'으로 바꿔 쓸 수 있다.

04 | 사 소한 것도 기억하자

📑 ~是指~ : ~은(는) ~을(를) 가리킨다.

中途停留是指游客在经由地逗留24小时以上。

스톱오버(Stop Over)는 여행객이 경유지에서 24시간 이상 체류하는 것을 가리킵니다.

05 | 오 로지 나만의 답안으로 만들자

Q. 什么是Stop Over?

03 카지노 산업의 장단점에 대해 설명해 보세요.

请说明一下赌场产业的优点和缺点。

2014, 2015 기출

01 | 일 단 한번 읽어보자

赌场产业的优点是赚取外汇和创造就业机会，增加地区经济的收益和酒店的营业额，还可以创造住宿、餐饮、购物等相关产业的附加价值，增加税收，带动全国经济的发展。缺点是助长赌博风气、染上赌瘾、影响当地居民的环境和情绪、对家庭造成伤害等带来很多问题。

02 | 이 렇게도 알아두자

카지노 산업의 장점은 외화획득과 취업기회 창출, 지역경제 수익과 호텔의 매출 증가, 그리고 숙박·요식업·쇼핑 등 관련 산업의 부가가치를 창출할 수 있으며, 세수 증가로 국가 전반의 경제적 발전을 이끌 수 있다는 것입니다. 단점으로는 사행성 조장, 도박 중독 양산, 지역주민들의 환경과 정서에 영향, 가족에 대한 피해 등 많은 문제점을 야기합니다.

03 | 삼 세번은 복습하자

赌场 [dǔchǎng] 몡 카지노, 도박장 产业 [chǎnyè] 몡 산업 优点 [yōudiǎn] 몡 장점 赚取 [zhuànqǔ] 됭 (이윤을) 획득하다, 벌다 外汇 [wàihuì] 몡 외화, 외환 创造 [chuàngzào] 됭 창조하다, 만들다, 발명하다 就业 [jiùyè] 됭 취직하다, 취업하다 地区经济 [dìqū jīngjì] 몡 지역경제 收益 [shōuyì] 몡 수익, 이득, 수입 营业额 [yíngyè'é] 몡 거래액, 총 매상고 增加 [zēngjiā] 됭 증가하다, 더하다, 늘리다 住宿 [zhùsù] 됭 묵다, 유숙하다, 숙박하다 餐饮 [cānyǐn] 몡 요식업종, 음식과 음료 购物 [gòuwù] 됭 쇼핑하다, 물건을 사다 相关产业 [xiāngguān chǎnyè] 몡 관련 산업 附加价值 [fùjiā jiàzhí] 몡 부가가치(value added) 税收 [shuìshōu] 몡 세수, 세금수입 带动 [dàidòng] 됭 (이끌어) 움직이다, 이끌어 나가다, 선도하다 全国 [quánguó] 몡 전국 发展 [fāzhǎn] 됭 발전하다 缺点 [quēdiǎn] 몡 결점, 단점, 부족한 점 ❶助长 [zhùzhǎng] 됭 (나쁜

경향이나 현상을) 조장하다, 키우다　**赌博** [dǔbó] 图 노름하다, 도박하다　**风气** [fēngqì] 명 (사회나 집단의) 풍조, 기풍 **染上** [rǎnshàng] 图 …에 물들다, …에 감염되다, …에 걸리다　**赌瘾** [dǔyǐn] 명 도박 중독　**影响** [yǐngxiǎng] 图 영향을 주다, 영향을 끼치다　**环境** [huánjìng] 명 환경　**情绪** [qíngxù] 명 정서, 감정, 마음, 기분　**家庭** [jiātíng] 명 가정　**造成** [zàochéng] 图 (좋지 않은 결과를) 초래하다, 야기하다, 발생시키다　**伤害** [shānghài] 명 상해 图 (정신·감정 등을) 상하게 하다, 다치게 하다, 해치다, 상처를 입히다　**带来** [dàilái] 图 일으키다, 야기하다, 초래하다, 가져오다

TIP

❶ '助长'은 '助长犯罪(범죄를 조장하다)', '助长仇恨(원한을 키우다)', '助长歪风邪气(좋지 않은 풍조를 조장하다)' 등과 같이 사회적 인식으로 봤을 때 나쁜 경향이나 현상을 '조장하다, 키우다, 부추기다'는 뜻을 나타내는 동사이다.

04 ┃ **사**소한 것도 기억하자

📋 对~造成伤害 : ~에 대해 피해를 입히다 / 상처를 입히다 / 해를 끼치다.
对家庭造成伤害。
가족에 대해(~에게) 피해를 줍니다.

05 ┃ **오**로지 나만의 답안으로 만들자

Q. 请说明一下赌场产业的优点和缺点。

04 반도호텔에 대해 이야기해 보세요.

请介绍一下半岛酒店。

2015 기출

01 | 일단 한번 읽어보자

半岛酒店是1936年建在我国的第一个商务酒店，是日本人野口遵建立的，就在现在乐天酒店的位置。半岛酒店建立的时候正是日本帝国主义统治期间，它是第一个引入美国商务酒店经营方式的纯西式酒店，是商务酒店的开始。

1970年初期前总统朴正熙推断半岛酒店竞争力会下跌，建议将半岛酒店出售给乐天集团。因为当时不允许建41层以上的高层建筑，所以乐天酒店的高度为37层，从1979年一直经营到现在。

02 | 이렇게도 알아두자

반도호텔은 1936년 우리나라에 지어진 첫 번째 상용호텔(Commercial Hotel)입니다. 일본인 노구치 시타가우(野口遵)가 건립하였으며 바로 지금의 롯데호텔의 위치에 있었습니다. 반도호텔이 건립되었을 때는 마침 일본 제국주의 통치 기간이었으며, 그것은 처음으로 미국의 상용호텔 경영방식을 도입한 순수한 서구식 호텔로 상용호텔의 효시가 되었습니다.

1970년대 초기에 전 박정희 대통령은 반도호텔의 경쟁력이 떨어졌다고 판단하여 반도호텔을 롯데그룹에게 매각하도록 제안하였습니다. 당시에는 41층 이상의 고층 빌딩을 허용하지 않았기 때문에 롯데호텔은 37층 높이로 지어졌으며 1979년부터 지금까지 계속 운영되고 있습니다.

半岛 [bàndǎo] 몡 반도(半島) **❶**商务 [shāngwù] 몡 상무, 상업상의 용무[사무] 酒店 [jiǔdiàn] 몡 대형 호텔 建 [jiàn] 통 (건물 등을) 만들다, 짓다, 건설하다, 세우다, 건축하다 野口遵 [Yěkǒu Zūn] 고유 (인명) 노구치 시타가우(Noguchi Shitagau, 1873-1944) 建立 [jiànlì] 통 창설하다, 건립하다, 수립하다, 성립하다, 세우다 乐天酒店 [Lètiān Jiǔdiàn] 고유 롯데호텔 位置 [wèizhi] 몡 위치 正是 [zhèngshì] 통 바로 …이다, 마침 …이다 帝国主义 [dìguó zhǔyì] 몡 제국주의 统治 [tǒngzhì] 통 통치하다, 다스리다 期间 [qījiān] 몡 기간, 시간 第一个 [dìyīgè] 몡 첫 번째, 맨 처음, 제1차 **❷**引入 [yǐnrù] 통 도입하다 商务酒店 [shāngwù jiǔdiàn] 몡 상용호텔(Commercial Hotel), 비즈니스 호텔 经营方式 [jīngyíng fāngshì] 몡 경영방식, 운영방식 纯 [chún] 혱 순수하다, 단순하다, 거짓 없다 凰 완전히, 순전히 西式 [xīshì] 혱 서양(식)의, 서구식의 开始 [kāishǐ] 몡 처음, 시작, 시초 통 시작되다, 개시하다 总统 [zǒngtǒng] 몡 총통, 대통령 朴正熙 [Piáo Zhèngxī] 고유 (인명) 박정희 初期 [chūqī] 몡 초기, 초 推断 [tuīduàn] 통 추단하다, 미루어 판단하다, 추리하고 판단하다 竞争力 [jìngzhēnglì] 몡 경쟁력 会 [huì] 통 …할 가능성이 있다, …할 것이다 **❸**下跌 [xiàdiē] 통 [상품 가격, 수위(水位) 등이] 하락하다, 떨어지다 建议 [jiànyì] 통 (자기의 주장·의견을) 제기하다, 제안하다, 건의하다 出售 [chūshòu] 통 팔다, 판매하다, 매각하다 乐天集团 [Lètiān jítuán] 몡 (기업명) 롯데그룹 当时 [dāngshí] 몡 당시, 그 때 允许 [yǔnxǔ] 통 동의하다, 허가하다, 허락하다 层 [céng] 몡 층 高层建筑 [gāocéng jiànzhù] 몡 고층 건물 高度 [gāodù] 몡 고도, 높이 一直 [yìzhí] 凰 계속, 줄곧 经营 [jīngyíng] 통 운영하다, (기업 등을) 경영하다

TIP

❶ '商务'는 '상용, 상무, 비즈니스상의 용무'의 뜻을 지닌 명사로 '商务出差'는 '비즈니스 출장'을 나타내며, '商务舱'은 비행기 좌석에서 '비즈니스석'을 뜻한다.

❷ '引入'는 '도입하다'는 뜻으로 '~을 끌어들이다, 이끌어내다'는 표현도 가능하다. '引入新品种(새로운 품종을 도입하다)', '引入最新技术(최신 기술을 도입하다)', '引入正题(주제를 이끌어내다)' 등으로 쓸 수 있다.

❸ 반대말은 '上涨[shàngzhǎng]'으로 '(수위·물가 등이) 오르다'는 뜻을 나타낸다. 예를 들면, '股市上涨(주가가 뛰다, 주가가 오르막이다)', '股市下跌(주가 하락, 증시 하락)', '物价上涨(물가 상승)', '国际油价持续下跌(국제유가가 지속적으로 떨어지다)' 등으로 표현할 수 있다.

📋 就在~的位置 : 바로 ~의 위치에 있다. 바로 ~에 있다.
就在现在乐天酒店的位置。
바로 지금의 롯데호텔의 위치에 있습니다.

📋 ~的时候正是~ : ~할 때는 마침 ~이다.
半岛酒店建立的时候正是日本帝国主义统治期间。
반도호텔이 건립되었을 때는 마침 일본 제국주의 통치 기간이었습니다.

Q. 请介绍一下半岛酒店。

05 안보관광에 대해 설명해 보세요.

请说明一下安保观光。

2013, 2014, 2015, 2016, 2017, 2019, 2020, 2021, 2023 기출

01 | 일 단 한번 읽어보자

安保观光是游客们去军事分界线附近观光。这些地方都是国家的军事要地，所以虽然是热门旅游地，但是为了确保游客的安全，游客们访问的时候有一定的规定。来到这里参观的人员必须以团队为单位统一浏览，不能自由行动，不能随意拍照，必须遵守相关规定。韩国的安保观光旅游地有非武装地带、板门店、临津阁等。

02 | 이 렇게도 알아두자

안보관광은 여행객들이 군사분계선 부근에 가서 관광하는 것을 말합니다. 이런 지역은 모두 국가의 군사요지입니다. 그러므로 비록 인기 여행지이지만 여행객의 안전을 확보하기 위해, 여행객이 방문할 때에는 일정한 규정이 있습니다. 이곳에 와서 참관하는 사람들은 반드시 그룹 단위로 통일해서 둘러봐야 하며, 자유행동을 해서는 안됩니다. 마음대로 사진을 찍어서도 안 되며, 반드시 관련 규정을 준수해야 합니다. 한국의 안보관광 여행지로는 비무장지대, 판문점, 임진각 등이 있습니다.

03 | 삼 세번은 복습하자

安保 [ānbǎo] 몡 안보, 안전 보장, '安全保卫'의 준말　观光 [guānguāng] 통 관광하다, 참관하다, 견학하다 몡 관광　游客们 [yóukèmen] 몡 여행객들, 관광객들　军事分界线 [jūnshì fēnjièxiàn] 몡 군사분계선　附近 [fùjìn] 몡 부근, 근처, 인근, 가까운 곳　要地 [yàodì] 몡 요지　虽然 [suīrán] 젭 비록 …하지만, 비록 …일지라도, 설령 …일지라도 ❶热门 [rèmén] 몡 인기 있는 것, 유행하는 것　旅游地 [lǚyóudì] 몡 관광지　确保 [quèbǎo] 통 확보하다, 확실히 보장하다　安全 [ānquán] 혱 안전하다　访问 [fǎngwèn] 통 (정식으로) 구경하다, 둘러보다　一定 [yídìng] 혱 상당한, 꽤, 어느 정도의 몐 반드시, 필히, 꼭　规定 [guīdìng] 몡 규정, 규칙　参观 [cānguān] 통 (전람회, 공장, 명승 고적 등을) 참관하다, 견학하다, 시찰하다　人员 [rényuán] 몡 인원, 요원　必须 [bìxū] 몐 반드시 …해야 한다, 꼭 …해야 한다, 기필코 …해야 한다　单位 [dānwèi] 몡 단위

団队 [tuánduì] 몡 단체, 그룹   统一 [tǒngyī] 톙 일치된, 단일한, 집중된, 통일된 통 통일하다, 하나로 일치되다   浏览 [liúlǎn] 통 대충 훑어보다, 대강 둘러보다, 대충 읽어 보다   不能 [bùnéng] 통 …해서는 안 된다   自由行动 [zìyóu xíngdòng] 몡 자유 행동   随意 [suíyì] 빈 (자기) 마음대로, 뜻대로, 내키는 대로, 하고 싶은 대로   拍照 [pāizhào] 통 사진을 찍다   遵守 [zūnshǒu] 통 (규정 등을) 준수하다, 지키다   相关 [xiāngguān] 통 상관이 있다, 관계가 있다, 서로 관련되다, 서로 연관되다   非武装地带 [fēiwǔzhuāng dìdài] 몡 비무장지대   板门店 [Bǎnméndiàn] 고유 (한국) 판문점   临津阁 [Línjīngé] 고유 (한국) 임진각

TIP

❶ '热门'은 지금 인기있는 것, 유행하는 것, 가장 핫(hot)한 것을 언급할 때 쓰는 명사이다. 반대말로는 '冷门'이 있으며 주로 '冷门项目(비인기 종목)', '冷门货(비인기 상품)' 등을 나타낸다. '热门话题(핫한 화제, 이슈거리)', '热门职业(인기 있는 직업)', '热门学科(인기 학과)', '热门商品(히트 상품)', '热门股(주식에서 "관심주")' 등으로 사용된다.

---

04 | 사 소한 것도 기억하자

必须以~为单位~ : 반드시 ~을(를) 단위로 해야 한다.

来到这里参观的人员必须以团队为单位统一浏览。

이곳에 와서 참관하는 사람들은 반드시 그룹 단위로 통일해서 둘러봐야 합니다.

---

05 | 오 로지 나만의 답안으로 만들자

Q. 请说明一下安保观光。

관광경찰이란 무엇이고 어떤 일을 하는지 이야기해 보세요.

请说明一下观光警察和他们做的工作。

2012, 2015, 2016, 2020, 2021 기출

01 | 일 단 한번 읽어보자

观光警察在旅游景点保护外国游客的合法权益，专门打击各种高昂收费、强买强卖和非法客运的行为，帮助外国游客在韩国旅游期间能够安全和方便地旅游。他们还可以提供游客们需要的旅游信息和口译服务。

02 | 이 렇게도 알아두자

관광경찰은 여행지에서 외국 여행객의 합법적인 권익을 보호하며, 바가지 요금, 억지로 사고파는 행위와 불법 콜밴을 전문적으로 단속하여 외국 여행객이 한국을 여행하는 기간 동안 안전하고 편리할 수 있도록 도와줍니다. 그들은 여행객들이 필요로 하는 여행 정보와 통역 서비스를 제공하기도 합니다.

03 | 삼 세번은 복습하자

观光警察 [guānguāng jǐngchá] 몡 관광경찰　旅游景点 [lǚyóu jǐngdiǎn] 몡 관광 명소　保护 [bǎohù] 동 보호하다　外国游客 [wàiguó yóukè] 몡 외국인 관광객　合法 [héfǎ] 혱 법에 맞다, 합법적이다　权益 [quányì] 몡 권익　专门 [zhuānmén] 톙 전문적으로, 오로지, 특별히, 일부러　❶打击 [dǎjī] 동 타격을 주다, 공격하다, 의욕이나 기를 꺾다, 손상시키다　各种 [gèzhǒng] 혱 각종의, 갖가지의　高昂 [gāo'áng] 혱 (가격이) 비싸다　收费 [shōufèi] 동 비용을 받다, 유료로 하다　强买强卖 [qiǎng mǎi qiǎng mài] 성어 억지로 사고 팔다　非法 [fēifǎ] 혱 불법적인, 비합법적인, 위법적인　客运 [kèyùn] 몡 여객 운수 업무　行为 [xíngwéi] 몡 행위, 행동, 행실, 하는 짓　帮助 [bāngzhù] 동 돕다, 원조하다, 보좌하다　能够 [nénggòu] 동 …할 수 있다　安全 [ānquán] 혱 안전하다　方便 [fāngbiàn] 동 편리하다, 편리하게 하다, 편의를 봐주다　提供 [tígōng] 동 (자료·물자·의견·조건 등을) 제공하다, 공급하다, 내놓다　需要 [xūyào] 동 필요하다, 요구하다　旅游信息 [lǚyóu xìnxī] 몡 여행정보　❷口译 [kǒuyì] 몡동 통역(하다)

❶ '打击'는 '타격을 주다, 공격하다'는 뜻의 동사이나, 뒤에 '非法活动'나 '非法行为' 등의 단어와 함께 등장할 때는 '(불법활동, 불법행위)를 단속하다'는 뜻을 나타낸다.

❷ '口译'는 구두 통역을 말하며, '笔译'는 서면 통역, 문서 번역을 말한다.

04 | **사** 소한 것도 기억하자

专门打击~的行为 : ~의 (불법) 행위를 전문적으로 단속한다.

专门打击各种高昂收费、强买强卖和非法客运的行为。

각종 비싼 요금(바가지 요금), 억지로 사고파는 행위와 불법 콜밴을 전문적으로 단속합니다.

05 | **오** 로지 나만의 답안으로 만들자

Q. 请说明一下观光警察和他们做的工作。

07 저가항공에 대해 이야기해 보세요.

请说明一下廉价航空公司。

2015, 2016 기출

01 | 일 단 한번 읽어보자

廉价航空公司是指比大型航空公司售价低的航空公司。廉价航空公司又叫低成本航空公司(Low Cost Carrier，通常简称为LCC)。通过简化大型航空公司提供的服务、收费、网上预约结算等方式降低成本，为消费者提供廉价的机票。

02 | 이 렇게도 알아두자

저가항공사는 대형항공사보다 판매 가격이 저렴한 항공사를 말합니다. 저가항공사는 저비용항공사(일반적으로 LCC로 약칭)라고도 합니다. 대형항공사가 제공하는 서비스를 간소화, 유료화하고, 인터넷 예약 결제 등의 방법을 통해 원가를 절감하여 소비자에게 저렴한 비행기 표를 제공합니다.

03 | 삼 세번은 복습하자

廉价 [liánjià] 명 염가, 저가, 싼 값 航空公司 [hángkōng gōngsī] 명 항공회사, 항공사 指 [zhǐ]·동 가리키다, 지시하다 比 [bǐ] 개 …에 비해, …보다 大型 [dàxíng] 형 대형의 售价 [shòujià] 명 판매가(격) 低 [dī] 형 (등급이) 낮다, (정도가) 낮다 又叫 [yòujiào] 동 …라고도 한다 ❶低成本 [dīchéngběn] 명 저원가, 저비용 通常 [tōngcháng] 명 평상시, 보통, 통상 简称为 [jiǎnchēngwéi] 동 …으로 약칭하다, …으로 간단하게 부르다 通过 [tōngguò] 개 …를 통해 简化 [jiǎnhuà] 동 간소화하다 提供 [tígōng] 동 제공하다 服务 [fúwù] 동 봉사하다, 서비스하다 ❷收费 [shōufèi] 동 비용을 받다, 유료로 하다 ❸网上 [wǎngshàng] 명 온라인(on-line), 인터넷 预约 [yùyuē] 동 예약하다 结算 [jiésuàn] 동 결산하다 方式 [fāngshì] 명 방식, 방법 降低 [jiàngdī] 동 내리다, 낮추다, 인하하다, 절하하다, 줄이다 成本 [chéngběn] 명 원가, 자본금 为 [wèi] 개 …에게 (…을 해 주다), …을 위하여 (…을 하다) 消费者 [xiāofèizhě] 명 소비자 机票 [jīpiào] 명 비행기표, 항공권

❶ 반대말은 '高成本'으로 '고비용, 고원가'를 나타낸다.

❷ '收费'는 '유료로 하다'는 뜻으로 반대말로는 '免费'로 '돈을 받지 않는다, 무료로 하다, 프리이다'라는 뜻을 나타낸다.

❸ '网上'은 '인터넷'을 나타내는 명사로 다음과 같은 단어들을 구성할 수 있다. '网上购物(인터넷 쇼핑)', '网上讲课(인터 넷 강의)', '网上银行(인터넷 뱅킹)', '网上通知(온라인 통지 / 인터넷으로 공지)' 등으로 표현할 수 있다.

04 | 사 소한 것도 기억하자

~是指~ : ~은(는) ~을(를) 말한다 / 가리킨다.

廉价航空公司是指比大型航空公司售价低的航空公司。

저가항공사는 대형항공사보다 판매가격이 저렴한 항공사를 말합니다.

~又叫~ : ~은(는) ~라고도 한다.

廉价航空公司又叫低成本航空公司。

저가항공사는 저비용항공사라고도 합니다.

通过~等方法降低成本 : ~등의 방법을 통해 원가를 절감한다.

通过简化大型航空公司提供的服务，收费，网上预约结算等方法降低成本。

대형항공사가 제공하는 서비스를 간소화, 유료화하고, 인터넷 예약 결제 등의 방법을 통해 원가를 절감합니다.

为~提供~ : ~에게 / 위해 ~을(를) 제공하다.

为消费者提供廉价的机票。

소비자에게 저렴한 비행기 표를 제공합니다.

05 | 오 로지 나만의 답안으로 만들자

Q. 请说明一下廉价航空公司。

08 생태관광에 대해 설명해 보세요.

请说明一下生态旅游。

2012, 2015, 2016, 2017, 2019, 2021, 2022 기출

01 | 일 단 한번 읽어보자

生态旅游是生态学和旅游的合成词，是保护生态环境的旅游体验。随着旅游需求的增加，自然生态环境受到损坏，环境污染问题严重。这种旅游给游客提供了保护自然环境的学习机会，也可以给当地居民带来经济效益。

02 | 이 렇게도 알아두자

생태관광은 생태학(Ecology)과 관광(Tourism)의 합성어이며, 생태 환경을 보호하는 관광 체험입니다. 관광 수요가 증가함에 따라서, 자연 생태 환경이 훼손되고, 환경오염 문제가 심각해졌습니다. 이런 관광은 여행객에게 자연환경을 보호하는 학습 기회를 제공하며, 현지 주민에게는 경제수익을 가져다줍니다.

03 | 삼 세번은 복습하자

生态旅游 [shēngtài lǚyóu] 몡 생태관광, 에코투어리즘(Ecotourism) 生态学 [shēngtàixué] 몡 생태학 合成词 [héchéngcí] 몡 합성어, 복합어와 파생어의 합칭 保护 [bǎohù] 통 보호하다 生态 [shēngtài] 몡 생태 环境 [huánjìng] 몡 환경, 주위 상황, 주위 조건 体验 [tǐyàn] 몡통 체험(하다) 随着 [suízhe] 통 …에 따라 ❶需求 [xūqiú] 몡 수요, 필요, 요구 增加 [zēngjiā] 통 증가하다, 더하다, 늘리다 自然 [zìrán] 몡 자연 혱 자연의, 천연의 受到 [shòudào] 통 얻다, 받다 损坏 [sǔnhuài] 통 (원래의 기능·효과 등을) 손상시키다, 훼손시키다 污染 [wūrǎn] 통 오염되다, 오염시키다 严重 [yánzhòng] 혱 (정세·추세·정황 등이) 위급하다, 심각하다, (정도가) 매우 심하다, 대단하다 当地 [dāngdì] 몡 현지, 현장, 그 지방, 그 곳 居民 [jūmín] 몡 주민, 거주민 带来 [dàilái] 통 가져오다, 가져다주다 经济 [jīngjì] 몡 경제 效益 [xiàoyì] 몡 효과와 수익, 효익, 이익, 이득, 성과

❶ '需求'는 '수요, 필요, 요구'의 뜻을 나타내는 명사 역할과 '요구되다, 필요로 하다'는 뜻의 동사 역할을 하는 단어이다. 예를 들면, '为了满足客户不同的需求, 提供各种服务(고객의 다른 요구를 만족시키기 위해, 각종 서비스를 제공한다)', '根据市场的需求, 他们控制生产量(시장의 수요에 맞춰서 그들은 생산량을 컨트롤한다)' 등으로 표현할 수 있다. 주로 경제적인 용어로 '공급과 수요'를 나타낼 때에는 '供给和需求'로 쓴다. '供给[gōngjǐ]'는 '공급, 공급하다'는 뜻을 나타낸다.

04 | 사소한 것도 기억하자

📑 ~是~和~的合成词 : ~은(는) ~와(과) ~의 합성어이다.
生态旅游是生态学和旅游的合成词。
생태관광은 생태학과 관광의 합성어입니다.

📑 随着~需求的增加 : ~의 수요가 증가함에 따라, ~수요가 늘어나면서, ~수요가 증가하면서
随着旅游需求的增加
관광 수요가 증가함에 따라서

📑 给~提供~ : ~에게 ~을(를) 제공하다.
这种旅游给游客提供了保护自然环境的学习机会。
이런 관광은 여행객에게 자연환경을 보호하는 학습 기회를 제공합니다.

📑 给~带来 : ~에게 ~을(를) 가져다주다.
也可以给当地居民带来经济效益。
현지 주민에게는 또 경제수익을 가져다줍니다.

05 | 오로지 나만의 답안으로 만들자

Q. 请说明一下生态旅游。

09 템플스테이란 무엇입니까?

什么是寺院寄宿？

2010, 2014, 2015, 2016, 2019, 2021 **기출**

01 | **일** 단 한번 읽어보자

寺院寄宿(Temple Stay)是在韩国有名的传统寺院寄宿，可以体验韩国佛教的日常生活、传统文化和精神修行，感受身心的安定与和平。2002年世界杯时，因为游客的住宿设施不足，寺院就为国内外人士提供了寄宿，从那时开始了寺院寄宿。

02 | **이** 렇게도 알아두자

템플스테이(Temple Stay)는 한국의 유명한 전통사찰에 기거하는 것입니다. 한국 불교의 일상생활, 전통문화와 정신 수행을 체험하여 심신의 안정과 평화를 느낄 수 있습니다. 2002년 월드컵 때 여행객들의 숙박 시설이 부족하여, 사찰에서 내외국인에게 숙박을 제공하였고 그때부터 템플스테이가 시작되었습니다.

03 | **삼** 세번은 복습하자

寺院寄宿 [sìyuàn jìsù] 圐 템플스테이(Temple stay) 有名 [yǒumíng] 휑 유명하다, 명성이 높다 传统 [chuántǒng] 휑 전통적이다, 역사가 유구한, 대대로 전해지는 寺院 [sìyuàn] 圐 절, 사찰, 사원 寄宿 [jìsù] 图 잠시 남의 집에 기거[기숙]하다 体验 [tǐyàn] 圐图 체험(하다) 日常生活 [rìcháng shēnghuó] 圐 일상생활 佛教 [Fójiào] 圐 불교 传统文化 [chuántǒng wénhuà] 圐 전통문화 **❶**精神 [jīngshén] 圐 정신 修行 [xiūxíng] 图 (출가하여) 도를 닦다, 불법(佛法)를 배우다, 수행하다 身心 [shēnxīn] 圐 몸과 마음, 심신(心身) 安定 [āndìng] 휑 (사회·생활 등이) 안정되다 与 [yǔ] 쩹 …와[과] 和平 [hépíng] 圐 평화 휑 평온하다, 차분하다, 가라앉다 世界杯 [shìjièbēi] 圐 세계 선수권 대회 우승컵, 월드컵(World Cup) 住宿设施 [zhùsù shèshī] 圐 숙박 시설 住宿 [zhùsù] 图 묵다, 유숙하다, 숙박하다 不足 [bùzú] 휑 부족하다, 충분하지 않다 为 [wèi] 개 …에게 (…을 해 주다), …을 위하여 (…을 하다) 国内外 [guónèiwài] 圐 국내외 人士 [rénshì] 圐 인사 提供 [tígōng] 图 (자료·물자·의견·조건 등을) 제공하다, 공급하다, 내놓다

❶ '精神'에서 '神' 발음에 주의하도록 한다. [jīngshén]처럼 2성을 나타낼 때에는 '정신, 주요 의미, 주지'라는 뜻을 나타내며, [jīngshen]처럼 경성을 나타낼 때에는 '원기, 의식, 활력, 용기, 기력'의 명사의 뜻과 '활기차다, 생기발랄 하다, 활발하다, 씩씩하다'는 형용사의 뜻을 나타낸다. 예를 들어, '你看起来很有精神'라고 하면, '너 오늘 굉장히 활기차 보인다'라는 뜻으로 '很有活力'와 같은 뜻으로 볼 수 있다.

04 | 사 소한 것도 기억하자

为~提供~ : ~을(를) 위해 / ~에게 ~을(를) 제공하다.

寺院就为国内外人士提供了寄宿。

사찰에서 내외국인에게 숙박을 제공하였습니다.

05 | 오 로지 나만의 답안으로 만들자

Q. 什么是寺院寄宿?

10 슬로시티 운동이란 무엇입니까?

慢城(Slowcity)运动是什么?

2014, 2015, 2016, 2020, 2021 기출

01 | 일단 한번 읽어보자

慢城运动就是放慢生活节奏，是一种新的城市生活方式。慢城运动来自于意大利的一个小城市。现在的城市化生活越来越快，生活环境很吵，空气污染比较严重，人与人之间的感情越来越淡，所以这个城市的市长提出了慢城运动。这个城市人口不超过五万，没有污染，生活节奏也慢，人们生活很休闲，非常安静。韩国的国际慢城包括莞岛的青山岛、庆尚南道河东、全罗南道潭阳昌平、忠青南道礼山、庆尚北道尚州青松、全州的韩屋村等

02 | 이렇게도 알아두자

슬로시티 운동은 바로 생활 리듬을 늦추자는 것으로, 일종의 새로운 도시 생활 방식입니다. 슬로시티 운동은 이탈리아의 한 작은 도시에서 생겨났습니다. 지금의 도시화된 생활은 갈수록 빨라지고, 생활환경은 매우 시끄러우며, 공기 오염은 비교적 심각하고, 사람들 사이의 정은 점점 더 멀어지고 있습니다. 그래서 이 도시의 시장은 슬로시티 운동을 제의하였습니다. 이 도시의 인구는 5만 명을 넘지 않고, 오염되지 않았으며, 생활 리듬도 느립니다. 사람들의 생활이 매우 한가로우며 조용합니다. 한국의 국제 슬로시티는 완도의 청산도, 경상남도 하동, 전라남도 담양 창평, 충청남도 예산, 경상북도 상주·청송, 전주의 한옥마을 등을 포함합니다.

慢城 [mànchéng] 고유 슬로시티(Slowcity) 运动 [yùndòng] 명 운동 동 (어떤 목적을 달성하기 위해) 활동하다, 움직이다, 운동하다 ❶放慢 [fàngmàn] 동 (속도를) 늦추다 生活节奏 [shēnghuó jiézòu] 명 생활 리듬 节奏 [jiézòu] 명 리듬, 박자, 템포, 장단, (일이나 활동의) 리듬, 흐름, 박자감 城市 [chéngshì] 명 도시 生活方式 [shēnghuó fāngshì] 명 생활 방식 来自于 [láizìyú] 동 …(로)부터 오다, …에서 나오다, …에서 생겨나다 意大利 [Yìdàlì] 명 이탈리아 小城市 [xiǎo chéngshì] 명 소도시, 작은 도시 城市化 [chéngshìhuà] 명 도시화 越来越 [yuèláiyuè] 부 더욱더, 점점, 갈수록 生活环境 [shēnghuó huánjìng] 명 생활환경 吵 [chǎo] 형 시끄럽다 空气 [kōngqì] 명 공기 污染 [wūrǎn] 동 오염되다 比较 [bǐjiào] 부 비교적, 상대적으로 동 비교하다 严重 [yánzhòng] 형 심각하다 之间 [zhījiān] 명 (…의) 사이, 지간 感情 [gǎnqíng] 명 감정, 정, 친근감 ❷淡 [dàn] 형 냉담하다, 쌀쌀하다, 성의가 없다 市长 [shìzhǎng] 명 시장 ❸提出 [tíchū] 동 제출하다, 제의하다, 신청하다, 제기하다 人口 [rénkǒu] 명 인구 不超过 [bù chāoguò] 동 …을 넘지 않는다, …을 초과하지 않는다 休闲 [xiūxián] 동 한가하게 지내다, 한가롭게 보내다 安静 [ānjìng] 형 조용하다, 잠잠하다, 고요하다, 적막하다 国际慢城 [Guójì Mànchéng] 고유 국제 슬로시티 包括 [bāokuò] 동 포함하다, 포괄하다 莞岛青山岛 [Wǎndǎo Qīngshāndǎo] 고유 완도 청산도 庆尚南道河东 [Qìngshàngnándào Hédōng] 고유 경상남도 하동 全罗南道潭阳昌平 [Quánluónándào Tányáng Chāngpíng] 고유 전라남도 담양 창평 忠青南道礼山 [Zhōngqīngnándào Lǐshān] 고유 충청남도 예산 庆尚北道尚州青松 [Qìngshàngběidào Shàngzhōu Qīngsōng] 고유 경상북도 상주·청송 全州韩屋村 [Quánzhōu Hánwūcūn] 고유 전주 한옥마을

TIP

❶ '放慢速度'라고 하면 '속도를 늦추다'는 뜻이 되며, 반대말은 '加快[jiākuài]'로 '속도를 올리다, 스피드를 내다, 빠르게 하다'는 뜻을 나타낸다.

❷ '淡' 형용사가 '맛'을 표현할 때는 '싱겁다, 맛이 약하다, 농도가 낮다'는 뜻을 나타내며, '색깔'을 표현할 때는 '연하다, 수수하다'는 뜻을 나타낸다. '感情淡了'라고 하면 '감정이 연해지다, 감정이 약해지다'는 뜻으로 '감정이 멀어지다' 또는 '정이 없어지다'라고 해석할 수 있다.

❸ '提出'는 '제의하다, 제출하다, 제기하다'는 뜻의 동사로 주로 2음절 명사를 목적어로 취한다. 예를 들면, '提出意见(의견을 제시하다)', '提出建议(건의를 제의하다 / 조언하다)', '提出证据(증거를 제출하다)', '提出辞呈(사표를 내다)', '提出条件(조건을 제기하다 / 조건을 내걸다)' 등과 결합한다.

PART 04

📑 ~就是~ : ~은(는) 바로 ~이다.

慢城运动是就是放慢生活节奏。

슬로시티 운동은 바로 생활 리듬을 늦추자는 것입니다.

📑 来自于~ : ~에서 생겨나다.

慢城运动来自于意大利的一个小城市。

슬로시티 운동은 이탈리아의 한 작은 도시에서 생겨났습니다.

📑 ~与~之间 : ~와(과) ~사이에, ~지간에

人与人之间的感情越来越淡。

사람들 사이의 정이 점점 더 멀어지고 있습니다.

📑 ~提出了~运动 : ~이(가) ~운동을 제의하다.

这个城市的市长提出了慢城运动。

이 도시의 시장이 슬로시티 운동을 제의하였습니다.

Q. 慢城(Slowcity)运动是什么?

11 마이스(MICE)란 무엇이고, 그 중요성과 한국 경제에 미치는 영향을 설명하세요.

请说明一下MICE的含义和重要性，以及对于韩国经济产生的影响。

2011, 2013, 2014, 2015, 2016, 2019 기출

01 | 일 단 한번 읽어보자

MICE是企业会议(Meeting)，奖励旅游(Incentive Trip)，会议(Convention)，展览会和活动(Exhibition / Event)的首字母缩写。MICE不仅可以活跃城市品牌和区域经济，还可以创造就业岗位和附加价值，因此被称为"没有烟囱的黄金产业"。

02 | 이 렇게도 알아두자

MICE는 기업회의(Meeting), 포상관광(Incentive Trip), 컨벤션(Convention), 전시박람회와 이벤트(Exhibition / Event)의 이니셜입니다. MICE는 도시 브랜드와 지역경제를 활성화하고 일자리와 부가가치를 창출할 수 있어 '굴뚝 없는 황금산업'으로 불립니다.

03 | 삼 세번은 복습하자

企业 [qǐyè] 명 기업 奖励 [jiǎnglì] 명동 장려(하다) 展览会 [zhǎnlǎnhuì] 명 전람회, 전시회 活动 [huódòng] 명 활동, 행사 首字母 [shǒuzìmǔ] 명 머리글자, 이니셜 缩写 [suōxiě] 명 약어 活跃 [huóyuè] 동 활기를 띠게 하다, 활발히 하다 品牌 [pǐnpái] 명 상표 区域 [qūyù] 명 구역 经济 [jīngjì] 명 경제 创造[chuàngzào] 동 창조하다, 만들다 就业 [jiùyè] 동 취직하다, 취업하다 岗位 [gǎngwèi] 명 일자리 附加价值 [fùjiājiàzhí] 명 부가가치 因此 [yīncǐ] 접 이 때문에 烟囱 [yāncōng] 명 굴뚝 黄金 [huángjīn] 명 황금 产业 [chǎnyè] 명 산업

~是~ 的首字母缩写 : ~은(는) ~의 이니셜이다.

MICE是企业会议(Meeting), 奖励旅游(Incentive trip), 会议(Convention), 展览会和活动(Exhibition / Event)的首字母缩写。

MICE는 기업회의(Meeting), 포상관광(Incentive trip), 컨벤션(Convention), 전시박람회와 이벤트(Exhibition / Event)의 이니셜입니다.

~不仅可以~, 还可以~ : ~할 수 있을 뿐만 아니라, 또 ~할 수 있다.

MICE不仅可以活跃城市品牌和区域经济,还可以创造就业岗位和附加价值。

MICE는 도시 브랜드와 지역경제를 활성화하고, 또 일자리와 부가가치를 창출할 수 있습니다.

~被称为~ : ~은(는) ~로(으로) 불리다.

MICE被称为"没有烟囱的黄金产业"。

MICE는 '굴뚝 없는 황금산업'으로 불립니다.

Q. 请说明一下MICE的含义和重要性, 以及对于韩国经济产生的影响。

12 다크투어리즘(Dark Tourism)에 대해 설명해 보세요.

请说明一下黑色旅游(Dark Tourism)。

2014, 2015, 2020, 2021 기출

01 | 일 단 한번 읽어보자

黑色旅游是游客们到灾难、恐怖事件等发生的场所去旅游。黑色旅游让游客们通过观光这些场所，可以得到教训，提供反省的机会，珍惜生命和生活。

韩国的主要黑色旅游场所是龙山的战争纪念馆、西大门刑务所历史馆、5·18国立民主墓地、济州4·3和平公园和巨济战俘营。

02 | 이 렇게도 알아두자

다크투어리즘(Dark Tourism)은 여행객들이 재난, 테러 사건 등이 발생한 장소에 가서 여행하는 것입니다. 다크투어리즘은 여행객들이 이런 장소에서 관광하는 것을 통하여 교훈을 얻을 수 있도록 하며, 반성의 기회를 제공하고, 생명과 생활을 소중히 여기도록 합니다.

한국의 다크투어리즘의 주요 장소로는 용산의 전쟁기념관, 서대문 형무소역사관, 5·18 국립 민주 묘지, 제주 4·3 평화공원과 거제 포로수용소가 있습니다.

03 | 삼 세번은 복습하자

黑色旅游 [hēisè lǚyóu] 명 다크투어리즘(Dark Tourism) 灾难 [zāinàn] 명 재난, 재해, 화, 환난 恐怖事件 [kǒngbù shìjiàn] 명 테러 사건 场所 [chǎngsuǒ] 명 장소 通过 [tōngguò] 개 …을 통해 得到 [dédào] 동 얻다, 획득하다 教训 [jiàoxùn] 명 교훈 提供 [tígōng] 동 제공하다 反省 [fǎnxǐng] 동 반성하다 机会 [jīhuì] 명 기회, 시기, 찬스 珍惜 [zhēnxī] 동 소중히 여기다 生命 [shēngmìng] 명 생명, 목숨 生活 [shēnghuó] 명 생활 동 살다, 생존하다 龙山 [Lóngshān] 고유 (지명) 한국 용산 战争纪念馆 [Zhànzhēng Jìniànguǎn] 고유 전쟁기념관 西大门刑务所历史馆 [Xīdàmén Xíngwùsuǒ Lìshǐguǎn] 고유 서대문 형무소역사관 国立民主墓地 [Guólì Mínzhǔ Mùdì] 고유 국립 민주 묘지 济州4·3和平公园 [Jìzhōu 4·3 Hépíng Gōngyuán] 고유 제주 4·3 평화공원 巨济战俘营 [Jùjì Zhànfúyíng] 고유 거제 포로수용소

让~通过~, 可以得到~ : ~하여금 ~을(를) 통해서 ~을(를) 얻을 수 있도록 한다.

让游客们通过观光这些场所, 可以得到教训, 提供反省的机会, 珍惜生命和生活。

다크투어리즘은 여행객들로 하여금 이런 장소에서 관광하는 것을 통하여 교훈을 얻을 수 있도록 하며, 반성의 기회를 제공하고, 생명과 생활을 소중히 여기도록 합니다.

05 | 오 로지 나만의 답안으로 만들자

Q. 请说明一下黑色旅游(Dark Tourism)。

13 비자와 여권의 차이는 무엇입니까?

签证与护照有什么区别?

2014 기출

01 | 일 단 한번 읽어보자

护照是本国政府发给公民的，主要是证明游客的身份和国籍。签证是外国政府发给游客的一种出入境许可。护照在海外可以证明游客的身份，签证是游客临时滞留特定国家的许可。

TIP 여권 및 비자의 종류는 무엇이 있습니까?

护照的种类有普通护照、公务护照、外交护照。
签证的种类有只能入境1次的单次签证和能入境2次以上的多次签证。

02 | 이 렇게도 알아두자

여권은 본국 정부가 국민에게 발급하는 것으로 주로 여행객의 신분과 국적을 증명하는 것입니다. 비자는 외국 정부가 여행객에게 발급하는 출입국 허가입니다. 여권은 해외에서 여행객의 신분을 증명할 수 있으며, 비자는 여행객이 특정 국가에 임시 체류할 수 있는 허가입니다.

03 | 삼 세번은 복습하자

签证 [qiānzhèng] 몡 비자(Visa) 护照 [hùzhào] 몡 여권 与 [yǔ] 젭 …와[과] 区别 [qūbié] 몡 구별, 차이 本国 [běnguó] 몡 (자기 나라를 가리켜) 본국, 이 나라 政府 [zhèngfǔ] 몡 정부 发给 [fāgěi] 됭 발급하다, 교부하다 公民 [gōngmín] 몡 국민, 공민 主要 [zhǔyào] 붐 주로, 대부분 证明 [zhèngmíng] 됭 증명하다 身份 [shēnfen] 몡 신분, 지위 国籍 [guójí] 몡 (사람의) 국적 出入境 [chūrùjìng] 몡됭 출입국(하다) 许可 [xǔkě] 됭 허가하다, 승낙하다, 허락하다 海外

[hǎiwài] 閔 해외, 국외, 외국 **临时** [línshí] 閔 잠시의, 일시적인, 임시적인 **滞留** [zhìliú] 邑 …에 머물다, 체류하다 **特定** [tèdìng] 閔 특정한, 특별히 지정한 **种类** [zhǒnglèi] 閔 종류 **普通护照** [pǔtōng hùzhào] 閔 일반여권 **公务护照** [gōngwù hùzhào] 閔 관용여권 **外交护照** [wàijiāo hùzhào] 閔 외교관여권 **入境** [rùjìng] 邑 입국하다 **单次签证** [dāncì qiānzhèng] 閔 단수비자 **多次签证** [duōcì qiānzhèng] 閔 복수비자

04 | 사 소한 것도 기억하자

~与~有什么区别: ~와(과) ~은(는) 어떤 차이점이 있습니까?
签证与护照有什么区别?
비자와 여권은 어떤 차이점이 있습니까?

可以证明~: ~을(를) 증명할 수 있다.
护照在海外可以证明游客的身份。
여권은 해외에서 여행객의 신분을 증명할 수 있습니다.

05 | 오 로지 나만의 답안으로 만들자

Q. 签证与护照有什么区别?

14 인센티브 투어(Incentive Tour)는 무엇입니까?

什么是奖励旅游?

2014, 2020 기출

01 | 일 단 한번 읽어보자

奖励旅游是公司对工作业绩好的员工们进行的奖励，让优秀的员工们一起公费旅游，加强团队精神。

公司希望通过这次旅游让员工们能够更好地处理业务，并且更好地搞好同事关系，给公司带来更大的经济收益。

02 | 이 렇게도 알아두자

인센티브 투어는 회사가 근무 실적이 좋은 직원들에게 실시하는 포상 여행입니다. 우수한 직원들이 함께 공비로 여행을 하면서 팀워크 정신을 강화하도록 합니다.

회사는 이번 여행을 통해 직원들이 업무를 더욱 잘 처리하고 동료 관계를 더 돈독하게 해서 회사에 더욱 큰 경제 수익을 가져다주기를 바랍니다.

03 | 삼 세번은 복습하자

奖励 [jiǎnglì] 동 장려하다, 표창하다 명 상(賞), 상금, 상품 奖励旅游 [jiǎnglì lǚyóu] 명 인센티브 투어, 포상 여행 业绩 [yèjì] 명 업적, 사업의 성과, 실적 员工 [yuángōng] 명 직원 优秀 [yōuxiù] 형 (품행이나 학업, 성적 등이) 아주 뛰어나다, 우수하다, 훌륭하다 ❶公费 [gōngfèi] 명 공비, 국비 加强 [jiāqiáng] 동 강화하다, 증강하다 团队精神 [tuánduì jīngshén] 명 단체정신, 팀워크(teamwork) 更好地 [gèng hǎo de] 부 더욱 잘, 더 잘 处理 [chǔlǐ] 동 처리하다, (사물을) 안배하다, (문제를) 해결하다 业务 [yèwù] 명 업무 并且 [bìngqiě] 접 게다가, 나아가, 그리고 ❷搞好 [gǎohǎo] 동 잘 해내다, 잘 처리하다 同事 [tóngshì] 명 동료 关系 [guānxi] 명 (사람과 사람 또는 사물 사이의) 관계, 연줄 经济 [jīngjì] 명 경제, 국민 경제 收益 [shōuyì] 명 수익, 이득, 수입

❶ '公费'는 '국비, 공비'의 뜻으로 즉, 국가나 단체가 제공하는 공적인 비용을 말한다. 반대말로는 '자비, 사비'를 나타내는 '自费[zìfèi]'가 있다. '公费留学(공비 유학)', '自费留学(자비 유학)', '公费旅行(공비 여행)', '自费旅行(자비 여행)' 등으로 표현할 수 있다.

❷ '搞好'는 동사 '搞'(하다)와 결과보어 '好'(잘~하다)의 결합으로 이뤄진 단어로서 '잘하다, 잘 해내다, 잘 처리하다'는 뜻을 나타낸다. 대표적인 표현으로 '搞好关系'가 있으며 '좋은 관계를 맺다, (사람들과의) 관계 처리를 잘하다'는 뜻을 나타낸다. 동사 '搞'(하다)는 주로 '做'(하다)는 의미를 가지며, 문장에서 여러 가지 다른 동사를 대신하기도 한다. 또한 뒤에 따르는 목적어에 따라 의미도 달라짐에 주의한다. 목적어는 주로 2음절 단어를 취한다. '搞工作(일하다)', '搞活动(활동을 하다)', '搞艺术(예술을 하다)', '搞革命(혁명을 하다)' 등이 있다.

04 | 사 소한 것도 기억하자

给~带来~ : ~에게 ~을(를) 가져다주다.

给公司带来更大的经济收益。

회사에 더욱 큰 경제 수익을 가져다줍니다.

05 | 오 로지 나만의 답안으로 만들자

Q. 什么是奖励旅游?

15 Go Show와 No Show에 대해 설명하세요.

请说明一下Go Show与No Show。

2011, 2014, 2023 기출

01 | 일 단 한번 읽어보자

Go Show是没有预约或者等候预约的游客，在旅游出发当天直接去机场申请座位(或者申请等待座位)以后，预约的旅客没有登机，有空位可以让这些旅客登机的情况。

No Show是旅客购买机票以后，没有提前取消预约好的航空日程，在预约的出发时间没有办理登机手续或者没有登机的情况。所以一些航空公司为了减少损失，No Show时不准使用该机票或者收取一定金额的罚款。

02 | 이 렇게도 알아두자

Go Show는 예약을 하지 않았거나 또는 대기 예약을 한 여행객이 여행 출발 당일에 직접 공항에 가서 좌석 요청(혹은 대기)를 신청하고, 예약한 고객들이 탑승을 하지 않아 남은 좌석을 이런 여행객들이 탑승할 수 있도록 하는 것을 말합니다.

No Show는 고객이 항공권을 구매한 후, 예약된 항공 여정을 사전에 취소하지 않고, 예정된 출발 시간에 탑승수속을 하지 않거나 탑승하지 않는 것을 의미합니다. 그래서 일부 항공사들은 손실을 줄이기 위해 No Show 시 해당 항공권을 사용하지 못하게 하거나 혹은 일정 금액의 벌금을 수취합니다.

03 | 삼 세번은 복습하자

预约 [yùyuē] 통 예약하다 或者 [huòzhě] 접 혹은, 또는 ❶等候 [děnghòu] 통 기다리다, 대기하다 出发 [chūfā] 통 출발하다, 떠나다 当天 [dàngtiān] 명 당일, 그 날 直接 [zhíjiē] 명 직접 부 직접, 바로 申请 [shēnqǐng] 통 신청하다 座位 [zuòwèi] 명 좌석 等待座位 [děngdài zuòwèi] 좌석 대기 좌석을 기다리다 等待 [děngdài] 통 (사물·상황 등을) 기다리다 登机 [dēngjī] 통 비행기에 탑승하다 空位 [kòngwèi] 명 (사람이 앉지 않은) 공석, 빈 자리, 빈 좌석 情况 [qíngkuàng] 명 상황, 형편, 사정, 정황 购买 [gòumǎi] 통 사다, 구매[구입]하다 机票 [jīpiào] 명 항공권, 비행기표 提前

[tíqián] 튀 미리, 사전에, 앞당겨 동 (예정된 시간·위치를) 앞당기다 **取消** [qǔxiāo] 동 취소하다 **好** [hǎo] 형 동사 뒤에 쓰여 동작이 완성되었거나 잘 마무리되었음을 나타냄 **航空** [hángkōng] 형 항공과 관련 있는, 항공의 **日程** [rìchéng] 명 일정 **办理** [bànlǐ] 동 처리하다, 취급하다, 해결하다, (수속을) 밟다 **登机手续** [dēngjī shǒuxù] 명 탑승 수속 **一些** [yìxiē] 양 조금, 일부, 약간 **航空公司** [hángkōng gōngsī] 명 항공사 **为了** [wèile] 개 …을를] 하기 위하여 **减少** [jiǎnshǎo] 동 감소하다, 줄다, 줄이다, 축소하다, 삭감하다 **损失** [sǔnshī] 명 손실, 손해 **该** [gāi] 대 (앞에서 언급한) 이, 그, 저 **收取** [shōuqǔ] 동 받다, 수납하다, 수취하다 **一定** [yídìng] 튀 반드시, 꼭, 기필코 형 상당한, 일정한, 꽤, 어느 정도의 **金额** [jīn'é] 명 금액 ❷**罚款** [fákuǎn] 동 벌금을 부과하다, 범칙금을 물리다

---

04 | 사 소한 것도 기억하자

📑 没有提前取消~ : ~을(를) 사전에 취소하지 않다.
  没有提前取消预约好的航空日程。
  예약된 항공 여정을 사전에 취소하지 않았습니다.

05 | 오 로지 나만의 답안으로 만들자

Q. 请说明一下Go Show与No Show。

16 FIT에 대해 설명하세요.

请说明一下FIT。

2011, 2012, 2013, 2014, 2019 기출

01 | 일 단 한번 읽어보자

FIT(Foreign Independent Tour)是个人自由旅行。他们由旅行社安排住宿和交通，但是没有导游随行，饮食也是自己安排。这样的旅游时间安排更自由、方便，没有固定的行程，也没有购物项目。

02 | 이 렇게도 알아두자

FIT(Foreign Independent Tour)는 개별자유여행입니다. 여행사가 숙박과 교통을 안배하지만 가이드의 수행은 없으며, 음식 역시 자신이 정합니다. 이러한 여행은 스케줄이 더욱 자유롭고 편리하며, 고정된 일정이 없으며 (여행사에서 가도록 하는) 쇼핑도 없습니다.

03 | 삼 세번은 복습하자

❶由 [yóu] 깨 …이[가], …에서 旅行社 [lǚxíngshè] 몡 여행사 安排 [ānpái] 통 (인원, 시간 등을) 안배하다, 마련하다, 일을 처리하다, 준비하다 住宿 [zhùsù] 통 묵다, 유숙하다, 숙박하다 随行 [suíxíng] 통 수행하다, 따라가다 饮食 [yǐnshí] 몡 음식 自由 [zìyóu] 혱 자유롭다 方便 [fāngbiàn] 혱 편리하다 固定 [gùdìng] 혱 고정되다, 불변하다 行程 [xíngchéng] 몡 노정, 여정, 길 购物 [gòuwù] 통 물품을 구입하다, 물건을 사다 项目 [xiàngmù] 몡 항목, 종목, 사항

TIP

❶ '由'는 개사로서 '…이(가)' 또는 '…으로부터'라는 뜻을 나타내며, 주로 동작을 실시하는 주체를 끌어내는 역할을 담당한다. 예를 들면, '培训期间由公司安排食宿(훈련기간 동안 회사가 숙식을 마련한다)', '这些问题由经理解决(이 문제는 매니저님이 해결한다)', '由旅行社安排所有的行程(여행사가 모든 일정을 준비한다)' 등으로 표현할 수 있다.

📑 由~安排~ : ~이(가) ~을(를) 안배하다.
　由旅行社安排住宿和交通。
　여행사가 숙박과 교통을 안배합니다.

📑 没有~, 也没有~ : ~이(가) 없으며 ~도 없다.
　没有固定的行程, 也没有购物项目。
　고정된 일정이 없으며, 쇼핑도 없습니다.

Q. 请说明一下FIT。

17 투어에스코트(Tour Escort)란 무엇입니까?

什么是陪同导游?

01 | 일 단 한번 읽어보자

陪同导游的作用是团体旅游或者个人旅游时，与游客同行并保证当地的日程顺利进行，为游客提供所需的信息和适当的建议，使游客在快乐旅游的同时，可以通过这次旅游获得所需的东西。

02 | 이 렇게도 알아두자

투어에스코트의 역할은 단체관광이나 개인관광을 할 때, 여행객과 동행하여 현지 일정의 순조로운 진행을 책임지며, 여행객에게 필요한 정보와 적절한 조언을 제공해 줌으로써 여행객이 즐겁게 여행을 하는 동시에 이번 여행을 통해 필요한 것을 얻을 수 있도록 합니다.

03 | 삼 세번은 복습하자

陪同导游 [péitóng dǎoyóu] 명 투어에스코트　陪同 [péitóng] 동 모시고 다니다, 수행하다, 동반하다, 함께 다니다　作用 [zuòyòng] 명 (사람과 사물에 끼치는) 작용, 영향, 효과, 효용, 역할　团体旅游 [tuántǐ lǚyóu] 명 단체여행, 패키지 투어　或者 [huòzhě] 접 혹은, 또는　个人旅游 [gèrén lǚyóu] 명 개인여행　与 [yǔ] 접 …와[과]　❶同行 [tóngxíng] 동 함께[같이] 가다, 동행하다　并 [bìng] 접 그리고, 또, 아울러, 게다가　保证 [bǎozhèng] 동 보증하다, 확실히 책임지다　当地 [dāngdì] 명 현지, 현장, 그 지방[고장], 그 곳　日程 [rìchéng] 명 일정　顺利 [shùnlì] 형 순조롭다, 일이 잘 되어가다　进行 [jìnxíng] 동 진행하다, 어떤 일을 하다　为 [wèi] 개 …에게 (…을 해 주다), …을 위하여 (…을 하다)　提供 [tígōng] 동 (자료·물자·의견·조건 등을) 제공하다, 공급하다, 내놓다　信息 [xìnxī] 명 정보　适当 [shìdàng] 형 적절하다, 적합하다, 알맞다, 적당하다　建议 [jiànyì] 명 제안, 건의, 어드바이스　使 [shǐ] 동 …하게 하다　快乐 [kuàilè] 형 즐겁다, 행복하다, 유쾌하다　同时 [tóngshí] 부 동시에　通过 [tōngguò] 개 …을 통해, …을 거쳐　获得 [huòdé] 동 얻다, 취득하다, 획득하다, 손에 넣다　❷所需的 [suǒxūde] 형 필요한, 필요한 바(의)

04 | **사**소한 것도 기억하자

📑 ~的作用是~ : ~의 역할은 ~이다.
陪同导游的作用是团体旅游或者个人旅游时
투어에스코트의 역할은 단체관광이나 개인관광을 할 때

📑 为~提供~ : ~에게 ~을(를) 제공하다.
为游客提供所需的信息和适当的建议。
여행객에게 필요한 정보와 적절한 조언을 제공합니다.

📑 ~的同时 : ~하는 동시에
使游客在快乐旅游的同时
여행객이 즐겁게 여행을 하는 동시에

📑 可以通过~ 获得~ : ~을(를) 통해 ~을(를) 얻을 수 있다.
可以通过这次旅游获得所需的东西。
이번 여행을 통해 필요한 것을 얻을 수 있습니다.

05 | **오**로지 나만의 답안으로 만들자

Q. 什么是陪同导游?

18 DMZ에 대해 이야기해 보세요.

请说明一下DMZ。

01 | 일 단 한번 읽어보자

DMZ是Demilitarized Zone的英文缩写，是非军事区的意思。非军事区是根据条约或协定，禁止军事驻扎、设置战争武器配置、军事设施的区域。主要是容易发生武力冲突的国家或区域，防止冲突而设立的。

我国的非军事区是在1953年根据'韩国停战协定'设定的，就是板门店。板门店是南北共同警备的特殊区域，也是动植物等自然状态保存最好的区域。

02 | 이 렇게도 알아두자

DMZ는 'Demilitarized Zone'의 영어 약자로 '비무장지대'를 말합니다. 비무장지대는 조약이나 협정에 따라서 군사주둔, 전쟁용 무기배치, 군사시설 설치를 금지한 구역입니다. 주로 무력 충돌이 발생하기 쉬운 국가 혹은 구역에 충돌을 방지하기 위해 설정합니다.

우리나라의 비무장지대에는 1953년 '한국휴전협정'에 따라 만들어진 판문점이 있습니다. 판문점은 남북이 함께 경비하는 특수한 지역입니다. 또한 동식물 등 자연의 모습이 잘 보존되어 있는 곳이기도 합니다.

PART 04

缩写 [suōxiě] 동 준말로 쓰다, 약어로 쓰다 非军事区 [fēijūnshì qū] 명 비무장지대(DMZ) 意思 [yìsi] 명 의미, 뜻 根据 [gēnjù] 개 …에 의거하여, …에 근거하여 条约 [tiáoyuē] 명 조약 或 [huò] 접 혹은, 또는 协定 [xiédìng] 명 협정 동 (공동 준수 조약을) 협정하다 禁止 [jìnzhǐ] 동 금지하다, 불허하다 军事 [jūnshì] 명 군사 驻扎 [zhùzhā] 동 (부대나 근무 인원이 어떤 곳에) 주둔하다, 주재하다 设置 [shèzhì] 동 설치하다, 설립하다, 세우다 战争 [zhànzhēng] 명 전쟁 武器 [wǔqì] 명 무기, 병기 配置 [pèizhì] 명 사양, 품목, 옵션(Option) 军事设施 [jūnshì shèshī] 명 군사시설 区域 [qūyù] 명 구역, 지역 主要 [zhǔyào] 부 주로, 대부분 容易 [róngyì] 형 …하기 쉽다, …하기 일쑤다 发生 [fāshēng] 동 발생하다 武力 [wǔlì] 명 무력, 폭력 冲突 [chōngtū] 명 모순, 충돌 동 충돌하다, 부딪히다 防止 [fángzhǐ] 동 방지하다 设立 [shèlì] 동 (기구·조직 등을) 설립하다, 건립하다 韩国停战协定 [Hánguó Tíngzhàn Xiédìng] 고유 한국정전협정 设定 [shèdìng] 동 설정하다, 규정을 세우다 板门店 [Bǎnméndiàn] 고유 (한국) 판문점 南北 [nánběi] 명 남북, 남쪽과 북쪽, 남방과 북방 共同 [gòngtóng] 형 공동의, 공통의 警备 [jǐngbèi] 동 경비하다 特殊 [tèshū] 형 특수하다, 특별하다 区域 [qūyù] 명 지역, 구역 动植物 [dòngzhíwù] 명 동식물 自然状态 [zìrán zhuàngtài] 명 자연 상태 保存 [bǎocún] 동 보존하다, 간수하다, 간직하다

🔖 根据~ : ~에 따라 / ~에 근거하여

根据条约或协定

조약이나 협정에 따라

根据'韩国停战协定'

'한국휴전협정'에 따라

Q. 请说明一下DMZ。

19 여행업이란 무엇이고 그 종류는 어떤 것들이 있는지 설명해 보세요.

请说明一下旅游行业及它的种类。

2014, 2015 기출

01 | 일 단 한번 읽어보자

旅游行业是以旅游资源和旅游设施为条件，向游客们提供游览服务的行业。旅游行业从业务上分为三种：第一，综合旅游行业，主要针对在韩国或者其他国家旅游的韩国人和外国人。第二，国内外旅游行业，主要针对在韩国或海外旅游的韩国人。第三，国内旅游行业，主要针对国内旅游的韩国人。

02 | 이 렇게도 알아두자

여행업은 관광자원과 관광시설을 조건으로 여행객들에게 관광 서비스를 제공하는 업종입니다. 여행업은 업무에 따라 세 종류로 분류됩니다. 첫째, 종합여행업입니다. 주로 한국 혹은 다른 나라를 여행하는 한국인과 외국인을 대상으로 합니다. 둘째, 국내외여행업입니다. 주로 한국 혹은 해외여행을 하는 한국인을 대상으로 합니다. 셋째, 국내여행업입니다. 주로 국내여행을 하는 한국인을 대상으로 합니다.

03 | 삼 세번은 복습하자

旅游行业 [lǚyóu hángyè] 몡 여행업, 여행업종, 여행업계 条件 [tiáojiàn] 몡 조건 旅游资源 [lǚyóu zīyuán] 몡 관광 자원 旅游设施 [lǚyóu shèshī] 몡 관광 시설 向 [xiàng] 깨 [으로, …에게, …을[를] 향하여 提供 [tígōng] 됭 제공하다, 공급하다, 내놓다 游览服务 [yóulǎn fúwù] 몡 관광 서비스, 여행 서비스, 유람 서비스 行业 [hángyè] 몡 직업, 직종, 업종 业务 [yèwù] 몡 업무 分为 [fēnwéi] 됭 (…으로) 나누다, 나누어지다 综合 [zōnghé] 몡 종합 主要 [zhǔyào] 뷔 주로, 대부분 针对 [zhēnduì] 됭 겨누다, 조준하다, 초점을 맞추다 其他 [qítā] 떼 기타, 다른 사람[사물] 海外 [hǎiwài] 몡 해외, 국외, 외국

以~为条件 : ~을(를) 조건으로 한다.
旅游行业是以旅游资源为和旅游设施为条件。
여행업은 관광자원과 관광시설을 조건으로 합니다.

向~提供~ : ~에게 ~을(를) 제공하다.
向游客们提供游览服务。
여행객들에게 관광 서비스를 제공합니다.

~分为三种 : ~은(는) 세 종류로 분류되다 / 구분되다 / 나눠지다.
旅游行业从业务上分为三种。
여행업은 업무에 따라 세 종류로 분류됩니다.

主要针对~ : 주로 ~에 맞춘 것이다 / ~을(를) 겨냥한 것이다 / ~을(를) 대상으로 한다.
主要针对在韩国或者其他国家旅游的韩国人和外国人。
주로 한국 혹은 다른 나라를 여행하는 한국인과 외국인을 대상으로 합니다.

05 | 오 로지 나만의 답안으로 만들자

Q. 请说明一下旅游行业及它的种类。

20

1330은 무엇입니까?

什么是1330?

2011, 2012, 2013, 2014, 2020 기출

01 | 일 단 한번 읽어보자

1330是韩国旅游热线，为国内外游客提供韩国旅游信息。全年提供24小时服务，还提供韩语、英语、日语、汉语等咨询服务。从2021年开始，游客还可以使用短信进行咨询。

02 | 이 렇게도 알아두자

1330은 한국여행상담 직통전화로 국내외 관광객들에게 한국 관광 정보를 제공합니다. 연중무휴 24시간 운영하며, 또한 한국어·영어·일본어·중국어 등의 상담 서비스를 제공합니다. 2021년부터는 문자 채팅 서비스도 이용할 수 있게 되었습니다.

03 | 삼 세번은 복습하자

热线 [rèxiàn] 몡 직통 전화, 핫 라인(Hot Line) 提供 [tígōng] 동 제공하다 信息 [xìnxī] 몡 정보 全年 [quánnián] 몡 한 해 전체 咨询服务 [zīxún fúwù] 몡 상담 서비스 短信 [duǎnxìn] 몡 문자, 메시지 进行 [jìnxíng] 동 진행하다, (어떠한 활동을) 하다 咨询 [zīxún] 동 자문하다, 상의하다, 상담하다

为~提供~ : ～에게 ～을(를) 제공하다.
为国内外游客提供韩国旅游信息
국내외 여행객에게 한국 관광 정보를 제공합니다.

可以使用~进行~ : ～을(를) 사용하여 ～할 수 있다.
游客还可以使用短信进行咨询
관광객은 또 문자를 사용하여 상담을 할 수 있습니다.

05 | **오**로지 나만의 답안으로 만들자

Q. 什么是1330?

21 KTO란 무엇입니까?

什么是KTO?

2013, 2014 기출

01 | 일 단 한번 읽어보자

KTO就是韩国观光公社(韩国旅游发展局)(Korea Tourism Organization)的首字母缩写，是韩国政府为本国推广观光旅游业而成立的机构。主要是向海外宣传韩国旅游，开发海外市场。向国内外游客提供各项旅游信息，以方便游客更好地旅游。韩国观光会社的目的是开发和发展旅游资源，培训旅游领域人员，振兴韩国的旅游事业。

02 | 이 렇게도 알아두자

KTO는 바로 한국관광공사(Korea Tourism Organization)의 머리글자입니다. 한국 정부가 본국의 관광여행업을 널리 보급하기 위해서 설립한 기구입니다. 주로 해외에 한국 여행을 홍보하고, 해외 시장을 개척합니다. 국내외 여행객에게 더 좋은 여행의 편의를 위해 각종 여행 정보를 제공합니다. 한국관광공사의 목적은 관광 자원을 개발하고 발전시키고, 관광 분야의 인원을 육성하여 한국의 관광 사업을 진흥하는 것입니다.

03 | 삼 세번은 복습하자

韩国观光公社 [Hánguó Guānguāng Gōngshè] 고유 한국관광공사 韩国旅游发展局 [Hánguó Lǚyóu Fāzhǎnjú] 고유 한국관광공사 首字母 [shǒuzìmǔ] 명 머리글자 ❶缩写 [suōxiě] 동 준말로 쓰다, 약어로 쓰다 政府 [zhèngfǔ] 명 정부 为 [wèi] 개 …을 위하여, …를 위해 本国 [běnguó] 명 (자기 나라를 가리켜) 본국, 이 나라 推广 [tuīguǎng] 동 널리 보급[확대・확충]하다, 일반화하다 观光旅游业 [guānguāng lǚyóuyè] 명 관광여행업 成立 [chénglì] 동 (조직・기구 등을) 창립하다, 설립하다, 결성하다 机构 [jīgòu] 명 기구[기관・단체 등의 업무 단위] 主要 [zhǔyào] 부 주로, 대부분 向 [xiàng] 개 …에게, …을 향해 海外 [hǎiwài] 명 해외, 국외, 외국 宣传 [xuānchuán] 동 (대중을 향하여) 선전하다, 홍보하다 开发 [kāifā] 동 (자연 자원을) 개발하다, 개간하다, 개척하다 海外市场 [hǎiwài shìchǎng] 명 해외시장 国内外 [guónèiwài] 명 국내외

提供 [tígōng] 동 (자료, 물자, 의견, 조건 등을) 제공하다, 공급하다, 내놓다 **各项** [gèxiàng] 명 각 항, 각종 항목 **信息** [xìnxī] 명 정보 ❷**以** [yǐ] 접 …하여, …함으로써, …하기 위하여 **方便** [fāngbiàn] 형 편리하다 동 편리하게 하다 **目的** [mùdì] 명 목적 **发展** [fāzhǎn] 동 발전하다 **旅游资源** [lǚyóu zīyuán] 명 관광자원 **培训** [péixùn] 동 양성하다, 육성하다, 키우다, 훈련하다 **领域** [lǐngyù] 명 분야, 영역 **振兴** [zhènxīng] 동 진흥하다 **旅游事业** [lǚyóu shìyè] 명 관광사업

TIP

❶ '缩写'는 '줄여서 쓰다, 약어로 쓰다'는 뜻의 동사이다. '第一个大写字母的缩写'라고 하면 '영어(단어)의 알파벳 첫 대문자를 줄여서 쓰다'이라는 뜻으로 한국어 표현으로 옮기면 '영문 첫 대문자의 준말 또는 약자'로 해석할 수 있다.

❷ '以'는 접속사로 두 개의 동사구로 연결되는 문장 사이에 놓여서 '以'가 이끄는 문장이 앞 문장의 목적임을 나타낸다. 예를 들어 '请携带身份证，以方便核对考生身份'이라고 하면 '학생 신분 조회의 편의를 위해서 신분증을 지참하시기 바랍니다'로 해석할 수 있다. 즉, '以'가 이끄는 뒷문장이 앞 문장의 목적임을 나타낸다.

---

04 | **사**소한 것도 기억하자

为~而成立的机构 : ~을(를) 위해 설립한 기구이다.
是韩国政府为本国推广观光旅游业而成立的机构。
한국 정부가 본국의 관광여행업을 널리 보급하기 위해서 설립한 기구입니다.

向~提供~ : ~에게 ~을(를) 제공하다.
向国内外游客提供各项旅游信息。
국내외 여행객에게 각종 여행 정보를 제공합니다.

以方便~ : ~의 편의를 위해, ~이(가) 편리하도록
以方便游客更好地旅游。
여행객의 더 좋은 여행의 편의를 위해

Q. 什么是KTO?

22 실버관광에 대해 이야기해 보세요.

请说明一下老年旅游。

老年旅游是'银色'和'旅游'的合成词，银色(Silver)是指老人群体。随着老龄化社会的到来，进行休闲活动的老人群体逐渐增多，针对这些人群的医疗、兴趣、休闲、旅游观光等新市场的需求也在逐渐增多。

실버관광이란 '실버'와 '관광'의 합성어로 실버(Silver)는 노인계층을 말합니다. 노령화 사회를 맞이하여 여가활동을 찾는 노인계층이 점차적으로 늘어남에 따라 이들을 겨냥한 의료, 취미, 레저, 관광 여행 등 새로운 시장의 수요가 점차 증가하고 있습니다.

老年 [lǎonián] 몡 노년, 노령, 노인 合成词 [héchéngcí] 몡 합성어, 복합어와 파생어의 합칭 银色 [yínsè] 몡 은색, 은빛, 실버(Silver) 指 [zhǐ] 동 가리키다, 지시하다 老人 [lǎorén] 몡 노인 群体 [qúntǐ] 몡 단체, 집단, 계층 随着 [suízhe] 동 (…에) 따르다, …따라서, …뒤이어, …에 따라 老龄化 [lǎolínghuà] 동 노령화하다 ❶到来 [dàolái] 동 도래하다, 닥쳐오다 休闲活动 [xiūxián huódòng] 몡 여가활동, 레저 활동 逐渐 [zhújiàn] 부 점점, 점차 增多 [zēngduō] 동 많아지다, 증가하다, 증가시키다, 늘리다 ❷针对 [zhēnduì] 동 겨누다, 조준하다, 초점을 맞추다 医疗 [yīliáo] 몡 의료 兴趣 [xìngqù] 몡 흥미, 취미, 흥취 休闲 [xiūxián] 몡 레저, 휴양 동 한가하게 지내다, 한가롭게 보내다 新市场 [xīn shìchǎng] 몡 신규시장 需求 [xūqiú] 몡 수요, 필요

❶ '到来'는 '(어떤 시기가) 도래하다'는 뜻을 나타내며, 주로 문장에서는 '随着…到来'의 형태로 자주 등장합니다. 예를 들면, '随着春天的到来(봄이 다가옴에 따라)', '随着21世纪的到来(21세기가 도래함에 따라)', '随着信息时代的到来(정보시대가 도래함에 따라)' 등이 있다.

❷ '针对'는 동사로서 '겨누다, 조준하다, 초점을 맞추다'는 뜻을 나타낸다. 문장에서 '针对 + 대상'의 형태를 취할 때에는 '(대상)에 맞춰서 / (대상)을 겨냥해'라는 뜻을 표현함으로 개사의 성질을 나타내기도 한다.

04 | 사 소한 것도 기억하자

📖 ~是指~ : ~은(는) ~을(를) 가리킨다.

银色是指老人群体。

실버(Silver)는 노인계층을 가리킵니다.

📖 ~的需求也在逐渐增多 : ~의 수요도 점차 증가하고 있다.

新市场的需求也在逐渐增多。

새로운 시장의 수요도 점차 증가하고 있습니다.

05 | 오 로지 나만의 답안으로 만들자

Q. 请说明一下老年旅游。

옵션투어의 장단점에 대해 말해 보세요.

请说明一下游客选择旅游的优缺点。

01 | 일 단 한번 읽어보자

游客选择旅游是除了选择基本的旅游路线外，游客们自费选择其他的旅游项目，可以体验各种各样的活动。游客选择旅游的优点是通过游客的多样选择，可以给自己特别的经验和回忆。游客选择旅游的缺点是产生额外费用，造成游客之间的差别感，安全责任不清，当地导游与游客发生冲突、强迫游客购物等。

02 | 이 렇게도 알아두자

옵션투어란 기본 관광 코스를 제외하고 관광객들이 자비로 다른 관광 코스를 선택하여 다양한 체험을 할 수 있는 것을 말합니다. 옵션투어의 장점은 여행객의 다양한 선택을 통해 본인만의 특별한 경험과 추억을 만들 수 있다는 것입니다. 옵션투어의 단점은 추가적인 비용 발생, 여행자 간의 이질감 조성, 안전상의 책임 여부, 현지 가이드와 관광객의 마찰, 강압 쇼핑 등이 있습니다.

03 | 삼 세번은 복습하자

游客 [yóukè] 몡 여행객, 관광객 选择旅游 [xuǎnzé lǚyóu] 몡 선택관광, 옵션투어 除了 [chúle] 껜 …을[를] 제외하고(는) 选择 [xuǎnzé] 통 고르다, 선택하다 基本 [jīběn] 톙 기본의, 기본적인, 근본적인 旅游路线 [lǚyóu lùxiàn] 몡 관광코스, 여행코스 自费 [zìfèi] 몡 자비 其他 [qítā] 땡 기타, 다른 旅游项目 [lǚyóu xiàngmù] 몡 관광항목 可以 [kěyǐ] 통 …할 수 있다, 가능하다 体验 [tǐyàn] 몡통 체험(하다) ❶各种各样 [gè zhǒng gè yàng] 셍어 여러 종류, 각종, 각양각색, 가지각색 活动 [huódòng] 몡 활동, 운동, 행사, 모임, 이벤트 优点 [yōudiǎn] 몡 장점 通过 [tōngguò] 껜 …을 거쳐, …에 의해, …를 통해 多样 [duōyàng] 톙 다양하다 自己 [zìjǐ] 땡 자기, 자신, 스스로 特别 [tèbié] 톙 특별하다 经验 [jīngyàn] 몡 경험, 체험 통 몸소 경험하다[겪다], 직접 체험하다 回忆 [huíyì] 몡 회상, 추억 통 회상하다, 추억하다 缺点 [quēdiǎn] 몡 단점, 결점, 부족한 점 产生 [chǎnshēng] 통 생기다, 발생하다, 나타나다, 출현하다 额外 [éwài] 톙 정액 외의, 초과한, 규정된 수량이나 한도를 벗어난 费用 [fèiyòng] 몡 비용, 지출 造成 [zàochéng] 통 (좋지 않은 결과를) 초래하다, 야기하다, 발생시키다 之间 [zhījiān] 몡 (…의) 사이, 지간 差别感 [chābiégǎn] 몡 차별감, 이질감 安全 [ānquán] 톙 안전하다

责任 [zérèn] 몡 책임, 마땅히 책임져야 할 과실, 책임 소재 不清 [bùqīng] 혱 확실치 않다, 분명하지 않다 当地导游 [dāngdì dǎoyóu] 몡 현지 가이드 与 [yǔ] 젭 …와[과] 发生 [fāshēng] 동 (원래 없던 현상이) 생기다, 일어나다, 발생하다 冲突 [chōngtū] 몡 모순, 충돌 동 (모순의 표면화로) 충돌하다, 싸우다, 부딪치다 强迫 [qiǎngpò] 동 강요하다, 강제로 시키다, 핍박하다 购物 [gòuwù] 동 물품을 구입하다, 물건을 사다

TIP

❶ '各种各样'는 '여러 종류, 각양각색, 가지각색'의 뜻을 나타내며, 다음과 같은 표현이 가능하다. 예를 들면, '各种各样 的颜色(각양각색의 색깔)', '各种各样的人(별의별 사람)', '各种各样的兴趣(가지각색의 취미 / 다양한 취미)', '各种各样的款式(각양각색의 모델 / 갖가지 스타일)' 등이 있다.

---

04 | **사** 소한 것도 기억하자

通过~, 可以~ : ~을(를) 통해 ~을(를) 할 수 있다.
通过游客的多样选择，可以给自己特别的经验和回忆。
여행객의 다양한 선택을 통해 자신만의 특별한 경험과 추억을 만들 수 있습니다.

~与~发生冲突 : ~와(과) ~의 충돌이 발생하다 / 마찰이 발생하다.
当地导游与游客发生冲突。
현지 가이드와 여행객의 충돌이 발생합니다.

---

05 | **오** 로지 나만의 답안으로 만들자

Q. 请说明一下游客选择旅游的优缺点。

---

24 관광산업에 대해 설명하세요.

请说明一下旅游业。

2010, 2012, 2014, 2015, 2016, 2020 기출

01 | 일 단 한 번 읽어보자

旅游业被称为'无形贸易'、'无烟工厂'。旅游业不仅可以增加外汇收入，还可以创造就业机会、提高国家形象，促进国家友好及文化交流。因为旅游业为国家带来巨大的利益，所以目前各国都在这个领域进行着大量的投资。

02 | 이 렇게도 알아두자

관광산업은 '보이지 않는 무역', '굴뚝 없는 공장'으로 불립니다. 관광산업은 외화 수입을 증가시킬 뿐만 아니라, 취업 기회 창출, 국가 이미지 제고, 국가 친선 및 문화 교류도 촉진할 수 있습니다. 관광산업은 국가에 거대한 이익을 가져오기 때문에 현재 각 나라마다 이 영역에 많은 투자를 하고 있습니다.

03 | 삼 세번은 복습하자

旅游业 [lǚyóuyè] 명 관광사업, 관광산업 被称为 [bèichēngwéi] 동 …라고 불리다 无形贸易 [wúxíng màoyì] 명 무형무역, 보이지 않는 무역 无烟工厂 [wúyān gōngchǎng] 명 굴뚝 없는 공장 不仅 [bùjǐn] 접 …뿐만 아니라 增加 [zēngjiā] 동 증가하다, 더하다, 늘리다 外汇 [wàihuì] 명 외화, 외환 收入 [shōurù] 명 수입, 소득 创造 [chuàngzào] 동 창조하다, 만들다, 발명하다 就业机会 [jiùyè jīhuì] 명 취업기회 提高 [tígāo] 동 (위치, 수준, 질, 수량 등을) 제고하다, 향상하다, 높이다, 끌어올리다 形象 [xíngxiàng] 명 (총체적인) 인상, 이미지, 형상 促进 [cùjìn] 동 촉진시키다, 촉진하다, 재촉하다, 독촉하다 友好 [yǒuhǎo] 명 우호, 친선 형 우호적이다 及 [jí] 접 및 交流 [jiāoliú] 동 서로 소통하다, 교류하다 为 [wèi] 개 …에게 (…을 해 주다), …을 위하여 (…을 하다) 带来 [dàilái] 동 가져오다, 가져다주다 巨大 [jùdà] 형 (규모·수량 등이) 아주 크다, 아주 많다, 거대하다 利益 [lìyì] 명 이익, 이득 目前 [mùqián] 명 지금, 현재 各国 [gèguó] 명 각국, 각 나라 领域 [lǐngyù] 명 분야, 영역 投资 [tóuzī] 명 투자 동 (특정 목적을 위해) 투자하다, 자금을 투입하다

📋 ~被称为~ : ~은(는) ~로(으로) 불린다.

旅游业被称为'无形贸易'、'无烟工厂'。

관광산업은 '보이지 않는 무역', '굴뚝 없는 공장'으로 불립니다.

📋 不仅可以~, 还可以~ : ~할 수 있을 뿐만 아니라 ~도 할 수 있다.

旅游业不仅可以增加外汇收入, 还可以创造就业机会。

관광산업은 외화 수입을 증가시킬 뿐만 아니라, 취업 기회도 창출할 수 있습니다.

📋 提高~形象 : ~이미지를 제고하다. ~의 이미지를 향상하다.

提高国家形象。

국가 이미지 제고 / 나라의 이미지를 향상합니다.

📋 为~带来~ : ~에 ~가져오다.

旅游业为国家带来巨大的利益。

관광산업은 국가에 거대한 이익을 가져옵니다.

Q. 请说明一下旅游业。

25

크루즈 여행에 대해 설명하세요.

请说明一下游轮旅游。

2014, 2015, 2023 기출

01 | 일 단 한번 읽어보자

游轮旅游就是船上旅游。为游客提供住宿、餐饮、娱乐等服务。
游轮旅游拥有特级酒店的各种设施，高水准的服务，可以让游客在一个地方停留的同时得到各种服务，也可以欣赏美丽的港口和旅游景点。

02 | 이 렇게도 알아두자

크루즈 여행은 바로 선상 여행입니다. 여행객에게 숙식, 음식, 오락 등의 서비스를 제공합니다.
크루즈 여행은 특급 호텔의 각종 시설과 높은 수준의 서비스를 보유하고 있습니다. 여행객이 한 곳에 머무르면서 동시에 각종 서비스를 받을 수 있으며 또 아름다운 항구와 관광 명소를 감상할 수도 있습니다.

03 | 삼 세번은 복습하자

游轮旅游 [yóulún lǚyóu] 몡 크루즈 여행, 유람선 여행　船上 [chuánshàng] 몡 선상, 본선, 배 위에서, 배에　提供 [tígōng] 툉 (자료, 물자, 의견, 조건 등을) 제공하다, 공급하다, 내놓다　住宿 [zhùsù] 툉 묵다, 유숙하다, 숙박하다　餐饮 [cānyǐn] 몡 요식업종, 음식과 음료　娱乐 [yúlè] 몡 오락　拥有 [yōngyǒu] 툉 보유하다, 소유하다, 가지다, 지니다　特级 [tèjí] 휑 최고급의, 최상급의, 특급의　酒店 [jiǔdiàn] 몡 대형 호텔　各种 [gèzhǒng] 휑 각종의, 갖가지의　设施 [shèshī] 몡 시설　高水准 [gāoshuǐzhǔn] 휑 높은 수준, 수준 높은　同时 [tóngshí] 뷔 동시에, …함과 동시에　得到 [dédào] 툉 얻다, 받다, 획득하다, 취득하다　欣赏 [xīnshǎng] 툉 감상하다, 마음에 들다, 좋아하다　美丽 [měilì] 휑 아름답다, 예쁘다, 곱다　港口 [gǎngkǒu] 몡 항구, 항만　旅游景点 [lǚyóu jǐngdiǎn] 몡 관광 명소

📑 为~提供~ : ~에게 ~을(를) 제공한다.
为游客提供住宿、餐饮、娱乐等服务。
여행객에게 숙식, 음식, 오락 등의 서비스를 제공합니다.

📑 可以~，也可以~ : ~할 수 있으며, ~도 할 수 있다.
可以让游客在一个地方停留的同时得到各种服务，也可以欣赏美丽的港口和旅游景点。
여행객이 한 곳에 머무르면서 동시에 각종 서비스를 받을 수 있으며, 아름다운 항구와 관광 명소도 감상할 수 있습니다.

05 | 오 로지 나만의 답안으로 만들자

Q. 请说明一下游轮旅游。

26 CIQ란 무엇입니까?

什么是CIQ?

2013, 2015 기출

01 | 일 단 한번 읽어보자

CIQ 是 Customs(海关)、Immigrations(出入境审查)、Quarantine(检疫)的首字母缩写。海关是对出入国境的一切商品和物品进行检查并征收关税。出入境审查是审查乘客是否具备入境的资格。他们会检查护照、签证日期以及访问目的和期限。检疫是检查入境者是否有感染疾病，例如：有发烧和腹泻症状的一定要申报。

02 | 이 렇게도 알아두자

CIQ는 세관(Customs), 출입국심사(Immigrations), 검역(Quarantine)의 머리글자입니다. 세관은 국경을 출입하는 모든 상품과 물품에 대해 검사를 진행하고 관세를 징수합니다. 출입국심사는 승객이 입국 자격을 갖추고 있는지를 심사합니다. 그들은 여권, 비자 날짜 및 방문목적과 기한을 체크합니다. 검역은 입국자가 감염 질병이 있는지 여부를 검사합니다. 예를 들어 발열이나 설사 증상이 있으면 반드시 신고해야 합니다.

03 | 삼 세번은 복습하자

海关 [hǎiguān] 몡 세관(稅關), 관세(Customs)   出入境 [chūrùjìng] 몡동 출입국(하다)   审查 [shěnchá] 동 (제안, 계획, 저작, 경력 등을) 심사하다, 검열하다, 심의하다   出入境审查 [chūrùjìng shěnchá] 몡 출입국심사(Immigration)   检疫 [jiǎnyì] 동 검역하다(Quarantine)   首 [shǒu] 몡 시작, 최초, 처음   字母 [zìmǔ] 몡 자모, 알파벳   缩写 [suōxiě] 동 준말로 쓰다, 약어로 쓰다   检验 [jiǎnyàn] 동 검증하다, 검사하다   国境 [guójìng] 몡 국경   一切 [yíqiè] 때 일체, 전부, 모든   物品 [wùpǐn] 몡 물품   进行 [jìnxíng] 동 진행하다   检查 [jiǎnchá] 동 검사하다, 점검하다, 조사하다   并 [bìng] 접 그리고, 또, 아울러, 게다가   征收 [zhēngshōu] 동 (세금을) 징수하다   关税 [guānshuì] 몡 관세   乘客 [chéngkè] 몡 승객   ❶是否 [shìfǒu] 뷔 …인지 아닌지   具备 [jùbèi] 동 (물품 등을) 갖추다, 구비하다, 완비하다   入境 [rùjìng] 동 입국하다   资格 [zīgé] 몡 자격   护照 [hùzhào] 몡 여권   签证 [qiānzhèng] 몡 비자(Visa), 사증(查證)   日期 [rìqī] 몡 (특정한) 날짜, 기간,

기일 以及 [yǐjí] 쩹 및, 그리고, 아울러 访问 [fǎngwèn] 됭 방문하다, (정식으로) 구경하다, 둘러보다 目的 [mùdì] 몡 목적 期限 [qīxiàn] 몡 기한 入境者 [rùjìngzhě] 몡 입국자 感染 [gǎnrǎn] 됭 감염되다, 전염되다 疾病 [jíbìng] 몡 병, 질병, 고질병 例如 [lìrú] 됭 예[보기]를 들다, 예를 들면, 예컨대 发烧 [fāshāo] 됭 열이 나다, 발열 腹泻 [fùxiè] 몡 설사 症状 [zhèngzhuàng] 몡 증상, 증후 申报 [shēnbào] 됭 (상급·관련 기관에) 서면으로 보고하다

TIP

❶ '是否'는 부사로서 '是不是'의 뜻을 나타내며, 주로 문어체에 사용된다. 차이점은 '是不是' 뒤에는 명사성 성분이 올 수 있지만, '是否'는 올 수 없다는 사실에 주의한다. 예를 들면, '是不是她?'는 맞는 표현이지만, '是否她?'라고 는 할 수 없다. '是否'는 일반적으로 동사 앞에 놓인다.

04 | 사소한 것도 기억하자

📋 **对~进行检查** : 세관은 ~에 대해 검사를 진행한다 / 실시한다.
海关是对出入国境的一切商品和物品进行检查。
세관은 국경을 출입하는 모든 상품과 물품에 대해 검사를 실시합니다.

📋 **是否具备~的资格** : ~의 자격을 갖추고 있는지 없는지
出入境审查是审查乘客是否具备入境的资格。
출입국심사는 승객이 입국 자격을 구비하고 있는지를 심사합니다.

📋 **是否有~** : ~이 있는지 없는지
检疫是检查入境者是否有感染疾病。
검역은 입국자가 감염 질병이 있는지 없는지를 검사합니다.

📋 **~一定要~** : ~은(는) 반드시 ~해야 한다.
有发烧和腹泻症状的一定要申报。
발열, 설사 증상이 있으면 반드시 신고해야 합니다.

Q. 什么是CIQ?

[부록]

상황 · 주제별 만능문장

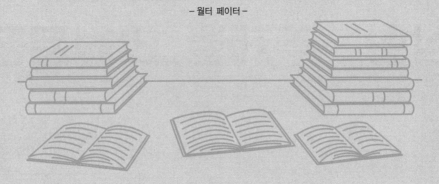

우리가 해야 할 일은 끊임없이 호기심을 갖고
새로운 생각을 시험해 보고 새로운 인상을 받는 것이다.

- 월터 페이터 -

부록 상황·주제별 만능문장

지나치게 긴장하거나 생각하지 못한 질문을 받아서 본인도 모르게 '음...', '어...' 등의 답변으로 관광통역안 내사로서의 신뢰도를 떨어뜨리는 모습을 보여 주는 수험생들이 꽤 많습니다. 이때는 면접관의 질문을 다시 한 번 반복하여 말하면서 답변할 내용을 생각하는 것이 좋습니다. 예를 들어 종묘에 대해 설명하라는 질문에 는 '네, 종묘에 대해 설명하도록 하겠습니다.' 라는 문장을 먼저 말하면서 답변을 생각하는 것이죠.

면접관들도 사람이기에 수험생이 얼마나 떨리는지 이해합니다. 그러나 관광통역안내사는 훨씬 더 많은 관광 객들 앞에서 한국을 소개하는 사람입니다. 면접관 3명이 있는 면접실에서조차 머뭇거리며 한 마디도 내뱉지 못하는 모습을 보여 준다면 관광통역안내사로서의 자질을 의심할 수밖에 없습니다.

수십 수백번 면접 상황을 시뮬레이션하면서 준비를 하더라도 1년에 1번 치러지는 시험인 만큼 긴장을 안 할 수가 없겠죠? 이런 상황이 닥쳤을 때 아래의 문장을 통해 살을 붙여 나가다 보면 어느새 긴장이 풀려 술술 대답하고 있는 자신을 발견할 수 있을 것입니다.

■ 상황별 만능문장

• 시험장에 입장할 때

구 분	답 변
1	안녕하세요. 수험번호 OOO입니다. → 大家好! 我的考号是OOO。(我是OOO号考生)
2	만나서 반갑습니다. → 见到各位考官很高兴。
3	자리에 앉아도 될까요? → 我可以坐下来吗?

• 면접관의 질문을 듣지 못하였을 때

구 분	답 변
1	죄송합니다. 다시 한 번만 말씀해 주시겠습니까? → 不好意思，能再说一遍吗?
2	제가 너무 긴장하여 질문을 제대로 듣지 못 했습니다. 괜찮으시다면 다시 한 번만 말씀해 주십시오. → 不好意思，我太紧张了，所以没听清楚问题。请再说一遍吧!

- 답변하기가 어려울 때

구 분	답 변
1	질문해 주셔서 감사합니다. 잠시 생각하고 바로 말씀드리겠습니다. → 谢谢您的提问。我想一下马上回答您的问题。
2	죄송합니다. 질문해 주신 내용에 대해서 아직 학습이 부족한 것 같습니다. → 不好意思，关于您的问题，我还不太熟悉，还得学习。
3	답변하지 못한 질문은 시험 이후 바로 찾아 보완하겠습니다. → 我答不上的问题，考试以后，我会马上去学习，弥补不足。

- 시험장에서 나올 때

구 분	답 변
1	좋은 시간이었습니다. 감사합니다. → 这次考试很愉快。谢谢各位考官。
2	많이 부족하지만 기회를 주신다면 우리나라를 널리 알릴 수 있는 가이드로 성장하겠습니다. → 虽然有很多不足，但只要给我机会，我一定会成长为向世界广泛宣传我国的一名优秀的导游。

■ 주제별 만능문장

- 지원동기 및 관광통역안내사의 자질 관련

구 분	답 변
1	저는 관광통역안내사가 되기 위해 ~한 노력을 했습니다. → 我为了成为旅游翻译导游，做了~努力。 　 我为了成为旅游翻译导游，做了很多努力。例如，~
2	관광통역안내사는 ~한 자질을 갖추어야 한다고 생각합니다. → 我认为旅游翻译导游应该具备~这样的素质。
3	관광통역안내사에게 필요한 것은 ~입니다. → 对旅游翻译导游来说，~很有必要。
4	관광통역안내사는 ~한 사람입니다. → 旅游翻译导游是~的人。
5	관광통역안내사로서 저의 장점은 ~입니다. → 作为旅游翻译导游，我的优点是~。
6	관광통역안내사가 민간외교관으로도 불리는데, 외국인을 대상으로 우리나라를 알리고 소개하기 때문입니다. → 旅游翻译导游也被称为民间外交官，因为是以外国人为对象宣传和介绍韩国的。

• 역사 및 전통문화 관련

구 분	답 변
1	고조선은 우리나라 최초의 국가입니다. → 古朝鲜是韩国最早的国家。
2	고려는 불교를 기반으로 한 나라입니다. → 高丽是以佛教为基础的国家。
3	고려는 왕건이 후삼국을 통일하고 세운 나라입니다. → 高丽是王建统一后三国以后建立的国家。
4	조선은 유교를 기반으로 한 나라입니다. → 朝鲜是以儒教为基础的国家。
5	조선은 태조 이성계가 고려를 멸망시키고 세운 나라입니다. → 朝鲜是太祖李成桂灭高丽后建立的国家。
6	~는 양반(또는 서민)들의 문화입니다. → ~是贵族(或平民)的文化。
7	우리나라 사람들의 흥(또는 한)이 담겨 있습니다. → 蕴含着韩国人兴(或恨)的情绪。

• 한류 관련

구 분	답 변
1	영화 〈기생충〉은 칸영화제와 아카데미 시상식을 휩쓸었습니다. → 电影《寄生虫》曾横扫戛纳电影节和奥斯卡颁奖典礼。
2	BTS는 한국 대중가수 중 최초로 그래미 후보에 올랐습니다. → BTS(防弹少年团)是韩国大众歌手中第一个入围格莱美提名的。
3	드라마 〈킹덤〉은 미국을 비롯하여 인도까지 수출되며 큰 인기를 끌었습니다. → 电视剧《王国》还出口到美国和印度, 获得了很高的人气。
4	SNS나 모바일 플랫폼 등을 이용하여 한류 콘텐츠를 소비합니다. → 利用社交网站或手机等平台消费K-contents(韩流内容)。
5	콘텐츠의 해외 진출 지원을 강화하고, 한국어 학습 지원, 미디어를 통한 홍보 강화 등의 노력이 필요합니다. → 需要加大扶持K-contents(韩流内容)进军海外和各媒体对外宣传力度, 并帮助更多外国人学习韩语。

• 돌발상황 대처 관련

구 분	답 변
1	우선 관광객들을 안전한 곳으로 대피시키겠습니다. → 首先，将游客转移到安全的地方。
2	수시로 인원을 체크하여 누락되는 관광객이 없도록 하겠습니다. → 我会随时确认人数，避免出现遗漏的游客。
3	당황한 관광객을 진정시키겠습니다. → 让惊慌的游客平静下来。
4	사전에 관광지 주변을 꼼꼼하게 조사하겠습니다. → 事前会仔细调查景点周围。
5	기다린 관광객들에게 감사의 마음을 표하겠습니다. → 向等待已久的游客表示感谢。
6	즉시 여행사(또는 대사관, 영사관)에 연락하여, 상황을 알리겠습니다. → 立即联系旅行社(或大使馆、领事馆)，告知情况。

• 전통음식 관련

구 분	답 변
1	마늘(또는 파, 양파)를 넣습니다. → 放入大蒜(或者葱、洋葱)。
2	발효 음식입니다. → 是发酵食品。
3	고추장(또는 된장, 간장)을 넣습니다. → 放入辣椒酱(或大酱、酱油)。
4	그릇에 넣고 버무립니다. → 放在碗里拌。
5	쌀(또는 콩, 배추)을 가지고 만듭니다. → 用大米(或大豆、白菜)做的。

• 유네스코 관련

구 분	답 변
1	우리나라의 유네스코 세계유산은 총 16개입니다. 자연유산인 제주화산섬과 용암동굴, 한국의 갯벌을 제외하고 모두 문화유산에 속합니다. → 韩国共有 16 个联合国教科文组织世界遗产。除了自然遗产济州火山岛和熔岩洞窟、韩国滩涂外，其他的都属于文化遗产。
2	우리나라의 세계기록유산은 총 18개입니다. → 我国共有18个世界记录遗产。
3	우리나라의 무형문화유산은 총 22개입니다. → 我国共有22个非物质文化遗产。
4	그것은 유네스코 세계유산(또는 세계기록유산, 무형문화유산)에 속합니다. → 它属于联合国教科文组织世界遗产(或世界记录遗产、非物质文化遗产)。
5	유네스코에 등재되면 한국의 문화를 세계적으로 알릴 수 있고, 공식적으로 가치를 인정받으며 문화유산 보전을 위한 예산을 지원받을 수 있습니다. → 如果入选联合国教科文组织名录，就可以向全世界宣传韩国文化，也可正式得到价值认证，并且可以获得用于保护文物的预算援助。
6	OOO은 우리문화의 정수로, 그 우수성을 세계적으로 인정받아 유네스코에 의해 세계무형문화유산으로 지정되었습니다. → OOO是韩国文化的精髓，其优秀性得到世界认可，被联合国教科文组织指定为世界非物质文化遗产。

• 문화재 관련

구 분	답 변
1	국보는 각 부문에서 유일한 것이며, 보물은 대표성을 띠는 것입니다. → 国宝是在每种文物中唯一的，宝物是具有代表性的。
2	우리나라의 국보로는 숭례문, 원각사지 십층석탑, 북한산 신라 진흥왕 순수비 등이 있습니다. → 我国的国宝有崇礼门、圆觉寺址十层石塔、北汉山新罗真兴王巡狩碑等。
3	우리나라의 보물로는 흥인지문, 구 보신각 동종, 원각사지 대원각사비 등이 있습니다. → 我国的宝物有兴仁之门、旧普信阁铜钟、圆觉寺址大圆觉寺碑等。
4	명승은 자연환경의 비중이 더 크고 사적은 유적의 비중이 더 큽니다. → 名胜是自然环境的比重更大，史迹是遗迹的比重更大。
5	우리나라의 명승으로는 명주 청학동 소금강, 거제 해금강, 완도 정도리 구계등 등이 있습니다. → 我国的名胜有溟州青鹤洞小金刚、巨济海金刚、莞岛正道里九阶灯等。
6	우리나라의 사적으로는 경주 포석정지, 김해 봉황동 유적, 수원화성 등이 있습니다. → 我国的史迹有庆州鲍石亭址、金海凤凰洞遗址、水原华城等。

참고 자료

참고 문헌

- 三國史記
- 혼례(한복려, 궁중음식연구원, 2009)
- 혼례음식(이춘자 외, 대원사, 2014).

참고 사이트

- 대한민국 정부 대표 다국어포털(chinese.korea.net)
- 대한민국 구석구석 행복여행(chinese.visitkorea.or.kr)
- 문화재청(www.cha.go.kr)
- 유네스코와 유산(heritage.unesco.or.kr)
- 기획재정부(blog.naver.com/mosfnet)
- 관광지식정보시스템(https://know.tour.go.kr/)
- 관광지식정보시스템 공식블로그(https://blog.naver.com/kcti0/222438456032)
- 한국국제문화교류진흥원(https://www.kofice.or.kr/)
- 한국민속대백과사전(https://folkency.nfm.go.kr/)
- 문화재청 국가유산포털(https://www.heritage.go.kr/)
- 네이버 지식백과(terms.naver.com)
- 헤럴드경제(news.heraldcorp.com)
- 머니투데이(news.mt.co.kr)

2024 SD에듀 50일 만에 끝내는 중국어 관광통역안내사 2차 면접

개정7판1쇄 발행	2024년 07월 15일 (인쇄 2024년 05월 22일)
초 판 발 행	2016년 05월 10일 (인쇄 2016년 04월 04일)
발 행 인	박영일
책 임 편 집	이해욱
편 저	김미숙
편 집 진 행	김은영 · 이찬
표지디자인	김지수
편집디자인	차성미 · 채현주
발 행 처	(주)시대고시기획
출 판 등 록	제10-1521호
주 소	서울시 마포구 큰우물로 75 [도화동 538 성지 B/D] 9F
전 화	1600-3600
팩 스	02-701-8823
홈 페 이 지	www.sdedu.co.kr

I S B N	979-11-383-7218-3 (13320)
정 가	27,000원

나는 이렇게 합격했다

당신의 합격 스토리를 들려주세요
추첨을 통해 선물을 드립니다

베스트 리뷰
갤럭시탭 / 버즈 2

상/하반기 추천 리뷰
상품권 / 스벅커피

인터뷰 참여
백화점 상품권

이벤트 참여방법

합격수기

SD에듀와 함께한
도서 or 강의 **선택**

> 나만의 합격 노하우
정성껏 **작성**

> 상반기/하반기
추첨을 통해 **선물 증정**

인터뷰

SD에듀와 함께한
강의 **선택**

> 합격증명서 or
자격증 사본 **첨부**,
간단한 **소개 작성**

> 인터뷰 완료 후
백화점 상품권 증정

이벤트 참여방법
다음 합격의 주인공은 바로 여러분입니다!

QR코드 스캔하고 ▷ ▷ ▶
이벤트 참여하여 푸짐한 경품받자!

합격의 공식

SD에듀

50일 만에 끝내는

DAYS

중국어
관광통역안내사

2차 면접

중국어 예시답안 미니북

성공한 사람은 대개 지난번 성취한 것보다 다소 높게,
그러나 과하지 않게 다음 목표를 세운다.
이렇게 꾸준히 자신의 포부를 키워 간다.

– 커트 르윈 –

끝까지 책임진다! SD에듀!

QR코드를 통해 도서 출간 이후 발견된 오류나 개정법령, 변경된 시험 정보, 최신기출문제, 도서 업데이트
자료 등이 있는지 확인해 보세요! **시대에듀** 합격 스마트 앱을 통해서도 알려 드리고 있으니 구글 플레이나
앱 스토어에서 다운받아 사용하세요. 또한, 파본 도서인 경우에는 구입하신 곳에서 교환해 드립니다.

01. 2023년 기출복원문제

(01) | 为了成为旅游翻译导游，你平时做了哪些努力？

为了成为旅游翻译导游，我主要从这几个方面开始准备。

第一，为了熟悉韩国历史，经常看有关韩国历史的资料。

第二，为了提高汉语水平，经常和中国朋友进行汉语对话。

第三，为了增强体力，每天运动一个小时。

还有，为了熟悉旅游景点，经常进行实地考察，现场模拟说明。

(02) | 饭店预约有误，需要多等一会时，应当如何处理？

第一，最重要的是在到达餐厅之前，导游应当提前确认一下，以防这种情况发生。

第二，如果需要等很长时间，导游应当向游客说明情况，提供解决方案。

举个例子，如果时间不长，可以让游客自行活动或者在车上等。

如果时间很长，导游可以联系附近的其他餐厅。

还有，导游应当安抚游客的情绪，营造积极的旅游氛围。

(03) | 入境旅游（入境观光）对国家经济有哪些影响？

入境旅游是外国人访问韩国的观光，对国家经济有很多影响。

第一，促进消费，提高住宿、餐饮、购物等相关产业的附加价值。

第二，创造就业岗位，活跃城市品牌和区域经济。

第三，赚取外汇，增加税收，带动韩国经济整体的发展。

为了提高入境旅游的质量、有以下几种方法。

第一，我们可以为游客提供各种文化体验项目。例如，通过传统工艺体验、烹饪课堂、传统歌舞表演等、帮助游客更深入地了解当地文化。

第二，随着旅行日常化趋势和对当地内容的关心逐渐增加,韩流观光需要更加多样的变化，我们应该开发可持续性的旅游商品, 让游客再次访问韩国。

第三，导游应该定期接受教育培训，更有趣、更充实地向游客传递当地的文化、历史、习俗等。

第四，我们应该为游客提供便利，完善住宿、交通等设施，让游客出行更舒适安全。

(05) | 请说说当地旅游(Local Tourism)。

当地旅游(Local Tourism)是游客体验并享受自己访问地区的文化、历史、自然环境等的旅游。当地旅游重视游客与当地人交流、亲身体验和了解当地文化的过程。代表性的当地旅游有济州"海女的厨房"和釜山"无名日记等。当地旅游有时不是与大型旅行社或旅游企业合作，而是与地区社会合作进行，从而为当地经济注入活力，对促进与当地居民的相互了解和文化交流产生积极影响，促进当地的可持续发展。

(06) | 旅游景点休息时，应当如何应对？

第一，导游应当了解旅游景点的休息日，并且提前确认一下。

第二，导游可以适当调整行程顺序。

第三，如果不能参观，导游向游客说明情况，提供解决方案。

还有,导游应当安抚游客的情绪，营造积极的旅游氛围。

(07) | 如果有拒绝自费行程的游客，如何应对？

自费行程(Option Tour)是除了事先定好的日程外，在当地追加日程并支付相应费用的旅行。如果游客都能追加日程，我当然很高兴，能提高导游的收入。但是如果有游客拒绝，我会尊重游客的意见，让游客自行活动或者在酒店休息，不会强迫，因为我代表韩国的国家形象。

(08) | 如果团体游客中有一位游客一直想自己行动, 你会如何应对？

导游应该坚持执行旅游合同, 如果游客想自己行动, 应该先得到导游的许可。作为导游, 应该向游客说明团体旅游的规定, 了解游客自己行动的理由和目的地。在不影响其他人的情况下, 导游可以适当地满足游客的要求, 但是尽可能劝说游客一起行动。而且, 游客自己行动时, 导游应与游客保持联系。

(09) | 如果游客想去没有日程安排的其他地方, 会怎么应对？

这个问题应该看情况。游客想去其他旅游景点时, 如果没有其他游客, 导游应该和公司协商日程、交通等, 然后向游客说明规定、旅游安排和需支付的费用。在团体旅游的情况下, 导游应该坚持执行旅游合同, 如果游客想去其他地方, 应该先得到导游的许可。作为导游, 应该向游客说明团体旅游的规定, 了解游客自己行动的理由和目的地。在不影响其他人的情况下, 导游可以适当地满足游客的要求, 但是尽可能劝说游客一起行动。而且, 游客自己行动时, 导游应与游客保持联系。

(10) | 请介绍一下伊巴吉饮食。

伊巴吉饮食指的是婚礼结束后新娘家送到婆家的食物,意思是"精心准备食物", 表示要好好侍奉公婆的诚意。婆婆根据食物的味道、咸淡、外观等可以衡量儿媳家的厨艺, 掌握儿媳妇的饮食习惯, 而且还不熟悉的儿媳妇用娘家母亲的饭菜, 在一段时间内可以轻松地摆上婆家的饭桌和茶点桌。

02. 2022년 기출복원문제

(01) | 在朝鲜发射导弹等情况下 , 导游的作用是什么？

我认为导游不管在任何情况下, 都不能慌张, 要冷静对待。

如果发生这种情况：

导游应给游客营造安全的氛围, 尽量减少他们的不安感。

另外, 还要持续了解情况, 向游客提供必要的信息。这使得游客能够提前预测情况并妥善应对。

(02) | 如果游客在机场丢失了行李，你会如何应对？

我认为导游不管在任何情况下，都不能慌张，要冷静对待。

如果发生这种情况，我会：

首先，安抚游客的情绪，带游客去行李挂失处挂失。

其次，留下自己的手机号码，在韩旅行期间，经常询问情况。

还有，帮助游客买必需的生活用品，减少游客的不便。

(03) | 请选择一个旅游业值得效仿的国家，并说明理由。

西班牙的旅游业可以成为我们效仿的典范。

这个国家每年吸引数百万游客，是世界上最受欢迎的旅游景点之一。西班牙拥有海岸、历史性城市、文化遗产、世界性博物馆等多种旅游项目。此外，在交通、住宿、旅游设施和安全方面也具备良好的服务。西班牙菜以其风味独特、特产而闻名于世。

(04) | 请谈谈歌曲阿里郎表达的情感。

阿里郎是韩国代表性民谣，也是深受韩国人喜爱的一首歌曲。歌词内容多样，但大部分内容都是分手或离开的悲伤，离开祖国去其他国家生活时对祖国的思念。阿里郎的感情大体上是悲伤、痛苦和思念。这些情感代表了我国国民的普遍情绪。

(05) | 请说一下韩国的中秋节和中国中秋节的区别。

中秋节是农历八月十五号，对韩中来说，这一天是一年中最重大的节日之一。因此，韩国人这一天除了和家人团聚在一起，还要回家乡扫墓，祭祀祖先，而在中国，扫墓祭祖是清明节的习俗。中国人过中秋节主要是跟家人团聚，除此之外，还有看灯、猜灯谜等习俗。在饮食上，韩国人要吃松饼，中国人要吃月饼。

(06) | 如果中国游客对历史理解有误，你会怎么解释？

在这种情况下，因为情况比较敏感，所以尊重对方的态度是最重要的。我会给游客提供可参考的准确资料或来源。此外，正确客观理解历史，有助于增进文化之间的相互理解和尊重。

(07) | 请比较一下新罗和百济的文化。

百济文化的特点是"俭而不陋，华而不侈"，即俭朴而不简陋，华丽但不奢侈。温婉细腻，平缓柔和，从容自如。举个例子来说，与高句丽和新罗不同，百济的佛像总是带着微笑，散发着温暖的气氛。新罗文化具有多样性和复合性的特点。在这个时期，新罗人以自己的文化为基础，积极吸收外国的文化要素，并将其与自己的文化相结合，形成了独具韩国特色的文化形态。

(08) | 旅游翻译导游这份工作的优缺点是什么？

旅游翻译导游这份工作既有优点又有缺点。

一方面，旅游翻译导游可以用外语向在国内旅行的外国人介绍旅游景点、历史、文化遗产、文化等，因此，如果是喜欢旅行、享受遇到新朋友的人，既可以起到民间外交官的作用，同时也可以兼顾工作和旅行。

但另一方面，也有缺点。

第一，受萨德或新冠肺炎等多种因素的影响较大，很难维持稳定的收入。

第二，工作时间不规律，所以很多时候参加不了亲戚朋友的婚礼、葬礼、生日等等。

第三，由于工作特性，主要在室外工作，酷暑、严寒也要在外面工作的情况较多。

(09) | 请说明一下韩国法定节日中与历史有关的日子。

韩国法定节日中和历史有关的日子是3.1节、光复节、开天节和韩文节。

3.1节：3月1日，是民族独立运动纪念日。

光复节：8月15日，是纪念1945年国家恢复主权的日子。

开天节：10月3日，传说韩国民族先祖在这一天建立了古朝鲜。

韩文节：10月9日，是纪念世宗大王创制文字的日子。

(10) | 请介绍一下志愿者旅游。

志愿者旅游是志愿服务(Volunteer)和旅行(Tourism)的合成词，游客为贫困社会提供帮助，即以给他人提供志愿服务为中心的旅行。一般访问贫困国家，提供医疗服务、灾后重建、向孩子们提供赞助金，去周边地区旅游的形式最为普遍。

(01) | 请说明一下三纲五伦。

儒教的道德思想中最基本的是3项纲领和5项人伦。三纲是君为臣纲、父为子纲、夫为妻纲，是君王和臣子、父母和子女、丈夫和妻子之间应遵守的道理。

五伦是父子有亲、君臣有义、夫妇有别、长幼有序、朋友有信，父母和子女之间要有亲情，君王和臣子之间要有节义，夫妻之间要有区别，年长和年幼者之间要有主次，朋友之间要有信任。

(02) | 请说明一下体育旅游。

体育旅游是把体育和旅游结合起来。最近面对旅游产业的危机，大家对体育旅游的关注度越来越高。在体育资源上具有竞争优势的韩国，如果能够持续开发出有效的体育旅游模式，在体育和旅游方面都可以创造出高附加值。

(03) | 旅游翻译导游有吸引力的原因是什么？

旅游翻译导游用外语向在国内旅行的外国人介绍旅游景点、历史、文化遗产、文化等，因此，如果是喜欢旅行、享受遇到新朋友的人，既可以起到民间外交官的作用，同时也可以兼顾工作和旅行。

(04) | 请对旅游不便投诉信的使用方法进行说明。

对于利用旅游设施导致的违法、不当行为及不亲切等，游客可以向韩国观光公社(韩国旅游发展局)运营的旅游不便投诉中心进行旅游不便投诉。旅游不便投诉可通过电话、明信片、书信、传真、访问、网络等方式进行。

(05) | 推荐给纯素食主义游客的韩国饮食或旅游产品都有哪些？

纯素食主义者是指除了蔬菜、水果、海草等植物性食物外，什么都不吃的素食主义者。除了宗教原因外，纯素食主义者为了保护自己的健康和动物而开始吃素的情况也很多。韩国代表性的纯素食有寺庙饮食，不放鱼虾酱的辛奇，辛奇饼、纯素食炒年糕、纯素食五花肉、纯素食方便面等多种。旅游产品以仁川的素食旅游为例，可以在体验素食的同时，还可以享受仁川旅游。用仁川地区特产制作素食料理、使用低碳交通工具、品尝仁川素食啤酒、访问纯素食企业等是仁川素食旅游中最有代表性的活动。

(06) | 如果在旅游途中发生交通事故，你会怎么处理？

如果发生交通事故，为了防止二次事故，要打开应急灯，竖起三脚架，让后面的车辆看得清楚。不需要保护现场时，迅速将车移到应急车道上，无法移动车辆时，将游客安全疏散到应急车道上。如果有受伤的人，应该联系112或119，尽快采取措施，并打电话给旅行社告知情况。

(07) | 请谈谈旅游翻译导游所经历的困难。

旅游翻译导游所经历的困难有很多。
第一，受萨德或新冠肺炎等多种因素的影响较大，很难维持稳定的收入。
第二，工作时间不规律，所以很多时候参加不了亲戚朋友的婚礼、葬礼、生日等等。
第三，由于工作特性，主要在室外工作，酷暑、严寒也要在外面工作的情况较多。

(08) | 请介绍一下旅游互助组。

旅游互助组是把旅游产业和互助组(dure)结合起来，是指由当地居民自行打造的旅游商业社区。
这是一个政府扶持项目，通过当地居民自愿成立公司，经营住宿、食品、纪念品、旅游产品和旅游体验等旅游业，来直接创造当地就业和收入。旅游互助组的核心是以当地居民的自愿参与为基础，利用当地固有的资源，打造满足游客要求的旅游产业。

济州岛位于韩国、中国、日本等远东地区的中央，在地缘政治上非常重要，四面环海。它位于韩国的南边，南北距离约31公里，东西距离约73公里，是连接俄罗斯、中国和日本、东南亚等地的要地，是自然风光秀丽的世界级旅游胜地。

城市观光巴士是面向外国人和游客的环城观光巴士。这是可以帮助游客游览市内主要旅游景点、购物中心、酒店街的环城旅游，是在短时间内最有效地游览一个城市的好方法。另外，车内还安装了用英语、汉语、日语等介绍旅游景点的翻译系统。

04. 2020년 기출복원문제

我国共有23个国立公园。除了3个海上海岸国立公园(多岛海海上、闲丽海上、泰安海岸)、1个半岛国立公园(边山半岛)、1个史迹(庆州)国立公园之外，大部分由山岳地区组成。智异山横跨庆尚南道、全罗道，是韩国最早也是最大的国立公园，于1967年被指定为国立公园。智异山的山峰和云海形成了千变万化的景色，智异山的美是无法用语言来形容的。

可持续旅游是指满足游客和景区当地居民的要求，并考虑到对当前和未来经济、社会、环境影响的旅游。在经济方面，应该对当地经济有所帮助，在社会文化方面，不应该破坏当地文化、当地居民的生活，在环境方面，尽量减少对环境的破坏，并保护旅游资源。

(03) | 请举例介绍一下韩流。

韩流已经兴起了20年左右，现在已经从K-Drama、K-Movie、K-Pop等领域，扩散到K-Webtoon、K-Literature等新的领域。而且现在韩流已经不是新现象或潮流，而是人们的生活方式。例如，有K-Beauty、K-Food、K-Fish、K-Fashion、K-Medical等，其中像K-Food，最近几年的出口创造了历史最高纪录。

(04) | 什么是医疗观光？

医疗观光是把医疗服务和旅游商品结合在一起的观光，因为游客的滞留时间长，费用也高，因此成为高附加值产业。受韩流的影响，韩国的整容手术在全世界很有人气，所以每年来韩国整容的外国游客也非常多。除了整容，韩国在治疗癌症、不孕不育等方面也吸引了大量的外国游客。

(05) | 游客有需要注意的韩国饮食文化吗？

外国游客之中有素食主义者、过敏和糖尿病的患者、穆斯林等，这些人因为不够清楚关于食材的信息，出现了各种问题。对过敏和糖尿病患者来说，食材和他们的生命紧密相关。特别是韩国菜中汤类较多，而且很难清楚地了解汤类的食材。最近为了解决这些问题，虽然在一些饭店里有无人点餐机，游客可以选择适合自己的饮食，但现在还没有被普及。

(06) | 如果公演场发生火灾，应该如何处理？

这种情况最好不要发生。但是，如果发生：
第一，我会告诉游客们安全出口的位置。
第二，立即报火警。
第三，让游客用湿毛巾捂住鼻子和嘴，使身体尽量靠近地面移动。
第四，配合工作人员，听从安排，让游客迅速安全地撤离。

(07) | 如果发生地震，应该如何处理？

这种情况最好不要发生。但如果在室内发生时，应让游客用手或包等保护头部，并躲到桌子下或柱子附近。当停止晃动时，请立即向外撤离。另外，在撤离时，也要用手或包等保护头部。这时，应使用楼梯，而不是电梯。在室外应撤离到操场或公园等开阔的空间。

(08) | 对外国人来说，韩国旅游的魅力是什么？

我觉得我们国家的旅游方方面面都充满了魅力。最近几年，受韩流的影响，来韩国的外国游客越来越多。喜欢K-Food的游客来韩国以后，可以享受炸鸡、烤肉、拌饭、辣炒年糕等美食。喜欢K-Pop、K-Drama、K-Movie的游客，可以去看表演、演唱会，也可以去参观拍摄地等等。想要整容的游客，可以在韩国享受最好的医疗设施以及最好的服务。除了这些以外，外国人还可以去韩屋村等景点感受韩国的传统美，也可以在弘大等地感受到韩国的现代美。总之，作为导游，我一定会让游客看到最有魅力的韩国。

(09) | 来我国旅游的游客主要来自日本和中国，请说一下理由和解决办法。

韩中日三国地理位置相邻，文化相似，旅行费用低廉，因此来韩国旅游的中国和日本游客非常多，我国的旅游产业严重依赖于这两国。通过萨德事件和日本的报复性出口限制规定，我们才认识到我国的旅游产业迫切需要改革。所以，除了中日，我们还应该开拓其他的海外市场。例如，穆斯林市场潜力巨大，中产阶级较多，对医疗观光和购物的需求大，可以成为我国旅游市场的突破口。为此，我们应该巩固内需旅游，培养所有国家对"韩国旅游"的信任感。

(10) | 什么是韩国购物季？

韩国购物季是把旅游和韩流融合在一起的面向外国人的旅游庆典。在此期间，在全国为外国人提供购物、航空、住宿、美容、娱乐、旅游景点等方面的优惠，还设立活动中心，提供外语翻译、活动介绍、免费互联网/WI-Fi、赠品活动等服务。

05. 2019년 기출복원문제

(01) | 酒店房间预订有误时，作为导游该如何应对？

第一，导游无权自行处理，要把情况详细地报告给旅行社。
第二，在等待旅行社指示的期间，安抚游客的情绪。
第三，向游客道歉，争取游客的谅解。
第四，根据旅行社的指示，处理好酒店预订不当的问题。

(02) | 如果游客遭到了扒窃，怎么办？

第一，安抚游客的情绪，仔细了解被偷时的情况。
第二，帮助寻找，或报警处理。
第三，找工作人员进行广播通知。
第四，提醒其他游客注意财物安全。

(03) | 如果在生态旅游区被蜜蜂蜇伤或者被蛇咬伤，该怎么处置？

被蜂蜇伤时：
第一，让伤者保持镇静，给医务人员打电话进行描述。
第二，用信用卡轻轻地刮，但不能勉强。
第三，用肥皂水冲洗伤口。
第四，冷敷伤口，减轻肿胀和疼痛。
第五，尽快送到医院救治。

被蛇咬伤时：
第一，让伤者保持镇静，记下蛇的形态、颜色等，给医务人员打电话进行描述。
第二，用绳子、布带等，迅速在伤口上方适当位置绑住。
第三，用清水、消毒水尽快冲洗伤口。
第四，尽快送到医院救治。

(04) | 就第四次工业革命，请谈谈发展旅游业的方案以及旅游业将因此发生怎样的变化。

第4次产业革命是把大数据，人工智能等信息通信技术和各领域结合创造出新的产品和服务的新一代产业革命。进入第4次产业革命后，创造满足顾客需求的新工作岗位尤为重要。现在应该利用大数据，AI，VR等第4次产业革命的技术来促进旅游业更快、更现代地发展。在不久的将来，即使是在地球另一端的旅游胜地，我们在家也能很容易地欣赏到。

(05) | 请说明一下昌德宫的月光纪行。

昌德宫月光纪行是一项在夜间游览古宫的文化活动，游客可以在月光下提着青纱灯笼到昌德宫后苑散步，听取专业人员对昌德宫的历史解说，同时还可以欣赏古宫夜景和传统演出，进行特别体验。因此每年都有大量游客来此观光。

(06) | 请介绍一下国立中央博物馆。

国立中央博物馆位于首尔龙山，是世界级的博物馆，保管并展示40多万件文物，其中代表性的文物有'北汉山新罗真兴王巡狩碑''普信阁钟'和'敬天寺十层石塔'。该博物馆分为常设展示馆，企划展示馆，儿童展示馆和野外展示馆等，还有专门公演场和图书馆，是综合文化空间。

(07) | 请说明一下偶来的意思和偶来小路。

偶来是济州方言，意为窄巷子，通常是一条从大街到家门的窄道。济州偶来小路是将济州海边的许多条小路连接起来的，无论走在哪一条路上，都可以欣赏到青山碧海以及小村庄等美丽的济州风景。

(08) | 请说明一下PCO。

PCO作为国际会议专业服务公司，代理举办各种国际会议、展示会等相关业务，因此，可以有效地管理举办会议的人力和预算，节约时间和资金，进行高质量的会议。

事前免税店是购买物品时免除关税，附加税，个别消费税等税金的免税店，例如位于机场出入境，市内的免税店等。事前免税店营业需要关税厅的许可。事后免税店是指外国人购物后出国时在机场返还附加价值税和个别消费税的免税店。

清真(Halal)的意思是"被允许的"，也意味着符合伊斯兰教法。伊斯兰教法上允许穆斯林食用的食品叫做清真食品，其中肉类包括牛、羊、鸡肉。含猪肉和酒精成分的不能被认定为清真食品，这些不允许穆斯林食用的食品叫做非清真食品。

01 | 想当旅游翻译导游的动机是什么？

我很喜欢旅游，很享受在旅游过程中体验不同的文化，而且我也喜欢向外国人介绍韩国，介绍我们国家的风土人情，更喜欢和不同的人交往。所以，我觉得旅游翻译导游这个工作是最适合我的。在我向外国人介绍韩国的时候，他们都觉得和我在一起很开心，也会很快地和新朋友建立友好关系，在向他们介绍的时候，看到他们满意的笑容我感到非常幸福。如果我成为一名旅游翻译导游，我会更加积极、友好地对待各国游客，给他们留下良好的印象。为了成为旅游翻译导游，我正在非常努力地学习汉语、英语等外语，因为我觉得掌握一门外语，向外国游客介绍的时候，能够更好地交流。

02 | 旅游翻译导游应具备怎样的资质和态度？

旅游翻译导游应具备以下几点。：

第一，旅游翻译导游要取得由旅游局颁发的旅游翻译导游资格证。

第二，旅游翻译导游应该有专业的旅游知识，要了解这个国家的历史、文化、习俗、遗物遗址等。

第三，旅游翻译导游要有流利的外语交流能力，这样接待外国游客的时候会很方便。

第四，旅游翻译导游要有良好的个人素质，态度热情、有礼貌、喜欢帮助别人，这样可以与不同的游客友好地交流。

第五，旅游翻译导游应该有处理临时问题的应变能力。在旅游过程中可能会遇到一些突发事件，这时就要考验导游的应变能力和解决问题的能力，及时找到解决问题的途径。

第六，旅游翻译导游要对新奇的事物有很强的敏感度，并且要不断地去努力学习，因为作为一名旅游翻译导游，应该要掌握这些最新的信息。

03 | 为什么说旅游翻译导游是"民间外交官"。

这是因为旅游是现在全世界规模最大的民间活动，可以促进人际交往，增进各国之间的友谊，消除误解，旅游翻译导游在这方面起着很重要的作用。旅游翻译导游是游客第一个熟悉的人，是一个国家的代表，是"民间外交官"，他们的任务和外交官的任务差不多，因此，也被称为"民间外交官"。

04 | 假如游客丢失护照时应当如何处理？

假如游客丢失护照，我会马上联系旅行社，然后向当地警察局报警，这样做是防止别人利用游客的护照在海外进行非法活动。之后去联系当地的领事馆，向他们提供挂失回执。如果游客有护照和签证复印件，我将向领事馆提供这些复印件，在游客到达领事馆之前帮游客准备好两张护照照片。

05 | 假如游客生病或受伤的时候应该如何处理？

如果游客的情况不是很严重，那么我会采取一些适当的医疗措施；如果情况严重的话，我会拨打急救电话119，把生病或者受伤的游客送到医院就医，然后帮他们联系到其国家的领事馆或大使馆。因为这些机关会帮助游客找到合适的医疗服务机构，还可以和游客家属取得联系，使生病或者受伤的游客能得到妥善的处理。

06 | 有一名游客迟到导致其他游客不满时应当怎样处理？

因为游客的旅行时间很宝贵，所以如果发生这样的情况我会等那位游客几分钟，并向等待的游客表示感谢。如果时间到了还没有来，我会告知领队单独带那位游客赶上我们，并把我们下一个旅游地点的地图、路线详细地告诉他们。

当然为了避免这种情况的出现，我会提前嘱咐游客我们接下来的行程、时间，并让他们一定要遵守时间。我还会把我的手机号码告诉游客，也会记下每一位游客的联系方式，以方便联系。在出发之前，我也会提前向每一位游客确认情况，以免有游客迟到的情况发生。

我想为游客推荐的是全州的韩屋村。因为这里是唯一完好保存了韩国传统文化的地方，也是韩国唯一一个没有被破坏的韩屋村。我推荐的理由是：第一，游客们可以在韩屋体验到韩国的传统居住环境。韩屋村的韩屋屋檐线条非常美丽。这里有里屋和客房两部分，还有韩屋最有名的温突，游客们可以在韩屋体验馆里住宿。第二，游客们可以在这里体验到韩国的传统文化和工艺。韩屋村里有很多有名的建筑，游客们还可以去传统酒博物馆欣赏韩国的传统酒，并学习关于饮酒的一些礼仪，在这里可以购买韩国传统酒马格利酒。

庆基殿是全州韩屋村的象征，这里有朝鲜王朝历代王的画像。在工艺品展示馆里可以体验到传统韩纸工艺、陶瓷工艺、木工、传统刺绣工艺等，还有针对外国人的家庭工艺等。第三，游客们可以品尝到全州最有名的饮食：全州拌饭、全州豆芽汤饭、马格利酒和全州韩定食等。如果游客们晚上去马格利酒胡同，一壶马格利酒和各式菜肴摆满桌面，一定会非常喜爱的。

我很喜欢看中国电影，可是听不懂电影里说的话。在我去中国旅游的时候，对中国的文化和风俗习惯产生了很大的兴趣，我想更深地了解中国的文化并能用汉语和中国人交流，而且最近来韩国旅游的中国人越来越多。我想努力学习汉语以后，可以从事与中国人有交流的工作，这样可以让我能够更深地了解中国，也可以向他们介绍我们国家。

03 관광국사 및 관광자원해설 관련 지식에 관한 질문

01. 한국의 역사 관련 질문

(01) │ 请介绍檀君神话。

檀君神话是韩国的建国神话。在很久以前，天神桓因有一个儿子叫桓雄，他想下凡帮助人类，要弘益人间，所以就带领雨、风、云三位治国臣子和3000名随从来到太白山开始治理天下。

有一天，熊和虎向桓雄祈祷，想变成人。桓雄说100天之内只吃蒜和艾蒿，不见阳光，就能变成人。只有熊耐心地等待，过了21天，就变成了人。后来她和桓雄结婚并生下了一个儿子，这个孩子就是檀君。

檀君在公元前2333年，在韩半岛北边和满洲地区建立了最早的国家"古朝鲜"。韩国人为了纪念檀君建国的日子，把10月3号定为开天节。

(02) │ 请回答檀君王俭的意思。

檀君代表宗教中的神，王俭代表统治者。根据《三国遗事》中的记载，他是带着风伯、云师和雨师来的，这些都是农耕时必需的条件，所以可以推测他建立的古朝鲜是一个农耕社会的国家。

(03) │ 请介绍世宗大王。

世宗大王是朝鲜王朝的第四代王。在位期间建立了集贤殿，召集了很多英才学子。他还创造了《训民正音》，因为当时的百姓很难学习汉字，《训民正音》可以让百姓很容易理解并使用，韩文可以很科学地表示出世界所有国家的文字。

世宗大王很关心农业的发展，在1429年世宗监督写成了《农事直说》朝鲜第一部农书。而且委任当时出身低微的蒋英实官职，蒋英实是一位有名的发明家。他在世宗大王的支持下，研制出了水钟、浑天仪、测雨器等，测雨器的科学技术比欧洲早了两百多年。

李舜臣是朝鲜时代的英雄，也是朝鲜时代的将军，在壬辰倭乱时，因数次成功地阻击日本海军而闻名。

李舜臣是一位著名的军事家，他发明并改造了当时最先进的战船—乌龟船，李舜臣还第一次使用了水雷。

李舜臣将军写的《乱中日记》在2013年入选联合国教科文组织世界记录遗产。乱中日记是李舜臣将军在壬辰倭乱时写的战争日记，日记包括他从壬辰倭乱爆发开始，一直到露梁海战中战死，经历七年战争的内容。

善德女王原名叫金德曼，是二十七代王，是新罗及韩国历史上第一位女王，被称为"三国一统奠定者"。在位期间曾受到"女子不能理朝"的保守派的反对，善德女王在位十六年期间，主动与中原交好，派子弟到中国学习，引进中国儒学，效法唐朝进行政治改革，使得新罗得以发展。

申师任堂是朝鲜时代的女书画家，她是朝鲜时代贤妻良母的典范，也是韩国第一位女性艺术家。她不仅善于写作、手工、刺绣，而且书法、诗文、绘画都非常出色，在教育子女方面也非常努力。她一生留下了很多名作。在2009年6月23日韩国银行发行的5万韩元纸币上，第一次印上了她的肖像。

明成皇后是朝鲜近代史上的女政治家，是朝鲜最后一位皇后。明成皇后生前是朝鲜王朝高宗的王妃，是19世纪朝鲜王朝末期的实际统治者。

明成皇后刚被册封为王妃时，正是高宗的生父大院君摄政，大院君采取闭关锁国的路线，而明成皇后提倡开放政策。在与大院君争权的过程中与亲日派越来越远，渐渐开始亲华。

中日甲午战争之后，明成皇后打算和俄罗斯合作对抗日本，引起日本的不满。1895年爆发了"乙未事变"，明成皇后在景福宫被日本人杀死并烧了遗体，之后日本人又让高宗把她降为庶人。1897年，高宗改国号"大韩帝国"，把她追封为明成皇后。

因为明成皇后主张开放并对抗日本而被杀害，所以虽然韩国人对她有很多的看法，但是她还是受到了很高的评价。

(08) | 请介绍朝鲜战争。

朝鲜战争又叫"六二五战争"。1950年6月25日，朝鲜得到苏联的支持，进攻韩国。7月7日，联合国安理会通过第84号决议，派联合国军支援韩国抵抗朝鲜的进攻。8月中旬，朝鲜将韩军打退到釜山一带，攻占了韩国90%的土地。9月15日，以美军为主的联合国军在仁川登陆，开始反攻。10月25日，中国军答应朝鲜的请求，帮助朝鲜与联合国军作战，最后在三八线一带一直持续战争。1951年7月10日，中国、朝鲜与联合国军的美军代表开始了停战谈判，在1953年7月27日 签订了'朝鲜停战协定'。

(09) | 请说明一下板门店。

板门店的正式名称是军事停战委员会板门店共同警备区域，通常简称为"共同警备区域(JSA；Joint Security Area)"，而大众将其称为"板门店"。板门店位于京畿道坡州市津西面。朝鲜战争时期，板门店是联合国军和共产军之间举行停战谈判的地方，1953年签订停战协定后，被划定为联合国和朝鲜共同警备区域。板门店不仅是军事停战委员会的会谈场所，还被用作韩朝直接接触、会谈的场所，和韩朝来往的过境点。

(10) | 三八线是什么？

三八线是位于韩半岛上北纬38度附近的一条军事分界线。第二次世界大战结束后，美国、苏联在韩半岛商定把北纬38度作为日本投降的范围界限。北部为苏军受降区，南部为美军受降区。后来朝鲜战争结束后，朝鲜和韩国宣布停战，以三八线作为两国休战的分界线，北边为朝鲜民主主义人民共和国，南边为大韩民国。

02. 한국의 유네스코 등재유산 관련 질문

(01) | 请说明一下世界遗产记录的标准。

世界遗产是按照影响力、时间、地点、人物、主题、表现形式、社会价值、保存状态、稀缺性等标准选定的。根据此标准，可以区分为文化遗产、自然遗产、复合遗产三部分。文化遗产包括重要的遗址、寺院、宫殿、居住地等和宗教发生地等；自然遗产是以自然的形状、具有地质研究价值的自然地区、濒临灭绝的动植物的栖息地等为对象的；复合遗产是文化遗产和自然遗产的特性同时具备的遗产。

韩国共有16个项目被联合国教科文组织指定为世界遗产。

石窟庵位于庆州吐含山东侧，是用花岗岩建造的石窟。其主室中央的主佛像本尊佛和四周墙壁的浮雕，具有很高的文化遗产价值。佛国寺是新罗最有代表性的寺庙，是将新罗人理想中的佛国现实化的产物。这里分为大雄殿和极乐殿两大区域。石窟雕刻和佛国寺石坛及两座石塔释迦塔、多宝塔，是东北亚古代佛教艺术的最高杰作之一。(1995)

海印寺藏经板殿是为了保存八万大藏经而建的，是海印寺现存建筑中最古老的一个。藏经板殿采用了科学的方法，在任何气候条件下都不会被腐蚀或损毁，具有很高的研究价值。(1995)

宗庙是朝鲜时代供奉历代君主与王妃灵位的祠堂。王室和大臣们定期在宗庙举行祭礼，祈求国家与百姓的安宁。宗庙的正殿共有19个神龛，永宁殿是辅助祠堂，共有16个神龛，长109米，是世界上最长的单一木造建筑。宗庙没有任何的装饰，也没有多余的空间，结构简单，气氛比较庄严、肃穆。宗庙在建筑历史上是独一无二的。(1995)

昌德宫建于1405年，是朝鲜王朝修建的第二座宫殿，正殿是仁政殿。壬辰倭乱时期，很多宫殿被烧毁，昌德宫重建后作为朝鲜的正宫使用。昌德宫的后苑是韩国最美丽的庭院，有各种各样的亭子和莲池、树林、岩石等，昌德宫体现了自然与和谐。(1997)

华城位于京畿道水原，是朝鲜第22代王正祖为悼念父亲思悼世子而修建，由丁若镛设计，是朝鲜后期的代表性城郭。从一开始就计划将居住地的邑城和防御用山城结合起来，建成城郭城市。在传统的筑城技法上运用了科学技术，并添加了许多以前城郭中不多见的多种防御设施。(1997)

庆州历史遗址区位于新罗时代的千年古都庆州，这里保留着大量新罗时代的佛教遗迹和生活遗迹。庆州历史遗址区由5个地区组成，佛教美术的宝库南山地区，王宫旧址月城地区，古坟群所在地大陵苑地区，佛教寺庙遗址皇龙寺地区，防御用山城所在的山城区。(2000)

支石墓是一种用巨石搭建起来的史前时代的坟墓，韩国最具代表性的支石墓有高敞支石墓遗址、和顺支石墓遗址、江华支石墓遗址。这些遗址分布密集，形态多样，是研究支石墓变化和历史的重要依据。(2000)

济洲火山岛与熔岩洞窟是由长久的火山活动形成的。济洲岛上自然形成的熔岩洞窟，景色很美丽，有很高的保存价值。(2007)

朝鲜王陵是朝鲜王朝国王和王妃的陵墓。王陵在缅怀先祖及其功绩，表示尊敬，巩固王室权威的同时，也起到了保护先祖灵魂，防止陵墓损毁的作用。根据风水观念，选择了依山傍水、风景优美的地方。王陵多数分布在以汉阳为中心的地带，即首尔、京畿道一带以及江原道地区。(2009)

河回村和良洞村是韩国具有代表性的氏族村落。根据背山临水，两座村落都坐落在依山傍水、风景优美的地方。这里既有宗家和贵族寄居的木屋、书院和祠堂，也有古代平民居住的土屋和草屋等，这些都体现出朝鲜时代的儒教文化。(2010)

南汉山城位于京畿道广州市南汉山城面，是朝鲜王朝非常时期的临时首都。南汉山城在建筑上受到了中国与日本筑城技术的影响，反映了筑城技术的发展阶段，具有很高的历史价值。(2014)

百济历史遗址区是将公州、扶余、益山的8处百济时代遗址合在一起。

这些遗址很好地展现了通过与中国、日本等国家交流而得到发展的百济文化价值。(2015)

山寺，韩国山地僧院的7个寺庙分别是通度寺、浮石寺、凤停寺、法住寺、麻谷寺、仙岩寺、大兴寺，表现了韩国佛教的开放性，很好地保存了综合性佛教僧院特征。(2018)

韩国书院是朝鲜时代成立的基于性理学的教育机构，2019年9个书院（绍修书院、滥溪书院、玉山书院、陶山书院、笔岩书院、道东书院、屏山书院、武城书院、遁岩书院）被列为韩国第14个联合国教科文组织世界遗产。韩国的书院体现了有关性理学的文化传统和历史过程。(2019)

韩国的滩涂分别有西川滩涂、高昌滩涂、新安滩涂、宝城–顺天滩涂，这里共栖息着2150种濒临灭绝的候鸟、珍稀生物等。而且，它在候鸟迁徙路线上还起到了核心停留地的作用。2021年7月它们被联合国教科文组织指定为世界自然遗产，是继"济州火山岛和熔岩洞窟"之后，我国第二个世界自然遗产。(2021)

伽倻古坟群存在于朝鲜半岛南部，是由1世纪至6世纪的伽倻7座古坟群组成的系列遗产。七个古坟群分别是大成洞古坟群、末伊山古坟群、玉田古坟群、池山洞古坟群、松鹤洞古坟群、酉谷里和斗洛里古坟群、校洞和松岘洞古坟群。伽倻保持着联邦政治制度，同时与周围更强大的中央集权国家共存。伽倻古坟群是独一无二的杰出遗产，证明伽倻是一个独特的东亚古代文明。这些遗址展示了东亚古代文明的多样性。(2023)

韩国共拥有16项世界遗产(14项文化遗产和2项自然遗产)。

(03) | 就请说明一下被联合国教科文组织所指定的韩国世界记录遗产都有什么。

韩国共有18个项目被联合国教科文组织指定为世界记录遗产。

训民正音是"韩文"的旧称，是朝鲜时代第四代王世宗大王于1443年创制，于1446年公布的韩语文字标记体系，意思是"教给百姓的正确发音"。(1997)

朝鲜王朝实录是朝鲜王朝按年月日记录的编年史，记录了朝鲜时代的政治、经济、外交、军事、法律、风俗、宗教等各个方面，是世界上最为长久、内容最丰富的史书。(1997)

承政院日记是国王的秘书写的日记，是朝鲜王朝最大的机密记录，记录了当时的政治、经济、国防、社会、文化等各个方面，是朝鲜时代第一手史料。(2001)

佛祖直指心体要节中的"直指心体"意思是"只要参禅并直视人心，就一定能领悟佛心"。佛祖直指心体要节是白云和尚抄录的世界上最早的金属活字，展现了人类印刷术历史上非常重要的技术变化。(2001)

朝鲜王朝仪轨是朝鲜王朝重大活动的文字和图画记录，记录了政治、经济、建筑、美术、科学、语言、服饰、饮食等各个方面，是研究朝鲜王朝历史和儒教文化圈的重要史料。(2007)

海印寺大藏经板及诸经板主要内容是'大藏经'，又叫《高丽大藏经》或《高丽八万大藏经》。它反映了高丽时期的政治、文化、社会潮流及面貌，是目前世界上最古老和完整的佛教大藏经板。(2007)

东医宝鉴是由朝鲜王朝"医圣"许浚根据亚洲医学整理分类后而总编的医学书籍。这部医书可以称得上是韩医学的百科全书。(2009)

日省录是从1760年到1910年国王对国政运营内容整理的日记。这不只是国王写的日记，也是政府实质上的正式记录，是研究朝鲜后期的宝贵资料。(2011)

5.18民主化运动记录物是1980年以光州为中心展开的民主化运动的有关记录，主要是文件、照片、影像等资料。5.18民主化运动不仅成为了韩国民主化进程的重要里程碑，而且在世界史上有着重要意义。(2011)

乱中日记是李舜臣将军在壬辰倭乱时写的战争日记，日记包括他从壬辰倭乱爆发开始，一直到露梁海战中战死，经历七年战争的内容。(2013)

新村运动记录物是韩国政府和国民成功合作，从1970年到1979年在新的地区推进社会建设运动的相关资料，新村运动是农村发展和消除贫困的模范事例之一。(2013)

韩国的儒教册版是朝鲜时代的学者们制作的印刷板，收录内容虽然涉及了多个领域，但最主要的是实现儒教的人伦共同体。(2015)

KBS电视台特别节目《寻找离散家属》的记录物是KBS电视台播放的特别节目，《寻找离散家属》记录的是离散家庭在战争中分离时的痛苦和重逢时的瞬间，以此提醒人们战争的残忍和南北统一的重要性。(2015)

朝鲜王室御宝和御册是为朝鲜王室制作的有关王室册封的御宝和御册，其作为一种神物，活着时象征王朝的永久性，死后也保障死者的权威，为朝鲜王室的政治稳定作出了极大贡献，具有很高的价值。(2017)

国债偿还运动记录物是政府为了还清日本的巨额债务，避免成为殖民地，从1907年到1910年全国各地展开的运动，国债偿还记录物展现了这段历史和全过程。(2017)

朝鲜通信使记录物是从1607年到1811年，十二次派遣外交使节到日本访问的内容。这些资料现在保管于韩国和日本两国。(2017)

4·19革命记录物是1960年4月19日在大韩民国以学生为中心发动市民革命的资料，展示了推翻独裁政权的4·19革命的起因和发展过程，以及革命之后的进程。4·19革命记录物对对抗独裁，通过非暴力实现民主主义方面有着历史性意义。(2023)

东学农民革命记录物是1894年至1895年在朝鲜爆发的东学农民革命的有关记录，体现了朝鲜百姓向往自由、平等、人权的普遍价值，其重要性得到了世界认可。(2023)

韩国共有22个项目被联合国教科文组织指定为世界无形文化遗产。

宗庙祭礼是朝鲜王室最大最重要的祭祀仪式，也叫宗庙大祭。宗庙祭礼乐是在举行祭礼仪式过程中，为了隆重举行而演奏的器乐、歌曲和舞蹈。(2001)

板索里(清唱)是朝鲜民族传统表演艺术，是一位说唱者和一位鼓手表演的音乐性叙事。板索里的五唱段分别是《春香歌》、《沈清歌》、《兴夫歌》、《水宫歌》、《赤壁歌》，反映了朝鲜时期"忠"、"孝"、"义"、"贞"的价值观。(2003)

江陵端午祭是韩国每年端午期间在江陵举办的大规模祭祀活动，为了祈求农耕丰收。江陵端午祭有一千多年的历史，是融入民族历史和生活的传统活动，具有突出价值。(2005)

羌羌水月来是韩国女性的民俗舞蹈游戏，在中秋圆月的晚上，姑娘们手拉手一起唱歌跳舞，展现了韩国女性的活泼面貌，是体现韩国农耕文化的最有代表性的风俗之一。(2009)

男寺党表演是朝鲜后期男子流浪艺人团体表演的民俗公演，讽刺了统治阶层，也表现了庶民对统治阶层的不满。(2009)

灵山斋是在人死后第四十九天，为了慰藉逝者灵魂而举办的佛教仪式。灵山斋不是表演，而是由大众参与的庄严的佛教仪式，具有很高的价值。(2009)

济州七头堂灵登神跳是向土地神祈求大海风平浪静和丰收，灵登神跳包含了济州岛特有的海女信仰和民俗信仰，是我国唯一的海女祭祀，具有很高的学术研究价值。(2009)

处容舞是戴着处容假面跳舞，是宫廷舞中唯一戴着人的假面跳舞的，也叫五方处容舞。舞蹈的内容是为了驱赶恶鬼和祈求王室平安。(2009)

歌曲是在小型管弦乐的伴奏下男女声演唱的韩国传统声乐，也叫数大叶或歌谣。歌曲由专家传承，具有很高的艺术价值。(2010)

大木匠是韩国拥有传统木造建筑技术的木匠，主要负责传统韩屋、宫殿、寺庙等历史建筑，传承了与韩国的文化背景、自然环境相和谐的独特的建筑文化。(2010)

鹰猎是训练鹰打猎的传统狩猎方法。过去鹰猎是为了确保粮食，但现在是与自然和谐共处的户外活动，在60多个国家传承了下来。(2010)

走绳是韩国的传统表演艺术，是杂技演员在音乐的伴奏下，在空中的绳上跳舞、说唱、与地上的小丑说相声的公演。国外的走绳重视技巧，而我国的走绳和国外的不同，我国的走绳重视表演者和观众的同乐，极具意义。(2011)

跆跟是从三国时代开始有的韩国传统武术的一种，具有灵活的动作和节奏，多动脚的特点。跆跟不仅具有武术价值，其社会、文化价值也极高。(2011)

韩山夏布织造是忠清南道舒川郡韩山地区制造的夏布。和其它地区相比，这里的夏布更优质也更细腻。韩山夏布象征着韩国之美，具有很高的历史价值。(2011)

阿里郎是韩国具有代表性的民谣，超越了地区和时代，世代传承并被再创造，是一首得到认可的具有多样性价值的歌曲。(2012)

制作越冬辛奇文化是韩国人为了度过寒冷的冬天，以女性为中心，家人、亲戚等聚在一起腌制辛奇，一起分享，准备过冬。它超越了地区、社会和经济差异，是全体国民共同参与的日常文化。(2013)

农乐是一边演奏传统打击乐一边跳舞，祈求村里的和谐和丰收的民族艺术，农乐一般在共同体的各种活动中演奏，起到加强沟通和团结的作用。(2014)

拔河是分两队，双方拉着绳子决定胜负的游戏，是为了祈求丰收和团体和谐而进行的。拔河仪礼与游戏是韩国首次试图和多国家共同登录的文化遗产。(2015)

济州海女文化是海女们在没有任何特殊装备的情况下潜入十几米深的海里采集海鲜，这种活动被称为"水活儿"。她们掌握着关于大海的丰富知识，这种文化主要传给女儿和儿媳。(2016)

摔跤是一项韩国传统体育运动。两个人相互抓住对方的带子，使用力量和技巧，将对手摔倒在地。摔跤一般在共同体的各种活动中进行，起到加强沟通和团结的作用。(2018)

燃灯会，韩国的灯会庆典是为了庆祝佛祖的诞生而举行的佛教活动。它是从统一新罗时期开始，延续约1200年的民族固有传统文化。灯象征着佛祖用智慧照亮无知和烦恼。(2020)

韩国假面舞是把舞蹈、戏剧、歌曲结合在一起的综合艺术，也是通过观众的积极参与来完成的沟通艺术。主要内容是所有人的自由和平等，其特点是愉快地讽刺自由和平等问题。另外，在加强地区认同感上以及在地区庆典中占据着重要地位。(2022)

03. 한국의 문화유산 관련 질문

(01) | 请分别说出我国的3件国宝和3件宝物。

我想介绍的第一件国宝是崇礼门，又叫南大门。崇礼门是朝鲜时代围绕着首尔都城的正门。第二件国宝是圆觉寺址十层石塔，是一座10层大理石佛塔，建于1467年。第三件国宝是北汉山新罗真兴王巡狩碑，现在保存在韩国国立中央博物馆。

我想介绍的第一件宝物是兴仁之门，又叫东大门，是8个城门中唯一设有瓮城的城门。第二件宝物是普信阁钟，是计时的工具，制作于朝鲜时代。后来用于每年12月31号在首尔钟路普信阁敲钟，代表迎接新年，现在保存在韩国国立中央博物馆。第三件宝物是圆觉寺大圆觉寺碑，建于1471年，碑上刻着建立圆觉寺的历史背景。

(02) | 国宝和宝物之间的区别是什么？

国宝是国家级别的宝物，对国家有重大意义，是国家的骄傲和象征，价值是独一无二的。

宝物是重要的有形文化遗产，是文化遗产委员会指定的。

国宝和宝物的价值不同。宝物要成为国宝需要满足几个条件：第一，国宝要有前所未有历史性、艺术性或学术方面的价值；第二，它有悠久的历史，是当时时代的象征；第三，形态和设计应该与著名的历史人物有着很深的关联性。

我想介绍的天然纪念物是大邱道洞侧柏树林，原来被称为'达城的侧柏树林'。侧柏树分布在中国和韩国，生长在韩国的大邱、丹阳、安东等地。虽然原来侧柏树只生长在中国，但是现在在我国也生长了侧柏树，所以有很高的学术性价值，被指定为天然纪念物。

史迹是在自然遗产中，由国家指定的具有重大历史价值的地方。名胜是经过自然遗产委员会审议的遗址和环境优美的景观。
史迹和名胜有些相似，但也有很大的不同，名胜是自然环境的比重更大，而史迹是遗迹的比重更大。

河回假面是河回村制作的木制面具，与2个屏山假面一起被指定为国宝。河回假面中的和尚、书生、两班、屠夫的面具下巴可以活动，而屏山假面没有下巴。河回假面舞通过对社会的讽刺和幽默的表演，表达了庶民对官僚层的不满。

瞻星台在韩国的庆州，庆州是新罗时代的首都。瞻星台建于新罗第27代善德女王时期，主要用于观测天象，也就是天空中的云和星星。瞻星台高9.17米，圆筒形，是一座石结构建筑，当时的人们用它来测定24节气。瞻星台的362块石块，代表着阴历一年的天数。1962年被指定为国宝。

景福宫是朝鲜王朝的正宫，是朝鲜王朝规模最大的宫殿。景福宫呈正方形，一共有四个门。东面是建春门，是王室宗亲出入的地方。西面是迎秋门，是文武百官出入的地方，南面是光化门，是景福宫的正门，和其他宫殿的正门相比，光化门的规模更雄伟，格局更华丽。北面是神武门，平时因阴气较重而关闭。
景福宫从南到北的建筑依次是勤政殿、思政殿、康宁殿、交泰殿。正殿是勤政殿，主要用于举行国家的重大庆典，接见外国使节，戴冠式等重大活动；思政殿是国王处理国政的地方；康宁殿是国王的寝殿；交泰殿是王妃的寝殿。交泰殿东侧是慈庆殿，大妃的寝殿；思政殿西侧是庆会楼，是国王和大臣们举行盛大宴会或接待贵宾的地方。另外还有乾清宫，是景福宫中唯一以'宫'命名的建筑。

(08) | 请介绍一下昌庆宫。

昌庆宫原名是寿康宫，是世宗为供奉父亲太宗而建造的宫殿，后来成宗扩建并改称为昌庆宫。在日本殖民统治时期，昌庆宫被降格为昌庆苑，日本人在此修建了动物园和植物园，1983年，部分动物园和植物园被搬到了首尔大公园，名字也被重新改为昌庆宫，经过3年的复原工程，昌庆宫恢复原貌。

(09) | 请介绍一下庆熙宫。

庆熙宫于光海君时期修建，是朝鲜后期的离宫，原名为庆德宫，在英祖时期改名为庆熙宫。因位于景福宫西边，所以也被称为西阙。由于大院君重建景福宫，庆熙宫的大多数建筑被移走，1910年，由于日本京城中学的建成，崇政殿等庆熙宫内保留的大部分重要殿阁被拆除。首尔市从1987年开始对庆熙宫址进行了复原工作，从2002年开始向市民开放。

(10) | 请介绍一下德寿宫。

德寿宫最初是月山大君的私邸，壬辰倭乱后被用作宣祖的临时居所，被称为贞陵洞行宫，在光海君时期改名为庆运宫。1897年高宗从俄罗斯公使馆搬到此处居住。1907年让位给纯宗的高宗仍在此居住，为了祈求高宗长寿，最后将其改名为德寿宫。宫内建造了很多建筑，部分建筑采用西式风格，其中石造殿是韩国最早的西式石造建筑。德寿宫因同时保留着传统木造建筑和西式建筑，在朝鲜王朝宫殿中占有特殊位置。

(11) | 请列出四大门和四小门。

朝鲜王朝太祖李成桂于1394年迁都汉阳后，在周围修筑了城墙并修建了东西南北四大门和四小门。四大门分别是北大门(肃靖门)、东大门(兴仁之门)、南大门(崇礼门)、西大门(敦义门)。现在四大城门中有三大门保留下来。四小门分别是光熙门(南小门)、惠化门(东小门)、彰义门(北小门)、昭德门(西小门)。除北边位置的肃靖门以外，东、西、南大门原来的名字分别代表儒教思想的核心'仁义礼智'中的一个字。

04. 한국의 전통과 문화 관련 질문

(01) | 请介绍一下韩国的代表性饮食。

韩国的代表性饮食有辛奇、拌饭、韩式烤肉等。其中最具有代表性的是辛奇，也是韩国不可缺少的食品。韩国人每餐必须要有辛奇，辛奇的效能很多，辛奇里有很丰富的营养，发酵良好的辛奇有大量的乳酸菌和维生素，还有膳食纤维，经常吃辛奇可以提高免疫力、补钙，还可以抗癌、抗衰老、预防心脏病。

每年11月、12月，韩国人就大量准备辛奇，他们和家庭成员、亲戚、邻居一起做'越冬辛奇'，这样做也可以增进邻里之间的感情。2013年联合国教科文组织把"制作越冬辛奇文化"指定为无形(非物质)文化遗产。

(02) | 请介绍一下拌饭。

拌饭是韩国的传统饮食之一，以"全州拌饭"、"晋州拌饭"最为有名。拌饭是在米饭上面放入各种野菜和辣椒酱而做成的饮食，这些野菜的颜色搭配不但鲜艳，而且有益健康，吃的时候把野菜和辣椒酱拌起来就可以了。

(03) | 请介绍一下海带汤。

韩国人过生日时，除了吃生日蛋糕以外，还要喝海带汤，这是为了纪念母亲生产的痛苦。从很久以前开始，韩国产妇坐月子时一定要喝海带汤，因为海带具有增加血液、预防便秘、解毒、预防癌症的作用，也有助于产妇的母乳喂养，所以韩国的产妇一般生产以后，都要连续喝三个星期的海带汤。

(04) | 请介绍一下韩式烤肉。

韩式烤肉就是烤腌制的牛肉，是韩国传统食物中最美味的食物之一。腌制牛肉一般要两个小时以上，腌料一般放酱油、白糖、洋葱、葱和大蒜等。腌制好的牛肉通常是用火烤着吃，韩国人吃烤肉时，喜欢用生菜、苏子叶等叶菜包着吃，还加上大蒜、洋葱、特制的酱等。

(05) | 请介绍一下假面舞。

假面舞是韩国的传统舞蹈，是韩国文化的象征。表演形式为模仿、对话、唱诵等，具有戏剧性，伴奏乐器有奚琴、笛、鼓、长鼓等。假面舞是在庶民中发展起来的，表演时没有舞台，是在地上被观众们包围着的。假面舞以滑稽的动作和幽默的内容讽刺了统治阶级的政治矛盾，也表现了庶民对统治阶层的不满。

(06) | 请介绍一下互助组。

互助组是以农村社会的互相合作、监察为目的而组成的以村落为单位，在农忙季节或者其他村里必要劳动时，居民们共同互相协作的劳动组织。互助组分为两种，一种是由6~10人，经济条件或土地规模比较相近的邻居们组成的小互助组，一种是整个村庄的所有成员组成的大互助组。

(07) | 请介绍一下跆拳道。

跆拳道是由韩国的传统武术跤拳(跆跟)、手搏而演变的武术运动，主要是用手和脚进行攻击和防御。2000年被指定为奥运会正式比赛项目。

(08) | 请介绍一下韩文。

韩文原名为训民正音，是朝鲜时代第四代王世宗大王于1443年创制，于1446年公布的韩语文字标记体系，意思是"教给百姓的正确发音"。

韩文既简单又具有系统性，很容易学。以前韩国借用中国的汉字纪录自己的语言，对于下层朝鲜平民来说，学习汉字太费时间而且很难学。韩文由21个元音和19个辅音构成，是表现力很丰富的一种语言，很易于学习。韩文采用了世界上最科学的标记体系，可以把听到的语言直接用韩文写下来，每年的10月9号被定为韩文日。

(09) | 韩国佛教的特征是什么？

韩国佛教的思想特征是通佛教即会通的传统。会通是和会疏通的简称，整理并融合了所有佛教分支教派的主张。中国和日本的佛教作为宗派佛教，发展了无数的分支，而韩国的佛教传承了宗派佛教并将他们和解、融合在一起。

三宝是佛教中所指的三件宝物,即佛宝、法宝、僧宝。佛宝是参悟佛道的佛主,法宝是佛主的教诲和教法,僧宝是实践佛主教诲的教徒。

日、山、水、石头、松树、月或云、长生不老草、乌龟、鹤、鹿都来源于中国的神仙思想,这10种长寿物都是自然崇拜的对象,原始信仰也是一样。从宫中到民间都用十长生做家具或者饰品,代表人们祈求长生的愿望。

新村运动是70年代初开始的,在全国开展的运动,以政府无偿帮忙的形式,让农民脱离贫困为目的的运动。新村运动主要以农民为主体,让农民亲身搞建设,通过这个运动,短短几年的时间就改变了农村的情况,让农民的生活好了起来。后来新村运动变成了自发的运动。

正月大望日是农历正月十五,表示望满月。这是春节之后看到的第一个圆月,祈求一年的健康、丰收和平安。在这一天韩国人要吃五谷饭和干菜,是补充冬天里的营养,也是祈求新一年里身体健康和丰收;吃干菜表示夏天不会中暑,另外,还吃花生、核桃、栗子等,表示牙齿会更好,还防治皮肤病。
这一天的早上要喝一杯不加热的清耳酒,祈求新的一年里不得病,听到所有的都是好消息。这一天也有很多民俗活动,放风筝、拔河、踏桥,还有烧月亮屋,都是祈求新的一年里不生病、没有灾害、幸福。

长生柱是韩国的村或者寺庙入口处立的人头模样的柱子,一般分为用石头做的石长生柱和用木头做的木长生柱。长生柱主要用来标志地域之间的界限或者村里的里程碑。另外,受萨满教文化的影响,长生柱也用来作村里的守护神。

无穷花又叫木槿花，每年七月到十月花开花落连续不断地开花，是一种生命力很强、很美丽的花。无穷就是永恒的意思，象征着大韩民国的民族性格。

据记载，木槿花在古朝鲜之前人们称它为'从天而降的花'，新罗时自称为'槿花乡'，槿花乡是有很多无穷花，'无穷花的国家'的意思。韩国人对无穷花非常喜爱，后来无穷花就成为了韩国的国花。

做辛奇的方法是首先把白菜切成两半，把它们放在盐水里等到白菜叶变软，然后把其他的蔬菜、蒜末、姜末、辣椒粉、鱼酱、米糊放在一起搅拌。白菜叶变软以后，用水洗干净，把拌好的佐料塞进白菜叶中间，最后放进坛子里进行发酵。现在韩国人一般等辛奇发酵好了以后，放在特制的辛奇冰箱里保管。

韩国的代表性发酵食品有辛奇、酱类、鱼虾酱等。酱类发酵食品主要是用豆做的，比如辣椒酱、大酱、酱油都属于这类，这些都是天然调味，所以几乎所有的料理都可以放。辛奇是韩国的最有代表性的发酵食品。辛奇的效能很多，辛奇里有很丰富的营养，发酵良好的辛奇有大量的乳酸菌和维生素，还有膳食纤维，经常吃辛奇可以提高免疫力、补钙，还可以抗癌、抗衰老、预防心脏病。

我们叫我们的民族是韩民族，这里的'韩'是我们国家的汉字表达。另外也叫白衣民族和倍达民族。叫白衣民族是因为我们民族从很久以前就喜欢穿白色的衣服。叫倍达民族是因为桓因的儿子桓雄从天上降落到地上，建立的那个国家的名字就是倍达国家。因为在很久很久以前我们国家的名字叫过倍达，所以我们民族就一直沿用了这个名称。

(19) | **请介绍一下杂像。**

杂像是在传统建筑物的屋顶上装饰小动物图案的瓦片，韩国古代大部分的宫殿都有杂像。这些小动物是根据中国四大名著中《西游记》里的人物雕刻的，还有些是想像中的动物，主要是为了驱除宫廷恶魔及邪气，保王室的平安而做的。庆会楼的屋顶上有11个杂像，勤政殿的屋顶上有7个杂像。

(20) | **请介绍一下韩屋的优点是什么？**

韩屋是韩国的传统民居，是用树木、泥土、石头、纸张等天然材料建成的房屋。韩屋中最科学的是地热(又叫温石、温突)，这是韩国独有的安装在炕底下的取暖设施。炕占了屋里的全部空间，热气通过炕底下的通道传递，室内就会变得很暖和。韩纸一般用在韩屋的窗户和门上，韩纸易通风且保温效果好，这有利于韩屋冬天保温，夏天散热。

(21) | **请说明一下韩国温突和中国暖炕的区别。**

韩国的温突有点像中国的暖炕，但又有很大的不同。中国的暖炕占房间的一部分空间，在地上用砖和土建成，上面铺上席子再铺上被子就可以睡觉了，下面有孔道和烟囱连接相通。冬天烧火，烟通过孔道可以烧热暖炕并使屋里变暖。而温突是韩国独有的安装在炕底下的取暖设施，炕占了屋里的全部空间。以前在厨房里有一个灶口，厨房的火用来做饭，热气通过炕底下的通道传递，室内就会变得很暖和。因为地热的关系，所以以前的人都不使用床和椅子，而是采用"坐式"文化。

(22) | **请说明一下炸酱面的由来。**

在壬午军乱时，中国的商人们跟随中国清朝军队一起来到韩国，在仁川开始生活。这些商人大部分是山东人，从那时开始他们做起了炸酱面的生意。随着时间的推移，炸酱面的味道渐渐变为韩国人喜欢的味道，后来就成了现在的炸酱面。

(23) | **请介绍一下四物表演。**

四物表演是一种农乐表演，仅用小锣、锣、长鼓、圆鼓四种打击乐器，是韩国传统打击乐中的一种流派。四物表演源于农耕文化，为活跃生活气氛而产生的一种农乐表演形式。四物表演的推拉演奏，或紧张或弛缓的反复，形成了一种对比，给听众一种紧张和弛缓的感觉。

(24) | 玄鹤琴和伽倻琴的区别是什么？

玄鹤琴和伽倻琴都是韩国传统的乐器之一。玄鹤琴是由高句丽人王山岳创制的，一共有6条弦，用竹棍拨动琴弦，发出的声音比较低沉，有点像男人的声音。

据《三国史记》记载，伽倻琴是由伽倻国嘉实王依照筝而制成的。一共有12条弦，用右弹左按的方法，发出的声音比较柔和，有点像女人的声音。

(25) | 韩国的传统酒都有什么？

韩国每个地区都有自己的传统酒，其中最有代表性的传统酒是马格利酒。马格利酒是由米、小麦等谷物发酵酿成的，它的颜色是乳白色。以前马格利酒很受农民们的喜爱，当他们口渴的时候，把马格利酒当作饮料来喝，所以也称农酒。马格利酒的酒精含量较少，含有大量的蛋白质、维生素、膳食纤维和乳酸菌，还有抗癌物质，现在受很多外国人和韩国人的喜爱。

(26) | 请介绍一下韩国公休日。

韩国的公休日有：

新年：阳历1月1日，新的一年开始的日子。

春节：农历正月初一，是韩国最大的传统节日之一。

3.1节：阳历3月1日，是民族独立运动纪念日。

释迦牟尼诞辰日：农历四月初八，是佛教的创始人释迦牟尼诞生的日子。

儿童节：阳历5月5日。

显忠日：阳历6月6日，是纪念为国献身战士的日子。

光复节：阳历8月15日，是纪念1945年国家恢复主权的日子。

中秋节：农历八月十五，是庆祝丰收、感谢祖先的日子。

开天节：阳历10月3日，传说韩国民族先祖在这一天建立了古朝鲜。

韩文节：阳历10月9日，是纪念世宗大王创制文字的日子。

圣诞节：阳历12月25日，是基督教耶稣诞生的日子。

(27) | 请介绍一下爱国歌。

《爱国歌》是韩国的国歌。作词者不详，作曲安益泰。1930年后期安益泰在奥地利留学时作曲的曲谱，在1948年8月15日大韩民国政府成立的同时，正式成为韩国的国歌。2005年3月16日安益泰的夫人西班牙人罗丽塔·安向韩国政府捐赠了爱国歌的版权。

(28) | 请介绍一下太极旗。

太极旗是韩国的国旗，是根据《周易》绘制的。中央的太极象征宇宙，蓝色代表阴，红色代表阳。阴和阳、男和女、天和地、光明和黑暗分别代表宇宙的两种力量，相互对立达到宇宙的平衡。太极旗四角有四种三条横线图案，分别是乾、坤、坎、离，分别代表天、地、水、火。太极旗的底色是白色，代表韩国人民的纯洁还有他们对和平的热爱。

05. 한국의 관광지 관련 질문

(01) | 请介绍一下N首尔塔(南山塔)。

N首尔塔又叫南山塔，在首尔的南山上，建于1975年，是韩国有名的旅游景点，也是韩国的象征。N首尔塔最初是为电视和电台发送无线电而建造的。
N首尔塔大厅里有多种媒体区、儿童体验学习馆及展览和演出的空间。N首尔塔高236.7米，7楼有旋转式餐厅，在上面用餐的同时，可以欣赏全首尔的风景。

(02) | 请介绍一下仁寺洞。

仁寺洞在朝鲜时代是官府和富人集中居住的地方。从日本强占时期起，富人们把家中的物品拿出来卖钱，慢慢地就成了古董街。
仁寺洞位于首尔中心的钟路区，现已成为买卖文化商品的文化街，韩国40%的古董店都在仁寺洞。仁寺洞有很多画廊、古董店，游客们可以买到各种古代和现代的美术品、韩服、陶瓷、书法材料、古董家具、韩纸、传统茶、民俗工艺品等。这里还有韩国的传统茶屋和餐厅，并且保留了韩国特色的风格和情调，其中比较有名的是'仁寺艺术中心'、'耕仁美术馆'和'Alive Museum 爱来魔相艺术馆'。
Ssamzigil是仁寺洞路上的地标，一直深受大家的喜欢。里面有70家以上的店铺，游客们在这儿可以购买到很多东西，品尝多种美食，还可以欣赏传统艺术。

(03) | 请比较一下南大门市场和东大门市场。

南大门市场和东大门市场是首尔最具有代表性的综合市场，是外国游客来韩国时一定要去的旅游地。
南大门市场是在1414年由政府租赁店铺开始的，1608年设置了宣惠厅以后，开始有了客舍和代销商，南大门市场得到了全面的发展。现在的南大门市场已经成为了服装、日用品等批发、零售的市场，在这里可以买到低廉价格的商品。

东大门市场最初是1905年由90多家店铺组成的广藏市场开始的，6·25战争以后，难民为了维持生活而在这里进行各种物品的交易。现在的东大门市场有很多购物中心和地下商场，是一座不夜城。

南大门市场和东大门市场的商品物美价廉，美食也是非常有名。市场开门时，韩国人特有的勤奋也成为了城市形象中一道独特的风景。

(04) ｜ 请介绍一下明洞。

明洞是韩国代表性的购物街，位于首尔中区。在这里，不仅可以购买到服装、鞋、化妆品，还有各种各样的美食，更有很多银行、美容店、剧场和证券公司建在这里。

明洞的商品以中高档为主，这里到处都是中高档品牌商店和免税店。即使是晚上，这里也是灯火辉煌，明洞就是女士们的购物天堂。另外，明洞周边还有中国大使馆、明洞天主教堂、南山韩屋村、光化门、清溪川等景点。

(05) ｜ 请介绍一下南怡岛。

南怡岛位于江原道春川市。朝鲜世祖时期平定李施爱叛乱的南怡将军的坟墓就安置在这里，所以这里起名叫南怡岛。

岛上有很多的草地和树木，风景非常美丽，这里还建有娱乐、住宿设施、观光旅游地和疗养地，是旅游观光的胜地。2002年很有名的电视剧"冬季恋歌"就是在这里拍摄的，所以不仅是韩国游客，很多外国的游客也知道这里并来到这里旅游。

(06) ｜ 在电视剧和电影里出现的我国有名的观光地都有哪些？

第一，江原道的南怡岛，一年四季都有天然美景，是《冬季恋歌》的拍摄地。

第二，韩国民俗村，韩国传统文化都聚集在这儿，是韩国古装剧的拍摄地。拍摄的电视剧有《大长今》、《善德女王》、《来自星星的你》等。

第三，龙仁市MBC Dramia，龙仁市MBC电视台的古装剧拍摄地。拍摄的古装电视剧有《奇皇后》、《马医》、《九家之书》等。

第四，庆尚南道的马山海洋电视剧外景地。拍摄的电视剧有《伙伴》、《公主的男人》等。

第五，顺天市的顺天电视剧外景地，是韩国最大的外景拍摄地。拍摄的电视剧有《伊甸园之东》、《巨人》、《面包王金卓求》等；电影《许三观》、《狼族少年》、《那年夏天》等。

第六，全罗南道的乐安邑城民俗村，拍摄的电视剧有《同伊》、《太祖王建》、《海神》等。

第七，莞岛郡的清海镇是一个岛，历史悠久，拍摄的作品有《鸣梁》、《千秋太后》、《海盗》等。

(07) | 请介绍一下韩国的温泉。

韩国的温泉和中国、日本的不同。中国、日本的温泉大多是火山生成的，而韩国的温泉是从花岗岩中出来的，水温较低，里面含有硫磺、钾、镁、镭等矿物质，对治疗一些疾病有很好的效果。韩国全国一共有20多个温泉，比较有名的有温阳、水安堡、儒城、釜谷、利川、尺山等。

(08) | 请介绍一下雪岳山。

雪岳山又叫'雪山、雪峰山、雪华山'，位于江原道，海拔1708米，是韩国第三高的山。雪岳山上最有名的就是枫叶，每年秋天是雪岳山最美的时候，所以登山者也特别多。雪岳山上还有很多种动物，很多都是国家指定保护的。1965年被指定为"天然保护区"，1970年3月被指定为国家公园，1982年被联合国教科文组织指定为"生物圈保存地区"。

(09) | 请介绍一下雁鸭池。

雁鸭池是新罗时代的人工湖，位于庆州国立公园。韩国的史书《三国史记》记载，新罗文武王14年修建了这座雁鸭池，总面积有5000多平方米，种了花草，还喂养了很多珍奇动物。从1975年挖掘的调查结果看，雁鸭池是球形，里面有大小不等的3个小岛。现在雁鸭池是韩国最美丽的旅游景点之一，也是开放时间最长的庆州景点。现在被指定为史迹，正式名称是'庆州东宫和月池'。

---

01 | 请说明一下SIT。

SIT是特殊目的旅游(Special Interest Tour)的首字母缩写，是个人或团体对自己特别感兴趣的领域进行有目的性的旅游。这包括文化、艺术、健康、生态旅游或农村体验、体育等多种领域。

---

02 | 什么是Stop Over？

中途停留是指游客在经由地逗留24小时以上。在国家的立场来看，中途停留可以吸引游客对本国观光的兴趣；在游客的立场来看，一次可以旅游两个地方。

---

03 | 请说明一下赌场产业的优点和缺点。

赌场产业的优点是赚取外汇和创造就业机会，增加地区经济的收益和酒店的营业额，还可以创造住宿、餐饮、购物等相关产业的附加价值，增加税收，带动全国经济的发展。缺点是助长赌博风气、染上赌瘾、影响当地居民的环境和情绪、对家庭造成伤害等带来很多问题。

---

04 | 请介绍一下半岛酒店。

半岛酒店是1936年建在我国的第一个商务酒店，是日本人野口遵建立的，就在现在乐天酒店的位置。半岛酒店建立的时候正是日本帝国主义统治期间，它是第一个引入美国商务酒店经营方式的纯西式酒店，是商务酒店的开始。

1970年初期前总统朴正熙推断半岛酒店竞争力会下跌，建议将半岛酒店出售给乐天集团。因为当时不允许建41层以上的高层建筑，所以乐天酒店的高度为37层，从1979年一直经营到现在。

05 | 请说明一下安保观光。

安保观光是游客们去军事分界线附近观光。这些地方都是国家的军事要地，所以虽然是热门旅游地，但是为了确保游客的安全，游客们访问的时候有一定的规定。来到这里参观的人员必须以团队为单位统一浏览，不能自由行动，不能随意拍照，必须遵守相关规定。韩国的安保观光旅游地有非武装地带、板门店、临津阁等。

06 | 请说明一下观光警察和他们做的工作。

观光警察在旅游景点保护外国游客的合法权益，专门打击各种高昂收费、强买强卖和非法客运的行为，帮助外国游客在韩国旅游期间能够安全和方便地旅游。他们还可以提供游客们需要的旅游信息和口译服务。

07 | 请说明一下廉价航空公司。

廉价航空公司是指比大型航空公司售价低的航空公司。廉价航空公司又叫低成本航空公司(Low Cost Carrier, 通常简称为LCC)。通过简化大型航空公司提供的服务、收费、网上预约结算等方式降低成本，为消费者提供廉价的机票。

08 | 请说明一下生态旅游。

生态旅游是生态学和旅游的合成词，是保护生态环境的旅游体验。随着旅游需求的增加，自然生态环境受到损坏，环境污染问题严重。这种旅游给游客提供了保护自然环境的学习机会，也可以给当地居民带来经济效益。

09 | 什么是寺院寄宿？

寺院寄宿(Temple Stay)是在韩国有名的传统寺院寄宿，可以体验韩国佛教的日常生活、传统文化和精神修行，感受身心的安定与和平。2002年世界杯时，因为游客的住宿设施不足，寺院就为国内外人士提供了寄宿，从那时开始了寺院寄宿。

10 | 慢城(Slowcity)运动是什么?

慢城运动就是放慢生活节奏,是一种新的城市生活方式。慢城运动来自于意大利的一个小城市。现在的城市化生活越来越快,生活环境很吵,空气污染比较严重,人与人之间的感情越来越淡,所以这个城市的市长提出了慢城运动。这个城市人口不超过五万,没有污染,生活节奏也慢,人们生活很休闲,非常安静。韩国的国际慢城包括莞岛的青山岛、庆尚南道河东、全罗南道潭阳昌平、忠青南道礼山、庆尚北道尚州青松、全州的韩屋村等

11 | 请说明一下MICE的含义和重要性,以及对于韩国经济产生的影响。

MICE是企业会议(Meeting),奖励旅游(Incentive Trip),会议(Convention),展览会和活动(Exhibition/Event)的首字母缩写。MICE不仅可以活跃城市品牌和区域经济,还可以创造就业岗位和附加价值,因此被称为"没有烟囱的黄金产业"。

12 | 请说明一下黑色旅游(Dark Tourism)。

黑色旅游是游客们到灾难、恐怖事件等发生的场所去旅游。黑色旅游让游客们通过观光这些场所,可以得到教训,提供反省的机会,珍惜生命和生活。
韩国的主要黑色旅游场所是龙山的战争纪念馆、西大门刑务所历史馆、5·18国立民主墓地、济州4·3和平公园和巨济战俘营。

13 | 签证与护照有什么区别?

护照是本国政府发给公民的,主要是证明游客的身份和国籍。签证是外国政府发给游客的一种出入境许可。护照在海外可以证明游客的身份,签证是游客临时滞留特定国家的许可。

14 | 什么是奖励旅游?

奖励旅游是公司对工作业绩好的员工们进行的奖励,让优秀的员工们一起公费旅游,加强团队精神。
公司希望通过这次旅游让员工们能够更好地处理业务,并且更好地搞好同事关系,给公司带来更大的经济收益。

15 | 请说明一下Go Show与No Show。

Go Show是没有预约或者等候预约的游客，在旅游出发当天直接去机场申请座位(或者申请等待座位)以后，预约的旅客没有登机，有空位可以让这些旅客登机的情况。

No Show是旅客购买机票以后，没有提前取消预约好的航空日程，在预约的出发时间没有办理登机手续或者没有登机的情况。所以一些航空公司为了减少损失，No Show时不准使用该机票或者收取一定金额的罚款。

16 | 请说明一下FIT。

FIT(Foreign Independent Tour)是个人自由旅行。他们由旅行社安排住宿和交通，但是没有导游随行，饮食也是自己安排。这样的旅游时间安排更自由、方便，没有固定的行程，也没有购物项目。

17 | 什么是陪同导游？

陪同导游的作用是团体旅游或者个人旅游时，与游客同行并保证当地的日程顺利进行，为游客提供所需的信息和适当的建议，使游客在快乐旅游的同时，可以通过这次旅游获得所需的东西。

18 | 请说明一下DMZ。

DMZ是Demilitarized Zone的英文缩写，是非军事区的意思。非军事区是根据条约或协定，禁止军事驻扎、设置战争武器配置、军事设施的区域。主要是容易发生武力冲突的国家或区域，防止冲突而设立的。

我国的非军事区是在1953年根据'韩国停战协定'设定的，就是板门店。板门店是南北共同警备的特殊区域，也是动植物等自然状态保存最好的区域。

19 | 请说明一下旅游行业及它的种类。

旅游行业是以旅游资源和旅游设施为条件，向游客们提供游览服务的行业。旅游行业从业务上分为三种：第一，综合旅游行业，主要针对在韩国或者其他国家旅游的韩国人和外国人。第二，国内外旅游行业，主要针对在韩国或海外旅游的韩国人。第三，国内旅游行业，主要针对国内旅游的韩国人。

20 | 什么是1330?

1330是韩国旅游热线，为国内外游客提供韩国旅游信息。全年提供24小时服务，还提供韩语、英语、日语、汉语等咨询服务。从2021年开始，游客还可以使用短信进行咨询。

21 | 什么是KTO?

KTO就是韩国观光公社(韩国旅游发展局)(Korea Tourism Organization)的首字母缩写，是韩国政府为本国推广观光旅游业而成立的机构。主要是向海外宣传韩国旅游，开发海外市场。向国内外游客提供各项旅游信息，以方便游客更好地旅游。韩国观光会社的目的是开发和发展旅游资源，培训旅游领域人员，振兴韩国的旅游事业。

22 | 请说明一下老年旅游。

老年旅游是'银色'和'旅游'的合成词，银色(Silver)是指老人群体。随着老龄化社会的到来，进行休闲活动的老人群体逐渐增多，针对这些人群的医疗、兴趣、休闲、旅游观光等新市场的需求也在逐渐增多。

23 | 请说明一下游客选择旅游的优缺点。

游客选择旅游是除了选择基本的旅游路线外，游客们自费选择其他的旅游项目，可以体验各种各样的活动。游客选择旅游的优点是通过游客的多样选择，可以给自己特别的经验和回忆。游客选择旅游的缺点是产生额外费用，造成游客之间的差别感，安全责任不清，当地导游与游客发生冲突、强迫游客购物等。

24 | 请说明一下旅游业。

旅游业被称为'无形贸易'、'无烟工厂'。旅游业不仅可以增加外汇收入，还可以创造就业机会、提高国家形象，促进国家友好及文化交流。因为旅游业为国家带来巨大的利益，所以目前各国都在这个领域进行着大量的投资。

25 | 请说明一下游轮旅游。

游轮旅游就是船上旅游。为游客提供住宿、餐饮、娱乐等服务。
游轮旅游拥有特级酒店的各种设施，高水准的服务，可以让游客在一个地方停留的同时得到各种服务，也可以欣赏美丽的港口和旅游景点。

26 | 什么是CIQ？

CIQ 是 Customs(海关)、Immigrations(出入境审查)、Quarantine(检疫)的首字母缩写。海关是对出入国境的一切商品和物品进行检查并征收关税。出入境审查是审查乘客是否具备入境的资格。他们会检查护照、签证日期以及访问目的和期限。检疫是检查入境者是否有感染疾病，例如：有发烧和腹泻症状的一定要申报。

무언가를 위해 목숨을 버릴 각오가 되어 있지 않는 한
그것이 삶의 목표라는 어떤 확신도 가질 수 없다.

－ 체 게바라 －

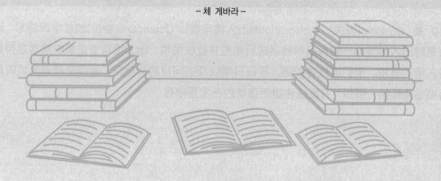